Met zachte hand

Met zachte hand

OPKOMST EN VERBREIDING VAN HET PSYCHOLOGISCH PERSPECTIEF

JEROEN JANSZ EN PETER VAN DRUNEN (REDACTIE)
MET MEDEWERKING VAN JAN TUITMAN

De Tijdstroom, Leusden

Eerste druk 1996
Tweede druk 1997
Tweede druk, tweede oplage 1998
Tweede druk, derde oplage 1999
Tweede druk, vierde oplage 2000
Derde druk 2001

© 2001, De Tijdstroom uitgeverij BV, Aschatterweg 44, 3831 JW Leusden

Omslagontwerp en typografie: Twin Design bv, Culemborg
Foto omslag: André Ruigrok
Illustratieresearch: P. van Drunen en B. Kastje, Archief en Documentatiecentrum
Nederlandse Psychologie

Aan de totstandkoming van deze uitgave is de uiterste zorg besteed. Voor informatie die nochtans onvolledig of onjuist is opgenomen, aanvaarden auteur(s), redactie en uitgever geen aansprakelijkheid. Voor eventuele verbeteringen van de opgenomen gegevens houden zij zich gaarne aanbevolen.

Waar dit mogelijk was is aan auteursrechtelijke verplichtingen voldaan. Wij verzoeken een ieder die meent aanspraken te kunnen ontlenen aan in dit boek opgenomen teksten en afbeeldingen, zich in verbinding te stellen met de uitgever.

ISBN 90 5898 017 0
NUGI 711

Met zachte hand

OPKOMST EN VERBREIDING VAN HET PSYCHOLOGISCH PERSPECTIEF

JEROEN JANSZ EN PETER VAN DRUNEN (REDACTIE)
MET MEDEWERKING VAN JAN TUITMAN

De Tijdstroom, Leusden

Eerste druk 1996
Tweede druk 1997
Tweede druk, tweede oplage 1998
Tweede druk, derde oplage 1999
Tweede druk, vierde oplage 2000
Derde druk 2001

© 2001, De Tijdstroom uitgeverij BV, Aschatterweg 44, 3831 JW Leusden

Omslagontwerp en typografie: Twin Design bv, Culemborg
Foto omslag: André Ruigrok
Illustratieresearch: P. van Drunen en B. Kastje, Archief en Documentatiecentrum
Nederlandse Psychologie

ISBN 90 5898 017 0
NUGI 711

oorwoord

Sinds het begin van de jaren tachtig is er sprake van een groeiende belangstelling voor de geschiedenis van de psychologie; zowel in Nederland als daarbuiten. Deels is deze belangstelling ingegeven door jubilea; zoals in ons land de viering van het honderdjarig bestaan van het vak in 1992. Daarnaast heeft zich echter ook een serieuze traditie van psychologie-historisch onderzoek ontwikkeld. In ons land kreeg deze vooral gestalte in Groningen; waar een samenhangend onderzoeksprogramma naar de geschiedenis van de Nederlandse psychologie tot ontwikkeling kwam. Elders waren het vooral individuele onderzoekers; die zich toelegden op de geschiedschrijving van het vak. Dit alles heeft geresulteerd in een toenemend aantal historische publicaties, waaronder naast overzichtswerken en artikelen ook een tiental proefschriften.

Dit boek kan beschouwd worden als het resultaat van deze opbloeiende historische interesse. Het is in zekere zin de opvolger van de bundel *Psychologische praktijken*, een productie van een groep Leidse theoretisch psychologen die in 1986 verscheen onder redactie van Jaap van Ginneken en Jeroen Jansz. Daarbij maakte de sindsdien in ons land opgebouwde expertise het mogelijk om te kiezen voor een wat bredere opzet, niet alleen in het aantal deelgebieden dat behandeld wordt, maar ook in de gekozen invalshoek: waar in Psychologische praktijken de nadruk lag op de ontwikkeling van professionele praktijken, staat in dit boek het meeromvattende fenomeen van 'psychologisering' centraal.

Met zachte hand is het product van een langdurige en intensieve samenwerking tussen redactie en auteurs. Het was in zekere zin een avontuur niet alleen vanwege het complexe en weerbarstige karakter van het onderwerp, maar ook vanwege de diversiteit in achtergrond van de verschillende auteurs. Van meet af aan is er nadrukkelijk naar gestreefd te komen tot een samenhangend product. Voorzover we hierin geslaagd zijn, is dit voor een groot deel te danken aan de inzet en de coöperatieve opstelling van de auteurs van de verschillende hoofdstukken. De discussies over de concepten waren soms indringend, vaak leerzaam en altijd inspirerend.

Een speciaal woord van dank gaat uit naar Jan Tuitman, student grondslagen en geschiedenis van de psychologie en filosofie in Groningen, die een enorme bijdrage aan de eindredactie van het boek heeft geleverd. Louisette Duchène, Mark Homan en Ellen Baauw van Uitgeverij Lemma bedanken wij graag voor de prettige wijze waarop zij de publicatie van het boek hebben gerealiseerd. Bob Kastje van het Archief en Documentatie centrum Nederlandse Psychologie speelde een grote rol bij het opsporen van de illustraties. Onze directe collega's van de Vakgroep Functieleer en Theoretische Psychologie in Leiden en de subsectie Grondslagen en Geschiedenis van de Psychologie in Groningen danken we ten slotte voor de tijd die ze ons hebben gegund om aan dit boek te werken.

Als redactie hebben we niet alleen het boek, maar ook het enthousiasme van alle betrokkenen zien groeien. Wij hopen dat de hoofdstukken onze lezers deelgenoot weten te maken van dit enthousiasme.

Bij de tweede druk

Tot ons genoegen heeft *Met zachte hand* het afgelopen jaar de weg naar een grote groep lezers gevonden. Dit succes noopte uitgever en redactie tot het uitbrengen van een tweede druk. De tekst van het boek dat nu voor u ligt is enigszins gewijzigd ten opzichte van de eerste druk. De belangrijkste veranderingen betreffen de opmaak en de plaatsing van een aantal illustraties. De tekst is ongewijzigd gebleven, afgezien van kleine redactionele ingrepen zoals het aanscherpen van enkele formuleringen en de correctie van spel- en zetfouten. De eerste en tweede druk kunnen in het onderwijs dan ook zonder problemen naast elkaar worden gebruikt.

Bij de derde druk

Sinds de eerste verschijning van dit boek zijn vijf jaar verstreken. Er is echter geen sprake van zodanig nieuwe inzichten, dat een bewerking van de inhoud van dit boek noodzakelijk was. Om nodeloze problemen met het gebruik van de verschillende drukken in het onderwijs te voorkomen, is dan ook gekozen voor een onveranderde heruitgave. Wel zijn de auteursgegevens en de literatuursuggesties aan het slot van het boek geactualiseerd.

Amsterdam, februari 2001,

Jeroen Jansz
Peter van Drunen

Noot:

Dit boek verscheen voor de meest recente eeuwwisseling. Tenzij uit de context anders blijkt, wordt met 'deze eeuw' de 20ste eeuw bedoeld. Voor 'de vorige eeuw' leze men: de 19de eeuw, voor 'de eeuwwisseling': de overgang van de 19de naar de 20ste eeuw.

*I*nhoud

Inleiding

Peter van Drunen

Jeroen Jansz

Tegenwoordig is in de westerse wereld een brede interesse in psychologische kwesties zichtbaar. De media geven op uiteenlopende wijze blijk van een uitgesproken belangstelling voor de menselijke binnenwereld. Praatprogramma's op radio en televisie
staan uitgebreid stil bij de persoonlijke lotgevallen van gewone en bekende Nederlanders, in
de sportverslaggeving is de psychologische reflectie op persoonlijk succes en falen prominent
aanwezig en de emotie-televisie stileert de diepste persoonlijke gevoelens voor de ogen van
een miljoenenpubliek. Ook in het alledaagse leven spelen psychologische noties en inzichten
een steeds belangrijker rol. Problemen met onszelf en anderen benoemen we met termen als
'depressie', 'verdringing' en 'communicatiestoornis', en welbevinden en succes worden toegeschreven aan eigenschappen als 'intelligentie', 'intrinsieke motivatie', en 'empathie'.[1]

Historici, filosofen, sociologen en andere cultuurbeschouwers gebruiken verschillende termen om deze toenemende nadruk op 'het psychische' te omschrijven.
Sommigen spreken van 'emotionalisering', anderen van 'informalisering', of 'psychologisering'.[2] Ook de verklaringen voor dit proces en de tijdsschaal waarop het wordt uitgezet lopen
sterk uiteen. Sommigen zien het als een typisch laattwintigste-eeuws fenomeen, dat een uitdrukking is van een narcistische cultuur en een therapeutische levenshouding. Anderen beschrijven het daarentegen als de uitkomst van een eeuwenlang proces, dat al begon op het
moment dat filosofen en theologen de wil, de rede, de passies en andere psychische categorieën naar voren schoven om greep te krijgen op het wezen van de mens.[3]

In dit boek sluiten wij aan bij een perspectief, waarin de nadruk op
het psychische in verband wordt gebracht met de opkomst van de moderne (westerse) samenleving, die in de loop van de negentiende eeuw zijn beslag kreeg.[4] Industrialisatie, urbanisatie, schaalvergroting en toenemende mobiliteit creëerden vanaf het midden van de vorige
eeuw een nieuwe samenlevingsvorm, met ingrijpende gevolgen voor de manier waarop mensen zichzelf en de wereld om zich heen ervoeren. Verschillende processen grepen hierbij in
elkaar. Zo wijzen sommige auteurs op de scheiding van 'publiek' en 'privé', die het gevolg was
van de industriële productiewijze: in de publieke wereld van het werk is zakelijk optreden en
het beheersen van emoties noodzakelijk, terwijl thuis de intiemste gevoelens tot ontplooiing
kunnen komen. Anderen benadrukken de gevolgen van het afkalven van traditionele groepsverbanden in de negentiende eeuw: waar individuen in de agrarische samenleving hun identiteit in belangrijke mate konden ontlenen aan het familieverband waarin ze leefden, het am-
bacht dat ze uitoefenden en het dorp waar ze woonden, verschoof het accent in de mobiele,

moderne samenleving naar innerlijke kenmerken als 'karakter' of 'mentaliteit'. Ten slotte zijn er ook onderzoekers die de nadruk leggen op de relatie tussen de opkomst van de marktmaatschappij en de toenemende aandacht voor individuele verschillen in mentale eigenschappen als 'inzet', 'doorzettingsvermogen' en 'helderheid van geest'.

Het is hier niet de plaats om op deze interpretaties van het psychologiseringsproces in te gaan; sommige zullen verderop in het boek nader ter sprake komen. Wat dit boek beoogt, is inzicht te geven in de rol van de psychologie als wetenschappelijke discipline en professionele praktijk in dit proces van 'psychologisering'. Want hoezeer dit proces ook verbonden is met bredere historische en maatschappelijke trends, het is onmiskenbaar dat de psychologie hierbinnen een sleutelrol vervult: psychologen zijn de belangrijkste vertolkers van het 'moderne levensgevoel', en de noties waarin dit gevoel onder woorden wordt gebracht, zijn voor een belangrijk deel ontleend aan de psychologie – ook al worden ze in sommige domeinen primair uitgedragen door anderen, zoals onderwijzers, artsen, dominees of voetbaltrainers.

Geschiedschrijving, psychologie en maatschappij

Voorzover het proces van psychologisering in verband wordt gebracht met de opkomst van de moderne samenleving, voltrok het zich in dezelfde periode waarin de psychologie als wetenschappelijke en professionele discipline tot ontwikkeling kwam. In dit boek wordt geprobeerd de wisselwerking tussen beide ontwikkelingen te onderzoeken. Enerzijds gaat het hierbij om de vraag hoe maatschappelijk levende inzichten doorwerken in psychologisch onderzoek en theorievorming; anderzijds om de vraag welk stempel de psychologie op haar beurt drukt op de samenleving.

In de poging om deze wisselwerking tussen 'psychologie' en 'samenleving' te onderzoeken, wijkt dit boek af van veel standaardgeschiedenissen van de psychologie. Veelal concentreren deze zich op de 'interne' ontwikkeling van de psychologie: de opeenvolging van theoretische stromingen en empirische onderzoeksprogramma's, die geresulteerd heeft in de psychologie zoals we die thans kennen. De ontwikkeling van het vak wordt hierbij vooral verklaard in termen van het vernieuwend werk van 'grote mannen': de creatieve enkelingen, die de weg wijzen naar steeds betere theorieën en onderzoeksmethoden. De bredere context waarbinnen zij werkten, figureert hierbij hooguit als achtergrond, als een *Zeitgeist* die maakt dat bepaalde ideeën kunnen ontstaan en weerklank vinden.

Naast deze conventionele manier van geschiedschrijving, die in inleidende leerboeken nog steeds overheerst, zijn in de laatste decennia andere vormen van geschiedschrijving ontstaan, waarin de wisselwerking tussen 'interne' en 'externe' processen, tussen 'psychologie' en 'maatschappij', een meer centrale plaats krijgt toebedeeld. Dit hangt samen met een veranderde visie op de manier waarop wetenschappelijke kennis zich ontwikkelt.[5] Waar men deze ontwikkeling vanouds zag als een rationeel proces, leidend tot steeds adequatere theorieën en onderzoeksmethoden, leert modern wetenschapsonderzoek dat op dit beeld het nodige valt af te dingen. 'Interne' en 'externe' factoren, 'rationeel' en 'niet-rationeel' zijn minder makkelijk te scheiden dan altijd werd aangenomen, sterker nog: opvattingen over wat geldt als rationeel, blijken zelf aan verandering onderhevig.

Deze 'contextualisering' van de psychologie-geschiedschrijving gaat gepaard met een grotere aandacht voor de betekenis van de praktijkpsychologie. In conventionele geschiedenissen werd de praktijk veelal nogal stiefmoederlijk behandeld: vanuit de gedachte dat de ontwikkeling van het vak vooral geleid werd door wetenschappelijk onderzoek en theorie-ontwikkeling, was de praktijk weinig meer dan een bijverschijnsel, een aanhangsel van de 'echte' psychologie. Historisch onderzoek heeft geleerd dat deze opvatting niet houdbaar is.[6] De praktijkpsychologie volgt vaak een eigen ontwikkeling, die allesbehalve een simpele 'toepassing' is van onderzoeksresultaten uit de academische (of 'wetenschappelijke') psychologie. De praktijkpsychologie heeft bovendien vaak zelf weer invloed op het academische onderzoek, zoals in het geval van de psychoanalyse: Freuds theorie kwam in de spreekkamer tot ontwikkeling, maar heeft blijvende sporen nagelaten in de psychologische theorieën over ontwikkeling en persoonlijkheid. En ten slotte is de praktijkpsychologie een belangrijke schakel in de wisselwerking tussen psychologie en samenleving: maatschappelijk levende opvattingen dringen vaak via de praktijk door in de psychologie, en omgekeerd speelt dezelfde praktijk een belangrijke rol in de maatschappelijke verbreiding van psychologische inzichten.

Ook in dit boek speelt de ontwikkeling van psychologische praktijken een centrale rol. Daarnaast wordt echter ook geprobeerd andere aspecten van de verwevenheid van psychologie en samenleving in kaart te brengen. Een van die aspecten is de rol van psychologen en psychologische noties in maatschappelijke en politieke discussies. Te denken valt hierbij aan debatten over bijvoorbeeld de maatschappelijke positie van vrouwen, de rol van aanleg en omgeving in het ontstaan van individuele verschillen, of de verschillen en overeenkomsten tussen de westerse cultuur en andere culturen. Een andere vorm, waarin de psychologie van zich doet spreken, is haar doorwerking in andere professies en disciplines: de manier waarop psychiaters, onderwijzers, juristen, dominees en priesters, meer en meer gebruik zijn gaan maken van aan de psychologie ontleende inzichten en technieken.

*B*enadering en opzet

De opkomst en verbreiding van het psychologisch perspectief heeft niet alleen vele facetten, ze laat zich ook op verschillende manieren analyseren. Sommige onderzoekers leggen bijvoorbeeld de nadruk op nieuwe maatschappelijke vragen die inspireren tot nieuwe praktijken en theorieën, anderen accentueren de actieve rol van psychologen zelf in de verovering van nieuwe 'markten'.[7] In dit boek ligt vooral de nadruk op de inbedding van de psychologie in een breder scala van bemoeienissen met de manier waarop mensen hun leven inrichten, dat aangeduid kan worden als *sociaal beheer*.[8]

Vormen van sociaal beheer zijn tot op zekere hoogte van alle tijden; te denken valt bijvoorbeeld aan het recht en de religie. Vanaf het midden van de negentiende eeuw kregen zij echter een voordien ongekende reikwijdte. Zowel de overheid als andere instanties gingen zich bezighouden met allerlei aspecten van het doen en laten van mensen, variërend van de manier waarop kinderen in opvoeding en onderwijs worden gevormd, tot de omgang tussen mannen en vrouwen en de plaats van beide seksen in de samenleving; van regulering van het gedrag van werknemers tot de bemoeienis met probleemgroepen als psychiatrische patiënten en misdadigers; van de omgang met 'de vreemde' tot de bestudering en regulering van ons gedrag als politiek subject en consument.

Sommige van deze vormen van sociaal beheer waren nieuw, anderen bouwden voort op reeds langer bestaande praktijken. Wat alle vormen gemeenschappelijk hadden, was een toenemende professionalisering en verwetenschappelijking. Dit leidde in de tweede helft van de negentiende eeuw tot de opkomst van een heel scala van 'interventiewetenschappen', waarbinnen rond de eeuwwisseling ook de psychologie haar plaats vond. Deels kreeg dit gestalte in de opkomst van een professioneel-psychologische beroepspraktijk; deels via de doorwerking van psychologische noties en inzichten in andere interventiewetenschappen en -praktijken, zoals de psychiatrie, de criminologie en de pedagogiek. Het resultaat was een geleidelijke 'psychologisering' van het sociaal beheer, die veelal gepaard ging met de opkomst van nieuwe interventietechnieken: de directieve stijl van bemoeienis, die kenmerkend was voor veel negentiende-eeuwse praktijken, maakte plaats voor een subtielere, ogenschijnlijk humanere aanpak.

Uiteraard hebben de genoemde ontwikkelingen zich niet op alle terreinen van het maatschappelijk leven in dezelfde mate, op dezelfde manier en in hetzelfde tempo voorgedaan. Afgezien van het eerste hoofdstuk, waarin een algemene schets wordt gegeven van de laatnegentiende-eeuwse samenleving en de plaats die de opkomende psychologie zich daarin wist te verwerven, is daarom gekozen voor een thematische indeling van het boek, waarbij in de afzonderlijke hoofdstukken telkens één specifiek 'object' van psychologische bemoeienis centraal staat.

De hoofdstukken 2 tot en met 6 handelen over de ontwikkeling van de grootste en meest bekende psychologische praktijkvelden: de opvoeding, het onderwijs, de arbeid (met in het verlengde daarvan het leger) en de geestelijke gezondheidszorg. In de daaropvolgende vijf hoofdstukken komen vormen van psychologische of psychologiserende bemoeienis aan de orde, die vanuit het perspectief van de academische psychologie veelal als wat meer perifeer worden beschouwd; de impact ervan, zo zal echter blijken, was er vaak niet minder om. Achtereenvolgens wordt ingegaan op de psychologisering van het publiek (als burger en consument), van de maatschappelijke rol van vrouwen, van de omgang met gelovigen en misdadigers en van het perspectief op de vertegenwoordigers van andere culturen. In sommige van deze hoofdstukken is een hoofdrol weggelegd voor psychologen; in andere wordt de nadruk gelegd op de impact van de psychologie op andere beroepsgroepen, zoals dominees en cultureel-antropologen. De laatste twee hoofdstukken onderscheiden zich door een enigszins afwijkend perspectief. In het voorlaatste hoofdstuk staat een categorie centraal die het exclusieve product is van de psychologie zelf: de proefpersoon. Het laatste hoofdstuk gaat over de rol van psychologen in de *evaluatie* van psychosociale interventies; het laat daarmee zien hoe deze interventies zelf ook weer tot object van psychologische bemoeienis worden.

De verschillende hoofdstukken openen met een korte paragraaf, waarin de voorgeschiedenis van het psychologiseringsproces wordt geschetst; veelal betreft dit de ontwikkelingen in de negentiende eeuw die de omstandigheden creëerden waaronder de psychologie haar opwachting kon maken op het desbetreffende terrein. Daarna wordt ingegaan op de manier waarop het psychologisch perspectief zijn intrede deed; veelal is dat in de eerste helft van deze eeuw. Vervolgens worden dan de hoofdlijnen beschreven van de verdere ontwikkeling van deze psychologische bemoeienis. Onze geschiedschrijving beperkt zich tot de psychologie in de westerse wereld, met name in West-Europa en de Verenigde Staten. De nadruk ligt op het Duitse taalgebied, dat in de vroegste periode het meest invloedrijk was, en op het Engelse taalgebied dat de ontwikkelingen in het recente verleden domineerde. In alle hoofdstukken wordt systematisch aandacht besteed aan de Nederlandse situatie, in enkele hoofdstukken zelfs relatief uitgebreid.

*T*ot slot

Wie over psychologisering spreekt, ontkomt bijna niet aan normatieve vragen: sommigen zien het als een teken van beschaving, anderen juist als een symptoom van de verwording van de westerse cultuur. Als de geschiedenis ons iets kan leren, dan is het wel dat dergelijke eenvoudige beoordelingen tekortschieten. Zo laten de verschillende hoofdstukken zien dat humanitaire motieven vaak hand in hand gingen met het streven naar gedragsbeheersing en controle. De belangrijkste bijdrage van de psychologie daarbij was een verandering van het type gedragsinterventie: in plaats van de meer directieve en vaak moreel gefundeerde praktijken van medici, juristen en dominees, kwamen praktijken tot ontwikkeling waarin het begrijpen van patiënten en cliënten centraal stond en waar de raadgevingen eerder suggestief dan directief waren. Maar betekent dit een versoepeling van het sociaal beheer? Of is er eerder sprake van meer subtiele, en daardoor effectievere vormen van sturing en beheersing van het menselijk gedrag? Doel van dit boek is niet antwoorden te verschaffen op dit soort vragen; hopelijk stemt het echter wel tot nadenken.

Noten

De auteurs bedanken Ruud Abma voor zijn inspirerende bijdrage

1   Zie voor empirisch onderzoek, waarin dit psychologiseringsproces wordt gedocumenteerd, onder andere C. Brinkgreve en M. Korzec (1978), *Margriet weet raad. Gevoel, gedrag, moraal in Nederland 1938-1978* (Utrecht: Het Spectrum) en W. Zeegers (1988), *Andere tijden, andere mensen. De sociale representatie van identiteit* (Amsterdam: Bert Bakker).

2   Zie voor een aantal recente Nederlandse beschouwingen over het onderwerp Abma e.a. (1995), *Het verlangen naar openheid. Over de psychologisering van het alledaagse* (Amsterdam: De Balie). De term 'psychologisering' heeft vooral ingang gevonden door het werk van een aantal Franse cultuurtheoretici; begrippen als 'informalisering' en 'emotionalisering' zijn nauw verbonden met de historisch-sociologische theorie van Elias. Zie N. Elias (1987), *Die Gesellschaft der Individuen* (Frankfurt a.M.: Suhrkamp). Een overzicht van de verschillende benaderingen biedt H.F.M. Peeters (1994), *Hoe veranderlijk is de mens* (Nijmegen: SUN).

3   Het begrip 'narcistische cultuur' is afkomstig van C. Lasch (1979), *The culture of narcissism* (New York: Norton), het begrip 'therapeutische levenshouding' van A. MacIntyre (1984), *After virtue* (Notre Dame, IN: University of Notre Dame Press). Een voorbeeld van een reconstructie die de wortels van het psychologiseringsproces in veel vroeger tijden situeert, is C. Taylor (1989), *Sources of the self. The making of modern identity* (Cambridge: Cambridge University Press).

4   Zie naast Elias, a.w. en Peeters, a.w.: R. Sennett (1977), *The fall of public man* (New York: Vintage Books); R.F. Baumeister (1987), How the self became a problem: a psychological review of historical research, *Journal of Personality and Social Psychology, 52*, 163-176.

5   Zie voor een inleiding L. Boon en G.H. de Vries, red. (1989), *Wetenschapstheorie; de empirische wending* (Groningen: Wolters-Noordhoff). Voor de psychologie is dit gezichtspunt onder andere uitgewerkt in T. Dehue (1990), *De regels van het vak* (Amsterdam: Van Gennep), K. Danziger (1990), *Constructing the subject* (New York: Cambridge University Press) en P.J. van Strien (1993), *Nederlandse psychologen en hun publiek* (Assen: Van Gorcum).

6   Zie naast het hierboven genoemde historisch werk van T. Dehue en P.J. van Strien: J. van Ginneken en J. Jansz, red. (1986), *Psychologische praktijken* (Den Haag: Vuga) en voor een meer wetenschapstheoretische reflectie P.J. van Strien (1986), *Praktijk als wetenschap* (Assen: Van Gorcum).

7   Zie bijvoorbeeld J. van Ginneken en J. Jansz, red., a.w. en P.J. van Strien (1993) a.w. voor meer 'vraaggeoriënteerde' reconstructies en D.S. Napoli (1981), *Architects of adjustment. The history of the psychological profession in the United States* (Port Washington, NY: Kennikat Press), voor een benadering waarin de actieve rol van psychologen zelf centraal staat.

8   Zie voor de opkomst van het sociaal beheer A. de Swaan, *Zorg en de staat. Welzijn, onderwijs en gezondheidszorg in Europa en de Verenigde Staten in de nieuwe tijd* (Amsterdam: Bert Bakker). De relatie tussen psychologie en sociaal beheer is vooral gedocumenteerd door de Britse psychologiehistoricus Nikolas Rose. Zie N. Rose (1985), *The psychological complex; politics and society in England, 1869-1939* (London: Routledge & Kegan Paul) en N. Rose (1990), *Governing the Soul. The shaping of the private self* (London: Routledge).

Psychologische praktijken

PSYCHOLOGIE EN MAATSCHAPPIJ ROND DE EEUWWISSELING

1

RUUD ABMA

JEROEN JANSZ

PETER VAN DRUNEN

In 1895, iets meer dan een eeuw geleden, werd in het Duitse Breslau een comité in het leven geroepen, dat moest onderzoeken waarom zoveel scholieren last hadden van vermoeidheid en gespannenheid en bijgevolg slechte schoolprestaties leverden. Het comité werd geleid door de psycholoog Hermann Ebbinghaus, die sinds zijn boek *Ueber das Gedächtnis* (1885) bekend stond als expert op het gebied van geheugenonderzoek. De wetmatigheden van het vergeten en onthouden, essentiële zaken voor het welslagen op school, had hij al geruime tijd experimenteel onderzocht. Nu kreeg hij de kans zijn bevindingen in de praktijk te brengen.[1]

In datzelfde jaar publiceerden de Weense artsen Sigmund Freud en Josef Breuer een boek getiteld *Studien über Hysterie*. De hysterie was een relatief nieuwe ziekte, met als symptomen allerlei verlammingsverschijnselen, nerveuze hoest, een weigering te eten of te drinken, spraakstoornissen en afwezigheid. Freud en Breuer raakten er gaandeweg van overtuigd dat de oorzaken van deze ziekte niet op het somatische, maar op het psychische vlak moesten liggen. Tijdens de gesprekken in de spreekkamer bleek namelijk dat praten en associëren over de symptomen een krachtig middel bleek om ze te doen verdwijnen. Dit vormde het begin van de eerste psychotherapie: de psychoanalyse.

Een jaar later, in 1896, werd de directeur van het psychologisch laboratorium aan de Universiteit van Pennsylvania, Lightner Witmer, benaderd door een onderwijzeres vanwege een leerling met spellingsproblemen. Witmer besloot te helpen, en al gauw ontstond er een stroom van leerlingen die op enigerlei gebied achterstand vertoonden. Hij richtte een aparte afdeling op, de *psychological clinic*, en presenteerde nog datzelfde jaar in de vergadering van de American Psychological Association een groots plan voor een reeks klinieken voor onderzoek, behandeling en begeleiding van probleemleerlingen. In de toekomst zouden deze klinieken ook allerlei problemen op het gebied van arbeid en beroep, 'hygiëne' en gezondheid, en sociale verhoudingen moeten onderzoeken en behandelen.[2]

Bovenstaande voorbeelden zijn maar een kleine greep uit de veelheid aan praktisch-psychologische activiteiten die in de jaren rond de eeuwwisseling tot ontwikkeling kwamen. Minder dan twintig jaar nadat in 1879 de psychologie was uitgeroepen tot een zelfstandige wetenschap, werden zo de eerste aanzetten gegeven tot de ontwikkeling van psychologische praktijken. Wilhelm Wundt, de *founding father* van de academische psychologie, vond dat maar een twijfelachtige ontwikkeling; de psychologie was in zijn ogen nog allesbehalve rijp voor toepassing. De meeste van zijn tijdgenoten en leerlingen dachten daar echter anders over. De psychologie verdiende in hun ogen niet alleen een plaats aan de universiteit als zelfstandig wetenschapsgebied, maar zou ook maatschappelijk van nut kunnen en moeten zijn. Zoals Münsterberg, een van de pioniers van de praktijkpsychologie, het in antwoord op Wundt formuleerde: de toepassing van medische kennis was toch ook niet uitgesteld tot de laatste ontdekkingen op anatomisch, fysiologisch of pathologisch gebied?[3]

Pleidooien voor een maatschappelijk dienstbare psychologie gingen vaak gepaard met een provisorische diagnose van de problemen waar burgers in de westerse industrielanden rond 1900 voor stonden. Heymans, de oprichter van het eerste psychologisch laboratorium in Nederland (1892), constateerde bijvoorbeeld dat mensen niet alleen vreemd waren komen te staan tegenover hun medemensen, maar ook tegenover zichzelf en 'de grond der dingen' zoals die in de religie werd gethematiseerd. Als oorzaken hiervan zag hij de steeds complexer wordende samenleving, en het verdwijnen van tradities die houvast bieden bij de kijk op de wereld en het alledaagse handelen. De mensen zouden zich moeten aanpassen aan deze snel veranderende wereld, maar daarvoor hadden ze allereerst kennis over hun eigen psychisch functioneren nodig. Zodra de psychologie volwassen was, zou zij deze kennis kunnen leveren. Dat zou het begin inluiden van 'de eeuw der psychologie', aldus Heymans.[4]

Heymans' voorspelling is tot op zekere hoogte uitgekomen: in de jaren na de eeuwwisseling nam de psychologie een hoge vlucht, en anno 1996 zijn psychologische noties *household words* geworden in onze samenleving. De voorwaarden daarvoor zijn in zekere zin geschapen door de institutionalisering van de psychologie als wetenschappelijke discipline. Tegelijkertijd moet geconstateerd worden dat de praktische bezigheden van psychologen vaak weinig raakvlakken hadden met de kennis die in de wetenschappelijke laboratoria werd geproduceerd. Voor een goed begrip van de ontwikkeling van de psychologische praktijk is het dan ook allereerst van belang om na te gaan, wat de problemen en maatschappelijke ontwikkelingen waren waar psychologen op inspeelden. Wat maakte de westerse maatschappij ontvankelijk voor psychologische inzichten? Het antwoord op deze vraag kan in belangrijke mate worden gevonden bij de ingrijpende maatschappelijke veranderingen die in de loop van de negentiende eeuw in West-Europa en Noord-Amerika plaatsvonden.

*M*aatschappelijke revoluties in de negentiende eeuw

De negentiende eeuw was het toneel van vele maatschappelijke omwentelingen. Sommige sloten aan op veel oudere historische ontwikkelingen, andere waren relatief nieuw. Wat betreft de bevolkingsgrootte, de techniek en de politiek waren de veranderingen zo ingrijpend dat we van revoluties kunnen spreken.[5]

In de eerste helft van de eeuw groeide de bevolking in veel westerse landen zo snel dat wel gesproken wordt van een *demografische revolutie.* Deze bevolkingstoename was mogelijk dankzij de landbouwvernieuwingen die al in de achttiende eeuw waren doorgevoerd. Door betere bemesting en rationeler gebruik van de beschikbare gronden kon het traditionele patroon van misoogsten, die tot massale sterfte leidden vanwege voedselgebrek en verhoogde bevattelijkheid voor ziekten, worden doorbroken. In de negentiende eeuw werd de sterfte met succes verder teruggedrongen, dankzij verbeterde hygiëne en toegenomen kennis over de verspreiding van ziekten. Het gevolg was dat de bevolking van Europa zich tussen halverwege de achttiende eeuw en 1900 verdrievoudigde tot 420 miljoen. Een belangrijk deel van de bevolking vestigde zich in de overzeese gebiedsdelen. Met name de bevolking van Noord-Amerika nam tegen de eeuwwisseling in razend tempo toe als gevolg van immigratie uit Europa.[6]

De bevolkingsaanwas ging gepaard met een spectaculaire groei van de steden: in Engeland waren er bijvoorbeeld aan het begin van de negentiende eeuw 106 steden met meer dan 5000 inwoners, tegen het einde van de eeuw waren dat er 622. Londen had halverwege de eeuw 2,5 miljoen inwoners en werd daarmee de grootste stad die de geschiedenis tot dan toe had gekend. Rond 1850 woonde al de helft van de Britten in een stad, in Duitsland was dit pas rond 1900 en in Frankrijk pas rond 1930 het geval. In Nederland verliep de urbanisering nog trager; hier woonde in 1940 een kleine veertig procent van de bevolking in de stad. Aan de Amerikaanse Oostkust en in het Midden-Westen groeiden steden als New York, Pittsburgh en Chicago aan de vooravond van de Eerste Wereldoorlog uit tot metropolen met meer dan een miljoen inwoners. Daarnaast bleef een groot deel van de Amerikaanse bevolking op het platteland in het zuiden, midden en westen van het continent wonen.[7]

Arme wijk van Londen, naar een gravure van Gustave Doré. Bevolkingsgroei en urbanisatie leidden tot een sterke groei van de steden. Er ontstonden uitgebreide arbeiderswijken, waar de massa dichtopeengepakt leefde, vaak onder de rook van de fabrieken. Foto: Mary Evans, Picture Library.

De negentiende eeuw was ook de eeuw van twee *industriële revoluties*. De eerste daarvan was vooral een Engelse aangelegenheid. Vanaf ongeveer 1770 voerde men allerlei technische verbeteringen door die in de negentiende eeuw op brede schaal toepassing vonden. Het gebruik van de stoommachine bracht met zich mee dat de productie niet meer afhankelijk was van de energie die water en wind leverden. De arbeidsdeling werd het wezenskenmerk van de industriële productie. De ambachtsman die in zijn eentje een product vervaardigde, werd vervangen door een groep arbeiders die ieder een klein gedeelte van het eindproduct maakten. De industrialisering van Engeland verliep in een hoog tempo, hoewel het nog tot de tweede helft van de negentiende eeuw zou duren voordat fabrieksarbeid in Engeland de dominante productiewijze was.[8] België volgde Engeland op de voet en ook in Frankrijk en de Verenigde Staten vonden halverwege de eeuw de eerste ingrijpende omwentelingen in de productie plaats.

In het laatste kwart van negentiende eeuw kregen de technische verbeteringen een ander karakter. Hoewel veel verbeteringen nog steeds op de werkvloer tot stand kwamen, ging daarnaast wetenschappelijk onderzoek een steeds belangrijker rol spelen.

Dit markeerde het begin van de Tweede Industriële Revolutie, waarvan het zwaartepunt lag in Duitsland en de Verenigde Staten. Daar kwamen, naast de snel groeiende staalindustrie, nieuwe vormen van industriële productie tot ontwikkeling, zoals de chemie (in Duitsland) en de elektrotechniek (in de Verenigde Staten). De opkomst van deze industrieën had directe gevolgen voor het dagelijks leven. Huishoudelijk werk werd minder zwaar door nieuwe wasmiddelen, verfstoffen en voedselconserven. De stedelijke straten en stegen veranderden van aanzien door de elektrische straatverlichting en ook binnenshuis verlengde elektrisch licht de dag. Telegraaf en telefoon versoepelden de communicatie over grote afstanden en door de opkomst van de bioscoop rond de Eerste Wereldoorlog kreeg de bevolking er een goedkope vorm van vertier bij.

De industriële revoluties konden alleen maar slagen dankzij de beschikbaarheid van arbeidskracht, grondstoffen, kapitaal en infrastructuur. Door de snelle groei van de bevolking was een schier onuitputtelijk reservoir aan goedkope arbeidskrachten ontstaan; in de Verenigde Staten profiteerde de industrie bovendien van de omvangrijke immigratie. De noodzakelijke grondstoffen werden of uit eigen land (steenkool, ijzererts) of uit de koloniën (katoen) betrokken. De investeringen werden bekostigd uit het kapitaal dat de banken hadden verworven in de internationale handel; de toenemende exploitatie van de koloniën in de negentiende eeuw leverde een verdere bijdrage aan de kapitaalaccumulatie. Ten slotte eiste de nieuwe productiewijze een stelsel van goede aan- en afvoerwegen. In de meeste landen vervulde de overheid vanaf het allereerste begin een belangrijke rol bij het treffen van dergelijke infrastructurele voorzieningen.

De verschuiving van agrarische naar industriële productie als bestaansbron en de transformatie van ambtelijk bedrijf naar massafabricage gingen hand in hand met de opkomst van een nieuwe sociale laag: de burgerij. Deze onderscheidde zich van de vertegenwoordigers van de middeleeuwse standen door een meer ondernemende, flexibele mentaliteit; zij was gericht op economische vrijheid en expansie, en ervoer de traditionele organisatie- en bestuursvormen (bijvoorbeeld de gilden) als knellende banden. Naast economische invloed probeerde zij dan ook politieke invloed te verwerven.

De eerste aanzetten daartoe vonden plaats in de zeventiende en achttiende eeuw, in de Nederlanden en Engeland; de grote doorbraak kwam echter pas als gevolg van de Franse Revolutie in 1789.[9] In de loop van de negentiende eeuw moesten de adel en de geestelijkheid in de Europese landen de politieke macht definitief afstaan aan de burgerlijke middenklasse. Door deze *politieke revolutie* die de burgerij in het zadel hielp en de gekozen parlementen op de kaart plaatste, behoorde de traditionele standenmaatschappij voorgoed tot het verleden. Overigens betekende dit nog niet dat iedereen kon participeren in het politieke proces. Aanvankelijk was het kiesrecht voorbehouden aan welgestelde mannen; pas in de decennia rond 1900 zou dit uitgebreid worden tot alle mannen, en daarna ook vrouwen. Parallel daaraan deed ook de programmatische politieke partij, zoals we die tegenwoordig kennen, haar intrede.[10]

De demografische, industriële en politieke revolutie hadden één kenmerk gemeen: *schaalvergroting*. De kleinschalige, lokale verbanden op economisch, politiek en cultureel gebied uit de voormoderne periode werden getransformeerd en opengebroken. Naarmate de netwerken op de drie genoemde gebieden groeiden, werden zij ook anoniemer en onoverzichtelijker. Anders dan voorheen had men niet langer een duidelijke plaats in een rang of stand binnen een afgebakend geografisch domein, maar was men een uitwisselbaar individu in een massa geworden.

De massamaatschappij

De moderne stad werd het prototype van de massamaatschappij. De blauwe en witte boorden verrichtten daar hun arbeid in grootschalige instituties, de massa woonde in huurkazernes buiten het historisch centrum en alle lagen van de bevolking flaneerden op de stampvolle boulevards en pleinen.[11] De stad werd het toonbeeld van de trits *massaproductie, massaconsumptie* en *massacultuur*. Goederen en diensten werden niet langer voor een lokale markt geproduceerd, maar voor een grenzeloze markt van anonieme consumenten. Bij goederen als bijvoorbeeld zeep, waspoeder, reukwater, sigaretten en frisdrank probeerde men door de introductie van merkartikelen de consument aan het product te binden.

Ook de informatieverstrekking werd steeds grootschaliger. Als gevolg van de schaalvergroting wisten steeds meer mensen zich verbonden met ontwikkelingen buiten de eigen directe leefwereld; zo ontstond er een steeds groter publiek voor dagbladen en andere periodieken. De populaire pers droeg vervolgens bij aan de ontwikkeling van een massacultuur die lokale verschillen oversteeg en daardoor uniforme trekjes kreeg. Naast kranten werden de film en de radio in de twintigste eeuw belangrijke media om de massacultuur vorm te geven en uit te dragen.

Cafés aan de boulevards van Parijs. Het flaneren op de Grands Boulevards was voor velen een aantrekkelijke afwisseling in het stedelijk bestaan. Uit: J. Lough (1978), An introduction to nineteenth-century France. (London: Longman.)

De schaalvergroting op het gebied van productie, consumptie en culturele patronen betekende dat voor velen de traditionele verbondenheid met dorp, sociale laag en familiegeschiedenis vervaagde; de burger werd in toenemende mate tot *mobiliteit* verleid. In opwaartse zin was sociale mobiliteit een bron van hoop voor degenen onderaan de maatschappelijke piramide. In de Verenigde Staten nam het *from rags to riches* haast mythische proporties aan: journalisten, romanciers en regisseurs schetsten keer op keer het levensverhaal van krantenjongens die het tot miljonair brachten. In werkelijkheid was de opwaartse mobiliteit veel geringer. De grenzen tussen de verschillende sociale lagen bleken ook in de massamaatschappij tamelijk robuust en de groei die individuen in bijvoorbeeld opleiding en inkomen doormaakten, liep vaak parallel aan de algemeen maatschappelijke groei op deze terreinen.[12] Bovendien had de sociale mobiliteit een keerzijde. Menige 'nieuwe rijke' die in de industriële maatschappij een behoorlijke positie had verworven, ondervond aan den lijve dat mobiliteit ook een neerwaartse variant kende. Nieuw verworven posities bleken vaak niet bestand tegen de dynamiek van de massamaatschappij.

De maatschappelijke mobiliteit werd krachtig ondersteund door de *individualistische ideologie* die de westerse marktmaatschappijen in de loop van de eeuw ging domineren.[13] Het individualisme beschouwt de individuele persoon als grondslag van de maatschappij; groepsverbanden zijn slechts een optelsom van individuen. De nadruk op het individu heeft morele consequenties: iedere burger heeft onvervreemdbare individuele rechten die niet aan groepsbelangen ondergeschikt gemaakt kunnen worden. Tegelijkertijd hebben individuen de plicht persoonlijk verantwoording te nemen voor hun uitspraken en daden. De volwassen westerse burger kan zich niet achter een ander of een groep verschuilen als hij rekenschap van zijn daden moet afleggen. De individualistische ideologie propageert ten slotte de vrijheid van individueel handelen. Burgers kunnen zelf beslissen wat ze willen ondernemen, zonder zich daarbij door groepsdruk of maatschappelijke structuren te laten leiden.

Het individualisme heeft eeuwenoude wortels, maar in de meeste westerse landen werd het pas in de negentiende eeuw de dominante ideologie, die bepalend werd voor de inrichting van de maatschappij. Op politiek en economisch vlak kreeg de individualistische ideologie een krachtig pleitbezorger in het liberalisme, dat het najagen van eigenbelang legitimeerde vanuit de overtuiging dat de werking van de markt uiteindelijk een natuurlijke orde schept die het algemeen belang dient. Veel ondernemers, wetenschapsmensen en politici omarmden het liberalisme, omdat het individuele welzijn huns inziens het best gediend was met een ongebreidelde competitie tussen in essentie vrije individuen. Ook op andere terreinen deed de individualistische ideologie haar invloed gelden, bijvoorbeeld in het onderwijs waar schoolcijfers individuele prestaties vastlegden, of in de industriële productie waar de beloning voortaan werd gekoppeld aan de individuele arbeidsprestatie.

De individualistische ideologie en de daarmee verbonden maatschappelijke praktijken bleven niet onweersproken. Critici wezen er op dat het individualistische *laissez-faire* kapitalisme een structurele ongelijkheid had gecreëerd, die de vrijheid en rechten van individuen onderaan de maatschappelijke hiërarchie drastisch beperkte. Verschillende politieke en sociale bewegingen bonden de strijd aan met de structurele ongelijkheid en benadrukten daarbij het belang van onderlinge solidariteit in plaats van het individualistische vertrouwen op eigen kunnen.

In kleinschalige, traditionele samenlevingsvormen was het gedrag van mensen eenvoudig te beheersen: de wijzen van sturing en sanctionering waren duidelijk en maakten onderdeel uit van de cultuur. Vergeleken daarmee was de industriële massamaatschappij veel onoverzichtelijker. Door de massaliteit, de anonimiteit, en de steeds snellere maatschappelijke veranderingen werd de vraag naar sturing of regulering van individueel en groepsgedrag sterker. Daar kwam nog bij dat de industriële productiewijze nieuwe eisen stelde, enerzijds in de vorm van arbeidsdiscipline, anderzijds in de vorm van selectie en opleiding. Dit leidde tot de ontwikkeling van nieuwe, min of meer systematische vormen van gedragssturing: het *sociaal beheer*.

De opkomst van het sociaal beheer

Door de eeuwen heen hebben er altijd vormen van gedragsregulering bestaan. De meest basale vorm hiervan zijn de ongeschreven leefregels, zonder welke een samenleving niet mogelijk is. Daarnaast ontwikkelden zich al vroeg geformaliseerde en geïnstitutionaliseerde vormen van gedragsregulering. Hierbij valt te denken aan juridische stelsels, waarin normen en consequenties van normoverschrijdend gedrag worden vastgelegd. Maar ook de kerk speelde een belangrijke rol, die bijvoorbeeld tot uitdrukking komt in het ritueel van de biecht, waarin gedrag getoetst werd aan de religieuze voorschriften.

Kenmerkend voor de negentiende eeuw is dat het streven naar gedragsregulering zich sterk uitbreidde. Binnen domeinen als de arbeid, het leger en het onderwijs kwam een grote nadruk te liggen op het belang van disciplinering: werknemers, soldaten en leerlingen werden onderworpen aan een strak regime, waarbinnen hun bewegingsvrijheid sterk was ingeperkt. Daarnaast werden in de loop van de eeuw ook allerlei andere aspecten van het leven van mensen tot onderwerp van publieke zorg en bemoeienis: de opvoeding van kinderen, de leefwijze van het gewone volk, de geloofsbeleving , het politieke gedrag, enzovoort. Zorg voor het lot van de bevolking ging hierbij vaak hand in hand met economische en politieke motieven: het streven naar een gezond arbeidsleger en naar maatschappelijke orde en stabiliteit.

Het streven naar gedragssturing en sociaal beheer was nauw verbonden met het idee van een rationele, op wetenschappelijke leest geschoeide inrichting van de samenleving. Wat dit betreft vormde het een belangrijke voedingsbodem voor de opkomst van de psychologie en de sociale wetenschappen. Dit is een reden om er wat uitgebreider bij stil te staan. Hieronder zullen we drie bewegingen bespreken, die elk op hun eigen wijze een belangrijke vertolker waren van het idee van sociaal beheer: de filantropie, de *progressive movement* en de eugenetica.

Filantropie

De filantropie was in zekere zin een voortzetting van de kerkelijke charitas, die zich vanouds had bekommerd om het lot van armen, zieken, oude mensen en andere hulpbehoevenden. Ten tijde van de Tweede Industriële Revolutie ontstonden in de snel groeiende steden sloppenwijken waar verpaupering door armoede en ziekte troef was. In kringen van de liberale burgerij ging men zich bekommeren om het lot van de paupers onderaan de maatschappelijke piramide. In diverse Europese landen en in de Verenigde Staten werden in de tweede helft van de eeuw filantropische verenigingen opgericht die systematisch steun aan de armen gingen verlenen. De filantropie hanteerde een individualiserende benadering, wat betekende dat men geen algemene armenzorg bedreef zoals de kerkelijke charitas, maar een beperkt aantal gezinnen selecteerde dat ondersteuning verdiende. Men lette bij de selectie vooral op de wil die de betrokkenen tentoonspreidden om zich aan de erbarmelijke toestand te ontworstelen. De filantropen claimden dat zij onbaatzuchtig en uit humanitaire motieven de uitwassen van het industrieel kapitalisme bestreden.[14] Naast medemenselijkheid speelde echter ook angst voor de 'onderklasse', die zo anders leefde, een rol. Men vreesde de opstand van het proletariaat, een vrees die werd aangewakkerd door de snelle groei van de Europese arbeidersbeweging in het laatste kwart van de eeuw.

Een groot deel van de filantropie bestond uit *materiële ondersteuning van gezinnen*. De zogenaamde *onderstand* werd door vrijwilligers, in veel gevallen dames uit welgestelde kringen, thuis uitgereikt, waarbij werd toegezien op de besteding: aan brood, huur of kleding voor de kinderen en vooral niet aan alcohol en gokken. De Engelse Charity Organization Society koppelde in de jaren negentig de materiële hulp uitdrukkelijk aan morele heropvoeding van de paupers, omdat men meende dat de onfortuinlijken baat hadden bij het overnemen van de burgelijke normen. In Nederland legden de vrijwilligers van de Amsterdamse vereniging 'Liefdadigheid Naar Vermogen' regelmatig onaangekondigde huisbezoekjes af, om zich zo van de toestand in het ondersteunde gezin op de hoogte te stellen. Men controleerde onder andere de naleving van het drankverbod en verifieerde of de kinderen wel naar school gingen. Als de normen van de filantropen niet werden nageleefd, werd de ondersteuning gestaakt.[15]

Naast de materiële ondersteuning kwam een tweede hoofdvorm van filantropie tot ontwikkeling: de *medisch-hygiënische*.[16] Het 'hygiënisch offensief' dat in de tweede helft van de eeuw door filantropen en artsen werd ingezet, richtte zich in eerste instantie vooral op het voorkomen en bestrijden van besmettelijke ziekten. Tijdens de grote cholera- en tyfusepidemieën was in verschillende landen het democratisch karakter van deze ziekten gebleken: ze maakten geen onderscheid naar rang en stand en hielden zich evenmin aan de grenzen van de sloppenwijken. In de burgerij drong het besef door dat gezondheidspreventie en de verbetering van de leefomstandigheden in de sloppenwijken ook het eigen belang dienden. Particuliere verenigingen zetten samen met artsen preventieve instellingen op, zoals consultatiebureaus voor zuigelingen, en in de ene na de andere stad werden grote publieke werken ondernomen, gericht op hygiëne. Vuilnisbelten werden uit de steden gebannen, de riolering voerde menselijke excrementen en ander afval onmiddellijk af en het waterleidingstelsel bracht vers water tot in het stadshart.[17]

Sterftekaart van Nederland (1866). Het hygiënisch offensief ging gepaard met pogingen tot nauwgezette registratie van de gezondheidstoestand van de bevolking. Uit: Sterfte-Atlas van Nederland (Amsterdam: Bakels, 1866).

De burgerlijke weldoeners achtten de erbarmelijke hygiënische omstandigheden in de sloppenwijken niet alleen een bron van ziekte, maar ook van moreel verval. Enerzijds leidden de veranderingen in de leefwijze die zij uitdroegen tot een stijging van de levensverwachting in de onderste lagen van de maatschappij. Anderzijds gingen zij gepaard met fijnmazige vormen van inspectie en ingrepen in het leven van 'het gewone volk', waarbij de leefwijze van de burgerij als morele norm gold.

Progressive movement

In de Verenigde Staten kwam in de jaren negentig, naast de al langer bestaande filantropie, een beweging op die structurele veranderingen in de maatschappij bepleitte. Deze zogenaamde *progressive movement* werd gevoed door allerlei hervormingsbewegingen die veelal in reactie op de economische crises in landbouw en industrie waren ontstaan. Met name de *Social-Gospel*-beweging uit de jaren tachtig was een belangrijke inspiratiebron. Deze evangelische beweging verbrak de banden die de Amerikaanse kerken traditioneel met het bedrijfsleven hadden en koos in plaats daarvan de zijde van de armen. Dominees, priesters en rabbi's namen het voortouw bij de bestrijding van armoede, door zelf hulp te bieden en door hun geloofsgenoten op te roepen een eigen bijdrage te leveren.

Net als de filantropen bekommerden de *progressives* zich vooral om degenen die maatschappelijk achtergesteld waren, maar anders dan de individualiserende filantropen achtten zij hervorming van het kapitalisme noodzakelijk. De progressives meenden dat het ongebreidelde *laissez-faire* kapitalisme vooral na de Burgeroorlog de traditionele Amerikaanse waarden in de kern had aangetast: de vrijheid van industriearbeiders was op allerlei manieren beknot, de bewoners van de *slums* hadden bijna geen kans zich door hard werken aan hun ellendig bestaan te ontworstelen en de moordende maatschappelijke competitie was de doodsteek voor de gemeenschapszin.[18]

De voorlieden van de beweging waren overtuigd van de *maakbaarheid van de samenleving*: door een rationele toepassing van wetenschappelijke principes zou men het menselijk gedrag zo kunnen sturen dat een rechtvaardiger maatschappij het resultaat zou zijn. Economen, juristen, politicologen, maar ook psychologen en pedagogen droegen bij aan de ontwikkeling van een wetenschappelijk gefundeerde sociale technologie, ook wel *sociocracy* genoemd. De in Amerika ontwikkelde filosofie van het pragmatisme was daarbij voor velen een belangrijke inspiratiebron. Pragmatisten als John Dewey en William James benadrukten het instrumentele belang van wetenschap: 'true is what works', waarmee de wetenschappelijke reflectie in de kern met praktisch ingrijpen werd verbonden.

De verschillende organisaties en verenigingen binnen de *progressive movement* ontwikkelden allerlei interventionistische programma's: men richtte scholen en gezondheidsinstituten voor paupers op en in de *slums* stichtte men zogenaamde 'settlement houses' waar experts en vrijwilligers uit de burgerij probeerden samen met bewoners de omstandigheden in de achterstandswijken te verbeteren. Daarnaast streefden de progressives naar veranderingen in het openbaar bestuur om de betrokkenheid van de gemeenschap te herstellen. Journalisten, ten slotte, gebruikten de massapers voor onthullingen over corruptie en andere wantoestanden in de politiek en het bedrijfsleven. Toen Theodore Roosevelt, die de progressieve idealen deelde, in 1901 president werd, kreeg de beweging grote invloed op het Amerikaanse leven: de *Progressive Era*, die tot aan de Eerste Wereldoorlog zou duren, was een feit.

Sociaal-darwinisme en eugenetica

Niet iedereen was even blij met de ondersteuning van paupers door filantropen en progressives. Vooral Britse critici gebruikten de evolutietheorie om het belang van natuurlijke selectieprocessen te benadrukken. Onder de naam *sociaal-darwinisme* paste Herbert Spencer de evolutietheorie toe op maatschappelijke verschijnselen.[19] Verschillen tussen rijk en arm zijn het resultaat van erfelijke factoren, zo stelde hij. Net zo goed als welgesteldheid een indicatie was van superieure intellectuele en morele kwaliteiten, gold verpaupering als signaal van inferieure erfelijke kwaliteit. Het lag in de natuur besloten dat door onderlinge competitie de hoogste kwaliteit zou overleven. De fysieke en mentale eigenschappen die in een generatie waren verworven, werden direct via het erfelijk materiaal aan de volgende generatie doorgegeven. Zolang men niet ingreep in het natuurlijke selectieproces, lag een accumulatie van positieve eigenschappen dus in het nabije verschiet. Het bijsturen van de selectie door ondersteuning van 'inferieure exemplaren' was voor de sociaal-darwinisten in Engeland en de Verenigde Staten dan ook absoluut uit den boze.

Andere geleerden die hun inspiratie uit de evolutietheorie putten, meenden dat het maatschappelijk selectieproces een meer actieve benadering vereiste. De Brit Francis Galton was onder de indruk van de successen die werden geboekt bij de selectieve voortplanting van planten en dieren, bijvoorbeeld bij het fokken van renpaarden. Waarom, zo vroeg hij zich af, zouden we bij mensen niet op een zelfde manier te werk gaan? In 1883 doopte hij zijn pleidooi voor selectieve voortplanting 'eugenetica', wat afgeleid was het Griekse stamwoord voor 'van goede geboorte'. De eugenetica beoogde optimaal gebruik te maken van het erfelijk materiaal, om op die manier het mensenras te perfectioneren. De maatschappelijk succesvollen moesten worden gestimuleerd zich veelvuldig te reproduceren, bijvoorbeeld door een premie op een grote kinderschare te zetten (*positive eugenics*). Bij paupers en andere maatschappelijke mislukkelingen zou voortplanting moeten worden verhinderd, bijvoorbeeld door sterilisatie (*negative eugenics*).[20]

In verschillende Europese landen, waaronder Nederland, werden rond 1900 eugenetische verenigingen opgericht die voorstellen tot positieve en negatieve gedragsregulering deden en die probeerden de eugenetische principes in wetgeving om te zetten.[21] Het was echter vooral in de Verenigde Staten dat de eugenetica een hoge vlucht nam.[22] De eugenetica stond weliswaar op gespannen voet met sommige hervormingsvoorstellen van de progressives, maar door haar wetenschappelijk imago en maakbaarheidsideaal oefende zij op velen een grote aantrekkingskracht uit. De *Eugenic Society*, onder leiding van Charles Davenport, ging vanaf het begin van de twintigste eeuw colleges aan de universiteiten geven en verzamelde vanaf 1910 familiegeschiedenissen in het *Eugenics Record Office*. Op politiek vlak pleitten Amerikaanse eugenetici voor sterilisatiewetgeving en immigratiebeperking. De *Model Eugenical Sterilization Law* van 1913 stond model voor de sterilisatiewetten die veel staten daarna aannamen. Onder de 'socially inadequate classes' die gesteriliseerd moesten worden, vielen mensen met tuberculose en andere infectieziekten, maar ook de categorie 'Dependents (including orphans, n'er do wells, the homeless, tramps, and paupers)'.[23] De eugenetische propaganda voor immigratiebeperking speelde een belangrijke rol bij de totstandkoming van de restrictieve immigratiewet die vanaf 1924 gold (zie hoofdstuk 11).

In 1912 verscheen The Kallikak Family, een boek van de Amerikaanse psycholoog en eugeneticus Goddard, dat een belangrijke rol speelde in de verbreiding van eugenetische denkbeelden in de Verenigde Staten. Centraal in het boek stond de degeneratie van het menselijk ras en de verloedering van de samenleving als gevolg van ongecontroleerde voortplanting. Dit werd geïllustreerd aan het tweevoudig nageslacht van Martin Kallikak. Zijn huwelijk met een deugdzame quaker-vrouw bracht een nageslacht van eerbare burgers voort (rechts). Zijn avontuurtje met een zwakbegaafde barmeid daarentegen resulteerde in 'hundreds of the lowest types of human beings' (links). Foto: ADNP.

Overheid en sociaal beheer

Filantropen, hygiënisten, progressives en eugenetici speelden een belangrijke rol in de ontwikkeling van de notie van 'sociaal beheer' het min of meer systematisch ingrijpen in het leven van de bevolking. Het waren tamelijk los georganiseerde bewegingen, die veelal hun sociale basis hadden in de opkomende middenklasse van welgestelde burgers. Aanvankelijk overheerste hierbij het particulier initiatief; al spoedig begon echter ook de overheid een rol van betekenis te spelen.

Ondanks het liberale pleidooi voor de 'nachtwakersstaat' zag de negentiende eeuw een geleidelijke uitbreiding van de bemoeienis van nationale overheden met allerlei facetten van het maatschappelijk leven. Naast haar militaire, politieke, en economische functies ging de staat een steeds groter stempel drukken op de vormgeving van het leven en de leefomstandigheden van de bevolking. Zo ging de overheid zich in het kader van de zorg voor de volksgezondheid bezighouden met de inrichting van de woonomgeving, via de aanleg van nieuwe woonwijken, en van riolering en sanitaire voorzieningen. De zorg voor jeugdigen kreeg gestalte in de vorm van uitbreiding van de onderwijsvoorzieningen, invoering van wetten die onderwijs verplicht stelden en kinderarbeid verboden, en de zorg voor ouderloze en/of criminele kinderen en jeugdigen. En in het verlengde van de filantropische *onderstand* kwamen vanaf 1880 de eerste vormen van sociale verzekering en oudedagsvoorziening tot stand, vaak als poging om de arbeidsonrust te bezweren en de socialisten de wind uit de zeilen te nemen.[24] Ook de eugenetica kreeg deels zijn vertaling in overheidsmaatregelen, zoals de hierboven genoemde sterilisatie- en immigratiewetten in de Verenigde Staten.

Door deze toenemende bemoeienis van de overheid raakte het sociaal beheer steeds nadrukkelijker ingebed in de westerse samenleving. Zodoende werd de basis gelegd voor de verzorgingsstaat, die in de loop van de twintigste eeuw verder uitgebouwd zou worden en een belangrijk kader ging vormen voor allerlei geïnstitutionaliseerde vormen van sociale interventies.

De psychologisering van maatschappelijke interventies

Hand in hand met de 'verstatelijking' van het sociaal beheer was er sprake van een andere tendens: een toenemende *verwetenschappelijking*. Meer en meer ging het beroep op humanitaire motieven gepaard met een verwijzing naar wetenschappelijke bevindingen, en pleidooien voor wetenschappelijk onderbouwde interventies. Zo was het hygiënisch offensief geënt op de medische wetenschap en vormde de evolutieleer de belangrijkste inspiratiebron voor sociaal-darwinisme en eugenetica. Daarnaast kwamen echter ook allerlei andere wetenschappen tot ontwikkeling, die zich bezighielden met de inrichting van de samenleving. Een vroeg voorbeeld was de demografie, die in de jaren twintig ontstond en zich bezighield met het registreren van allerlei gegevens over de bevolking: haar samenstelling, het aantal huwelijken, de relatieve vruchtbaarheid, sterftecijfers, doodsoorzaken en dergelijke. In de loop van de eeuw kregen verschillende interventieterreinen zo hun eigen bijbehorende wetenschap: met het onderwijs ontwikkelde zich de pedagogiek, met de veranderende rechtspraak de criminologie, met de zorg voor de leefomstandigheden van de lagere klassen de sociologie, enzovoort. Het was binnen deze waaier van 'interventiewetenschappen', dat ook de opkomende psychologie zijn plaats vond.

De opkomst van de psychologie

De onderwerpen en vragen die we tegenwoordig tot de psychologie rekenen, waren vanouds het domein van de filosofie: wat beweegt mensen om iets te doen (motivatie), hoe functioneert het menselijk kenvermogen (cognitie), hoe steekt onze gevoelshuishouding in elkaar (emotie), hoe nemen we de werkelijkheid waar (perceptie), enzovoort. Lange tijd ging men ervan uit, dat dit soort vragen niet empirisch onderzoekbaar waren. Rond het midden van de negentiende eeuw kwam hierin verandering, toen vooral vanuit de fysiologie de eerste voorzichtige pogingen werden gedaan om ook het mentale leven in maat en getal te vatten. Het zou echter tot het laatste kwart van de vorige eeuw duren, voordat de psychologie de status kreeg van een zelfstandige wetenschap.

Een belangrijke rol in de constructie van de psychologie als nieuwe wetenschap speelde de Duitse fysioloog Wilhelm Wundt.[25] Voortbouwend op het eerdere empirische werk van anderen, schreef Wundt in 1873/'74 zijn *Grundzüge der physiologischen Psychologie*, waarin hij als eerste de psychologie definieerde als een afzonderlijke, empirische wetenschap. Na zijn benoeming tot hoogleraar filosofie in Leipzig, volgde in 1879 de stap die veelal als daadwerkelijk begin van de psychologie wordt beschouwd: de oprichting van het eerste psychologisch laboratorium. Het was een voorbeeld dat spoedig navolging vond, zowel in Duitsland als daarbuiten: in 1890 waren er al vijftien psychologische laboratoria, en in 1900 zo'n zestig. Duitsland en de Verenigde Staten waren de onbetwiste koplopers, maar ook in zulke uiteenlopende plaatsen als Kopenhagen, Parijs, Rome, Kazan (Rusland), Tokio, Leuven en Groningen werden rond 1890 laboratoria geopend. Ook in andere opzichten kreeg het nieuwe vak gestalte: er kwamen wetenschappelijke verenigingen, zoals de *American Psychological Association* (1892) en de *Deutsche Gesellschaft für Psychologie* (1904); er werden tijdschriften opgericht zoals *Philosophische* (later *Psychologische*) *Studien* (1883), het *Zeitschrift für Psychologie und Physiologie der Sinnesorganen* (1890) en de *American Journal of Psychology* (1887); en er verschenen inleidingen in het nieuwe vak, zoals Külpe's *Grundriss der Psychologie* (1893) en James' *Principles of Psychology* (1890).

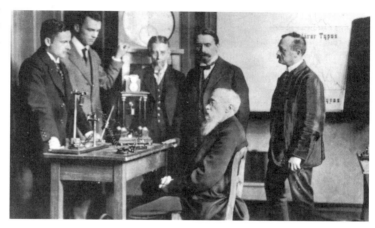

Wilhelm Wundt, de oprichter van het eerste psychologisch laboratorium, te midden van zijn leerlingen. Foto: ADNP.

   De groei van de nieuwe discipline verliep snel: op het eerste internationale congres voor psychofysiologie in 1889 waren nog slechts enkele tientallen psychologen aanwezig, tien jaar later trok het eerste internationale psychologencongres al zo'n vijfhonderd deelnemers, afkomstig uit vooral Duitsland, de Verenigde Staten en Frankrijk. Het was een bont gezelschap: academisch opgeleide psychologen waren er nauwelijks, konden er ook nauwelijks zijn, aangezien men zich pas sinds kort in de psychologie kon specialiseren, meestal binnen het kader van de filosofiestudie. De psychologen van 1900 waren dus zelf bijna allemaal in een andere discipline opgeleid: meestal filosofie of fysiologie, maar er waren ook artsen, pedagogen en theologen die zich aansloten bij de psychologische 'beweging'.[26]

   Wat deze beweging bijeenhield, was niet alleen een gedeelde inhoudelijke belangstelling, maar vooral een overtuiging over de wijze waarop het nieuwe vak bedreven moest worden, namelijk als *empirische wetenschap*. Wat dat betreft was het niet toevallig dat zoveel betekenis werd gehecht aan de oprichting van laboratoria: het laboratorium was het symbool bij uitstek van deze empirische oriëntatie. Aanvankelijk domineerde hierbij het onderzoeksprogramma dat Wundt had ontwikkeld, en waarin het ging om het ontdekken van de structuur en de wetten van het bewustzijn. Het gebruik van verfijnde apparaten voor de toediening van stimuli en de registratie van reacties werd hierbij gecombineerd met systematische introspectie als methode om toegang te krijgen tot bewustzijnsprocessen (zie hoofdstuk 12).

De aanvankelijke consensus over de identiteit van het nieuwe vak was geen lang leven beschoren. Vanaf de jaren negentig ontwikkelden zich tal van rivaliserende concepties over object en methoden van de psychologie. Zo ontstond in Duitsland de denkpsychologie, die zich richtte op hogere mentale processen, en daarbij nog meer dan Wundt de introspectie centraal stelde. In de Verenigde Staten verschoof de aandacht van de structuur van het bewustzijn naar de functie ervan, en van introspectie naar meer 'objectieve' onderzoeksmethoden; deze trend zou in het begin van deze eeuw uitmonden in een radicaal alternatief programma: het *behaviorisme*.

De verwarring over de identiteit van de psychologie werd nog versterkt door twee stromingen die deels buiten de academische psychologie tot ontwikkeling kwamen, en weer een geheel andere conceptie van het vak hadden. De eerste daarvan was de *geesteswetenschappelijke psychologie*, die zich principieel verzette tegen een experimentele, op de natuurwetenschappen geënte stijl van psychologie bedrijven. De mens, aldus de geesteswetenschappelijk georiënteerde psychologen, wijkt fundamenteel af van de levenloze objecten van de natuurkunde en zelfs van de andere levende wezens. De kern van het verschil is dat de mens een subject is: hij heeft een ik-besef, een zelfbewustzijn, en hij ervaart dit 'ik' of 'zelf' ook als het uitgangspunt of het centrum van zijn handelen. Mensen stellen zich doelen die corresponderen met hun verlangens, en zij proberen deze doelen te bereiken door *doelgericht te handelen*. Tegenover het causaal verklaren van de experimentele psychologie stelde de geesteswetenschappelijke benadering het 'Verstehen' als methode: het inlevend begrijpen van menselijk gedrag in termen van de zin en de betekenis die het voor de betrokkene heeft.[27]

De tweede stroming was de psychoanalyse van Freud, die weliswaar vanuit de psychiatrie tot ontwikkeling kwam, maar zich nadrukkelijk afficheerde als een *psychologische* theorie. Ten opzichte van de natuurwetenschappelijke en geesteswetenschappelijke benadering nam Freud een geheel eigen positie in. Enerzijds wilde hij met de psychoanalyse een 'natuurwetenschap van de psyche' opbouwen, maar anderzijds hanteerde hij in zijn onderzoek eerder een medische, op het individuele geval gerichte heuristiek, dan een systematisch variabelen toetsende benadering.[28]

Psychologisering van het sociaal beheer

Hoezeer psychologen en in psychologie geïnteresseerde vertegenwoordigers van andere disciplines ook met elkaar van mening verschilden over object en methoden van het nieuwe vak, over één punt waren de meesten het eens: de psychologie was geen louter academische onderneming, maar zou ook een wezenlijke bijdrage kunnen leveren aan de oplossing van maatschappelijke problemen. Vooral binnen het kader van de sociale interventiepraktijken bestond een grote belangstelling voor het nieuwe vak, en in de decennia rond de eeuwwisseling voltrok zich dan ook een geleidelijke 'psychologisering' van deze interventiepraktijken. Enerzijds werden psychologische inzichten geïncorporeerd in reeds langer bestaande disciplines en praktijken; anderzijds ontstond ook een zelfstandige psychologische beroepspraktijk.

De doorwerking van psychologische inzichten in bestaande praktijken was vooral het werk van vertegenwoordigers van andere disciplines.[29] Artsen, onderwijzers, theologen, fysiologen, psychiaters en juristen bepleitten meer aandacht voor de mogelijke bijdrage van de psychologie op de verschillende interventieterreinen, en gingen voor een deel ook zelf gebruikmaken van psychologische onderzoeksmethoden. Zo begonnen psychiaters als Kräpelin en Jelgersma de laboratoriumtechnieken en -instrumenten van de academische psychologie te gebruiken voor het onderzoek van hun patiënten, pleitten juristen voor de ontwikkeling van een 'criminele antropologie', en pasten theologen de inzichten en methoden van de psychologie toe in een poging om te komen tot een 'godsdienstpsychologie'. Vooral pleitbezorgers van vernieuwingen in het sociaal beheer grepen de psychologie vaak aan om hun pleidooi kracht bij te zetten: als wetenschap van het menselijk bewustzijn en gedrag, zo stelden ze, was de psychologie bij uitstek geschikt om als basis te fungeren voor verbeterde, want wetenschappelijk gefundeerde interventiepraktijken. Verwees men hierbij aanvankelijk nog vooral naar de Wundtse bewustzijnspsychologie, na de eeuwwisseling was het vooral de psychoanalyse die als inspiratiebron voor de vernieuwers ging fungeren. In het algemeen impliceerde deze vernieuwing een pleidooi voor subtielere vormen van beïnvloeding en behandeling: de directieve methoden die kenmerkend waren voor veel oudere praktijken maakten plaats voor meer 'humane', 'psychologisch verantwoorde', en daarmee in de ogen van de vernieuwers ook efficiëntere technieken.

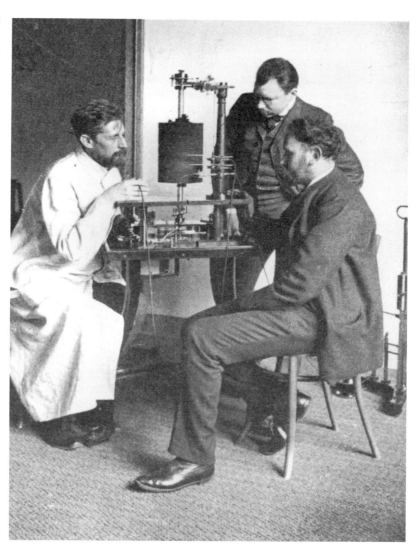

'Proefondervindelijk zielkundig onderzoek' van een psychiatrische patiënt, ca. 1905. Rond de eeuwwisseling begonnen psychiaters, juristen, pedagogen en criminologen gebruik te maken van psychologische onderzoeksmethoden. Foto: Gemeentearchief, Leiden.

Psychologie als professie

Nadat universitaire psychologen al rond 1895 waren begonnen te experimenteren met praktisch werk, ontstond na de eeuwwisseling de figuur van de *praktijkpsy-
choloog*, die weliswaar psychologie gestudeerd had, maar buiten de universiteit emplooi
zocht.[30] Hoewel het gebruikelijk was om te spreken van *toegepaste psychologie*, was van toepassing in strikte zin nauwelijks sprake: slechts zelden vonden wetenschappelijke bevindingen een rechtstreekse vertaling in de praktijk. De professionele psychologie kende veeleer een
eigen ontwikkelingsgang, zowel inhoudelijk als organisatorisch: er ontstonden speciale tijdschriften voor toegepaste psychologie, beroepsverenigingen van praktizerende psychologen,
enzovoort.

Een belangrijke factor in de ontwikkeling van de praktijkpsychologie
was het streven naar een eigen expertise, die als basis kon fungeren voor een min of meer af-
gebakende psychologische beroepsrol. Centraal hierin stond het onderzoek van individuele
personen, hetzij met het oog op de diagnostiek van afwijkingen en problemen, hetzij met het
oog op hun geschiktheid voor onderwijs of beroep: de *testpsychologie*.[31]

De basis voor de testpsychologie was in de jaren tachtig gelegd door
de man die ook aan de wieg stond van de eugenetische beweging: de Engelsman Francis Galton. Dat was geen toevallige combinatie. Net als de eugenetica vloeide Galtons belangstelling
voor het meten van individuele verschillen voort uit zijn gegrepenheid door de evolutietheorie. Als het principe van variatie en selectie ook van toepassing is op de menselijke soort, zo
redeneerde Galton, dan is het van het grootste belang om te proberen verschillen tussen mensen meetbaar te maken. Waar Wundt en zijn navolgers zich concentreerden op het zoeken
naar algemeen-psychologische wetten, legde Galton zo de basis voor de *differentiële psychologie*: de psychologie van de verschillen tussen mensen. In 1884 richtte hij op de International
Health Exhibition, die dat jaar in Londen werd gehouden, een 'antropometrisch laboratorium'
in, waar mensen zeventien proefjes af konden leggen. Deels hadden die proefjes betrekking
op lichamelijke kenmerken, deels probeerde Galton ook psychische eigenschappen meetbaar
te maken. Het was de Amerikaan Cattell die dat laatste element verder uitbouwde, en in 1890
de eerste serie 'mentale tests en metingen' presenteerde.

Het meetbaar maken van individuele verschillen sloot mooi aan bij
het sociaal beheer, dat door filantropen, hygiënisten, progressives en eugenetici werd gepropageerd. Enerzijds boden de tests de mogelijkheid om 'afwijkende', problematische individu-
en nader te beschrijven: het moeilijke kind, de misdadiger, de psychiatrische patiënt, enzovoort. Anderzijds pasten zij binnen het visioen van een rationeel georganiseerde samenleving,
waarin iedereen de plaats krijgt die correspondeert met zijn capaciteiten. Vooral binnen het
onderwijs, het leger en het beroepsleven kregen de tests zo een functie in de toedeling van posities op basis van psychologisch meetbare 'geschiktheid'.

De eerste tests waren nog overwegend geënt op de Wundtse bewustzijnspsychologie: de apparaten en instrumenten, die ontwikkeld waren voor het experimenteel onderzoek van het bewustzijn, kregen door het werk van Cattell en anderen een plaats
binnen het individueel gerichte onderzoek. Al spoedig bleek echter dat de bruikbaarheid van
deze meetinstrumenten in de praktijk beperkt was. Vanaf de eeuwwisseling kwamen allerlei
nieuwe testvormen tot ontwikkeling, toegesneden op de uiteenlopende vragen en werkom-
standigheden van de psycholoog op verschillende werkterreinen. Zo leidden geschiktheids-
vragen binnen het onderwijs tot de ontwikkeling van de intelligentietest, vormde de personeelsselectie in bedrijven de bakermat voor de zogenaamde psychotechnische proeven, en
kwamen binnen de psychiatrie de zogenaamde projectieve technieken tot ontwikkeling, met
de Rorschach-test als bekendste voorbeeld.

In de eerste decennia van deze eeuw groeide de testpsychologie uit tot het symbool van psychologische expertise, en werd zij de motor van de ontwikkeling van de psychologische beroepspraktijk. Deze begon al spoedig de academische psychologie te overvleugelen, en het maatschappelijk gezicht van het vak te bepalen. Dit gold vooral voor de Verenigde Staten, waar de psychologie na de Eerste Wereldoorlog uitgroeide tot een ware mode. Zoals een kritisch commentator het in 1924 formuleerde: 'There is now not only psychology in the academic or college sense, but also a Psychology of Business, a Psychology of Education, a Psychology of Salesmanship, a Psychology of Religion (...) In all our great cities there are already, or soon will be, signs that read 'Psychologist – Open Day and Night.'[32]

Conclusie

De psychologie heeft in onze samenleving een hoge vlucht genomen. Enerzijds is er een nog steeds snel groeiende groep van praktisch werkzame psychologen, die op steeds meer terreinen van het maatschappelijk leven actief is. Waren deze activiteiten in de eerste helft van deze eeuw nog overwegend gecentreerd rondom diagnostiek en geschiktheidsbepaling, sinds de Tweede Wereldoorlog heeft het professioneel repertoire zich aanzienlijk uitgebreid: psychotherapie, training, vorming, organisatie-advieswerk, 'remedial teaching', advisering van ouders en onderwijzers, enzovoort. Anderzijds is sprake van een bredere doorwerking van de psychologie, die niet alleen zijn beslag heeft gekregen in de 'psychologisering' van andere disciplines en beroepsgroepen, maar ook onze alledaagse ervaring in toenemende mate is gaan beïnvloeden. Een belangrijke rol speelt hierbij het proces van *protoprofessionalisering*. De opkomst van de psychologie heeft ertoe geleid dat we bepaalde problemen zijn gaan karakteriseren als 'psychologisch': voor kwesties waarover we voorheen te rade gingen bij de dokter of de dominee, wenden we ons tegenwoordig tot de psycholoog. Als uitvloeisel daarvan zijn we geleidelijk aan ook de zienswijze van psychologen over gaan nemen, op dezelfde manier als waarop onze ideeën over ziekte en gezondheid voor een groot deel geënt zijn op de medische wetenschap.[33]

In dit hoofdstuk hebben we geprobeerd een aantal achtergronden van deze ontwikkeling zichtbaar te maken. Een daarvan is de opkomst van de psychologie als academische discipline. De betekenis hiervan moet echter niet overschat worden: de ontwikkeling van de psychologische praktijk werd weliswaar op gang gebracht vanuit de academische psychologie, maar werd inhoudelijk veel meer gestuurd door maatschappelijke ontwikkelingen die voortvloeiden uit de demografische, economische, sociale en politieke ontwikkelingen die zich vanaf het midden van de negentiende eeuw manifesteerden. Nieuwe productie- en leefvormen vroegen om nieuwe vormen van gedragsregulering en maatschappelijke sturing. Deze interventiepraktijken vormden de voedingsbodem voor de opkomst van een heel scala aan menswetenschappen, waarbinnen rond de eeuwwisseling ook psychologie haar plaats vond.

Een tweede punt dat naar voren kwam is de complexiteit van de psychologie. 'Psychologie' is een verzamelnaam voor een heterogene reeks theorieën en praktijken die deels op gespannen voet met elkaar staan. Dat was zo in de ontstaansfase en het is, in weerwil van de inmiddels opgedane kennis en ervaring, een eeuw later nog steeds zo. Dit houdt niet noodzakelijk een diskwalificatie van de psychologie als vakgebied in, noch van haar beoefenaren: de heterogeniteit van de psychologie heeft waarschijnlijk vooral te maken met de moeilijk verenigbare eisen die voortvloeien uit de complexiteit van haar object, het streven naar strenge wetenschappelijkheid en de drang van psychologen zich als een maatschappelijk nuttige beroepsgroep te profileren. Hoe dan ook: voor de historisch onderzoeker wordt de geschiedenis van 'de' psychologie er alleen maar interessanter door.

oten

Carolien Baartman, Eric Haas, Peter Selten en Pieter van Strien worden hartelijk bedankt voor hun commentaar op eerdere versies van dit hoofdstuk.

1   Ebbinghaus publiceerde in 1897 een zin-aanvultest om de mentale capaciteiten van scholieren te meten. Zie E.G. Boring (1950), *A history of experimental psychology* (Englewood Cliffs, NJ: Prentice Hall), p. 390.

2   D.S. Napoli (1982), *Architects of adjustment: the history of the psychological profession in the United States* (London: Kennikat), p. 15-16.

3   W. Wundt (1910), Ueber reine und angewandte Psychologie, *Psychologische Studien, 5,* 1-47. H. Münsterberg (1914), *Grundzüge der Psychotechnik* (Leipzig: Barth).

4   G. Heymans (1909), *De toekomstige eeuw der psychologie* (Groningen: Wolters) (rectorale rede). Zie *De Psycholoog* (1992), *27,* 406-440, voor een bekorte versie van Heymans' rede en een aantal hedendaagse commentaren.

5   E.J. Hobsbawm (1972), *The age of revolution, Europe 1789-1848* (London: Weidenfeld); E.J. Hobsbawm (1975), *The age of capital, Europe 1848-1875* (London: Weidenfeld); M. Pieterson, red. (1981), *Het technisch labyrint. Een maatschappijgeschiedenis van drie industriële revoluties* (Amsterdam/Meppel: Boom).

6   P.A. Baran en P.M. Sweezy (1966), *Monopoly capital. An essay on the American economic and social order* (Harmondsworth: Penguin); M.D. Biddiss (1977), *The age of the masses. Ideas and society in Europe since 1870* (Harmondsworth: Penguin), p. 29; Pieterson, red., a.w., p. 29-30.

7   H.M. Beliën en W.H. Roobol, red., (1984), *Europa in de wereld, een geschiedenis vanaf 1815* (Bloemendaal: Gottmer), p. 160; L. Benevolo (1993), *The European city* (Oxford: Blackwell).

8   Pieterson, red., a.w., p. 66.

9   P. Stearns (1975), *European society in upheaval. Social history since 1750* (New York: MacMillan), p. 81.

10 Daarvoor bestonden alleen ten tijde van verkiezingen politieke comités, waarin gelijkgestemden zich verenigden ter ondersteuning van bepaalde kandidaten.

11 R. Sennett (1977), *The fall of public man* (New York: Vintage Books).

12 *Encyclopedia Britannica,* 15th edition (1986) Vol. 24, p. 259.

13 Zie voor een bespreking van het individualisme als de dominante westerse ideologie: N. Elias (1987), *Die Gesellschaft der Individuen* (Frankfurt: Suhrkamp); J. Jansz (1991), *Person, self, and moral demands. Individualism contested by collectivism* (Leiden: DSWO Press), hoofdstuk 2; C.B. Macpherson (1962), *The political theory of possessive individualism: Hobbes to Locke* (Oxford: Oxford University Press). C. Taylor (1989), *Sources of the self: the making of modern identity* (Cambridge: Cambridge University Press) bespreekt de lange geschiedenis van het individualisme met de nadruk op psychologische en ethische implicaties.

14 J. Donzelot (1977), *La police des familles* (Paris: Minuit); A. de Regt (1984), *Arbeidersgezinnen en beschavingsarbeid. Ontwikkelingen in Nederland 1870-1940* (Amsterdam/Meppel: Boom), hoofdstuk 6 voor een beschrijving van de 'moderne', individualiserende filantropie.

15 De Regt, a.w., p. 148, 165; A. de Swaan (1989), *Zorg en de staat. Welzijn, onderwijs en gezondheidszorg in Europa en de Verenigde Staten in de nieuwe tijd* (Amsterdam: Bert Bakker), p. 198, 200.

16 Donzelot, a.w., hoofdstuk 3; E.S. Houwaart (1991), *De hygiënisten. Artsen, staat en volksgezondheid in Nederland 1840-1890* (Groningen: Historische Uitgeverij).

17 Benevolo, a.w., hoofdstuk 6; De Swaan, a.w., p. 143.

18 W. McClay (1994), *The masterless. Society and self in modern America* (Chapel Hill: University of North Carolina Press); Pieterson, red., a.w., p. 207-214.

19 De term sociaal-*darwinisme* is in feite onjuist, omdat Spencer zich aansloot bij de Lamarckiaanse variant van de evolutieleer. In tegenstelling tot het toeval op het niveau van variatie dat bij Darwin centraal stond, stelde Lamarck dat het variatieproces doelgericht verliep en dat eigenschappen die een generatie verwierf direct aan de volgende werden doorgegeven (zie ook hoofdstuk 11).

20 D.J. Kevles (1985), *In the name of eugenics* (New York: Knopf), p. 85.

21 Nederlandse eugenetici pleitten bijvoorbeeld voor selectie op erfelijke kwaliteit van de boeren die zich in de drooggelegde Wieringermeer zouden mogen vestigen. Hun pleidooi vond amper gehoor onder politici en stuitte op hevig verzet van de christelijke boerenorganisaties. Zie J. Noordman (1989), *Om de kwaliteit van het nageslacht. Eugenetica in Nederland 1900-1950* (Nijmegen: SUN), p. 119 e.v.

22 Zie voor de geschiedenis van de eugenetische beweging in de Verenigde Staten Kevles, a.w.

23 A. Chase (1980), *The legacy of Malthus. The social costs of the new scientific racism* (Urbana: University of Illinois Press), p. 16.

24 De eerste sociale verzekeringen werden in de jaren tachtig gerealiseerd in Duitsland, waar Bismarck op langere termijn een klasse van loyale staatspensioentrekkers voorzag, die gekant zouden zijn tegen elke verandering die hun uitkering in gevaar zou brengen. Zijn streven om hiermee de socialisten de wind uit de zeilen te nemen was overigens niet effectief: aan de vooravond van de Eerste Wereldoorlog schreef de socialistische partij het miljoenste lid in. Zie Biddiss, a.w., p. 39.
In Engeland verwachtte de conservatieve regering dat een nationaal verzekeringsstelsel de integratie van de arbeidersklasse in de kapitalistische samenleving zou bevorderen. Dankzij de steun van de vakbonden konden hier in 1908 de staatspensioenen worden ingevoerd. In de Verenigde Staten en Nederland kwam het sociaal verzekeringsstelsel pas later tot ontwikkeling. Zie De Swaan, a.w., p. 209-222.

25 Zie D. Draaisma (1988), *De geest in getal. Beginjaren van de psychologie* (Amsterdam: Swets & Zeitlinger), p. 62-83.

26 S. Bem (1985), *Het bewustzijn te lijf. Een geschiedenis van de psychologie* (Amsterdam/Meppel: Boom); J. van Ginneken (1986), De psychologische mens: menswetenschappen en maatschappij rond de eeuwwisseling in J. van Ginneken en J. Jansz, red., *Psychologische praktijken. Een twintigste-eeuwse geschiedenis* (Den Haag: Vuga), p. 17-52; L.S. Hearnshaw (1987), *The shaping of modern psychology* (London: Routledge & Kegan Paul).

27 W. Dilthey (1894), Ideen über eine beschreibende und zergliedernde Psychologie, in *Wilhelm Diltheys Gesammelte Werke, Band V* (Leipzig: Teubner).

28 G.E.M. Panhuysen (1990), *Het ei van Freud. Over de bijdrage van medische heuristieken aan geboorte en groei van de psychoanalyse* (Amsterdam: Swets & Zeitlinger).

29 Zie voor een beschrijving van de receptie van de psychologie binnen andere disciplines in Nederland Van Strien, 1993, a.w., hoofdstuk 3.

30 Zie voor de professionalisering van de psychologie in de Verenigde Staten Napoli, a.w.; Voor Duitsland: Geuter (1984), *De Professionaliserung der deutschen Psychologie im Nationalsozialismus* (Frankfurt a.M.: Suhrkamp). Zie voor Nederland P.J. van Strien (1993), *Nederlandse psychologen en hun publiek* (Assen: Van Gorcum) en T.A. Veldkamp en P. van Drunen (1988), *Psychologie als professie. 50 Jaar Nederland Instituut van Psychologen* (Assen: Van Gorcum).

31 Zie P. van Drunen en P.J. van Strien (1995), *Op de proef gesteld. Geschiedenis van de psychologische test* (Groningen: Uitgeverij Passage/Archief en Documentatiecentrum Nederlandse Psychologie).

32 Napoli, a.w., p. 42. In andere landen verliep de ontwikkeling trager: in Duitsland nam de psychologie pas onder het Nazi-regime een hoge vlucht, en in Nederland kwam pas na de Tweede Wereldoorlog een praktijk van enige omvang tot ontwikkeling. Zie voor Duitsland Geuter, a.w. en voor Nederland Van Strien, a.w. en Veldkamp en Van Drunen, a.w.

33 Het begrip protoprofessionalisering is afkomstig van De Swaan. Zie C. Brinkgreve, J.H. Onland en A. de Swaan (1979), *Sociologie van de psychotherapie 1. De opkomst van het psychotherapeutisch bedrijf* (Utrecht: Het Spectrum), p. 10-24.

et kind

DESKUNDIGE OPVOEDINGSADVIEZEN EN -INTERVENTIES

JEROEN JANSZ

Als het aan John B. Watson had gelegen, zouden ouders voortaan worden bijgestaan door een opvoedingsexpert die in het behaviorisme was geschoold. In *Should a child have more than one mother* (1929), stelde hij voor om 260 ouderparen in een 'behavioristisch land' samen te brengen. Een kind zou vanaf de geboorte steeds gedurende vier weken onder de hoede van één stel ouders en een expert zijn. Daarna zou het aan een volgend drietal worden toevertrouwd, tot het kind op twintigjarige leeftijd als competente volwassene de wereld tegemoet kon treden. Watson achtte een drastische aanpak noodzakelijk om te breken met de sentimentele wijze van opvoeden die hij om zich heen zag. De drang van vooral moeders om hun kinderen te vertroetelen stond een wetenschappelijke benadering van de opvoeding in de weg.[1]

Met zijn voorstellen voor de ideale opvoeding sloot Watson aan bij een lange traditie. In de zeventiende eeuw waren de opvoedingstraktaten van Comenius en Locke verschenen en in de achttiende eeuw publiceerde Rousseau zijn *Emile ou de l'éducation* (1762). Rousseau's romantische notie van de kwetsbare kinderziel en zijn pleidooi voor een natuurlijke opvoeding vonden een groot gehoor onder de gegoede burgerij. In de loop van de negentiende eeuw werden de min of meer filosofische bespiegelingen uitgebreid met praktische interventies in het gezinsleven. Deze ingrepen betroffen vooral de pauperkinderen die tegen uitbuiting en leegloperij moesten worden beschermd. Ze gingen gepaard met de invoering van wetgeving waarin de bijzondere status van het kind werd vastgelegd, zoals wetten op de kinderarbeid en de leerplicht.

Deze opkomende interventiepraktijken vormden de directe achtergrond voor de opkomst van psychologische perspectieven op het kind, die in dit hoofdstuk centraal staan.[2] Daarbij zal duidelijk worden dat de gestage verbreiding van het psychologisch perspectief op opvoeding bepaald niet alleen de verdienste van professionele psychologen is geweest. In de tijd dat slechts enkele psychologen over opvoeding schreven, maakten andere professionele opvoeders, zoals artsen, al op betrekkelijk grote schaal gebruik van psychologische inzichten. Het hoofdstuk zal ook laten zien dat Watsons drastische interventie een uitzondering was: de psychologische benadering gaf over het algemeen aanleiding tot een zachte hand van opvoeden.

Voorgeschiedenis

In de traditionele samenleving maakte men over het algemeen weinig onderscheid tussen het kind en de volwassene. Tot het eind van de achttiende eeuw was het gebruikelijk dat kinderen vanaf een jaar of zes gewoon deelnamen aan het leven der volwassenen. Dit had enerzijds te maken met de korte levensduur die de meesten beschoren was; anderzijds is het te begrijpen uit het overwegend agrarisch karakter van de traditionele samenleving. Sinds mensenheugenis leverden kinderen in het boerenbedrijf een bijdrage aan het gezinsinkomen, waarmee ze de status van arbeidskracht verwierven.[3]

Het kind als kleine volwassene. Tot de achttiende eeuw werd over het algemeen weinig onderscheid gemaakt tussen kinderen en volwassenen.

In de loop van de achttiende eeuw werd de afstand tussen kind en volwassene geleidelijk aan groter. In de hogere kringen begon men zich zorgen te maken over de gevoeligheden van kleine kinderen, en hen af te schermen van de vijandige buitenwereld. Welgestelde burgers lazen de theorieën van Locke en Rousseau over de specifieke aard van het kind en namen kennis van hun opvoedingsadviezen, zoals de aanbeveling lichamelijke straffen te vermijden. In vele westerse landen kreeg het opvoedingsadvies een zekere populariteit in de geletterde bovenlagen.[4] In Nederland bijvoorbeeld, schreef Betje Wolff haar *Proeve over de opvoeding* (1780). Speelgoed, kinderkamers en kinderkleren droegen bij aan het ontstaan van een aparte kinderwereld. Ook vanuit de kerken groeide in deze periode de aandacht voor de speciale status van het kind. In de Angelsaksische wereld en ook in Nederland waren het vooral de Calvinisten die over opvoeding publiceerden. Calvijn leerde dat kinderen zondig ter wereld kwamen en dat alleen een strenge opvoeding de 'kleine tirannen' op het rechte pad zou kunnen brengen. De achttiende-eeuwse dominees vertaalden dit in de noodzaak de wil van het eigenwijze en ongehoorzame kind onverbiddelijk te breken, desnoods door liefdevolle toepassing van lijfstraffen. Het kind moest absolute gehoorzaamheid betonen aan zijn vader, die als de directe representant van het Godsgezag werd beschouwd.[5]

'Het kind' als aparte categorie werd pas een algemeen verschijnsel door de maatschappelijke veranderingen in de negentiende eeuw. De industrialisatie bracht speciale aandacht voor kinderen met zich mee. Voortaan werden zij juist vanwege hun kind-zijn in het productieproces ingeschakeld: dankzij hun geringe omvang konden kinderen in de weverijen en mijnen op plaatsen werken waar anderen niet konden komen. In de loop van de negentiende eeuw kregen steeds grotere groepen kinderen een of andere vorm van scholing. Kinderen van arme ouders bleven daarbij aanvankelijk achter, omdat hun ouders het geld dat kinderarbeid opbracht niet konden missen. De verbreding van onderwijsdeelname werd in het laatste kwart van de negentiende eeuw bezegeld toen in de meeste westerse landen de leer-plicht werd ingevoerd (zie ook hoofdstuk 3).

In de tweede helft van de eeuw kwamen er allerlei wetten tot stand met betrekking tot het kinderleven. In veel landen kwam er, parallel aan de verplichting naar school te gaan, een verbod op kinderarbeid, die meer en meer gezien werd als een ontoelaat-bare vorm van uitbuiting. Daarnaast gingen allerlei weldoeners en gezagsdragers zich publie-kelijk zorgen maken over de pauperkinderen. Men vreesde dat 'het kind in gevaar' zich tot 'een gevaarlijk kind' zou ontwikkelen, dat door zijn delinquente gedrag de maatschappelijke orde zou verstoren. De overheid kreeg de bevoegdheid bij verwaarlozing of mishandeling van de kinderen in te grijpen in het gezinsleven: de Kinderbescherming kon kinderen uit huis plaatsen of ouders hun formele gezag over de kinderen ontnemen. Deze wetgeving ter be-scherming van kinderen had een tegenhanger in de vorm van de kinderrechtspraak: speciale rechters en hoven voor kinderen die misdrijven hadden gepleegd. De kinderrechtspraak richt-te zich vanuit humanitaire motieven op heropvoeding in plaats van opsluiting, maar probeer-de tegelijkertijd de burgerlijke vrees voor de toename van jeugddelinquentie te beteugelen door de jonge wetsschenders te isoleren. Dit resulteerde in de oprichting van heropvoedings-gestichten, zoals de Franse landbouwkolonie Mettray.[6]

De landbouwkolonie Mettray, bij Tours in Frankrijk (ca. 1845). In dit heropvoedingsgesticht werden criminele jongens onderworpen aan een streng regime van observatie en heropvoeding. Mettray diende als voorbeeld voor tal van vergelijkbare instellingen, die rond het midden van de eeuw in verschillende Europese landen werden gesticht. Uit: W.H. Suringar (z.j.), Mijn bezoek aan Mettray.

In dezelfde periode ontbrandde het medisch-hygiënisch offensief ten aanzien van kinderen (zie hoofdstuk 1). In allerlei publicaties propageerden de hygiënisten het belang van slaap, dagelijkse beweging, goede voeding en zorgvuldige lichaamshygiëne voor een voorspoedige ontwikkeling van de kinderen. Door middel van preventieve bevolkings-maatregelen wilde men de hoge zuigelingen- en kindersterfte bestrijden en een halt toeroepen aan de verspreiding van besmettelijke ziekten. De preventie kwam in handen van *consultatie-bureaus voor zuigelingen*, die rond 1900 naar Frans voorbeeld in de meeste westerse landen werden opgericht. De bureaus verstrekten medisch-hygiënische adviezen en onderwierpen de zuigelingen aan geneeskundige controle. Sommige organisaties van hygiënisten en filantropen stonden directe ingrepen in het leven van pauperkinderen voor: de gezinnen werden thuis opgezocht en er werd op het schoolbezoek en de kwaliteit van de opvoeding toegezien.[7] De burgelijke weldoeners waren er over het algemeen van overtuigd dat de toekomst voor de arbeiderskinderen er veel beter uit zou zien, wanneer de arbeiders de opvoedingsstijl van de burgerij zouden overnemen.

Het resultaat van al deze ontwikkelingen was dat er aan het einde van de negentiende eeuw in ieder mensenleven een betrekkelijk langdurige overgangsperiode ontstond tussen de totale afhankelijkheid van de allereerste levensjaren en de autonomie van de volwassene. Kinderen werden kwetsbaar en maakbaar geacht, zodat er naast de school allerlei andere juridische en medische instellingen van begeleiding en zorg noodzakelijk waren om schadelijke invloeden af te buigen en bij te dragen aan de optimalisering van de opvoeding. De artsen binnen deze nieuwe instituties gingen zich afzetten tegen de moraliserende invalshoek van de filosofische en religieuze opvoedingstractaten. Niet filosofie of religie, maar wetenschappelijk onderzoek diende volgens hen het uitgangspunt te vormen voor de opvoeding. In het voetspoor van de artsen verschenen aan de vooravond van de eeuwwisseling de eerste psychologen ten tonele die, net als hun collega's uit de geneeskunde, beweerden dat de wijze woorden van Comenius, Locke en Rousseau hoognodig vervangen dienden te worden door de resultaten van de wetenschappelijke kinderstudie.

*O*pkomst van de kinderpsychologie

De eerste bijdragen aan het psychologisch perspectief op kinderen kwamen uit Europa. Darwin publiceerde in 1877 het verslag van de observaties van het gedrag van zijn zoontje, maar het was vooral de Duitse fysioloog Wilhelm Preyer die school maakte. In de omvangrijke studie *Die Seele des Kindes* (1882) presenteerde hij de resultaten van een jarenlange observatiestudie naar de ontwikkeling van zijn eigen zoontje. Preyers biogenetische theorie, waarin ontwikkeling het resultaat is van biologische rijping, kreeg vele navolgers in de Europese en Amerikaanse ontwikkelingspsychologie.

Een van deze navolgers was Granville Stanley Hall, de Amerikaanse pionier op het gebied van de kinderpsychologie. Nadat hij in de jaren tachtig onderzoek had gedaan naar de belevingswereld van jonge kinderen, legde Hall rond 1890 de basis voor een beweging waarmee hij beoogde de kinderpsychologie een breed maatschappelijk draagvlak te geven: de *child study movement*. Kenmerkend voor deze beweging was de nauwe samenwerking tussen enerzijds psychologen (Stanley Hall en zijn leerlingen aan Clark University), en anderzijds leerkrachten en andere professionele opvoeders. Deze samenwerking kreeg vooral gestalte in omvangrijke vragenlijstonderzoeken, waarin leerkachten – maar ook ouders – werden ingeschakeld om het alledaags gedrag van kinderen te observeren en te documenteren. Daarbij ging het om de meest uiteenlopende facetten van de kinderlijke ontwikkeling; zo verschenen er vragenlijsten over woede en zelfbesef, maar ook over zenuwtrekjes, voedselvoorkeuren en religieuze ervaringen. Aanvankelijk gingen er ongeveer vijftien verschillende lijsten per jaar de deur uit, na 1900 zakte het tot een zestal per jaar. De resultaten werden gepubliceerd in het tijdschrift *Pedagogical Seminary*, dat in 1891 door Stanley Hall was opgericht om de principes en resultaten van de beweging uit te dragen. Ouders en leerkrachten omarmden Halls methode met enthousiasme: men ging bijvoorbeeld zelf lijsten maken en men speculeerde naar aanleiding van de kinderstudies over de ware aard van kinderen.[8]

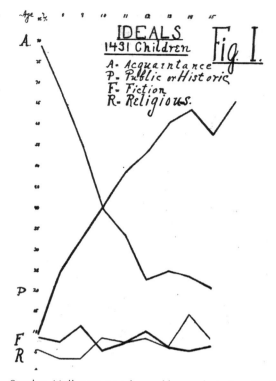

Stanley Hall was een begaafd popularisator. Zo hield hij lezingen voor ouders en leerkrachten, waarin hij het belang van de psychologie voor opvoeding en onderwijs uiteenzette. De beweging groeide gestaag en kende halverwege de jaren negentig aanhangers in driekwart van alle Amerikaanse staten. Hall hoopte met de kinderstudie geld binnen te halen om de financiële nood van Clark University te lenigen, maar daar slaagde hij niet in. De grootste steun ondervond Stanley Hall van het National Congress of Mothers dat in 1897 werd opgericht.[9] Deze grootschalige organisatie van ouders gebruikte Halls inzichten voor haar eigen opvoedingsadviezen en werkte mee aan het vragenlijstproject. De thema's waarop het Congress zich richtte, liepen keurig in de pas met de belangstelling van Stanley Hall. Toen hij in 1904 zijn levenswerk *Adolescence* publiceerde, verschoof ook binnen de vereniging de aandacht van jonge kinderen naar pubers. Halls populariteit werd onderstreept door het feit dat men binnen het Congress lange tijd geen oor had voor een eventuele bijdrage van andere psychologen.

Het succes van Stanley Hall bij het Congress of Mothers stond in schril contrast met de reactie van de meeste van zijn vakgenoten.[10] Veel prominente psychologen spraken publiekelijk hun ergernis uit over de slordige opzet en uitvoering van het vragenlijstproject. Ondanks het respect dat men in de toenmalige psychologie voor de biogenetische theorie van Preyer had, viel menigeen over Halls dogmatische toepassing van biologische principes, zoals in *Adolescence*, waar hij bijvoorbeeld beweerde dat de kleutertijd een herhaling is van de ongeorganiseerde dierlijke periode van onze voorouders en dat de adolescentie niets anders is dan de recapitulatie van het leven in stamverband. De kritiek bracht met zich mee dat Stanley Hall aan het begin van de twintigste eeuw gemarginaliseerd raakte binnen de academische psychologie. Dit gold echter niet voor zijn leerlingen, van wie verschillenden wisten door te dringen tot de hoofdstroom van de Amerikaanse psychologie.

Arnold Gesell was een van hen. Net als zijn leermeester werkte hij in de traditie van Preyer. In 1911 kreeg hij aan Yale University de leiding over een kliniek, waarbinnen hij een onderzoeksprogramma naar ontwikkeling opzette. Gesell kende net als Preyer groot belang toe aan nauwgezette gedragsobservaties. In het klinische laboratorium maakte hij gebruik van innovaties als het *one-way screen* en filmopnamen. Gesell achtte de biologische rijping verantwoordelijk voor het feit dat alle kinderen op ongeveer dezelfde leeftijd kunnen grijpen, lopen of zitten. De onderzoeksresultaten werden vertaald in normatieve tabellen die aangaven wat een kind met betrekking tot de velden 'motoriek', 'adaptatie', 'taal' en 'persoonlijkheid en gedrag' op een bepaalde leeftijd moest kunnen. Gesells lijstjes bleken zowel in het veld als in het onderzoek een aantrekkelijke toetssteen te zijn om vast te stellen in hoeverre een kind in de pas liep met de normale ontwikkeling.[11] Deze normen zouden nog tot ver na de Tweede Wereldoorlog invloed hebben op de opvoedingspraktijk.

Observatiekoepel van Gesell. De koepel was zo geconstrueerd en verlicht, dat het kind onopgemerkt van buitenaf kon worden gefilmd, geobserveerd en gefotografeerd. Foto: Gesell Institute. Uit: N.L. Munn (1961), Psychology: the fundamentals of human adjustment (London: Harver & Co).

Ook in Europa kwam in de decennia na de eeuwwisseling de 'kinderstudie' van de grond, en ook hier was er sprake van een intensieve samenwerking tussen psychologen en professionele opvoeders. Zo werd in Frankrijk de *Société Libre pour l'Etude psychologique de l'Enfant* opgericht, met als grote inspirator Alfred Binet – de latere uitvinder van de intelligentietest. Theoretisch was vooral het werk van Freud van belang. In zijn *Drei Abhandlungen zur Sexualtheorie* (1905) betoogde Freud dat seksualiteit van doorslaggevend belang is voor de ontwikkeling en dat ieder mens een aantal psychoseksuele stadia doorloopt. In tegenstelling tot bijvoorbeeld Darwin, Preyer en Gesell observeerde Freud geen kinderen, maar baseerde hij zijn theorie op wat volwassen patiënten hem tijdens de analyse over hun vroegste jeugd rapporteerden. De psychoanalyse was niet alleen een theorie, maar ook een beweging die Freuds werk actief uitdroeg. De hechte organisatie van deze beweging droeg ertoe bij dat de psychoanalyse in de twintigste eeuw een invloedrijke ontwikkelingstheorie werd.

De popularisering van psychologische opvoedingsadviezen

De toenemende belangstelling voor 'kinderstudie' ging gepaard met een toenemende stroom van boeken en tijdschriften, waarin belangstellende ouders werden voorgelicht over de ontwikkeling en opvoeding van hun kinderen. Naast medische inzichten gingen psychologische noties hierbij een steeds belangrijker rol spelen, niet in de laatste plaats dankzij het populariserend werk van Stanley Hall, Binet en andere pioniers van de kinderpsychologie. Barnes, een ander kopstuk binnen de kinderstudiebeweging, droomde van een toekomst waarin de 'Manuals of Education would be shipped to the less intelligent parts of the country to be sold with old copies of 'Everyman His Own Lawyer' and 'The Universal Family Physician'.'[12]

Illustratief voor de ontwikkeling van de adviesliteratuur was de publicatie *Infant Care*, die vanaf 1914 in opeenvolgende edities door het United States Children's Bureau werd uitgegeven. *Infant Care* adviseerde vooral over de medisch-hygiënische aspecten van opvoeding, maar gaf daarnaast aanwijzingen op het gebied van dagindeling en training. Vooral in de eerste edities lag daarbij een grote nadruk op het belang van *habit training*. Kinderen zouden vanaf de geboorte vertrouwd moeten raken met een strikt schema van voeden, spelen en slapen, omdat dit de enige manier was om de hulpeloze wezentjes te emanciperen uit de chaos van zintuigelijke indrukken.[13] Ouders werd verder aangeraden al in de eerste maand met zindelijkheidstraining te beginnen en er op toe te zien dat kinderen zich niet bezondigden aan duimzuigen of masturbatie. In Groot-Britannië verscheen vanaf 1923 de *Mothercraft Manual* van Lidiard die in veel opzichten op *Infant Care* leek. Net als in de Amerikaanse tegenhanger bepleitte Lidiard in zijn eerste edities een strikt schema van slapen, spelen en voeden, om te voorkomen dat de baby een huistiran zou worden.

Een belangrijke bijdrage aan de 'psychologisering' van de adviesliteratuur leverde de behaviorist John B. Watson. Watsons populariserende publicaties over de opvoeding werden in zekere zin uit nood geboren: toen hij in 1920 vanwege een buitenechtelijke relatie door de universiteit werd ontslagen, ging Watson bij een reclamebureau werken en populaire stukken schrijven om in zijn levensonderhoud te voorzien. In allerlei tijdschriften propageerde hij vanuit het behavioristische omgevingsdeterminisme het belang van een wetenschappelijke benadering van de opvoeding en hij deed in dat verband de drastische voorstellen die ik aan het begin van dit hoofdstuk heb weergegeven.[14] Veruit het bekendste en invloedrijkste werk van Watson was *The psychological care of the infant and child*, dat hij in 1928 samen met zijn vrouw publiceerde. Ook in dit boek verdedigden de Watsons een wetenschappelijke benadering van de opvoeding in plaats van het vertrouwen op opvoedingsinstincten. Naar hun overtuiging waren ouders – met name moeders – van nature geneigd hun kroost 'dood te knuffelen' om zo een gebrek in hun eigen bestaan te repareren. Het resultaat van dergelijke *smothering* was een afhankelijk kind, dat zich op alle mogelijke manieren aan zijn ouders verplicht voelde. Opvoeden tot onafhankelijkheid was alleen mogelijk door een zakelijke aanpak: *'There is a sensible way of treating children. Treat them as if they were young adults. (...) Never hug and kiss them, never let them sit in your lap. If you must, kiss them once on the forehead when they say good night. Shake hands with them in the morning (...). Try it out. In a week's time you will find how easy it is to be perfectly objective with your child and at the same time kind. You will be utterly ashamed of the mawkish, sentimental way you have been handling it.'[15]

De opvoedingsadviezen van de Watsons bleven niet onweersproken. De Housewives League bijvoorbeeld, nam de aanval op het warme, gezellige, liefdevolle Amerikaanse gezin hoog op. In kranten en op de radio kreeg *The psychological care* een controversiële status. Desalniettemin vond het boek zijn weg naar een groot lezerspubliek, ook dankzij de veel minder geruchtmakende praktische adviezen over bijvoorbeeld zindelijkheidstraining, angsten en driftbuien. In de loop van de jaren dertig werd Watsons invloed bovendien ook in andere opvoedingshandleidingen zichtbaar. Zo werd in de editie van *Infant Care* die in 1938 verscheen, betoogd dat naast zindelijkheid ook allerlei andere vaardigheden door systematische training konden worden aangeleerd.[16]

Terwijl de Watsons in de jaren twintig een strenge opvoeding verdedigden, probeerde de Engelse psychoanalytica Susan Isaacs het grote publiek juist te bewegen tot een liberale opvoedingsstijl. Bijvoorbeeld in haar succesrijke *The nursery years* (1929), waarin ze een 'good boiled sweet' als substituut voor duimzuigen voorstelde en de behoefte aan zelfbevrediging als het resultaat van de oedipale verlangens presenteerde. In al haar populaire boeken drong ze er bij de Britse ouders op aan het rumoer en de vieze kleren van hun kroost te accepteren als normaal onderdeel van de kindertijd.[17]

Ook de verzuilde Nederlandse opvoedingsvoorlichting kende tijdens het interbellum een steeds belangrijker rol aan de psychologie toe. Het tijdschrift *Het kind* besteedde in navolging van Stanley Hall veel aandacht aan de puberteit. Ook de katholieke Sis Heyster schreef in haar vele populaire boeken regelmatig over deze turbulente ontwikkelingsfase, waarbij zij de psychologie van Adler als inspiratiebron gebruikte. De theoloog Waterink, die aan de Vrije Universiteit psychologie en pedagogiek doceerde, richtte in de jaren dertig het blad *Moeder* op. In zijn beschouwingen verbond hij de calvinistische beginselen met inzichten uit de kinder- en jeugdpsychologie, bijvoorbeeld als het om het belang van het vaderlijk gezag ging.[18] Al met al ontstond er zo een wassende stroom populariserende opvoedingsliteratuur, waarin psychologische gezichtspunten een steeds belangrijker rol speelden.

De psychologisering van interventiepraktijken

Zoals we reeds zagen, waren de laatste decennia van de negentiende eeuw in de Verenigde Staten en Europa het toneel van de eerste institutionele interventies in het leven van jongeren die ontspoord waren of van wie gezagsdragers en filantropen vreesden dat zij zouden ontsporen. In de eerste decennia van de twintigste eeuw verbreidden deze interventies zich, en daarbij veranderden ze ook van karakter. Een belangrijke impuls kwam uit Engeland, waar filantropen en hygiënisten een verbreding van de preventieve zorg propageerden. Zij achtten de medische preventie van de consultatiebureaus niet toereikend om te voorkomen dat kinderen uit de laagste milieus in ontwikkeling achter zouden blijven. De weldoeners vonden de Labour Party aan hun zijde bij de oprichting van zogenaamde *nursery schools*, waar kinderen tussen één en vijf jaar overdag de opvoeding kregen die hun ouders hen niet konden geven. Het Britse voorbeeld kreeg in de jaren twintig navolging in de Verenigde Staten. Op de Amerikaanse nursery schools ging de stimulering van de opvoeding hand in hand met grootschalig psychologisch onderzoek naar de kinderlijke ontwikkeling. De ontwikkelingsnormen van Gesell waren bijvoorbeeld mede gebaseerd op de ontwikkelingsdossiers die in de nursery schools werden bijgehouden.[19]

Naast de preventie van consultatiebureaus en nursery schools kwam er een praktijk tot ontwikkeling waar psychologische diagnostiek en behandeling met preventie werden gecombineerd. De Amerikaanse psycholoog Lightner Witmer had de primeur op dit gebied toen hij in 1896 zijn *psychological clinic* aan de universiteit van Pennsylvania opende.[20] Witmer beoogde in nauwe samenwerking met leerkrachten hulp te bieden aan kinderen die ernstige problemen op school hadden, om zo te voorkomen dat dit kwaad zich tot erger zou ontwikkelen. Enkele psychologen volgden Witmers voorbeeld en openden klinieken waar kinderen met leer- en gedragsproblemen werden onderzocht en behandeld. In 1914 beschikten negen Amerikaanse universiteiten over een dergelijk instituut.[21]

Terwijl Witmer problematische scholieren behandelde, richtte de arts Healy zich op jongeren die in aanraking waren gekomen met justitie. In 1909 opende hij aan het jeugdgerechtshof in Chicago de eerste kliniek voor de diagnostiek en behandeling van jonge wetsovertreders. Healy en zijn team onderzochten de persoonlijkheden en de gezinsachtergrond van degenen die voorgeleid werden, waarbij de psychoanalyse het gereedschap bood om de wortels van het delinquente gedrag in de vroegste jeugd bloot te leggen.

Psychologisch onderzoek van een kind, ca. 1905. Foto: Archives of the History of American Psychology.

Witmer en Healy kregen navolging, maar het klinische werk kwam pas echt tot bloei dankzij de initiatieven van de *mental hygiene movement* (zie ook hoofdstuk 6). Deze particuliere beweging van artsen, filantropen en voormalige psychiatrische patiënten vroeg al sinds 1909 aandacht voor de preventie, diagnostiek en behandeling van geestesziekten. Klinische interventies in het leven van kinderen en jeugdigen pasten goed in het programma van de beweging, omdat men meende dat onaangepaste kinderen grote kans liepen zich te ontwikkelen tot psychiatrisch gestoorden of delinquenten. Dit resulteerde in de oprichting van zogenaamde *child guidance clinics*, waarvan de eerste in 1921 haar deuren opende. De geldschieters van het filantropische Commonwealth Fund hoopten dat deze klinieken zich vooral op de preventie van jeugdcriminaliteit zouden richten, maar in de praktijk oriënteerden ze zich al snel op veel bredere groepen probleemjongeren. Men volgde de werkwijze van Healy's psychiatrische kliniek: binnen het multidisciplinaire team deed de sociaal werker onderzoek naar de gezinsachtergrond van het probleemkind en nam de psycholoog tests af. De arts, meestal een psychiater, had de leiding over het onderzoek en nam de behandeling ter hand. De psychoanalyse bood het referentiekader van waaruit men informatie verzamelde en therapie bedreef. De benadering sloeg aan bij het publiek en ook de filantropische fondsen hielden vertrouwen in het werk, zodat de child guidance clinics rond 1930 tot een succesvolle onderneming uitgroeiden.[22]

Het Amerikaanse voorbeeld van klinieken die op multidisciplinaire wijze hulp boden aan het 'onaangepaste' kind kreeg aan het einde van de jaren twintig navolging, onder andere in Engeland en Nederland. In 1927 ging de eerste child guidance clinic in Londen open en Amsterdam volgde een jaar later. De oprichting van dit *Medisch Opvoedkundig Bureau* (MOB) was grotendeels de verdienste van één persoon, de maatschappelijk werkster Lekkerkerker, die naar Amerikaans voorbeeld preventie, diagnostiek en therapie onder één dak wilde brengen. Ook in Nederland richtte de aandacht zich aanvankelijk vooral op delinquente jongeren, maar verschoof het accent al snel naar de behandeling van 'normale' kinderen met lichte mentale stoornissen. De psychoanalyse was van meet af aan populair binnen de MOB's. De therapie voor het kind ging vaak gepaard met een zogenaamde 'milieubehandeling', waarbij een van de medewerkers de mensen thuis opzocht. Typerend voor Nederland was de zuilsgewijze organisatie van de MOB's, die met zich meebracht dat aan de meeste bureaus ook een dominee of priester was verbonden.[23]

Door hun psychoanalytische oriëntatie speelden de child guidance clinics en MOB's een belangrijke rol in de psychologisering van opvoedingsvraagstukken. De psycholoog als professional nam binnen deze instellingen echter een relatief bescheiden plaats in. Dit gold ook voor vergelijkbare Amerikaanse en Britse klinieken, zoals de beroemde Londense Tavistock Square Clinic die in 1920 was geopend. De rol van psychologen in deze klinieken beperkte zich tot testafname, terwijl de behandeling in handen was van de arts die de kliniek leidde. Binnen de meeste MOB's verschenen psychologen pas na de Tweede Wereldoorlog ten tonele en ook hier bestond hun werk lange tijd uitsluitend uit het testen van de kinderen. In andere Nederlandse instituties die tijdens het interbellum werden geopend, speelden psychologen wel een prominente rol. Dit gold met name voor het Psychotechnisch Laboratorium van de Vrije Universiteit dat in 1927 door Waterink was opgericht en in de paedologische instituten die in de jaren dertig in Amsterdam en Nijmegen werden geopend. Deze instellingen boden een rijk geschakeerd diagnostisch instrumentarium om de mogelijkheden en beperkingen van het kind vast te stellen.[24]

*D*e naoorlogse ontwikkelingen

In de jaren na de Tweede Wereldoorlog werd in de westerse wereld algemeen de nadruk gelegd op het herstel van de gezinsstructuur. Oorlogvoerende en bezette landen hadden te kampen gehad met een ongeregeld gezinsleven, door het verdwijnen van vaders naar het front of de arbeidsdienst en de inschakeling van moeders in de oorlogsindustrie. De roep om gezinsherstel gaf een nieuwe impuls aan de ontwikkeling van de kinderpsychologie, die vooral via haar populaire varianten een groot publiek wist te bereiken.

Popularisering
In 1946 verscheen *The common sense book of baby and child care* van de Amerikaanse arts Benjamin Spock. Het boek werd onmiddellijk een bestseller, en zou in de daaropvolgende decennia uitgroeien tot de opvoedingsbijbel voor miljoenen ouders, zowel in de Verenigde Staten als – via talrijke vertalingen – daarbuiten. Spock zette daarmee de toon voor het naoorlogse opvoedingsadvies, een toon die zich sterk onderscheidde van die

van eerdere opvoedingshandleidingen. Spock sprak eerder als een verstandige oudere broer dan als de expert die het laatste woord had. Hij benadrukte bijvoorbeeld dat ouders ook op hun eigen inzichten moesten vertrouwen.

Spocks adviezen behelsden alle aspecten van de opvoeding: naast bijvoorbeeld voeding, kinderziekten en de keuze van speelgoed, namen pychologische vraagstukken een belangrijke plaats in. Spock bepleitte een flexibele benadering van de opvoeding en nam daarbij nadrukkelijk afstand van de dwingende opvoedingsstijl die veel vooroorlogse experts hadden gepropageerd. Spocks geneeskundige achtergrond klonk in zijn adviezen door, maar hij maakte minstens zo vaak gebruik van inzichten uit de psychologie. De psychoanalyse was zijn theoretisch kader en dat was mede bepalend voor de ontwikkelingsvraagstukken die hij besprak, zonder daarbij overigens een psychoanalytische terminologie te bezigen. Zo informeerde hij zijn lezers bijvoorbeeld over de fase waarin meisjes liever jongetjes lijken te willen zijn en legde hij uit dat de moeite die kinderen hebben om afstand van hun uitwerpselen te doen zindelijkheidstraining moeilijk maakt, zonder daarbij in termen van 'penisnijd' of 'de anale fase' te spreken.

In 1950 verscheen de eerste Nederlandse vertaling van 'Spock'.

Spock had een enorm publiek succes, maar kreeg ook veel kritiek te verduren. Amerikanen die niet veel ophadden met de maatschappelijke veranderingen in de naoorlogse jaren, zagen Spock als de vleesgeworden minachting van streng optreden en duidelijke regels. Toen Spock zich aan het einde van de jaren zestig publiekelijk tegen de oorlog in Vietnam keerde, ging conservatief Amerika campagne tegen hem voeren. Spocks flexibele aanpak van de opvoeding werd door zijn critici gelijkgesteld aan 'alles goed vinden wat kinderen behaagt'. Men wees met afschuw op het resultaat: hippies die god noch gebod kenden en allerlei jongeren die aan de verdovende middelen gingen omdat ze niet hadden geleerd grenzen te stellen. Spock stelde daartegenover dat flexibiliteit en vertrouwen in eigen kunnen iets anders was dan toegeeflijkheid, maar het mocht niet baten: 'permissiveness' bleef de steen des aanstoots. In de jaren zeventig vielen Amerikaanse feministen over Spocks afwijzing van crèches en zijn beweringen dat jongens nu eenmaal rusteloos waren en meisjes door hun warmte en geduld vooral geschikt zouden zijn om huismoeder, verpleegster of secretaresse te worden. Spock nam de kritiek gedeeltelijk ter harte en nuanceerde in de editie van 1976 de passages over sekseverschillen, maar bleef van mening dat kinderen de eerste drie jaar door hun eigen ouders opgevoed moeten worden.[25]

Een tweede belangrijke figuur in de naoorlogse popularisering van kinderpsychologische kennis was de Engelse kinderpsychiater John Bowlby. Evenals Spock was Bowlby sterk psychoanalytisch georiënteerd. Nadat hij voor de oorlog reeds onderzoek gedaan had naar moeder-kindrelaties, vroeg de World Health Organization (WHO) hem na de oorlog een rapport te maken over thuisloze kinderen. Het resultaat verscheen in 1951 als *Maternal care and mental health*, waarin Bowlby schetste dat veel kinderen in ziekenhuizen, kindertehuizen en pleeggezinnen achterliepen in mentale en fysieke ontwikkeling en bovendien emotioneel teruggetrokken waren. Bowlby gaf een psychoanalytische verklaring voor deze ontwikkelingsachterstand: de oorzaak was *maternal deprivation*, dat wil zeggen de tijdelijke of structurele scheiding van de biologische moeder. Bowlby concludeerde dat een liefdevolle band tussen moeder en kind net zo belangrijk voor de ontwikkeling was als vitamine D.[26]

Maternal care kreeg een brede bekendheid, vooral na 1953, toen de populaire versie van het rapport verscheen en Bowlby met Robertson de film *A two-year old goes to hospital* maakte, die het gevaar van separatie illustreerde.[27] Zowel in Engeland als in diverse andere landen speelden Bowlby's opvattingen een belangrijke rol in de discussie over werkende, 'afwezige' moeders en de schade die hierdoor berokkend zou worden aan de ontwikkeling van hun kinderen (zie hoofdstuk 8).

Niet iedereen was even enthousiast over Bowlby's werk. In de jaren vijftig werd van verschillende kanten gewezen op methodische gebreken als te kleine steekproeven en onvergelijkbare onderzoeksgroepen. Anderen hadden bezwaar tegen het psychoanalytisch determinisme, dat op gespannen voet stond met de resultaten van leerpsychologisch onderzoek. En feministen ten slotte protesteerden tegen de conservatieve ondertonen in Bowlby's vanzelfsprekende omarming van de traditionele sekserollen.[28]

Met de figuren van Spock en Bowlby kreeg de populaire kinderpsychologie er twee belangrijke hoofdrolspelers bij. Daarnaast verschenen vooroorlogse publicaties als bijvoorbeeld *Infant Care* en *The Mothercraft Manual* in nieuwe edities en bleven de zogenaamde 'damesbladen' opvoedingsadviezen verstrekken. In de meeste westerse landen groeide de markt van het populaire opvoedingsadvies snel. Spock en Bowlby kregen concurrentie van andere artsen en psychologen, radio en televisie presenteerden opvoedingsprogramma's en er verschenen nieuwe opvoedingstijdschriften die de kinderpsychologie voor het grote publiek vertaalden. In Nederland was het bijvoorbeeld *Ouders van Nu* dat Bowlby's theorie voor het voetlicht bracht. De meeste tijdschriften en boeken handhaafden weliswaar het overzicht van de 'mijlpalen' van ontwikkeling, maar presenteerden dit als een informatie-ve toetssteen in plaats van de norm voor ontwikkeling. Over het algemeen werd een flexibele aanpak gepropageerd, wat onder andere bleek uit globale aanwijzingen als 'wees alert op de behoeften van je kind', in plaats van de strakke voedings- en slaapschema's uit het interbellum. De populaire adviezen kwamen in het teken van een *fun morality* te staan: moeders (en eventueel vaders) behoorden voortaan plezier in de opvoeding van hun kinderen te hebben, in plaats van het opvoeden als een plicht te beschouwen.[29] Het vertrouwen in eigen kunnen en de nadruk op flexibiliteit weerspiegelden in zekere zin Spocks pionierswerk, maar het liep vooral in de pas met de naoorlogse culturele veranderingen: het zelf beslissen nam langzamerhand de plaats in van het vanzelfsprekende ontzag voor experts.

Interventies

Parallel aan de groei van de opvoedingsadviesliteratuur breidden ook de institutionele interventies op het gebied van de opvoeding zich vanaf de oorlog in snel tempo uit. Een belangrijke aanzet hiertoe vormden de zogenaamde 'war nurseries', die tijdens de oorlog door de Engelse overheid werden ingericht buiten de door de 'Blitzkrieg' bedreigde steden. Enerzijds beoogde men op deze manier de stadskinderen te beschermen tegen de gevolgen van de bombardementen, anderzijds maakten de nurseries de arbeidsparticipatie van moeders in de oorlogsindustrie mogelijk. Anna Freud leidde de Hampstead Nursery in Londen, waar zij onder andere therapie aan oorlogswezen gaf. Haar manier van hulpverlenen bouwde voort op de kinderanalyse die ze in Wenen was begonnen, waarbij ze spelobservaties gebruikte om door te dringen tot het kinderlijke onbewuste. In 1944 publiceerde Freud met haar collega Burlingham *Infant without families*, over hun werk in de oorlogscrèche. Naast het belang van de emotionele band tussen moeder en kind beschreven zij de positieve rol die emotionele banden tussen kinderen onderling speelden. Zoals we in de vorige paragraaf al zagen, legden andere psychoanalytici in de jaren veertig de nadruk op 'maternal deprivation'. Met name de volgelingen van Melanie Klein waren somber over de effecten van de noodopvang: het ontbreken van de band met de moeder zou ongebreidelde agressie in de crèchekinderen genereren, waardoor de nurseries het toneel van een oorlog tussen de kinderen zouden worden. In 1945 ontbrandde een publiek debat over de kosten en kwaliteit van de crèches, wat resulteerde in het staken van overheidssteun aan deze vorm van kinderopvang.[30]

Direct na de oorlog gaf de Amerikaanse overheid een flinke financiële injectie aan psychologisch onderzoek naar opvoeding en ontwikkeling. De klinieken profiteerden van de politieke belangstelling voor kinderen en jeugdigen toen federale fondsen een groot deel van de financiering overnamen van de vooroorlogse filantropen. In de decennia daarna volgden verschillende West-Europese overheden: de zorg voor kinderen werd algemeen beschouwd als één van de kerntaken van de 'verzorgingsstaat', die in de jaren vijftig en zestig in de meeste West-Europese landen gestalte kreeg.[31] Zo kwam in Nederland bijvoorbeeld een landelijk dekkend netwerk van Medisch Opvoedkundige Bureaus tot stand, waarbinnen ook psychologen een steeds belangrijker rol gingen spelen. Daarnaast ontwikkelden zich in de jaren zestig en zeventig nieuwe vormen van medische en psychologische preventiepraktijken. Een voorbeeld hiervan is het Nederlandse project van *vroegtijdige onderkenning van ontwikkelingsstoornissen* (VTO) dat in 1976 naar Amerikaans voorbeeld werd opgezet. Het centrale motief was hierbij niet – zoals eerder bij de oprichting van de MOB's – het voorkomen van delinquentie en ander maatschappelijk onheil, maar een combinatie van humanitaire en financiële overwegingen. Een zo vroeg mogelijke signalering en aanpak van lichamelijke en psychische ontwikkelingsstoornissen zou ouders en kinderen veel leed besparen en de maatschappij behoeden voor kostbare medische en psychologische interventies op latere leeftijd.[32]

In de jaren zestig kreeg de zorg voor de jeugd een nieuwe impuls, vanuit het streven om via opvoedingsinterventies iets te doen aan de heersende maatschappelijke ongelijkheid. Rond 1960 waren de Amerikaanse steden het toneel van verschillende groepen die publiekelijk hun rechten opeisten, waarbij met name de zwarte emancipatiebeweging zich breed manifesteerde. In reactie op deze maatschappelijke onrust verklaarde president Johnson in 1964 de 'unconditional war on poverty'. Als onderdeel hiervan werd vanaf 1965 *Operation Head Start* opgezet, die uitgroeide tot het meest intensieve sociaal-wetenschappelijke interventieprogramma uit de Amerikaanse geschiedenis. Democratische politici en progressieve sociale wetenschappers constateerden dat veel zwarte stadskinderen ouders zonder opleiding hadden, en vaak onder beroerde materiële omstandigheden in gebroken gezinnen opgroeiden. Daardoor kwamen ze met een achterstand op school, wat hen in een vicieuze cirkel van armoede bracht. *Head Start* beoogde zo vroeg mogelijk een compensatie voor het thuismilieu te bieden. In korte tijd werden er zo'n tweeduizend *Child Development Centres* in achterstandswijken opgericht, die gedurende de zomer acht weken voorschoolse compensatie boden. Psychologen ontwikkelden een verrijkte leeromgeving om door middel van cognitieve stimulatie de kans op schoolsucces te maximaliseren. Daarnaast gaven de centra adviezen op het gebied van voeding, hygiëne en ziekte, verleenden ze psychologische hulp aan kinderen en ouders die dat nodig hadden, en probeerden ze de ouders als vrijwilligers bij de programma's te betrekken.[33]

Psychologen werkten niet alleen als trainers en counselors, maar deden ook onderzoek naar de effecten van Head Start. Ondanks nuanceverschillen en tegenstrijdige onderzoeksresultaten werd de boodschap na verloop van tijd dat er tijdens het compensatieprogramma weliswaar een positief effect geconstateerd kan worden, maar dat het effect in de eerste maanden op school verdwijnt. Voor sommige Amerikaanse psychologen betekenden de tegenvallende resultaten van Head Start het afscheid van het omgevingsdenken ten gunste van genetische verklaringen voor maatschappelijke achterstand.[34] Nadat president Nixon Operation Head Start in 1971 had afgeblazen, kwamen er halverwege de jaren zeventig, onder de noemer *Home Start*, stimuleringsprogramma's tot ontwikkeling die zich volledig op de thuisopvoeding richtten. Bijscholing van de moeder zou de aangewezen weg zijn om kinderen uit achterstandsmilieus bij te spijkeren.

In de loop van de jaren zestig werden ook in Engeland en Nederland compensatieprojecten opgezet, al was de Europese compensatiepraktijk veel minder grootschalig dan de Amerikaanse. De Engelse overheid wees in 1968 enkele 'educational priority areas' aan om in die regio's kinderen uit achterstandsmilieus van jongs af aan bij te spijkeren. Tevens probeerde men door oudereducatie de betrokkenheid bij de opvoeding te vergroten. In Nederland steunde de overheid de experimentele *Proefkreche* uit 1970. Psychologen onderzochten in dit kindercentrum of jonge kinderen van ouders met weinig opleiding door gerichte pyschologische interventie opgekrikt konden worden in hun taal en cognitieve ontwikkeling. De resultaten kwamen overeen met die van Head Start: de compensatie bleek geen duurzaam effect te hebben. Ook in Nederland verschoof de belangstelling van psychologen vervolgens naar stimuleringsprogramma's die zich volledig op de thuisopvoeding richtten.[35]

Terwijl psychologen en overheden probeerden de kinderen uit achterstandsmilieus bij te spijkeren, namen Britse en Nederlandse moeders uit de middenklasse het initiatief tot een andere vorm van interventie die gedeeltelijk aansloot bij de oudere nursery schools. De peuterspeelzaalbeweging stichtte instellingen waar peuters een paar uur per week met leeftijdgenootjes konden spelen. De speelzaal bood niet alleen de veiligheid die er op straat niet meer was, maar doorbrak bovendien het isolement waar veel moeders in verkeerden. Sommige speelzalen ontwikkelden samen met psychologen speciale interventieprogramma's, die vaak op peuters met een of andere ontwikkelingsachterstand waren gericht. Toen de Britse en Nederlandse overheden het vrijwilligerswerk financieel gingen ondersteunen, konden de peuterspeelzalen zich over kinderen uit alle sociale milieus ontfermen.[36]

   In de jaren zestig betoogden Amerikaanse psychologen zonder veel reserve dat kinderen uit achterstandsmilieus voor hun eigen bestwil uit het gezin gehaald moesten worden, om in een kindercentrum de stimulering te ontvangen die hun ouders hen niet konden bieden. In de loop van de jaren zeventig veranderde dit, toen psychologen pleitten voor gezinsinterventies waarbij de band tussen moeder en kind niet verbroken hoefde te worden. Dat 'maternal deprivation' opnieuw ten tonele verscheen, was vooral te danken aan de *attachment theory* van Bowlby en Ainsworth, die stelde dat kinderen in de voorschoolse leeftijd maar beter niet van hun biologische moeder konden worden gescheiden. Toen feministen en sommige werkgevers in de Verenigde Staten en Europa pleitten voor uitbreiding van crèches terwille van arbeidsparticipatie van vrouwen, wezen de tegenstanders van crèches op de gevaren van het doorbreken van de hechtingsrelatie tussen moeder en kind. Ondanks het feit dat attachmentonderzoekers regelmatig wezen op het belang van de 'verbreding' van het aantal hechtingsfiguren tot bijvoorbeeld vaders of crècheleidsters, bleef menige ouder, psycholoog en politicus wantrouwend staan tegenover structurele kinderopvang.[37] In Engeland en Nederland waren de peuterspeelzalen voor velen een aanvaardbaar compromis tussen thuisopvoeding en de sociale uitdagingen van institutionele opvang.

*C*onclusie

   In 1900 publiceerde de Zweedse onderwijzeres Ellen Key *De eeuw van het kind*. De titel van deze populaire bundel was in zoverre profetisch dat de krappe eeuw die sindsdien is verstreken inderdaad het decor is geweest van een toenemende professionele en wetenschappelijke bemoeienis met het leven van kinderen.[38] Deze opvoedingsinterventies stonden van meet af aan in het teken van preventie, waarbij bezorgdheid over het kind hand in hand ging met maatschappelijke belangen als het voorkomen van besmetting en delinquentie. Artsen, psychologen en andere opvoedingsdeskundigen gaven advies en staken op allerlei manieren de helpende hand toe. De medici en psychologen claimden daarbij dat de normen die zij ten aanzien van fysieke en mentale ontwikkeling hanteerden het resultaat van wetenschappelijk onderzoek waren, in tegenstelling tot de aan de moraal ontleende normen van bijvoorbeeld Rousseau. Het is opmerkelijk dat deze normatieve criteria in eerste instantie niet werden ontleend aan onderzoek naar de ontwikkeling van normale kinderen, maar aan studies naar kinderen die op de een of andere manier de normen hadden overschreden, zoals problematische leerlingen en jeugddelinquenten.[39]

   Binnen het hele scala van interventiepraktijken gingen psychologische inzichten in de loop der tijd een steeds belangrijker rol spelen. Enerzijds was deze psychologisering van opvoeding en ontwikkeling het resultaat van inspanningen van professionele psychologen, anderzijds wisten psychologische theorieën en instrumenten al veel eerder hun weg naar de praktijk te vinden: terwijl de theorieën van bijvoorbeeld Stanley Hall en Freud al vanaf het begin van de eeuw door bijvoorbeeld artsen werden gebruikt, zou het tot na de Eerste Wereldoorlog duren voordat psychologische professionals zich een positie naast de andere opvoedingsexperts hadden verworven. Tot op de dag van vandaag hebben de medici binnen de instellingen de touwtjes stevig in handen, zodat psychologen over het algemeen een bescheiden plaats hebben.

Speltherapie, ca. 1990. In de kinderpsychologische praktijk wordt veel gebruikgemaakt van spel, als onderzoeksmethode (speldiagnostiek) en als therapeutische vorm (speltherapie).
Foto: Hielco Kuipers.

Naast de professionele interventiepraktijken kreeg de psychologisering van de opvoeding met name zijn beslag in de populariserende opvoedingsadviezen. Dit begon al voor de eeuwwisseling, met het werk van Stanley Hall en zijn *child study movement*, en kreeg een vervolg in het werk van Watson en de geleidelijke psychologisering van publicaties als *Infant Care*. Na de Tweede Wereldoorlog raakte deze psychologisering van opvoedingsadviezen in een stroomversnelling door het psychoanalytisch georiënteerde werk van Spock en Bowlby, die beiden een miljoenenpubliek bereikten. Daarbij kan vastgesteld worden dat deze psychologische verwetenschappelijking van het opvoedingsadvies niet leidde tot eenduidige ontwikkelingsnormen. Verschillende psychologen conceptualiseerden opvoeding en ontwikkeling op manieren die vaak haaks op elkaar stonden, ook als ze in dezelfde periode werkten. Dit drukt ons eens te meer met de neus op het feit dat niet alleen 'het kind' een historische constructie is, maar dat ook de kinderpsychologie zelf afhankelijk is van de omstandigheden waaronder het vak zich ontwikkelt.[40] De wetenschappelijke kinderpsychologie blijft daardoor verbonden met normen van sociale, politieke en soms zelfs persoonlijke aard.

De moderne adviezen kennen een belangrijke rol aan het eigen inzicht van de ouders toe, waardoor de psycholoog niets anders rest dan met zachte hand te regeren en het aan de ouders over te laten in hoeverre zij waarde hechten aan zijn of haar adviezen. Toch vrezen sommigen de bevoogding die het deskundigheidsoffensief met zich mee brengt.[41] Door het populaire advies en de rijk geschakeerde interventies in het kinderleven lijkt er altijd een deskundige over de schouder van de lekenopvoeder mee te kijken. Met andere woorden, door de grootschalige psychologisering van opvoeding en ontwikkeling is het gevaar niet denkbeeldig dat ouders eerder onzeker worden dan dat zij op hun eigen intuïtie vertrouwen. Tegelijkertijd biedt de verbreiding van de psychologische kennis ouders echter de mogelijkheid de overtuigingen van deskundigen op waarde te schatten. De psycholoog die heden ten dage een opvoedingstechnologie à la Watson bepleit, treft een gehoor van ouders, van wie velen beseffen dat deze technologie er een uit vele is en dat er gelijkwaardige alternatieven beschikbaar zijn.

N*oten*

Ruud Abma, Gerrit Breeuwsma, Agneta Fischer, Yvonne Noppen en Sylvia Nossent worden bedankt voor hun commentaar en behartenswaardige adviezen.

1 Zie voor Watsons utopie J. Morawski (1984), Not quite new worlds. Psychologist's conceptions of the ideal family in the twenties, in M. Lewin, ed., *In the shadow of the past: psychology portrays the sexes* (New York: Columbia University Press), p. 97-136.

2 Ik besteed slechts zijdelings aandacht aan de inhoud van de theorieën. Zie G. Breeuwsma (1993), *Alles over ontwikkeling. Over de grondslagen van de ontwikkelingspsychologie* (Amsterdam: Boom); R.B. Cairns (1983), The emergence of developmental psychology, in P.H. Mussen, ed., *Handbook of child psychology, Vol. 1* (New York: Wiley), p. 41-103; S. Nossent (1995), *Een beweeglijke psyche* (Kampen: Kok Agora); R.D. Parke e.a. (1994), The past as prologue: an overview of a century of developmental psychology, in R.D. Parke e.a., eds., *A century of developmental psychology* (Washington, DC: American Psychological Association), p. 1-71.

3 De verschillen tussen de moderne tijd en de eeuwen daarvoor zijn sinds *L'enfant et la vie familiale sous l'Ancien Régime* (1960) van Ariès onderwerp van debat. Ik volg Kloeks conclusie dat de basis voor het twintigste eeuwse kerngezin in de loop van de achttiende eeuw werd gelegd. E. Kloek (1993), Huwelijk en gezinsleven tijdens het Ancien Régime, 1650-1800, in T. Zwaan, red., *Familie, huwelijk en gezin in West-Europa* (Amsterdam: Boom), p. 139-165. Verder is deze paragraaf gebaseerd op B. Kruithof (1993), 'Familie duurt een leven lang': ouders en kinderen in historisch perspectief, in T. Zwaan, a.w., p. 312-340; H.F.M. Peeters (1994), *Hoe veranderlijk is de mens?* (Nijmegen: SUN).

4 G. Breeuwsma (1990), Medea's wraak. Kindermishandeling historisch bezien, *Psychologie en Maatschappij, 14*, 49-63.

5 N. Bakker (1995), *Kind en karakter. Nederlandse pedagogen over opvoeding in het gezin 1845-1925* (Amsterdam: Het Spinhuis); J. Newson en E. Newson (1974), Cultural aspects of childrearing in the English-speaking world, in M.P.M. Richards, ed., *The integration of a child into a social world* (Cambridge: Cambridge University Press), p. 53-83; R.R. Sears (1975), Your ancients revisited: a history of child development, in E.M. Hetherington, ed., *Review of child development research, Vol. 5* (Chicago: University of Chicago Press), p. 1-73.

6 J.J.H. Dekker (1985), *Straffen, redden en opvoeden* (Assen/Maastricht: Van Gorcum); A.W. Siegel en S.H. White (1982), The child study movement: early growth and development of the symbolized child, in H.W. Reese, ed., *Advances in child development and behavior, Vol. 17* (New York: Academic Press), p. 233-286.

7 A. de Regt (1984), *Arbeidersgezinnen en beschavingsarbeid* (Amsterdam: Boom); J. Lewis (1986), Anxieties about the family and the relationship between parents, children and the state in twentieth century England, in M. Richards en P. Light, ed., *Children of social worlds* (Cambridge: Polity Press), p. 31-55.

8 E. Lomax (1978), *Science and patterns of child care* (San Francisco: Freeman), p. 33; S. Schlossman (1976), Before Home Start: notes toward a history of parent education in America 1897-1929, *Harvard Educational Review, 46*, 436-467; Siegel en White, a.w.; L. Zenderland (1988), Education, evangelism, and the origins of clinical psychology: the child-study legacy, *Journal of the History of the Behavioral Sciences, 24*, 152-166.

9 S.H. White (1990), Child study at Clark University: 1894-1904, *Journal of the History of the Behavioral Sciences, 26*, 131-151; Zenderland, a.w., p. 155. Het National Congress of Mothers werd in 1924 het National Congress of Parents and Teachers (Schlossman, a.w.).

10 Bijvoorbeeld James en Thorndike, maar ook Baldwin die zelf in de biogenetische traditie werkte. Cairns, a.w.; R. Cairns (1994), The making of a developmental science: The contributions and heritage of James Mark Baldwin, in Parke e.a., eds., a.w., p. 127-145. White (a.w.) pleitte overigens recent voor een herwaardering van Halls vragenlijstproject.

11 Cairns, 1983, a.w., p. 72; N. Rose (1990), *Governing the soul* (London: Routledge), p. 142-143.

12 Zenderland, a.w., p. 159.

13 W. Kessen (1993), Avoiding the emptiness: the full infant, *Theory & Psychology, 3*, 415-429.

14 D. Cohen (1979), *J.B. Watson. The founder of behaviourism. A biography* (London: Routledge), p. 209-217; E. Elbers (1989), John B. Watson, in K.A. Soudijn e.a., *Hoe zit het ook alweer met de theorie van...* (Amsterdam/Lisse: Swets & Zeitlinger), p. 132-140. B. Harris (1984), 'Give me a dozen healthy infants...' John B. Watson's popular advice on childrearing, women and the family, in Lewin, ed., a.w., p. 126-155.

15 Geciteerd naar Newson en Newson, a.w., p. 60.

16 Newson en Newson, a.w.; C.E. Vincent (1951), Trends in Infant Care ideas, *Child Development, 22*, 199-209.

17 Newson en Newson, a.w.; N. Rose (1985), *The psychological complex. Psychology, politics and society in England, 1869-1939* (London: Routledge), p. 198.

18 Bakker, a.w.; N. Bakker (1992), Een lastige levensfase. Nederlandse gezinspedagogen over puberteit en adolescentie 1916-1950, *Comenius, 12*, 3-15.

19 Lomax, a.w.; Rose (1990), a.w., p. 180-184; E. Singer (1989), *Kinderopvang en de moeder-kind relatie: pedagogen, psychologen en sociale hervormers over moeders en jonge kinderen* (Deventer: Van Loghum Slaterus). De nurseries kwamen in veel opzichten overeen met Fröbels Kindergarten uit de negentiende eeuw. Fröbel werd niet als pionier erkend (Singer, a.w., p. 167).

20 Witmer deelde Halls idealen maar maakte geen deel uit van de beweging (Zenderland, a.w., p. 159). Zie hoofdstuk 6 voor Witmer en 'clinical psychology'.

21 Een van de instituten was Gesells Psycho-Clinic (1911). In Iowa kwam de professionele zorg voor kinderen uit een heel andere bron voort. Mevrouw Bussey Hillis vroeg zich af waarom men wel onderzoek deed naar de groei van gewassen en niet naar die van kinderen. Na de nodige politieke schermutselingen werd in 1917 het Iowa Child Welfare Research Station geopend (Sears, a.w., p. 19).

22 Napoli, a.w. (p. 54-55) en Sears, a.w. geven een overzicht van de verbreiding van de CGC's. Voor de rol van de filantropen zie E. Cahan (1991), Science, practice, and gender roles in early American child psychology, in F.S. Kessel e.a., eds., *Contemporary constructions of the child* (Hillsdale: Erlbaum), p. 225-250.

23 Voor de Britse Clinics zie Rose, 1985, a.w., hoofdstuk 8. Voor de MOB's zie R. Abma (1981), De katholieken en het psy-complex, *Grafiet, 1*, 156-197; F. Gerards (1979), Preventie voor jeugdigen in de ambulante GGZ, *Maandblad Geestelijke Volksgezondheid, 34*, 608-625. Het verzuild karakter van de MOB's verdween definitief toen ze in de jaren tachtig opgingen in de RIAGG's (Abma, a.w.).

24 P.J. van Strien (1993), *Nederlandse psychologen en hun publiek* (Assen: Van Gorcum), p. 68-71.

25 Newson en Newson, a.w.; A.M. Sulman (1973) The humanization of the American child: Benjamin Spock as a popularizer of psychoanalytic thought, *Journal of the History of the Behavioral Sciences, 9*, 258-265. Spock wees er zelf vaak op hoe streng hij zijn eigen kinderen opvoedde. Bijvoorbeeld in interviews met T. Pollmann (*Vrij Nederland*, 1 mei 1976) en J. Groen (*De Volkskrant*, 10 feb. 1990).

26 In het naoorlogse Amerika concludeerde de psychoanalyticus Spitz eveneens dat delinquente en psychisch gestoorde jongeren het vaak zonder zorgzame moeder hadden moeten stellen. Zie D. Riley (1983), *War in the nursery* (London: Virago), p. 97-98; Rose 1985, a.w., p. 191.

27 I. Bretherton (1992), The origins of attachment theory: John Bowlby and Mary Ainsworth, *Developmental Psychology, 28*, 759-775.

28 Riley (a.w., p. 106-109) en Singer (a.w., p. 196-199) documenteren de kritiek op Bowlby.

29 Bijvoorbeeld in *Baby and child* van Penelope Leach uit 1977, dat in Engeland en Nederland een geduchte concurrent van Spock werd. Nossent (a.w., p. 181-193) geeft andere en meer recente voorbeelden. De term 'fun morality' is van Martha Wolfenstein; zie Newson en Newson, a.w., p. 66-68.

30 Riley, a.w., p. 113-115; Sears, a.w., p. 36-39.

31 Cairns, 1983, a.w. stelt de naoorlogse jaren op één lijn met de bloei van de psychologische kinderstudie rond 1900 en de gouden jaren twintig (p. 86-87).

32 M. de Winter (1986), *Het voorspelbare kind. Vroegtijdige onderkenning van ontwikkelingsstoornissen in wetenschappelijk en sociaal-historisch perspectief* (Dissertatie Katholieke Universiteit Brabant). Ook in talloze andere landen werd 'primary prevention' ondernomen. In 1981 publiceerde de *World Health Organization* een samenvattend overzicht van ongeveer zeventig preventieonderzoeken in verschillende landen (Rose, 1990, p. 186).

33 De compensatiegedachte sloot ook aan bij de jacht op verborgen talenten die sinds de lancering van de Sputnik (1957) was ingezet (zie hoofdstuk 3). Singer, a.w., hoofdstuk 9; E. Zigler en J. Valentine, eds. (1979), *Project Head Start, a legacy of the War on Poverty* (New York: The Free Press).

34 Jensen werd beroemd met de stelling dat Head Start grotendeels geldverspilling was omdat intellectuele vermogens voor tachtig procent door erfelijke factoren worden bepaald (A. Jensen (1969), How much can we boost IQ and scholastic achievement, *Harvard Educational Review, 39*, 1-123. Zie hoofdstuk 3.

35 Rose, 1990, a.w., p. 191-194; D. Kohnstamm e.a. (1976), *Had de proefkreche effekt?* (Nijmegen: Dekker & Van der Vegt), Singer, a.w. p. 39-41.

36 Rose, 1990, a.w., p. 194-196; L.E. van Rijswijk-Clerkx (1981), *Moeders, kinderen en kinderopvang* (Nijmegen: SUN), p. 264-298.

37 Nossent, a.w., p. 144-146; Voor de 'verbredingshypothese' zie M.H. van IJzendoorn e.a. (1985), *Opvoeden in geborgenheid. Een kritische analyse van Bowlby's attachmenttheorie* (Deventer: Van Loghum Slaterus).

38 De interventies waren over het algemeen heel anders van aard dan de eugenetische ingrepen die Key propageerde. Zie W. Koops (1992), Is de eeuw van het kind eindelijk voorbij? *Nederlands Tijdschrift voor de Psychologie, 47*, 264-277.
39 Rose, 1990, a.w., p. 131.
40 W. Kessen (1979), The American child and other cultural inventions, *American Psychologist, 34*, 815-830; Peeters, a.w.
41 J. Donzelot (1977), *La police des familles* (Paris: Minuit); De Winter, a.w., p. 220-221. I. van Lieshout stelt in *Deskundigen en ouders van nu: binding in een probleemcultuur* (Utrecht: De Tijdstroom, 1993), dat er niet zozeer sprake is van eenrichtingsverkeer van deskundige naar ouder, maar veeleer van een gemeenschappelijke deelname aan een 'probleemoriëntatie'.

D e leerling

OPKOMST EN PSYCHOLOGISERING VAN HET PEDAGOGISCH REGIME

3

PETER VAN DRUNEN

'Voor opvoeding en onderwijs is de psychologie zeer belangrijk. Immers, de onderwijzer (...) behoort te weten, op welke wijze hij op de ziel van het kind in kan werken om niet mis te tasten, wanneer hij middelen en gelegenheden zoekt, om over te dragen de inhoud van zijn eigen ziel in die van het kind, wat de laatste nodig heeft, om later een eigen positie in de maatschappij in te nemen.'

Aldus een citaat uit *Nieuwe zielkunde*, een psychologieleerboek voor onderwijzers.[1] *Nieuwe zielkunde* verscheen voor het eerst in 1924. Bovenstaand citaat treffen we echter in ongewijzigde vorm aan in de achtste druk uit 1944, en het zou geen moeite kosten woorden van vergelijkbare strekking te vinden in studieboeken uit 1964 of 1984. Opmerkelijker is dat ook vóór het ontstaan van de psychologie als academische discipline de 'zielkunde' reeds als een belangrijke grondslag voor het onderwijs werd gezien. Zo verscheen in Nederland al in 1833 een leerboekje *Beginselen der zielkunde*, bestemd voor aanstaande onderwijzers.

Zijn verklaringen over de betekenis van de psychologie – alias zielkunde[2] – voor het onderwijs dus van alle tijden, de manier waarop deze betekenis concreet gestalte heeft gekregen, is in de loop der tijd ingrijpend veranderd. Deze veranderingen hingen enerzijds samen met de opkomst en ontwikkeling van de psychologie als academische discipline, anderzijds met de verandering van het onderwijs zelf. Deels kreeg de psychologisering van het onderwijs gestalte in de ontwikkeling van een eigen schoolpsychologische beroepspraktijk; echter, voor een veel belangrijker deel ontleent de psychologie haar invloed binnen het onderwijs aan de verspreiding van theorieën, technieken en concepten via de opleiding van leerkrachten en de introductie van nieuwe lesmethoden. De eerste aanzet tot deze ontwikkeling werd gegeven in het begin van de vorige eeuw, toen het onderwijs tot object van systematische politieke en wetenschappelijke bemoeienis werd.

V oorgeschiedenis

Onderwijs is van – vrijwel – alle tijden. Publieke stelsels van algemeen, verplicht en kosteloos onderwijs echter, zoals wij die kennen, zijn een typisch product van de negentiende eeuw.[3] Voor die tijd was onderwijs een particuliere aangelegenheid, waarbij vooral de kerk een belangrijke rol speelde. En hoewel er in de achttiende eeuw al wel armenscholen waren, was het beslist niet vanzelfsprekend dat elk kind naar school ging. Zo waren er velen die onderwijs voor de boeren, de armen en het opkomend stedelijk proletariaat niet alleen onnodig vonden, maar zelfs gevaarlijk; het zou hen alleen maar ontevreden en opstandig maken.

De eerste pleidooien voor een algemeen onderwijsstelsel werden aan het eind van de achttiende eeuw geformuleerd, in het kader van het verlichtingsdenken. Het was echter pas in de loop van de negentiende eeuw, dat de invoering ervan zijn beslag kreeg. Particuliere verenigingen, zoals in Nederland de Maatschappij voor 't Nut van het Algemeen, speelden hierbij een belangrijke rol.[4] Doorslaggevend was echter de toenemende bemoeienis van de nationale overheden met het onderwijs. Al in het begin van de eeuw werden in verschillende landen onderwijswetten van kracht, die voorzagen in de totstandkoming van scholen voor 'onderrigt van het gemeene volk'. In de loop van de eeuw werden deze aanzetten tot een algemeen, publiek onderwijsbestel geleidelijk aan verder uitgebouwd: er kwamen voorschriften voor de inrichting van scholen en de inhoud van het onderwijsprogramma; de kosten van het onderwijs, die eerst nog door de ouders moesten worden opgebracht, kwamen steeds meer voor rekening van de overheid; de kinderarbeid, aanvankelijk nog een belangrijk obstakel voor de onderwijsparticipatie, werd aan banden gelegd, enzovoort. Het sluitstuk van deze ontwikkeling werd gevormd door de invoering van de leerplicht, die in het laatste kwart van de eeuw in vrijwel alle westerse landen van kracht werd.[5]

Deze snelle verbreiding van het onderwijs hing nauw samen met de opkomst van de 'kindertijd' als aparte levensfase en had ook voor een deel dezelfde achtergronden. Door de transformatie van de besloten en statische agrarische samenleving tot een open en dynamische industriële maatschappij, nam het belang van basisvaardigheden als lezen, schrijven en rekenen sterk toe. Ook politieke motieven speelden een rol: vooral vakken als aardrijkskunde en geschiedenis werden gezien als middelen bij uitstek om de bevolking het bewustzijn bij te brengen van nationale identiteit. Maar bovenal gold het onderwijs als middel tot *disciplinering* van de bevolking: het onderwijs diende maatschappelijke deugden bij te brengen 'die de rust waarborgen, zoo als ondergeschiktheid, overtuiging van de noodzakelijkheid van orde, achting en liefde voor de hoogere standen'.[6]

Een schoollokaal in het midden van de negentiende eeuw. Twee klassen in een lokaal, met zo'n tachtig kinderen netjes in het gelid.

De negentiende-eeuwse volksschool leek in weinig opzichten op het hedendaagse onderwijs.[7] Klassen van honderd of meer leerlingen waren geen uitzondering; kinderen van verschillende leeftijden en leerjaren zaten in één klas bij elkaar (soms telde een school zelfs maar één klas), en het schoolbezoek was uiterst onregelmatig. Zo was het op het platteland gebruikelijk dat kinderen 's zomers gewoon thuisgehouden werden, omdat hun hulp in het boerenbedrijf niet gemist kon worden. Toch markeerde de opkomst van het publieke onderwijsbestel een belangrijk keerpunt: er werd een pedagogisch regime gevestigd, waaraan in principe elk kind onderworpen werd.

Pedagogiek en psychologie

Het onderwijs was niet alleen een van de meest omvangrijke negentiende-eeuwse interventiepraktijken; het was ook het eerste terrein, waarop de psychologie voet aan de grond kreeg. Waar andere interventiepraktijken – de gezondheidszorg, het recht – het domein waren van reeds langer bestaande professies en disciplines (artsen, juristen), ging de ontwikkeling van het onderwijs gepaard met de opkomst van een nieuwe discipline – de pedagogiek – en een nieuwe professionele stand: de onderwijzers en leraren. In de loop van de negentiende eeuw ontwikkelde het onderwijzerswerk zich van een slecht betaald bijbaantje tot een zelfstandig beroep, met eigen opleidingen: de 'normaalscholen'. Het accent binnen deze opleidingen lag veelal op een gedegen kennis van de lagereschoolvakken, zoals lezen, taal en rekenen, en op technieken van ordehandhaving en tucht. Daarnaast werden de onderwijzers in spe echter ook vertrouwd gemaakt met de belangrijkste pedagogische theorieën en de beginselen van de 'kinderzielkunde'. In Duitsland werd het laatste vak in 1874 zelfs bij wet verplicht gesteld; de aanstaande onderwijzer, zo werd bepaald, moest inzicht hebben in 'de ontwikkeling van het kinderlijke zieleleven, het normale verloop ervan en de belangrijkste pathologische toestanden, alsook de belangrijkste verschijningsvormen, elementen en wetten van het zieleleven'.[8]

Ook in de pedagogische theorievorming speelde de psychologie van meet af aan een belangrijke rol. Dit was vooral te danken aan het werk van de Duitse filosoof en pedagoog Johann Friedrich Herbart.[9] Opbouw en inrichting van het onderwijs dienden volgens Herbart gebaseerd te zijn op psychologische inzichten over de manier waarop kennis verworven werd. Dit uitgangspunt kreeg vooral gestalte in de zogenaamde apperceptietheorie, een theorie over de vorming van 'voorstellingen' die Herbart in de eerste decennia van de vorige eeuw formuleerde. Volgens deze theorie is het leerproces – de vorming van nieuwe voorstellingen – in hoge mate afhankelijk van de kennis die de leerling reeds bezit: voorstellingen die aansluiten bij reeds bestaande kennis, worden makkelijk opgenomen, terwijl 'niet-passende' voorstellingen worden onderdrukt. Op basis hiervan ontwikkelde Herbart zijn zogenaamde 'leertrappen'-theorie, een stelsel van nauwkeurige voorschriften over de manier waarop en de volgorde waarin leerstof dient te worden aangeboden.

Herbarts ideeën oefenden een grote invloed uit op het negentiende-eeuwse pedagogisch denken. Vooral in de tweede helft van de eeuw groeide het herbartianisme uit tot de veruit meest invloedrijke pedagogische stroming, niet alleen in Duitsland, maar ook in tal van andere Europese landen en de Verenigde Staten. Haar bekoring ontleende de theorie enerzijds aan haar solide wetenschappelijk imago, anderzijds aan de concrete aanwijzingen voor de inrichting van het onderwijs die eruit af te leiden waren. Zodoende gaf Herbarts theorie niet alleen een systematische grondslag aan de inrichting van het onderwijs, maar droeg zij ook bij aan de introductie van de psychologie in het onderwijs. Illustratief is de uitspraak van de Nederlandse herbartiaan De Raaf, volgens wie het idee 'dat de paedagogiek met vrucht onderwezen kan worden, zonder dat een voorbereidende cursus in de zielkunde daarvoor het noodige inzicht heeft geschonken' even ongerijmd was als 'de onderstelling dat een student in de geneeskunde de wetenschappelijke behandeling van het zieke lichaam kan leeren, voordat hij (...) zich de vereischte kennis van het organisme heeft eigen gemaakt '.[10]

De 'nieuwe psychologie'

Bestond er dus in de onderwijswereld reeds een zekere bekendheid met psychologie, omgekeerd legden de eerste psychologen een grote belangstelling aan de dag voor het onderwijs als mogelijk toepassingsterrein van hun kennis. Daarbij sloten zij aan bij de beweging voor onderwijsvernieuwing, die aan het eind van de vorige eeuw zowel in Europa als in de Verenigde Staten tot ontwikkeling kwam.[11] Deze beweging werd enerzijds gevoed door een groeiende nadruk op het belang van onderwijs als voorbereiding op het maatschappelijk leven. Onderwijs diende niet alleen tot vorming van deugdzame burgers, maar had ook tot taak maatschappelijk bruikbare kennis en vaardigheden bij te brengen. Anderzijds werd gepleit voor een betere aansluiting van het onderwijs bij de kinderlijke leef- en belevingswereld, en meer aandacht voor individuele verschillen tussen kinderen. Onderwijs, zo luidde de stelling, diende minder 'leerstofgeoriënteerd' en meer 'kindgeoriënteerd' te zijn.

Het streven naar onderwijsvernieuwing ging gepaard met een toenemende roep om professionalisering en verwetenschappelijking, waarbij de opkomende 'nieuwe psychologie' een belangrijke rol kreeg toebedeeld. Zoals het negentiende-eeuwse onderwijsbestel gebaseerd was op het herbartianisme, zo zou de 'nieuwe psychologie' het wetenschappelijk fundament moeten leveren voor de onderwijsvernieuwing. De eerste uitdrukking van deze samenwerking tussen onderwijsvernieuwers en psychologen was de Amerikaanse *child study movement*, die op initiatief van de psycholoog Stanley Hall vanaf de jaren negentig gestalte kreeg (zie hoofdstuk 2).[12] Hoewel deze beweging voor kinderstudie niet specifiek gericht was op het onderwijs, vond zij daar wel de meeste weerklank. Onderwijzers namen op grote schaal deel aan de vragenlijstonderzoeken die Stanley Hall opzette, en er werden speciale zomercursussen georganiseerd om hen op de hoogte te brengen van de nieuwe wetenschap.

Educational psychology

Na de eeuwwisseling boette Stanley Halls beweging voor kinderstudie snel aan betekenis in, om plaats te maken voor nieuwe allianties tussen psychologen en onderwijshervormers. In de Verenigde Staten kreeg deze samenwerking vooral gestalte in het kader van de zogenaamde *progressive education movement*. Als onderdeel van de bredere *progressive movement* (zie hoofdstuk 1) combineerde deze beweging het streven naar inhoudelijke onderwijsvernieuwing met pleidooien voor een zo efficiënt mogelijke en wetenschappelijk gefundeerde inrichting van het onderwijs. Deze drie motieven – vernieuwing, efficiëntie en wetenschappelijkheid – vormden de grondslag voor de *educational psychology*, die kort na de eeuwwisseling in de Verenigde Staten tot ontwikkeling kwam en haar institutionele basis vond in de nieuw opgerichte *teachers' colleges* en *educational departments* van verschillende universiteiten.[13]

Grondlegger en hoofdfiguur van de educational psycholgy was Edward Lee Thorndike. Thorndike, een leerling van James en Cattell, werd in 1899 benoemd tot hoogleraar psychologie aan het Teachers' College van Columbia University in New York, in de eerste decennia van deze eeuw *het* centrum van onderwijsonderzoek in de Verenigde Staten. Zijn reputatie vestigde hij vooral als auteur van *Educational psychology* (1903), dat tot de

Tweede Wereldoorlog gold als het onbetwiste standaardwerk op het gebied van de onderwijs-psychologie. Thorndike beschouwde de psychologie als de natuurlijke grondslag van elke onderwijswetenschap en hamerde daarbij vooral op het belang van een kwantitatieve benadering – 'whatever exists at all exists in some amount', luidde zijn motto.

Deze kwantitatieve benadering zou uitgroeien tot het handelsmerk van Thorndike en de educational psychology. Zij manifesteerde zich onder meer in de ontwikkeling van objectieve toetsen waarmee leerprestaties konden worden gemeten (*achievement tests*) en een grote nadruk op het belang van onderzoek naar de effectiviteit van verschillende onderwijsvormen. Daarnaast maakte Thorndike vooral school met zijn leertheorie: het connectionisme. Centraal in deze theorie stond het idee dat 'leren' bestaat uit het vormen van verbindingen in de hersenen. De vorming van deze *connections*, aldus Thorndike, verloopt volgens een aantal welomschreven wetten, zoals *the law of exercise* en *the law of effect* (respectievelijk verwijzend naar het belang van herhaling en van positieve bekrachtiging).

Thorndike's ideeën hadden een grote uitstraling: tussen beide wereldoorlogen verwierf de psychologie een centrale plaats in het Amerikaanse onderwijsonderzoek, en in de onderwijzers- en lerarenopleidingen nam Thorndike's conceptie van educational psychology een belangrijke plaats in. In de onderwijspraktijk was haar invloed onder andere zichtbaar in de ontwikkeling van nieuwe lesmethoden voor lagere-schoolvakken zoals rekenen en taal.[14] Een voorbeeld hiervan was de *Thorndike Arithmetics*, een serie leerboekjes waarin Thorndike probeerde zijn leerpsychologie te vertalen in een concrete lesmethode; in de daaropvolgende jaren volgden andere psychologen met vergelijkbare methoden voor het lees- en schrijfonderwijs. Deze leermethoden waren een interessante mengeling van oude en nieuwe inzichten. Enerzijds onderscheidden zij zich sterk van de negentiende-eeuwse methoden, onder andere in hun streven om door het gebruik van levensechte opgaven aan te sluiten bij de belangstelling van het kind. Anderzijds hield men vast aan eindeloze oefening (*drill*), om te komen tot een hechte verankering van stimulus-response-connecties. In dit opzicht vormde de educational psychology een brug tussen de traditionele onderwijspraktijk en meer vergaande voorstellen voor onderwijsvernieuwing.

Experimentele pedagogiek

Ook in Europa was er een sterke wederzijdse interesse tussen onderwijsvernieuwers en psychologen. In Duitsland was het de geheugenpsycholoog Ebbinghaus, die al voor de eeuwwisseling het spits af beet met een aantal experimenten naar de geestelijke belasting en vermoeibaarheid van leerlingen.[15] Elders namen psychologen en pedagogen als Claparède (Zwitserland), Decroly (België), Montessori (Italië) en Binet (Frankrijk) het initiatief tot de ontwikkeling van nieuwe, experimentele onderwijsvormen, waarin de inzichten uit de moderne kinderpsychologie verdisconteerd waren. Verder speelde de psychologie een belangrijke rol in de professionalisering van het onderwijs, die vooral gestalte kreeg in de verbetering en uitbouw van onderwijzers- en lerarenopleidingen.

Een typerend voorbeeld van deze vervlochtenheid van psychologie, pedagogiek en onderwijsvernieuwing was het werk van Ernst Meumann. Meumann, een leerling van Wundt, was als hoogleraar in Zürich onder andere verantwoordelijk voor de lerarenopleiding, en raakte zodoende geïnteresseerd in de mogelijke betekenis van de experimentele psychologie voor het onderwijs. Dit resulteerde in 1901 in de formulering van een ambitieus programma voor een 'experimentele pedagogiek', waarin Meumann zich expliciet richtte tegen 'het geesteloze schematisme van het herbartianisme'.[16] Gebruikmakend van de 'strenge' methoden van de Wundtse psychologie, zou de experimentele pedagogiek kunnen bijdragen aan een betere inrichting van het onderwijs. Centraal daarbij stond voor Meumann de efficiëntievraag: het ging erom, 'vast te stellen hoe met de minste inspanning de beste resultaten bereikt kunnen worden, anders gezegd: we moeten een *techniek en economie van de geestelijke arbeid* ontwikkelen, met bijzondere aandacht voor de schoolarbeid'.[17]

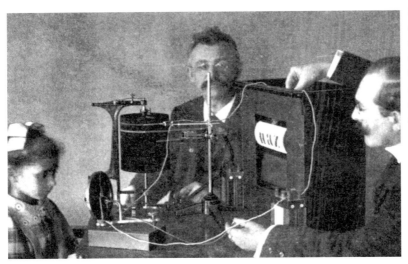

In zijn nadruk op empirisch onderzoek en efficiëntie vertoonde Meumanns programma grote gelijkenis met dat van Thorndike. Waar Thorndike echter aan de wieg stond van een bloeiende en invloedrijke onderzoekstraditie, was Meumanns programma geen lang leven beschoren. Dit kwam vooral door de opkomst van een nieuwe stroming binnen de pedagogiek, die zich sterk afzette tegen het idee dat de (experimentele) psychologie de basiswetenschap voor het pedagogisch handelen was: de *geesteswetenschappelijke pedagogiek*. Anders dan de experimentele pedagogiek en de Amerikaanse educational psychology, oriënteerde de geesteswetenschappelijke pedagogiek zich vooral op de filosofie als basis voor pedagogische reflectie. Centraal stond daarbij niet de *techniek* van het pedagogisch handelen, maar de studie van de normatieve en antropologische grondslagen daarvan: het doel van het onderwijs en het daarin geïmpliceerde idee van het 'wezen' van het kind en de opvoeding. Binnen deze definitie kwam de psychologie slechts een ondergeschikte plaats toe, als een van de 'hulpwetenschappen' van de pedagogiek.

Na de Eerste Wereldoorlog kreeg deze geesteswetenschappelijke oriëntatie in de pedagogiek de overhand, niet alleen in Duitsland, maar ook in Nederland.[18] De bemoeienis van psychologen met het onderwijs kwam hierdoor op een veel lager pitje te staan dan in de Verenigde Staten, een situatie die tot ver na de Tweede Wereldoorlog zou voortduren. Voorzover psychologische inzichten hun weg vonden naar het onderwijs, was dit via het 'filter' van de pedagogiek: leerboeken in de psychologie werden overwegend geschreven door pedagogen, en zij besteedden in het algemeen weinig aandacht aan het type psychologie dat door Meumann en Thorndike werd voorgestaan. Daarvoor in de plaats kwamen psychologische opvattingen die beter spoorden met de oriëntatie van de geesteswetenschappelijke pedagogiek, zoals de *Ganzheitspsychologie*, de Gestaltpsychologie en de denkpsychologie.

*I*ndividuele verschillen

Ondanks de verschillen tussen de Amerikaanse educational psycholo-
gy en de Europese traditie was er één thema dat binnen beide stromingen een belangrijke plaats
innam en nieuw was ten opzichte van de negentiende-eeuwse 'zielkunde': de belangstelling
voor individuele verschillen en de meting daarvan. Dit was niet verwonderlijk; enerzijds speelde de thematiek van individuele verschillen een belangrijke rol binnen de onderwijsvernieu-
wingsbeweging; anderzijds deed de toenemende differentiatie van onderwijsvormen de behoefte ontstaan aan methoden ter bepaling van de geschiktheid van leerlingen. De psychologische bijdrage op dit vlak was voor een belangrijk deel gecentreerd rondom een instrument dat
later ook op andere terreinen een toonaangevende rol zou gaan spelen: de intelligentietest.

De intelligentietest

De 'uitvinding' van de intelligentietest is een fraai voorbeeld van de
manier waarop veranderende maatschappelijke arrangementen kunnen leiden tot nieuwe ca-
tegoriseringen van 'problemen' – en nieuwe wetenschappelijke interventies. Directe aanleiding voor de ontwikkeling van de test was het probleem van kinderen die op de lagere school
niet mee konden komen, de zogenaamde 'feeble-minded' of zwakbegaafden. Kinderen met
een zware geestelijke handicap – 'idioten' – waren reeds in het begin van de negentiende
eeuw als aparte probleemgroep onderkend. De identificatie van zwakbegaafden kreeg echter
pas gestalte door de invoering van het algemeen verplicht onderwijs. Naarmate het volgen van
onderwijs vanzelfsprekender werd, werden kinderen die hiertoe om de een of andere reden
niet in staat waren, 'abnormaler'. De invoering van de leerplicht betekende in dit opzicht een
belangrijke stap: schoolverzuim was nu niet alleen ongebruikelijk meer, maar zelfs in strijd
met de maatschappelijke regelgeving. Zoals de Nederlandse pedagoog Van Liefland het eens
uitdrukte: 'de leerplicht (...) schiep niet alleen de debielenschool, maar ook de tienduizenden
debielen zelf .'[19]

Maar hoe kon een 'debiel' onderscheiden worden van een normaal
kind?[20] Aanvankelijk waren het vooral schoolartsen die zich bezighielden met de diagnostiek
van zwakbegaafden. Adequate medische criteria bleken echter moeilijk te vinden. De meeste
diagnostische systemen waren ontwikkeld voor ernstige geestelijke handicaps (idiotie, creti-
nisme), en gingen uit van fysieke kenmerken en misvormingen. Vooral schedelmaten genoten
rond de eeuwwisseling een grote populariteit. Tegelijkertijd werd vrijwel alom erkend, dat de
waarde van deze medische indicatoren voor de vaststelling van lichte vormen van zwakbegaafdheid zeer beperkt was: kenmerkend voor 'debielen' was nu juist dat zij zich uiterlijk vrijwel niet onderscheidden van normale kinderen. Ook onderwijskundige criteria golden als ontoereikend: een kenmerk van zwakbegaafden was weliswaar dat zij op school niet mee konden komen, maar daarmee kon nog niet iedere leerling die achterbleef als zwakbegaafd worden aangemerkt, zo vond men. Het was tegen deze achtergrond dat de Franse psycholoog Alfred Binet en zijn medewerker Simon in 1905 hun 'metrische schaal voor het onderzoek van
de intelligentie' lanceerden. Pedagogische en medische criteria, zo stelden ze, geven hooguit
indirecte aanwijzingen van het intellectueel niveau van kinderen; een betrouwbare diagnostiek dient geschoeid te zijn op *psychologische* leest.

De testserie van Binet en Simon had een ogenschijnlijk eenvoudige
opzet. In totaal bestond zij uit een dertigtal proefjes, die stuk voor stuk weinig revolutionair
waren: het beschrijven van plaatjes, het nazeggen van getallen, het vergelijken van gewicht-
jes, het opvolgen van instructies, het aanwijzen van eigen lichaamsdelen, enzovoort. De pre-

tenties van Binet en Simon waren dan ook bescheiden. Als meetinstrument in de eigenlijke zin van het woord vonden ze de test beslist ontoereikend. Het ging uitsluitend om een instrument dat een bijdrage kon leveren aan de oplossing van een concreet en afgebakend praktijkprobleem: de bepaling van het globale intellectuele niveau van kinderen. Toch betekende de test een doorbraak, niet alleen ten opzichte van pogingen om zwakbegaafdheid in medische termen te definiëren, maar ook ten opzichte van eerdere psychologische testseries, zoals de door Galton ontwikkelde tests (zie hoofdstuk 1). Dit was vooral het gevolg van het *constructieprincipe* van de test.[21] Eerdere testseries hadden intelligentie opgevat als een optelsom van afzonderlijke mentale of psychofysiologische elementen; sommigen, zoals Galton, legden daarbij de nadruk op de scherpte van de zintuigen, anderen op hogere mentale processen als geheugen en aandacht. Van daaruit werd vervolgens geprobeerd een relatie te leggen tussen testresultaten en het alledaagse functioneren van mensen. De resultaten hiervan waren onveranderlijk teleurstellend; zo bleek uit onderzoek van Galtons Amerikaanse leerling Cattell dat er volstrekt geen verband bestond tussen de 'mental tests' en onderwijsprestaties.

Met de Binet-Simon werd een andere weg ingeslagen. De ordening naar theoretisch te onderscheiden aspecten van intelligentie werd losgelaten en vervangen door een ordening naar opklimmende moeilijkheidsgraad. Was deze ordening in de eerste versie van de test nog betrekkelijk ruw, vanaf de tweede versie (1908) kreeg zij de vorm die tot de Tweede Wereldoorlog het uitgangspunt zou vormen bij de constructie van intelligentietests: een leeftijdsschaal, waarbij de opgaven waren geselecteerd en geordend op basis van gegevens over de leeftijd waarop zij door normaal begaafde kinderen juist werden beantwoord.

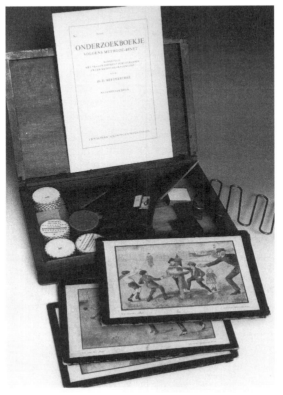

Herderschêe-Binet test, 1919. Dit was een Nederlandse bewerking van de test van Binet en Simon. De Herderschêe-Binet bleef tot ver na de Tweede Wereldoorlog in gebruik bij het toelatingsonderzoek voor het buitengewoon onderwijs. Foto: ADNP.

Ten opzichte van de eerdere psychologische tests had dit constructie-principe een aantal belangrijke voordelen. In de eerste plaats vormde het een waarborg voor het differentiërend vermogen van de test. In plaats van *achteraf* na te gaan of de testresultaten correspondeerden met verschillen in intellectueel functioneren, werd deze voor de praktische bruikbaarheid doorslaggevende eis reeds *van tevoren* ingebouwd: testopgaven werden immers geselecteerd op hun moeilijkheidsgraad. Een tweede voordeel was dat de opbouw van de test een duidelijke vergelijkingsmaatstaf bood. Doordat de testopgaven geordend waren naar leeftijdsjaren, kon men na afname van de test gemakkelijk vaststellen welk niveau van mentale ontwikkeling de onderzochte had bereikt. Dit werd de *mentale leeftijd* genoemd.

De verdiensten van Binets test bleven niet lang onopgemerkt: binnen luttele jaren werd de test vrijwel overal in West-Europa en de Verenigde Staten ingevoerd als *het* instrument voor het onderzoek van leerlingen die op school niet mee konden komen. Door zijn kwantitatieve karakter leverde de test een ogenschijnlijk helder criterium voor de afbakening tussen 'normale' en 'zwakzinnige' kinderen, en tussen verschillende gradaties van zwakzinnigheid: 'debielen', 'imbecielen' en 'idioten', in de termen van die tijd. Al spoedig maakten medische indelingen en definities dan ook plaats voor definities in termen van 'Binet-scores', waarbij vooral betekenis werd gehecht aan de *verhouding* tussen mentale en werkelijke leeftijd. Het was de Duitse psycholoog William Stern die deze verhouding in 1912 op formule bracht door de introductie van een begrip, dat al spoedig uitgroeide tot weinig minder dan een synoniem voor intelligentie: *intelligentiequotiënt*, afgekort als IQ, en gedefinieerd als mentale leeftijd gedeeld door chronologische leeftijd maal honderd.

De Amerikaanse 'mental-test'-beweging

Geïnspireerd door het succes van de intelligentietest bij het onderzoek van moeilijk lerende kinderen, begonnen psychologen al spoedig om te zien naar andere toepassingsmogelijkheden van de test. Binet zelf zinspeelde in 1908 al op een toekomstige samenleving, waarin intelligentie de basis zou vormen voor de maatschappelijke arbeidsverdeling.[22] Die gedachte weerspiegelde niet alleen de professionele aspiraties van de opkomende praktijkpsychologie, maar ook de geleidelijke transformatie van de negentiende-eeuwse standenmaatschappij.

Het onderwijs speelde in deze transformatie een belangrijke rol. Had het negentiende-eeuwse onderwijs nog vooral een disciplinerend en algemeen-vormend karakter, in de decennia rond de eeuwwisseling verschoof het accent naar de voorbereiding op het maatschappelijk leven. Deze ontwikkeling ging gepaard met de opkomst van tal van nieuwe, beroepsgerichte onderwijsvormen en met een snelle groei van het aantal kinderen dat 'doorleerde'. Het onderwijs kreeg zodoende een steeds belangrijker rol in de toedeling van maatschappelijke posities; de standenmaatschappij begon plaats te maken voor de 'diploma-maatschappij'. Daarmee kwam ook een grotere nadruk te liggen op de *capaciteiten* van kinderen als determinant van hun schoolcarrière: niet afkomst, maar *geschiktheid* zou doorslaggevend moeten zijn.[23]

Na de dood van Binet in 1911 waren het vooral Amerikaanse psychologen die het voortouw namen bij de introductie van de intelligentietest in het onderwijs. Dat was niet toevallig. Enerzijds kwam de doorstroming naar het voortgezet onderwijs in de Verenigde Staten veel eerder op gang dan in Europa, en speelde het standsprincipe hierbij een veel minder prominente rol. Anderzijds sloot de test mooi aan bij het streven van Amerikaanse psychologen naar meting en kwantificering.

Nadat in 1911 reeds een eerste Amerikaanse vertaling van Binets test was verschenen, publiceerde de psycholoog Lewis M. Terman in 1916 een bewerking, die tot ver na de Tweede Wereldoorlog een toonaangevende rol zou spelen in de psychologische praktijk: de Stanford-Binet. Ten opzichte van de originele Binet-tests onderscheidde Termans test zich vooral door zijn grotere bereik: waar de Binet-Simon ophield bij dertien jaar, liep de Stanford-Binet door tot zestien jaar, de leeftijd waarop volgens Terman de intelligentie volledig tot ontwikkeling was gekomen. Hierdoor was de test ook geschikt voor gebruik bij oudere kinderen en volwassenen.

Binets test was niet het enige meetinstrument waarover Amerikaanse onderwijspsychologen beschikten. Integendeel, al vanaf de eeuwwisseling waren tal van *achievement tests* in omloop: objectieve methoden voor de meting van schoolprestaties in zulke uiteenlopende vakken als rekenen, taal, schrijven, aardrijkskunde en geschiedenis. Ondanks deze veelheid aan reeds bestaande methoden, verwierf de intelligentietest zich al spoedig een bijzondere plaats binnen de Amerikaanse *mental-test*-beweging. Dit had niet in de eerste plaats te maken met de praktische bruikbaarheid van de test, maar vooral met de *betekenis* die Amerikaanse psychologen toekenden aan intelligentie. Geïnspireerd door een sociaal-darwinistische visie op individuele en maatschappelijke verschillen, zagen zij intelligentie als een vastliggende, erfelijk bepaalde eigenschap, die niet alleen bepalend was voor de 'onderwijsbaarheid', maar voor het maatschappelijk functioneren van mensen in al zijn facetten. Zo zag Terman bijvoorbeeld een rechtstreekse relatie tussen intelligentie en zedelijkheid: *'Not all criminals are feeble-minded, but all feeble-minded are at least potential criminals. That every feeble-minded woman is a potential prostitute would hardly be disputed by any one. Moral judgment, like business judgment, social judgment, or any other kind of higher thought process, is a function of intelligence.'*[24]

Zo werd intelligentie tot weinig minder dan een operationalisatie van het sociaal-darwinistische 'fitness'-begrip: een maatstaf voor de genetische kwaliteit en maatschappelijke waarde van een individu. Tegen deze achtergrond was het niet verwonderlijk dat Amerikaanse psychologen hoge verwachtingen hadden van de gebruiksmogelijkheden van de intelligentietest. Het grote publiek was aanvankelijk een stuk sceptischer. Dit veranderde echter nadat de test in 1917 op grote schaal gebruikt werd voor de selectie van rekruten voor het Amerikaanse leger (zie hoofdstuk 5). Enerzijds leverde dit testprogramma een nieuwe testvorm op, die zich bij uitstek leende voor verspreiding op grote schaal: de schriftelijke, groepsgewijs af te nemen intelligentietest. Anderzijds nam het programma een groot deel van de publieke scepsis weg. De legertests, aldus Terman, *'demonstrated beyond question that the methods of mental measurement are capable of making a contribution of great value (...). That their universal use in the schoolroom is necessary to educational efficiency will doubtless soon be accepted as a matter of course.'*[25]

Dat laatste was een tikje overdreven. Met name de stelling dat intelligentietests een aangeboren eigenschap maten, stuitte op heftige kritiek. Zo werd van verschillende kanten gewaarschuwd tegen het gevaar van een onderwijskundig determinisme en fatalisme, dat op gespannen voet staat met democratische waarden. Zoals één criticus het uitdrukte: *'The danger of intelligence tests is that in a wholesale system of education, the less sophisticated (...) will stop when they have classified and forget that their duty is to educate.'*[26]

Ondanks deze kritiek begon de testpsychologie na de Eerste Wereldoorlog aan een snelle opmars binnen het Amerikaanse onderwijs: in 1925 waren er alleen al voor de intelligentiebepaling zo'n 75 verschillende tests in omloop, en in het kielzog daarvan nam ook de constructie en het gebruik van achievement tests een hoge vlucht.[27] Deze snelle opmars had deels te maken met de reclame die Terman en de zijnen voor de tests maakten, inspelend op de progressieve thema's van efficiëntie en aandacht voor individuele verschillen. Minstens zo belangrijk was echter de sterke groei van het voortgezet onderwijs, en de selectieproblemen die dit met zich meebracht. Zo werd de intelligentietest al in 1918 geïntroduceerd als selectie-instrument voor het hoger onderwijs. Daarnaast speelde de test een belang-

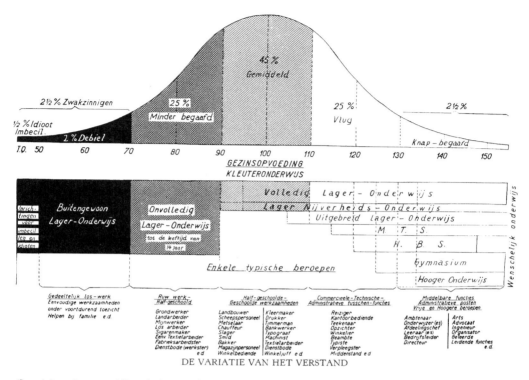

DE VARIATIE VAN HET VERSTAND

'De variatie van het verstand', illustratie uit een populariserend boek over intelligentie van de Nederlandse psycholoog Luning Prak (1938). Uit de tekening spreekt duidelijk het doorslaggevend belang dat aan intelligentie werd toegekend voor de school- en beroepscarrière.

rijke rol in het beroepskeuze-advieswerk, dat in de jaren na de Eerste Wereldoorlog tot ontwikkeling kwam. Maar misschien wel hun belangrijkste toepassing vonden de tests in het zogenaamde 'tracking'-systeem, dat – mede op initiatief van psychologen – na de Eerste Wereldoorlog tot ontwikkeling kwam en in de jaren twintig op het overgrote deel van de Amerikaanse scholen werd ingevoerd. Kern van dit systeem was de vervanging van een uniform lesprogramma door gescheiden onderwijstrajecten (*tracks*) voor 'langzame', 'gewone' en 'snelle' leerlingen, waarbij de intelligentietest als basis diende voor de indeling van de kinderen.

Testgebruik in Europa

Ook in Europa deed de psychologische test na de Eerste Wereldoorlog zijn intrede in het onderwijs. Zo publiceerde de Nederlandse hoogleraar Roels in 1921 een 'Handleiding voor psychologisch onderzoek op de school', met bijbehorend 'experimenteerkistje'.[28] Deze handleiding was bedoeld als hulpmiddel voor de onderwijzer, om zich een beeld te vormen van de individuele eigenschappen van zijn leerlingen. Naast een Nederlandse bewerking van de Binet-test bevatte zij onder andere een biografische vragenlijst en een zogenaamde 'persoonslijst', met 113 vragen over de lichamelijke en geestelijke gesteldheid van het kind. In Duitsland was het Stern, de geestelijk vader van het IQ-begrip, die zich sterk maakte voor het gebruik van intelligentietests voor de opsporing van hoogbegaafde arbeiderskinderen, die dan vervolgens door zouden kunnen stromen naar het middelbaar en hoger onderwijs.[29]

Toch nam de toepassing van de intelligentietest binnen het onderwijs in Europa een minder hoge vlucht dan in de Verenigde Staten.[30] Dit had niet alleen te maken met de hardnekkige rol die de standen in Europa speelden, maar ook met een grotere scepsis ten aanzien van de waarde van de intelligentietest als selectie-instrument. Zo stuitten pogingen om de test in Nederland in te voeren als selectie-instrument voor het voortgezet onderwijs, in de jaren dertig op grote weerstand, met name van pedagogen.[31] In hun ogen was de test een voorbeeld van 'bedrieglijke schijnexactheid': intelligentie is geen eendimensionale grootheid als temperatuur, maar een complex gegeven, dat niet in één getal te vatten is. Voorzover intelligentie- en andere tests hun intrede deden, bleef hun gebruik dan ook overwegend beperkt tot de diagnostiek van moeilijk lerende kinderen en het school- en beroepskeuze-advieswerk, dat ook in Europa na de Eerste Wereldoorlog tot ontwikkeling kwam.

*P*sychologie en onderwijs na de Tweede Wereldoorlog

Na de Tweede Wereldoorlog heeft de psychologische bemoeienis met het onderwijs zich in snel tempo verder ontwikkeld. De geschiedenis hiervan moet voor een belangrijk deel nog geschreven worden, reden waarom hier moet worden volstaan met de bespreking van een beperkt aantal thema's.

De opkomst van de schoolpsycholoog
De introductie van de test had de psycholoog in de periode tussen beide wereldoorlogen een plaats verschaft binnen het onderwijs. Daaromheen was geleidelijk aan een veelheid aan andere bemoeienissen van psychologen met het onderwijs ontstaan: in het verlengde van de diagnostiek van moeilijke leerlingen, waren psychologen zich ook gaan bezighouden met de ontwikkeling van speciale onderwijs- en trainingsprogramma's voor deze 'probleemgroep'; de afname van intelligentie- en schoolvorderingentests leidde tot voorstellen voor de inrichting van speciale onderwijsprogramma's voor hoogbegaafden en het school- en beroepskeuze-advieswerk vormde de basis voor de ontwikkeling van uitgebreide 'guidance' en 'counseling'-programma's.

Na de Tweede Wereldoorlog kreeg deze bemoeienis van psychologen met het onderwijs een nieuwe impuls vanuit de beweging voor geestelijke volksgezondheid. Binnen zowel de Amerikaanse *mental hygiene movement* als vergelijkbare bewegingen in Europa lag een sterke nadruk op het belang van de kinderlijke ontwikkeling (zie hoofdstuk 2). Hierbij kwam al spoedig ook het onderwijs in het vizier.[32] Terwijl de paradepaardjes van de mental hygiene beweging, de *child guidance clinics*, slechts een beperkt bereik hadden, kon door het onderwijs *elk* kind tot object van psychohygiënische bemoeienis gemaakt worden. Zoals het uitgedrukt werd in een Amerikaans rapport: *'The schools enroll nearly all the children in the nation and so furnish each child's earliest contact with public authority (...) here in the all-important early years is the place were every opportunity should be seized for the promotion of good mental health – not just the prevention of mental illness, but the achievement of wholesome personality and happy, useful living (...) the schools have a major role in the promotion of good mental hygiene.'[33]*

Voor psychologen bood deze ontwikkeling een uitgelezen kans om te komen tot een eigen professionele rol binnen het onderwijs. In combinatie met de reeds bestaande activiteiten vormde de zorg voor de geestelijke hygiëne van het schoolkind de basis voor de definitie van een nieuwe psychologische beroepsrol: de *schoolpsychologie*.[34] Onmiddellijk na de Tweede Wereldoorlog deden de eerste schoolpsychologen hun intrede in het Amerikaanse onderwijsbestel en binnen korte tijd sloeg de beweging over naar Europa. Zo kwam bijvoorbeeld in Nederland in de loop van de jaren vijftig een landelijk netwerk van schoolpsychologische diensten tot ontwikkeling.[35]

De opkomst van de schoolpsychologie betekende een sterke uitbreiding van de psychologische bemoeienis met het onderwijs. Dit ging gepaard met een accentverschuiving in de *aard* van deze bemoeienis. Waar deze voor de oorlog in het teken had gestaan van geschiktheid en een zo efficiënt mogelijke inrichting van het leerproces, kwam nu meer nadruk te liggen op de emotionele ontwikkeling en aanpassing van het kind. Daarmee deed in het onderwijs een nieuw, klinisch-psychologisch georiënteerd perspectief zijn intrede.

Tests: expansie en kritiek

Hoewel het perspectief in de jaren na de Tweede Wereldoorlog dus verschoof van 'geschiktheid' naar 'geestelijke gezondheid', betekende dit niet dat de bemoeienis van psychologen met geschiktheidsvraagstukken afnam. Integendeel: de opmars van de test zette zich ook na 1945 voort. In de Verenigde Staten ontwikkelde de *Scholastic Aptitude Test* (SAT) zich tot een standaardinstrument bij de toelating tot het hoger onderwijs, en ook in Europa deden intelligentie- en andere tests op steeds grotere schaal hun intrede. Zo werd in Engeland in 1945 de zogenaamde *eleven-plus examination* ingevoerd: een wettelijk verplicht onderzoek bij het afsluiten van de lagere school, dat als basis fungeerde voor de toelating tot het voortgezet onderwijs, en waarbij intelligentietests een centrale rol speelden.[36] Het belangrijkste doel van dit onderzoek was de doorbreking van het traditionele standskarakter van het Engelse onderwijssysteem en de vergroting van de kansen van kinderen uit lagere milieus op voortgezet onderwijs. In Nederland kreeg de opmars van de test vooral gestalte in grootschalige school- en beroepskeuzeprojecten, waarbij kinderen aan het eind van de lagere school getest werden in het kader van advisering over de keuze van een vervolgopleiding.

Niet iedereen was even gecharmeerd van deze opmars van de testpsychologie. Vooral in de Verenigde Staten ontwikkelde zich vanaf het eind van de jaren vijftig een sterke antitestbeweging.[37] In boeken met titels als *The tiranny of testing* en *The brain watchers* werden de schadelijke gevolgen van de testcultuur breed uitgemeten. Zo zouden (intelligentie)tests vooral toegesneden zijn op de doorsnee, aculturele, conservatieve Amerikaan, door hun oppervlakkige vragen creatieve en kritische leerlingen benadelen en de houding van leraren tegenover zwakke leerlingen negatief beïnvloeden. Maar de belangrijkste kritiek was wel dat de tests discriminerend zouden zijn voor kinderen uit achterstandsgroepen (zoals negers en immigranten), omdat zij voor een belangrijk deel kennis van de heersende cultuur meten en de testnormen vaak uitsluitend gebaseerd zijn op prestaties van blanke middenklasse-kinderen. Als gevolg van deze kritiek werden in de loop van de jaren zestig en zeventig verschillende wetten van kracht, die het gebruik van tests aan banden legden.

Ook onder psychologen was sprake van een groeiende onvrede met traditionele intelligentietests. De gedachte dat deze tests uitsluitend aanleg meten, was in de jaren dertig al door veel psychologen losgelaten en na de Tweede Wereldoorlog verschoof het accent allengs van 'single-score'-tests naar tests die inzicht geven in de verschillende aspecten van het cognitief functioneren, zoals de *Differential Aptitude Test*. Bovendien bleken intelligentietests niet zulke goede voorspellers van schoolsucces als de vroege intelligentiepsycho-logen hadden willen doen geloven. Door dit alles verloren intelligentietests geleidelijk aan hun prominente plaats binnen het onderwijs, ten gunste van vooral schoolvorderingentoetsen. Deze toetsen, die in de Verenigde Staten en Engeland al langer in zwang waren, werden in de loop van de jaren vijftig en zestig ook in Nederland geïntroduceerd.[38] Dit resulteerde in 1968 in de oprichting van het CITO (Centraal Instituut voor Toetsontwikkeling), waarvan de toetsen tot op de dag van vandaag een belangrijke rol spelen in de overgang naar het voortgezet on-derwijs.

Leerpsychologie en onderwijstechnologie

Was de naoorlogse testpsychologie in grote lijnen een voortzetting van de vooroorlogse traditie, op andere fronten deden zich interessante nieuwe ontwikkelin-gen voor. Dit gold vooral voor de leerpsychologie, vanouds het theoretisch hart van de onder-wijspsychologie. In de Verenigde Staten maakte Thorndikes connectionisme als dominant pa-radigma na de oorlog plaats voor het behaviorisme van Burrhus F. Skinner.[39] Conform de be-havioristische theorie beschouwde Skinner het onderwijs als in essentie niets anders dan het aanleren van gewenst gedrag, en hij propageerde dan ook met kracht het gebruik in het on-derwijs van het model dat hij daarover had geformuleerd: de *operante conditionering*. Daar-bij hamerde hij vooral op het vertalen van onderwijsdoelstellingen in concrete, welomschre-ven gedragstermen. Vervolgens ging het erom dit gedrag volgens de principes van de operan-te conditionering op zo efficiënt mogelijke wijze uit te lokken en te belonen ('bekrachtigen'). Als hulpmiddel hierbij propageerde Skinner het gebruik van *teaching machines*: apparaten voor geïndividualiseerde instructie, waarmee de leerstof stap voor stap werd aangeboden en de leerling onmiddellijk feedback kreeg over zijn antwoord.

Aan het eind van de jaren vijftig kreeg de Amerikaanse onderwijsre-search een sterke impuls, toen in het kader van de Koude Oorlog de *National Defense Educa-tion Act* werd afgekondigd. Deze wet was een directe reactie op de lancering van de eerste ruimteraket door de Russen in 1957, de *Sputnik*. Wilde Amerika bijblijven, zo was de ge-dachte, dan moest alles op alles gezet worden om het wetenschappelijk en technologisch po-tentieel van de Verenigde Staten te verhogen, en onderwijs werd hierbij gezien als het middel bij uitstek. Er kwamen enorme fondsen beschikbaar voor onderwijsonderzoek en -vernieu-wing, met als gevolg dat het aantal onderwijsonderzoekers binnen tien jaar verdrievoudigde.[40] Hoewel het niet alleen psychologen waren die hiervan profiteerden, speelden zij wel een pro-minente rol in deze ontwikkeling. Dat was mede te danken aan de opkomst van de *cognitie-ve psychologie*, die een vruchtbaar nieuw paradigma leek te bieden voor nieuwe, efficiëntere en wetenschappelijk gefundeerde onderwijsmethoden.

Ook in Europa herleefde in de jaren zestig de belangstelling voor em-pirisch georiënteerd onderwijsonderzoek.[41] De geesteswetenschappelijke pedagogiek raakte op zijn retour, en daarmee werd ook de scepsis ten opzichte van de psychologie en de toe-passing van empirische onderzoeksmethoden minder. In Nederland kwam dit onder andere tot uitdrukking in de oprichting van studierichtingen onderwijspsychologie en onderwijskunde, van speciale onderzoeksinstituten voor het onderwijs en van een door de overheid gefinan-cierde *Stichting voor Onderwijsonderzoek* (SVO). De schoolpsychologische diensten, die zich overwegend bezighielden met het testen en begeleiden van individuele leerlingen, maakten plaats voor breder opgezette schooladvies- en begeleidingsdiensten, die naast individuele be-geleiding ook een taak hadden in het geven van wetenschappelijke ondersteuning bij de vormgeving en vernieuwing van het onderwijs.

Compensatieprogramma's

De jaren vijftig en zestig zagen niet alleen nieuwe vormen van psychologisering; de bemoeienis van psychologen kwam ook in een ander politiek en maatschappelijk teken te staan. Waar de vooroorlogse *educational psychology* in het licht had gestaan van het streven naar efficiëntie en de schoolpsychologie geleid werd door het ideaal van 'geestelijke hygiëne', kwam de nadruk vanaf het eind van de jaren vijftig te liggen op het opsporen van talent en het compenseren van milieuverschillen. Voor een deel had deze wending te maken met een veranderde visie op de herkomst van verschillen in intelligentie en schoolprestaties, waarbij een steeds grotere betekenis werd toegekend aan de invloed van de omgeving. Minstens zo belangrijk waren een tweetal politiek-maatschappelijke ontwikkelingen, die vanuit zeer uiteenlopende perspectieven het vraagstuk van onderwijs aan achterstandsgroepen op de agenda plaatsten. De eerste hiervan was de opkomende aandacht voor 'verborgen talenten', die zich vanaf het midden van de jaren vijftig manifesteerde. De snelle technologische ontwikkelingen en de alomheersende schaarste aan hooggekwalificeerd personeel leidde tot de overtuiging, dat de samenleving het zich niet kon veroorloven om sluimerend talent onbenut te laten. Ook Koude-Oorlogsmotieven speelden hierbij een rol, vooral in de Verenigde Staten. Zo werd in het kader van de reeds genoemde *National Defense Education Act* onder andere een grootscheeps test- en schoolkeuzebegeleidingsprogramma opgezet, dat tot doel had getalenteerde jongeren op te sporen en te interesseren voor een technisch-wetenschappelijke opleiding.[42]

Ging het aanvankelijk vooral om het opsporen van verborgen talent, in de jaren zestig verschoof – onder invloed van de burgerrechten- en democratiseringsbeweging – het accent naar de relatie tussen onderwijs en maatschappelijke ongelijkheid. Dit leidde tot de ontwikkeling van zogenaamde *compensatieprogramma's*, die tot doel hadden om door middel van aanvullend onderwijs de maatschappelijke perspectieven van kinderen uit lagere sociale milieus te verbeteren. Zo werd in de Verenigde Staten in 1964 het programma *Head Start* gelanceerd, als onderdeel van de door Johnson afgekondigde *War on Poverty* (zie ook hoofdstuk 2). Dit programma was primair gericht op jonge kinderen, en beoogde door extra onderwijs te voorkomen dat zij al voor het begin van de schooltijd een intellectuele achterstand zouden oplopen. Later werden – zowel in de Verenigde Staten als in Europa – vergelijkbare programma's ontwikkeld voor kinderen in de lagereschoolleeftijd, zoals in Nederland bijvoorbeeld het *Innovatie Project Amsterdam* en het Rotterdamse project *Onderwijs en Sociaal Milieu*.[43]

Hoewel de aanpak en theoretisch achtergrond van dit soort programma's sterk uiteenliep, hadden zij één ding gemeen: de gedachte dat het mogelijk is om door middel van gerichte onderwijsmaatregelen de intelligentie en leerprestaties van kinderen uit lagere sociale milieus te verbeteren. In dit opzicht stonden de programma's haaks op de aloude gedachte, dat intelligentie en schoolprestaties vooral een kwestie zijn van aanleg, en dus moeilijk beïnvloedbaar. Toen bleek dat de resultaten van de compensatieprogramma's nogal tegenvielen, was dit voor een aantal psychologen aanleiding om opnieuw terug te grijpen op de aanleghypothese. Zo stelde de Amerikaanse psycholoog Jensen, dat de reikwijdte van compensatieprogramma's noodzakelijk beperkt is, omdat intelligentieverschillen voor tachtig procent genetisch bepaald zijn.[44] Dit resulteerde in een herleving van het IQ-debat, waarin vooral het thema van mogelijke genetische intelligentieverschillen tussen blanke en zwarte Amerikanen onderwerp was van heftige discussie. Aanvankelijk leken de vertegenwoordigers van het aanlegdenken hierbij aan het kortste eind te trekken, vooral toen het zich liet aanzien dat een deel van de onderzoeksresultaten waarop zij zich beriepen, berustte op bedrog.[45] De laatste jaren lijkt de erfelijkheidsgedachte echter weer terrein te winnen. Een recent voorbeeld hiervan is het boek *The bell curve* (1994) waarin opnieuw de stelling verdedigd wordt dat zowel verschillen in onderwijsprestaties als andere maatschappelijke verschillen voor het overgrote deel het gevolg zijn van genetisch bepaalde verschillen in intelligentie.[46]

*C*onclusie

Het onderwijs was een van de eerste terreinen waarop psychologische inzichten een rol van betekenis gingen spelen. Voordat de psychologie de status van een zelfstandige academische discipline bereikte, gold zij reeds als een van de hoekstenen van pedagogische theorievorming en van de opleiding van onderwijsgevenden. En ook de 'nieuwe psychologie', die vanaf het eind van de vorige eeuw gestalte kreeg, vond binnen het onderwijs een van haar eerste toepassingsgebieden. Opmerkelijk genoeg heeft deze wederzijdse belangstelling slechts in beperkte mate geresulteerd in de vorming van een professionele praktijk: er zijn weliswaar psychologen die emplooi vinden binnen de onderwijspraktijk, maar hun aantal valt in het niet bij psycho-professionals op andere terreinen, zoals de opvoeding, de arbeid en de geestelijke gezondheidszorg.

Voorzover de psychologie invloed heeft gekregen op de onderwijspraktijk, is deze invloed voor een belangrijk deel van indirecte aard. De psychologie speelt een belangrijke rol in de opleiding van onderwijsgevenden, en ook in pedagogische theorieën is veelal een stevige dosis psychologische inzichten verdisconteerd. Voor een deel heeft dit zijn weerslag in concrete lesmethoden. Minstens zo belangrijk is waarschijnlijk de sluipende 'psychologisering' van het denken en handelen van onderwijsgevenden; er zijn vermoedelijk weinig andere beroepsgroepen, waar psychologische noties – 'ontwikkeling', 'leren', 'motivatie', 'faalangst' – zo zijn ingeburgerd.[47]

Naast deze diffuse en moeilijk te taxeren algemene 'psychologisering', is er één concrete bijdrage van psychologen, die zeer nadrukkelijk zijn stempel heeft gedrukt op het onderwijs: de psychologische test, en met name de intelligentietest. Door hun nadruk op 'geschiktheid' en 'individuele verschillen' hebben psychologen een belangrijke rol gespeeld in de transformatie van het negentiende-eeuwse standsonderwijs naar het hedendaagse, meritocratische onderwijsbestel, met zijn nadruk op individuele capaciteiten als determinant van de schoolcarrière van kinderen. En dat niet alleen: de introductie van tests betekende ook, dat de definitie van 'geschiktheid' tot op grote hoogte een aangelegenheid van psychologen werd. Vooral in de Verenigde Staten bepalen intelligentie- en andere tests voor een belangrijk deel de schoolcarrière van kinderen, en daarmee ook hun maatschappelijk perspectief. Daarmee is de meritocratie in zekere zin getransformeerd tot een *psychocratie*: de psychologie heeft een sleutelrol gekregen in de verdeling van onderwijskansen en maatschappelijke posities – en daarmee ook in de legitimering van maatschappelijke verschillen.

Noten

1   P. van Duyvendijk en J.B. Visser (1924), *Nieuwe zielkunde* (Groningen: Wolters), p. 9.

2   Tot de Tweede Wereldoorlog werd vaak gesproken van 'zielkunde'; in het algemeen werd dit begrip gebruikt als synoniem voor psychologie.

3   Zie voor de opkomst van het publieke onderwijsbestel J. Bowen (1981), *A history of western education. Vol. III: The modern West Europe and the New World* (London: Methuen) en A. de Swaan (1989), *Zorg en de staat. Welzijn, onderwijs en gezondheidszorg in Europa en de Verenigde Staten in de nieuwe tijd* (Amsterdam: Bert Bakker).

4   Zie voor Nederland en de rol van de Maatschappij tot Nut van 't Algemeen: J.H.G. Lenders (1988), *De burger en de volksschool. Culturele en mentale achtergronden van een onderwijshervorming. Nederland 1780-1850* (Nijmegen: SUN).

5   In Nederland gebeurde dit in 1900. Overigens waren aan het eind van de achttiende en het begin van de negentiende eeuw in verschillende landen al leerplichtwetten ingevoerd; deze waren echter zeer beperkt van opzet en er was nauwelijks toezicht op handhaving ervan. Zie Th. Veld (1987), *Volksonderwijs en leerplicht. Een historisch sociologisch onderzoek naar het ontstaan van de Nederlandse leerplicht 1860-1900* (Delft: Eburon).

6   Geciteerd naar Ph.J. Idenburg (1964/1960), *Schets van het Nederlandse schoolwezen* (Groningen: Wolters), p. 153.

7   Zie voor een impressie van de negentiende-eeuwse volksschool in Nederland H.Q. Röling (1982), Onderwijs in Nederland, in B. Kruithof, J. Noordman en P. de Rooy, red., *Geschiedenis van opvoeding en onderwijs* (Nijmegen: SUN), p. 66-86.

8   M. Schubeius (1990), *Und das psychologische Laboratorium muß der Ausgangspunkt pädagogischer Arbeiten werden! Zur Institutionalisierungsgeschichte der Psychologie von 1890-1933* (Frankfurt a.M.: Peter Lang), p. 81.

9   Zie over Herbart en zijn invloed binnen het onderwijs H.B. Dunkel (1970), *Herbart and Herbatianism: an educational ghost story* (Chicago: University of Chicago Press) en P. Zedler (1989), Die Anfänge des Herbartianismus. Zur Rekonstruktion eines praktisch erfolgreichen Theorieprogramms, in P. Zedler en E. König (Hrsg.), *Rekonstruktion pädagogischer Wissenschafsgeschichte. Fallstudien, Ansätze, Perspektiven* (Weinheim: Deutscher Studien Verlag), p. 43-75.

10   H. de Raaf (1911/1889), *De Beginselen der zielkunde op eene aanschouwelijke wijze ten dienste van het onderwijs verklaard* (Tiel: Mijs), p. 4.

11   Zie Bowen, a.w. Een meer uitvoerige behandeling voor Duitsland en de Verenigde Staten geven resp. W. Scheibe (1984/1969), *Die Reformpädagogische Bewegung* (Weinheim/Basel: Beltz) en L.A. Cremin (1961), *The transformation of the school. Progressivism in American education 1876-1957* (New York: Knopf).

12   Zie E.S. Davidson en L.T. Benjamin (1987), A History of the child study movement in America, in J.A. Glover en R.R. Ronning, eds., *Historical foundations of educational psychology* (New York: Plenum Press), p. 41-60.

13   Zie voor de geschiedenis van de Amerikaanse onderwijspsychologie m.n. R.M.W. Travers (1983), *How research has changed American schools. A history from 1840 to the present* (Kalamazoo: Michigan Press); Glover en Ronning, eds., a.w.

14   Zie hierover Travers, a.w. Bijzonder invloedrijk was ook Thorndike's onderzoek naar de ontwikkeling van de woordenschat van kinderen. Zie ook G. Joncich (1978), Words for schools: The appplications in education of the vocabulary researches of Edward L. Thorndike, in P. Suppes, ed., *Impact of research on education: some case studies* (Washington, DC: National Academy of Education), p. 107-196.

15   Deze schets van de ontwikkeling van de Duitse onderwijspsychologie is vooral gebaseerd op Schubeius, a.w.

16   Schubeius, a.w. p. 21-22.

17   Geciteerd naar Schubeius, a.w., p. 19.

18   Zie voor de ontwikkeling van de Nederlandse pedagogiek E. Mulder (1989), *Beginsel en beroep. Pedagogiek aan de universiteit in Nederland 1900-1940* (Dissertatie Universiteit van Amsterdam). Een prominente rol speelde Ph. Kohnstamm in het door hem opgerichte Nutsseminarium voor Pedagogiek. Zie N. Deen (1969), *Een halve eeuw onderwijsresearch in Nederland. Het Nutsseminarium voor Pedagogiek 1919-1969* (Groningen: Wolters-Noordhoff).

19   Geciteerd naar G. Bolkestein en H. Menkveld (1978), *Ontwikkelingslijnen naar speciaal onderwijs* (Nijkerk: Callenbach), p. 22.

20 Zie over de diagnostiek van zwakzinnigheid in de negentiende eeuw B. Kuhlo (1974), Der kindliche Schwachsinn als diagnostisches, therapeutisches und soziales Problem im 19. Jahrhundert, *Medizinhistorisches Journal, 9,* 125-151 en L. Zenderland (1987), The debate over diagnosis: Henry Herbert Goddard and the medical acceptance of intelligence testing, in M.M. Sokal, ed., *Psychological testing and American society 1890-1930* (New Brunswick: Rutgers University Press), p. 46-74.

21 Zie P. van Drunen en P.J. van Strien (1995), *Op de proef gesteld. Geschiedenis van de psychologische test* (Groningen: Passage/Archief en Documentatiecentrum Nederlandse Psychologie).

22 A. Binet en T. Simon (1908), Le développement de l'intelligence chez les enfants, *l'Année Psychologique, 14,* 1-94; hierin p. 83.

23 Overigens zou dit nog lang meer ideologie dan werkelijkheid blijven: tot de Tweede Wereldoorlog bleef met name in Europa de participatie van arbeiderskinderen in het middelbaar en hoger onderwijs zeer beperkt.

24 L.M. Terman (1916), *The measurement of intelligence* (Boston: Houghton Mifflin), p. 11.

25 Geciteerd naar P.D. Chapman (1988), *School as sorters. Lewis M. Terman, applied psychology, and the intelligence testing movement, 1890-1930* (New York: New York University Press), p. 1.

26 W. Lippmann (1976/1922), The abuse of the tests, in N.J. Block en G. Dworkin, eds., *The IQ-controversy* (New York: Pantheon), p. 18-20; hierin p. 20. Lippmann was een journalist, die in 1922 een serie van zes kritische artikelen schreef over de testpsychologie in het opinieblad *The New Republic,* en zich daarmee ontpopte tot een van belangrijkste tegenspelers van de intelligentiepsychologen. Zie F. Samelson (1979), Putting psychology on the map: ideology and intelligence testing, in A.R. Buss, ed., *Psychology in social context* (New York: Irvington), p. 103-168.

27 Chapman, a.w.

28 F. Roels en J. van der Spek (1921), *Handleiding voor het psychologisch onderzoek op de school* (Den Bosch: Malmberg).

29 Zie Schubeius, a.w. en R. Schmid (1977), *Intelligenz- und Leistungsmessung. Geschichte und Funktion psychologischer Tests* (Frankfurt: Campus).

30 Een interessante uitzondering is Engeland. Zie A. Wooldridge (1994), *Measuring the mind: education and psychology in England, 1860-1990* (Cambridge: Cambridge University Press).

31 Zie H.J. Conradi (1993), De twee gezichten van intelligentie. *Psychologie en Maatschappij, 17,* 262-275.

32 Zie voor vooroorlogse relaties tussen onderwijs en mental hygiene in de Verenigde Staten P. Suppes en H. Warren (1978), Psychoanalysis and American elementary education, in P. Suppes, ed., *Impact of research on education* (Washington DC: National Academy of Education), p. 319-396.

33 N.E. Cutts, ed. (1955), *School psychologists at mid-century* (Washington, DC: American Psychological Association), p. 3.

34 Zie Cutts, a.w.

35 Zie E. Haas (1995), *Op de juiste plaats. De opkomst van de bedrijfs- en schoolpsychologische beroepspraktijk in Nederland* (Hilversum: Verloren). Zie voor een overzicht van andere Europese landen W. Schultze, ed. (1968), *Schools in Europe, Vol. I en II* (Weinheim: Verlag Julius Beltz).

36 Zie Wooldridge, a.w.

37 Zie voor een overzicht A.K. Wigdor en W.R. Garner, eds. (1982), *Ability testing: uses, consequences, and controversies, Vol. I en II* (Washington, DC: National Academy Press).

38 Een belangrijke rol hierbij speelde de Amsterdamse psycholoog en methodoloog A.D. de Groot. In 1966 publiceerde De Groot het (sindsdien vele malen herdrukte) boekje *Vijven en zessen,* waarin hij de willekeur en het gebrek aan objectiviteit bij beoordelingen bekritiseerde en de invoering van schoolvorderingentoetsen als een van de remedies hiervoor bepleitte.

39 Zie voor de invloed van Skinners behaviorisme binnen het onderwijs Travers, a.w. en R. Glaser (1978), The contributions of B.F. Skinner to education and some counterinfluences, in Suppes, ed., a.w., p. 199-266.

40 Zie L.J. Cronbach en P. Suppes (1969), *Research for tomorrow's schools: Disciplined inquiry for education* (London: MacMillan), p. 202-212.

41 Zie voor een overzicht van de stand van zaken in verschillende landen in de jaren zestig Schultze, a.w. Een overzicht van de ontwikkelingen in Duitsland geeft R. Maikowski, P. Mattes en G. Rott (1976), *Psychologie und ihre Praxis. Geschichte und Funktion in der BRD* (Frankfurt a.M.: Fischer). Een impressie van de ontwikkeling in Nederland geeft A.D. de Groot (1976), Ontwikkelingslijnen in de Nederlandse onderwijsresearch, *Tijdschrift voor Onderwijsresearch, 1,* 145-160.

42 Zie J. Spring (1985), *The American school 1642-1985* (New York: Longman), p. 294-296. In Nederland vond in de jaren zestig een grootschalig onderzoek plaats naar 'verborgen talent', onder leiding van de socioloog Van Heek. Zie F. van Heek e.a. (1968), *Het verborgen talent. Milieu, schoolkeuze en schoolgeschiktheid* (Meppel: Boom) en J.A. Harbers (1986), *Sociale wetenschappen en hun speelruimte* (Groningen: Wolters-Noordhoff).

43 P.P.M. Leseman (1989), *Structurele en pedagogische determinanten van schoolloopbanen* (Dissertatie Erasmus Universiteit Rotterdam).

44 A.R. Jensen (1969), How much can we boost IQ and scholastic achievement?, *Harvard Educational Review, 39*, 1-123. Zie voor een bundel met kritische reacties Block en Dworkin, a.w. en voor een analyse van het debat J. Harwood (1978), Heridity, environment, and the legitimation of social policy, in B. Barnes en S. Shapin, eds., *Natural order. Historical studies of scientific culture* (London: Sage), p. 231-251.

45 Zie L. Kamin (1974), *The science and politics of IQ* (Potomac: Lawrence Erlbaum). Kamin wees op een aantal onregelmatigheden in het werk van de Britse onderzoeker Sir Cyril Burt, dat door erfelijkheidsaanhangers vaak werd geciteerd als krachtigste ondersteuning van hun stellingen. Volgens Kamin was er sprake van fraude en bedrog, een conclusie waarover lange tijd consensus heeft bestaan, maar die recentelijk door een aantal onderzoekers opnieuw ter discussie is gesteld. Zie N.J. Mackintosh, ed. (1995), *Cyril Burt: fraud or framed?* (Oxford: Oxford University Press).

46 R.J. Herrnstein en C. Murray (1994), *The bell curve. Intelligence and class structure in American life* (New York: Free Press). Overigens is deze stelling niet onweersproken gebleven: binnen een jaar verschenen in Amerika twee bundels met kritische reacties. Zie R. Jacoby en N. Glauberman, eds. (1995), *The bell curve debate. History, documents, opinions* (New York: Times Books) en S. Fraser, ed. (1995), *The bell curve wars. Race, intelligence, and the future of America* (New York: Basic Books). Zie voor de receptie in Nederland W.K.B. Hofstee (1995), Intelligentie en samenleving, *Psychologie en Maatschappij, 19*, 155-161 en P. van Drunen (1995), The Bell Curve: intelligentiepsychologie en politiek, *Psychologie en Maatschappij, 19*, 264-272.

47 In hoeverre dit doorwerkt in de alledaagse onderwijspraktijk is natuurlijk een andere vraag. Symptomatisch is de telkens weerkerende scepsis over de invloed van onderwijsonderzoek op de praktijk, zoals verwoord in G. Joncich Clifford (1973), A history of the impact of research on teaching, in R.M.W. Travers, ed., *Second handbook of research on teaching* (Chicago: Rand McNally). Probleem hierbij is, dat nog nauwelijks pogingen zijn gedaan om de ontwikkeling van de alledaagse onderwijspraktijk in kaart te brengen. Een interessante uitzondering is L. Cuban (1984), *How teachers taught. Constancy and change in American classrooms 1890-1980* (New York: Longman).

D e werknemer

VAN PSYCHOTECHNIEK NAAR ARBEIDS- EN ORGANISATIEPSYCHOLOGIE

PIETER J. VAN STRIEN

In ons dagelijks leven geldt geschiktheid voor een bepaald soort werk bijna vanzelfsprekend als een kwestie van psychologische eigenschappen. En ook bij de vormgeving van iemands werkplek, de manier waarop leiding wordt gegeven, de beoordeling en beloning van prestaties, het bij het publiek aanprijzen van het product, de verkoop en het veroveren van nieuwe markten, enzovoort, stellen we ons allerlei psychologische factoren voor die niet straffeloos kunnen worden verwaarloosd. In dit hoofdstuk wil ik laten zien dat dit niet steeds zo is geweest, maar dat de psychologie haar betekenis voor de menselijke arbeid en alles wat eraan vastzit eerst heeft moeten uitdragen en waarmaken, voordat psychologen hun huidige rol in het arbeidsbestel konden gaan vervullen. Uiteraard was het *psychologiseringsproces* dat zich hierbij voltrok niet beperkt tot het domein van de arbeid – binnen sommige andere domeinen gebeurde dit eerder dan op het terrein van de arbeid – maar de arbeid was het eerste maatschappelijke domein dat psychologen op grotere schaal *beroepsmogelijkheden* bood, met name bij de beroepskeuze en personeelsselectie.

Deze verovering van het domein van de arbeid gebeurde stap voor stap. Bij de selectie van personeel kregen psychologen al in de eerste decennia van deze eeuw vaste voet aan de grond, terwijl het tot de Tweede Wereldoorlog duurde voordat ze op groter schaal werden betrokken bij problemen van leiding en organisatie en van de ergonomie. Aan het slot van dit hoofdstuk zal ik een verklaring proberen te geven van deze fasering.

Per probleemgebied – mens en taak, mens en organisatie en mens en materiaal – zal ik de belangrijkste bijdragen van de psychologie de revue laten passeren. Het is vanzelfsprekend onmogelijk om de ontwikkelingen in verschillende landen recht te doen wedervaren. De aandacht zal telkens vooral worden gericht op die landen waar de besproken activiteiten het eerst van de grond kwamen. In de eerste decennia komen zo vooral Duitsland en Amerika als pionierslanden in de schijnwerpers te staan. Na de Tweede Wereldoorlog zijn ook van Engeland en de Scandinavische landen interessante initiatieven uitgegaan. In een Nederlandstalig boek ligt het voor de hand om daarnaast aandacht te besteden aan hetgeen zich hier te lande afspeelde.

V oorgeschiedenis

Terwijl men binnen het onderwijs en de psychiatrische kliniek al rond de eeuwwisseling druk experimenteerde met psychologische onderzoeksmethoden, was het pas kort voor de Eerste Wereldoorlog dat de eerste psychologische tests werden afgenomen voor het nagaan van iemands geschiktheid voor een bepaald soort werk. Vanouds werden de keuze van een beroep en het aantrekken van iemand als werknemer voornamelijk bepaald door factoren als het beroep van de vader, sociale rang en stand en persoonlijke connecties. Tijdens de Industriële Revolutie werd deze traditie vervangen door het brute principe van de *survival of the fittest*: onder de zich bij de fabriekspoort verdringende werkzoekenden bleven diegenen in dienst, die zich onder het straffe arbeidsregime wisten te handhaven en verder geen eisen stelden. Voorzover er werd geselecteerd, gebeurde dit op fysieke geschiktheid – sterke spieren en een stevig postuur bij mannen en vingervlugheid bij vrouwen – en niet op grond van psychologische geschiktheid. Maar bij de bezetting van leidinggevende functies bleven de juist genoemde traditionele factoren nog tot ver in de twintigste eeuw doorwerken.

Dit wil niet zeggen dat er over de psychologische geschiktheid voor bepaalde taken en beroepen en over de menselijke drijfveren achter de arbeid nooit was nagedacht. Al vanaf de Renaissance heeft men psychologische karakteristieken van mensen opgesteld met het oog op hun geschiktheid voor bijzondere taken, maar deze hadden geen invloed op de personeelspraktijk.[1]

Ook over de menselijke aspecten aan de organisatie is er vroeger al nagedacht, onder anderen door de utopisch socialisten en door Karl Marx. De denkbeelden van de laatste over de proletarische revolutie en de toeëigening van de productiemiddelen hadden een grote invloed op de arbeidersbeweging, maar de in zijn *vervreemdingsleer* besloten motivatiepsychologie – hergeef de werker de greep op de producerende handeling en het contact met medeproducenten en met het voltooide product – bleef in zijn dagen onopgemerkt.[2] Grote invloed daarentegen op de organisatie van de productie had het *management-denken*, dat in de laatste decennia van de negentiende eeuw vooral onder Amerikaanse ingenieurs opkwam. Hoewel hij niet de eerste was die zich bezighield met de verwetenschappelijking van het bedrijfsbeheer, verwierf vooral de Amerikaanse ingenieur Frederick W. Taylor grote bekendheid met zijn geschriften over *scientific management*, die hij in het begin van de twintigste eeuw publiceerde.[3]

De doorvoering van de door het scientific management gepropageerde organisatieprincipes leidde tot een drastische toename van de vervreemding tussen de arbeider en het product. Tot die tijd had de arbeidsploeg onder leiding van de voorman een grote zelfstandigheid bezeten bij de fabricage, mits het product maar goedkoop en volgens de specificaties werd vervaardigd. Taylor, die zijn loopbaan op de werkvloer was begonnen, had opgemerkt dat er binnen dit systeem een grote verspilling van materiaal en energie bestond. Hij liet zien dat er door toepassing van wetenschappelijk uitgekiende werkmethoden met minder mensen een veelvoud van de oorspronkelijke productie kon worden gehaald. De prijs hiervoor bestond in een vergaande opsplitsing van de arbeid in monotone, met het stopwatch geklokte en scherp op elkaar afgestemde deelhandelingen. Ieder droeg een stukje bij aan het eindproduct, maar het ambachtelijk contact met het eigen maaksel ging verloren. In plaats daarvan was er sprake van een radicale *scheiding van hoofd- en handarbeid*, het denkwerk kwam te liggen bij de werkvoorbereiders en controleurs op het bedrijfskantoor, de uitvoering bij het van zijn vakmanschap beroofde fabrieksproletariaat. Het lopendebandsysteem – rond 1900 al toegepast in de vleesconservenindustrie in Chicago en kort daarna ook in de automobielfabrieken van Ford en in confectiebedrijven – maakte de monotonie van de 'kortcyclische' handeling compleet en voegde daar de druk van het door de band gedicteerde arbeidstempo aan toe. De toestroom van miljoenen werkzoekende emigranten uit het oude Europa, waarvan velen de Engelse taal niet machtig waren, droeg vanwege de minimaal vereiste leertijd verder bij aan de verbreiding van dit systeem.

De psychologie van Taylor en de zijnen was een eenvoudige: de mens werkt alleen voor de instandhouding en verbetering van zijn bestaan en ieder komt daarbij alleen op voor het eigen belang. Het was dan ook met behulp van financiële prikkels dat hij arbeiders overhaalde om volgens de nieuwe methoden te gaan werken. Wie het hooggestelde quotum haalde, kreeg een verlokkelijk loon, wie daar niet in slaagde, ging erop achteruit. In dit systeem lag ook een hardhandige manier van selecteren besloten: wie niet in staat was de nieuwe norm te halen, viel uit de boot en moest omzien naar ander werk. Aan psychologische selectiemethodes bestond in dit regime geen behoefte.

Een andere ingenieur, Frank Gilbreth, bracht binnen het door Taylor geïnitieerde wetenschappelijk bedrijfsbeheer de *bewegingsstudie* tot verdere perfectie. Mede gebruikmakend van de in deze tijd opkomende filmtechniek, bepaalde hij voor iedere productiehandeling de optimale lichaamsbeweging en de optimale inrichting van de werkplek, en ook dit leidde tot een soms meer dan verdubbelde productie. Zo wist hij met behulp van een beter uitgekiend bewegingspatroon en door het gebruik van tussensteigers, waarop de bakstenen en de trog met specie door een 'opperman' waren neergezet, bij het metselen van muren bijna een verdrievoudiging van de productie te bereiken (350 stenen per uur tegen 120 voordien).[4]

Bewegingsstudie van het metselaars-beroep door Gilbreth. Onder de traditionele manier van stenen aanleveren. Boven de door Gilbreth ontwikkelde methode, waarbij minder bewegingen nodig zijn en een hogere productie kan worden gehaald. Uit: F. B. Gilbreth (1911), Motion study (New York: Van Nostrand)

Ondanks sterke weerstand van de kant van de vakbeweging verbreidde het scientific management zich stormachtig, eerst in Amerika maar na de Eerste Wereldoorlog ook in Europa. In Nederland deden in deze tijd de eerste *raadgevende ingenieursbureaus* hun intrede, die door middel van tijds- en bewegingsstudies hielpen de productie in de industrie te *rationaliseren* en de bij elke functie passende beloning vast te stellen.[5]

De periode tot aan het begin van de twintigste eeuw overziend, moeten we concluderen dat er wel werd nagedacht over de geschiktheid voor en de organisatie van arbeidstaken en dat men dit ook op een systematisch-wetenschappelijke manier probeerde te doen, maar dat de psychologie als wetenschap daar nog nauwelijks aan te pas kwam.

Mens en taak: de psychologisering van arbeidsgeschiktheid

Kort na de eeuwwisseling kwam hierin verandering. In de voorafgaande hoofdstukken zagen we dat er op bepaalde terreinen al psychologische praktijken tot ontwikkeling begonnen te komen, als bijdrage aan de oplossing van de problemen van de in deze tijd in een stroomversnelling rakende samenleving. Een van de pioniers van deze ontwikkeling, Stern, stelde in 1903 de term *psychotechniek* voor als aanduiding van deze praktische dienstbaarmaking van het vak.[6] In zijn opsomming van toepassingsgebieden komt het domein van de arbeid nauwelijks voor, maar tien jaar later had de psychologie ook daar al een aantal bruggehoofden geslagen. Deze doorbraak is vooral te danken aan de inspanningen van de Duits-Amerikaanse psycholoog Hugo Münsterberg, sinds 1892 hoogleraar aan de Harvard University.

Psychotechniek: de psychologische bouwstenen van geschiktheid

We zagen zojuist dat de keuze van een beroep en de vervulling van een functie nog lang een kwestie bleven van traditie of van zelfhandhaving in de strijd om het bestaan. Tegen het einde van de negentiende eeuw begon dit te veranderen, toen er als gevolg van de modernisering en rationalisering van de productie nieuwe technische en administratieve functies ontstonden die speciale verstandelijke eisen stelden. Ook bij de nieuwe beroepen die in deze tijd ontstonden in het verkeer en de telecommunicatie, kwam het erop aan wie een bepaalde taak uitvoerde. De in het straatbeeld van de grote steden verschijnende elektrische tram vergde jaarlijks honderden slachtoffers. In de telefooncentrales werden jonge vrouwen aangesteld, die met behulp van stekkers op grote panelen de gewenste verbindingen tot stand moesten brengen. Tijdens de spitsuren was dit werk zo zenuwslopend, dat velen van hen wegens een *nervous breakdown* de dienst moesten verlaten. Ook het kantoorwerk met schrijfmachines bleek speciale eisen te stellen.

Hoewel er al eerder selectieproeven waren verricht in verschillende Europese landen, was het toch vooral het werk van Münsterberg, dat het bedrijfsleven ontvankelijk maakte voor psychologisch geschiktheidsonderzoek. In 1912 publiceerde Münsterberg het boek *Psychologie und Wirtschafsleben*, waarin hij onder andere verslag deed van selectieonderzoek op trambestuurders, scheepskapiteins en telefonistes, dat hij in de daaraan voorafgaande jaren in opdracht van een aantal grote Amerikaanse bedrijven had gedaan. Dit boek, korte tijd later ook in het Engels gepubliceerd onder de titel *Psychology and industrial efficiency*, speelde een baanbrekende rol in de verbreiding van de psychotechniek. Tijdens de kort daarop uitbrekende Eerste Wereldoorlog maakten beide kampen gebruik van de psychotechniek, zowel voor de selectie van speciale militaire functies (zie hoofdstuk 5) als voor de bezetting van aan het 'thuisfront' opengevallen plaatsen met vrouwen. Hoewel Münsterberg en Stern de term psychotechniek gebruikten voor alle toepassingen van de psychologie ten dienste van maatschappelijke problemen, versmalde het gebruik ervan zich geleidelijk tot de toepassing op het terrein van de arbeid. Parallel aan de selectie van de meest geschikten voor bepaalde functies kwam ook het *beroepskeuze-onderzoek* tot ontwikkeling. Daarbij wordt vanuit de aanleg en belangstelling van het individu gekeken naar het meest geschikte beroep. Interessant is de slogan die het selectie- en het beroepskeuze-onderzoek met elkaar deelden: 'de juiste man op de juiste plaats!'

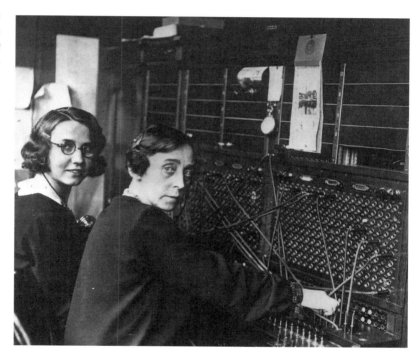

Het telefoniste-beroep was een van de eerste beroepen waarvoor geëxperimenteerd werd met psychologische selectie-methoden. Foto: PTT-museum.

De methoden die de psychotechnici gebruikten voor het bepalen van geschiktheid – het *onderzoeksgereedschap* zouden we kunnen zeggen – waren aanvankelijk ontleend aan het laboratoriumexperiment. Zo werd de reactietijdmeting, die in het laboratorium-experiment voor algemeen-psychologische doeleinden werd toegepast, als het aangewezen middel beschouwd om de kans op het maken van brokken in verkeersberoepen te testen. Bij telefonistes lette men behalve op reactiesnelheid ook op opmerkzaamheid, geheugen (voor getallen), nauwkeurigheid en dergelijke. De algemene gedachte hierachter was, dat geschiktheid afhangt van een samenstel van elementaire psychische functies, die met behulp van laboratoriumapparatuur nauwkeurig kunnen worden gemeten. Welke functies van belang zijn, werd uitgemaakt met behulp van een 'mentale analyse' van de taak (een zich inlevend verdiepen). Door onderzoek op goed gekwalificeerde werknemers werd een *normprofiel* van de vereiste scores opgesteld, waarmee de bij de kandidaten gevonden scores konden worden vergeleken. Een interessante variant hierop wordt gevormd door de zogenaamde 'zielevlekken' van de Nederlandse pionier Jac. van Ginneken.

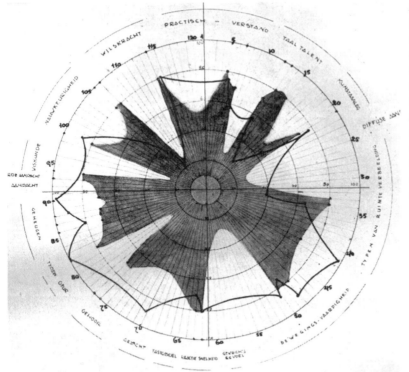

Zielevlek van Van Ginneken (1921). Deze vlek toont het resultaat van het psychotechnisch onderzoek van een typiste. De donkere vlek geeft het 'ambachts-silhouet': de mate waarin verschillende eigenschappen van belang zijn voor de beroepsuitoefening. De zwarte lijn is het 'persoons-silhouet' van de onderzochte typiste: de mate waarin zij over de verschillende relevante eigenschappen beschikt. Foto: ADNP.

Al spoedig begon men ook allerlei speciale, niet aan het algemeen-psychologisch laboratorium ontleende apparaten te ontwerpen voor het onderzoek naar bepaalde vaardigheden, zoals handvastheid en het timmermansoog. Voor de selectie van verkeersberoepen ontwierp de Franse ingenieur Lahy een speciale cabine, waarin de proefpersoon moest reageren op de prikkels van een op een filmscherm geprojecteerde reële verkeerssituatie. Internationaal vond deze opstelling spoedig navolging; in Nederland in het door de psychologe Biegel geleide Psychotechnisch Laboratorium van de PTT. Behalve van apparatentests werd er in toenemende mate gebruik gemaakt van de in het onderwijs ontwikkelde *intelligentietest*. Het gebruik en de verdere ontwikkeling van dit soort tests nam vooral een hoge vlucht na de grootschalige toepassing ervan tijdens de Eerste Wereldoorlog (zie hoofdstuk 5).

In de jaren twintig en dertig werden er bij tal van grote bedrijven psychologische laboratoria ingericht (in Nederland onder andere bij Philips, de PTT, de Staatsmijnen, de Rotterdamse havens en de Gemeente Amsterdam).[7] Daarnaast ontstonden er testbureaus waar sollicitanten voor uiteenlopende bedrijven werden getest en waar vaak beroepskeuze-adviezen werden gegeven. Uit het feit dat er in het Europa van het interbellum niet minder dan acht internationale psychotechnische congressen zijn gehouden (tegen niet meer dan vijf algemeen-psychologische) en dat verreweg het grootste deel van het programma daarvan werd gevuld met bijdragen op het gebied van arbeid en beroep, blijkt hoe groot de bedrijvigheid was op dit terrein. Ook het aantal in deze periode opgerichte psychotechnische en toegepast-psychologische tijdschriften getuigt hiervan.

Van psychotechniek naar psychodiagnostiek: 'de hele mens'

Tot zover was de psychologisering van arbeidsgeschiktheid niet verder gegaan dan het opsporen van elementaire functies die voor de vervulling van de taak van belang werden geacht. In de periode tussen de beide wereldoorlogen werd met name in de Duitstalige landen een volgende stap gezet. Terwijl de psychotechnici iets hadden van apparatenfreaks en volledig werden geabsorbeerd door de uitkomsten van hun metingen, begon de nieuwe generatie de aandacht te richten op de persoon achter het apparaat. Oorspronkelijk als prestatietest ontwikkelde proefjes werden nu gebruikt als *observatietests*. Behalve op de behaalde scores werd erop gelet of de proefpersoon rustig bleef of zich opwond, lukraak te werk ging of volgens plan. Daarnaast deden *projectietests* hun intrede, zoals de Rorschach 'inktvlekkentest', de Thematic Apperception Test (een aantal vage platen, bij elk waarvan de onderzochte een verhaal moest bedenken), de zin-aanvultest en de teken-een-boomtest, waarbij uit de vorm van de wortels, de stam en de takken conclusies werden getrokken over de relatie tot respectievelijk het verleden, het heden en de toekomst. Ontwikkeld in de kliniek om de achter de oppervlakte liggende 'dynamiek' van de persoonlijkheid op het spoor te komen, vonden deze tests in de periode rond de Tweede Wereldoorlog ook ingang in het selectie- en beroepskeuze-onderzoek. Op leken maakten ze de indruk van een soort 'röntgen-opname van het karakter' en psychologen lieten hen graag in deze veronderstelling.

Afname Rorschach-test bij de Psychologische Dienst van de KLM, ca. 1950. Rond de Tweede Wereldoorlog deden de Rorschach en andere zogenaamde 'projectietests' hun intrede in de personeelsselectie. Foto: KLM Foto-archief.

Geschiktheid werd bij dit soort onderzoek opgevat als iets dat de totale persoon betreft. Het belang van begaafdheid werd daarbij niet ontkend, maar de nadruk verschoof naar wat iemand met deze begaafdheid doet, de instelling van de persoon, de totale levenshouding. Om deze op het spoor te komen, is een kwantitatief testprofiel onvoldoende. De psycholoog moet zich in de onderzochte inleven. De aldus werkende psycholoog spiegelde zich niet langer aan de technicus, maar aan de (medische) diagnosticus. De Duitse term *verstehen* (begrijpend inleven) werd het parool van deze nieuwe benadering. Om dit verstehen houvast te bieden, werden er tal van typologische stelsels ontwikkeld. Deze verschaften de diagnostische taal waarin begaafdheid en karakter van de betrokkene in vaak uitvoerige rapporten werd beschreven. De Nederlandse psycholoog Van Lennep sprak in dit verband van een 'portret in woorden' en streefde daarbij naar het niveau van een Frans Hals.[8]

Wat was de achtergrond van deze nieuwe ontwikkeling? Aan de ene kant was er sprake van nieuwe vragen en problemen. Bij de eenvoudige bedieningsfuncties, waarop de psychotechniek zich aanvankelijk richtte, kon men een heel eind komen met de meting van elementaire psychische functies. Maar toen er ook vraag ontstond naar psychologisch selectieonderzoek voor hogere, veelal leidinggevende posities, werd dit ontoereikend geacht. In Duitsland was dit met name het geval bij de opbouw van een nieuw officierskader als sterke arm van het Derde Rijk (zie hoofdstuk 5).[9]

Behalve van nieuwe vragen was er in deze tijd ook sprake van een nieuw geestelijk klimaat, dat zich op het Europese continent en voor een deel ook in de Angelsaksische wereld verbreidde. De gruwelijkheden van de Eerste Wereldoorlog hadden het vertrouwen in de rede bij velen een zware knauw gegeven en het natuurwetenschappelijk-technisch optimisme van de voorgaande periode maakte plaats voor een antirationalistisch en pessimistisch levensgevoel. Er ontstond een zekere nostalgie naar de organische menselijke relaties, die als gevolg van de Industriële Revolutie verloren waren gegaan. Tevens ontstond er een weerstand tegen het reduceren van de menselijke psyche tot elementaire bestanddelen. Binnen deze veranderde maatschappelijke context ontstond er een grotere ontvankelijkheid voor nieuw, aan de geesteswetenschappen ontleend, denk- en onderzoeksgereedschap om de beoordeling van geschiktheid te lijf te gaan.

Psychometrische voorspelling van geschiktheidscriteria

Ook de Angelsaksische wereld bleek in de periode rond de Tweede Wereldoorlog ontvankelijk voor deze nieuwe organische manier van denken. Dit blijkt onder andere uit de overname van de in Duitsland ontwikkelde methoden voor de officiersselectie in Engeland en Amerika (zie hoofdstuk 5). Maar daarnaast wist het analytisch-reducerende denken zich daar te handhaven en kreeg het al spoedig opnieuw de overhand. Toch leidde dit niet tot een terugkeer naar het psychotechnische tijdperk. Twee cruciale nieuwe elementen hadden inmiddels ingang gevonden in de Angelsaksische selectiepsychologie: psychometrische verfijning en pragmatische gerichtheid op een extern criterium. Het eerste houdt in dat tests voordat ze in de praktijk worden gebruikt, grondig op hun meetbetrouwbaarheid worden onderzocht (*reliability*) en op de mate waarin ze inderdaad datgene meten wat ze pretenderen te meten (*validity*). Bij de door de psychotechnici ingestelde proeven gebeurde dit niet of op nogal gebrekkige wijze. De 'mentale analyse' van de taak droeg een nogal subjectief karakter en hoewel er hier en daar serieus 'verificatie-onderzoek' werd gedaan, was de validiteit vaak niet meer dan wat we tegenwoordig *face validity* noemen.

Terwijl men bij deze statistische verfijning nog kan spreken van een geleidelijke ontwikkeling in een richting die de psychotechnici zelf voor ogen hadden, was er met betrekking tot de opvatting van geschiktheid sprake van een duidelijke wending.[10] De psychotechnici beschouwden geschiktheid als iets ìn de mens, een samenstel van psychische kenmerken dat correspondeert met het patroon van de voor de taakvervulling vereiste kenmerken. Wanneer iemand die blijkens de test geschikt is, door de chef in het werk ongeschikt wordt geacht, prevaleert de test boven dit menselijk-feilbare oordeel: een soort 'psychologische waarheid'. Deze pretentie nu werd prijsgegeven in het nuchter-pragmatische Amerikaanse klimaat. Wat baat het, zo redeneerde men, wanneer iemand volgens de test geschikt is maar in de praktijk niet voldoet? Men erkende dat het oordeel van een enkele chef onbetrouwbaar is en behept met vooroordelen, maar men trachtte dit te ondervangen door meer beoordelaars in te schakelen of te zoeken naar 'objectieve' criteria, zoals output, gemaakte fouten, ongevallen en dergelijke. De waarde van de test, de validiteit, werd afgemeten aan de correlatie met dergelijke criteria en de daarmee gegeven mogelijkheid *voorspellingen* te doen over iemands waarde voor het bedrijf. De behavioristische leuze *prediction and control* werd aldus ook het parool van de personeelsselectie. In feite werd hiermee een stuk van de oorspronkelijke psychologisering van geschiktheid als in de persoon verankerde aanleg, prijsgegeven. In plaats daarvan begon men geschiktheid in meer extrinsieke zin op te vatten als een situatiegebonden, relationeel begrip: geschiktheid in deze specifieke setting. In plaats van in de persoon kwam het criterium in de omgeving te liggen.[11] Het is deze lijn die in de geschiedenis heeft gezegevierd, zozeer zelfs dat weinigen zich nog kunnen voorstellen dat het ooit anders is geweest.

Vanuit de juist geschetste nieuwe, statistisch-voorspellende manier van denken is er een felle discussie gevoerd met degenen die, in de lijn van de Europese benadering, 'klinisch-interpretatief' bleven werken. De twijfel aan de 'klinische' aanpak was al op gang gekomen toen enkele selectieprogramma's, die in en kort na de oorlog met behulp van een uitgebreide 'klinische' testbatterij waren doorgevoerd, bij statistische controle niet het verwachte resultaat bleken te hebben opgeleverd. Maar het was vooral het in 1954 gepubliceerde boek van Meehl, *Clinical vs. statistical prediction*, waarin het tot dusver verrichte onderzoek werd geëvalueerd, dat de balans, eerst in Amerika en later ook in Europa, deed doorslaan ten gunste van de statistische benadering.[12] Deze overwinning was echter voor een deel een academische. Bij grootscheepse selectie- en plaatsingsprogramma's, waarbij sprake was van 'institutionele beslissingsregels', kreeg de statistische predictie inderdaad de overhand. Bij de selectie van hoger kader, waarbij iedere beslissing als individueel geval werd opgevat, wist de klinische aanpak zich daarentegen te handhaven. Ze speelt onder andere een grote rol in de *'Assessment Center'*-benadering, die in de afgelopen decennia sterk in de mode is gekomen bij de selectie van topmanagers,[13] een benadering die overigens qua aanpak sterk leunt op de voor en in de oorlog bij de officiersselectie gehanteerde methode.

Verbreding: van selectie naar personeelspsychologie

Programmatisch hadden de pioniers van de psychotechniek al beklemtoond dat de psychologie het bedrijfsleven meer heeft te bieden dan alleen selectie aan de poort van het bedrijf. Toch vormde dit laatste tot in de jaren vijftig het voornaamste werkterrein van bedrijfspsychologen. Vrijwel geen psycholoog betrad de maatschappij zonder zich in het testen te hebben bekwaamd. Na de Tweede Wereldoorlog kwam hier verandering in. Naast de sociale bedrijfspsychologie (of organisatiepsychologie), die hierna aan de orde zal komen, ontwikkelden zich nu ook binnen de personeelspsychologie allerlei nieuwe activiteiten. De overtuiging won veld dat een positieve testuitslag geen garantie biedt voor een geslaagde verdere loopbaan en dat geschiktheid, in relatie tot de ontwikkeling van de taak en de verdere condities, telkens opnieuw moet worden waargemaakt. Psychologen gingen zich bezighouden met personeelsbeoordeling en loopbaanplanning, met beloningssystemen en secundaire arbeidsvoorwaarden en met de problemen van speciale groepen werknemers, zoals jongeren, ouderen en – met de toename van arbeidsmigratie en gastarbeid – allochtonen. De test verdween bij dit soort activiteiten naar de achtergrond en maakte plaats voor (door psychologen ontwikkelde) beoordelingsformulieren en voor evaluatiesystemen om de effectiviteit van nieuw ingevoerde beloningssystemen en arbeidsvoorwaarden na te gaan. Binnen de interdisciplinair samengestelde personeelsafdeling die rondom dit soort taken in moderne bedrijven werd opgezet, moesten psychologen het vooral hebben van hun in verhouding meestal grondiger scholing in researchmethodologie – een *spin-off* van de experimentele status van het vak en van de juist besproken psychometrie. Daarnaast ontwikkelde zich een meer 'klinische' benadering bij het begeleiden van individuele probleemgevallen.

In de jaren zestig voltrok zich een verdere accentverschuiving in het denken over geschiktheid. Om te beginnen was er, zowel in de publieke opinie als onder psychologen zelf, sprake van een beroepsethische bewustmaking, waardoor het klassieke selectie-onderzoek onder druk kwam te staan. De bezwaren waren dat het zich 'over de hoofden' van de betrokkenen afspeelde, vaak onnodig doordrong in hun privacy en sommige groepen discrimineerde.[14] Daarnaast bracht de toen opkomende *humanistic psychology* een nieuwe kijk op de factor aanleg met zich mee. Terwijl deze in de klassieke testpsychologie gold als een kwestie van intellectuele disposities die zo goed mogelijk moeten worden benut, met daarnaast *interesse* als richtinggevende factor, kreeg ze nu de ruime betekenis van persoonlijk groeipotentieel. En terwijl psychologen voorheen mensen beoordeelden vanuit de eisen van het werk, begonnen ze nu het werk te bekijken vanuit de eisen van de betrokken personen. *Motivatie* werd een belangrijk sleutelbegrip. De humanistisch psycholoog Maslow ontvouwde zijn bekende behoeftenhiërarchie, met erkenning en zelfontplooiing als de essentiële factoren waarom het iemand gaat in het werk en het leven als geheel.[15] Herzberg vond bij satisfactie-onderzoek een verschil tussen *extrinsieke* arbeidsvoorwaarden, die wanneer ze ongunstig zijn *dissatisfactie* opleveren, maar wanneer ze 'in orde' zijn geen aanleiding vormen voor extra voldoening, en *intrinsieke* factoren, zoals de mogelijkheid zich verder te ontwikkelen, die pas echt positieve satisfactie opleveren.[16] De loopbaanpsychologie werd nu vanuit het perspectief van de persoonlijke ontplooiing beoefend, maar tegelijk werd er een vraagteken geplaatst bij eenzijdig carrièregerichte prestatiemotivatie en ruimte gevraagd voor spontaniteit en creativiteit binnen ieders eigen werkterrein. Om de betrokkenen te leren elkaar ruimte te geven voor de eigen persoonlijke stijl, inclusief de emotionele componenten, werden *sensitivity-trainingen* georganiseerd, waarin de leden van een team onder psychologische begeleiding werden uitgedaagd uit hun conventionele rol te treden en alle gevoelens, ook negatieve, te uiten. In het *no-nonsense*-klimaat van de jaren tachtig verdween de aandacht voor de emotionele component in de bedrijfstraining weer enigszins naar de achtergrond, maar de breder-persoonlijke opvatting van geschiktheid bleef bestaan. Men kon zich dit inmiddels ook veroorloven, omdat de steeds verder gedifferentieerde examen- en diplomacultuur ervoor garant staat dat er niet gemakkelijk personen op een bepaalde post terechtkomen die de vereiste intellectuele aanleg missen. Het breed vertakte personeelspsychologische werk dat op deze manier ontstond, wordt in modern jargon wel aangeduid als *human resource management*.

M*ens en medemens: de psychologisering van de organisatie*

Het psychologiseringsproces binnen het bedrijfsleven hield niet stil bij het testen, beoordelen en begeleiden van individuele werknemers, maar werkte na enige tijd ook door naar de sociale verhoudingen binnen het bedrijf. Hoewel de pioniers van de psychotechniek al hadden gewezen op de psychologische kanten aan het leiderschap en de persoonlijke betrekkingen in de arbeid, bleef men dit soort zaken binnen de bedrijven zelf nog lange tijd als een kwestie van gezond verstand beschouwen. En voorzover men streefde naar verwetenschappelijking, was dit in de richting van het door Taylor en Gilbreth gepropageerde *scientific management*. Men zag de organisatie als iets dat evenals een machine als een stuk ingenieurswerk moet worden ontworpen om vervolgens met behulp van menselijke energie gaande te worden gehouden. Voorzover hier al psychologie bij te pas kwam, was dat, zoals gezegd, die van de allesbepalende loonprikkel – het mensbeeld van de *homo economicus*. Het was pas later en langs een omweg dat een meer subtiele *sociale* psychologie het terrein van de organisatie veroverde.

De human-relationsbeweging

Behalve bij de legerselectie waren psychologen tijdens de Eerste Wereldoorlog in beide kampen ook actief aan het 'thuisfront'. Dit gebeurde onder andere in de vorm van selectie van vrouwen die aan het front strijdende mannen moesten vervangen, bijvoorbeeld als trambestuurder. Maar daar bleef het niet bij. Om een maximale oorlogsproductie, bijvoorbeeld in de munitiefabrieken, te halen, maakte men werkdagen van vaak wel tien uur of langer. Maar weldra kwam er twijfel op of de opbrengst wel evenredig was aan de inspanningen. Geïnspireerd door eerder vermoeidheidsonderzoek op scholen, introduceerden psychologisch georiënteerde medici het begrip 'industriële vermoeidheid' en men begon in een aantal bedrijven te experimenteren met extra pauzes en een kortere werkdag. In Engeland werd dit onderzoek na de oorlog voortgezet in civiele bedrijven en aangevuld met ander onderzoek op het grensvlak van psychologie en fysiologie. Elders werden vergelijkbare activiteiten ontplooid.

De testkamer voor relais-assemblage bij de Hawthorne-fabriek. De Hawthorne-onderzoeken vormden het startpunt voor de human-relations-benadering. Uit: F.J. Roethlisberger en W.J. Dickson (1949), Management and the worker (Cambridge, MA: Harvard University Press).

Het onderzoek uit deze periode dat verreweg de meeste aandacht heeft gekregen, is dat van een Harvard-researchgroep in de *Hawthorne Works* van de Bell System's Western Electric Company.[17] Dit onderzoek, dat tot 1933 doorliep, sloot aan bij een in 1924 gestarte reeks experimenten met verbeterde verlichting die het bedrijf zelf had opgezet. Begrijpelijkerwijs speelde het belang van de gloeilampenindustrie bij de toepassing van kunstlicht in productiebedrijven daarbij een niet onbelangrijke rol. Helaas bleek de verwachte stijging van de productie in relatie tot verbeterde verlichting moeilijk aantoonbaar. Factoren als beloningsstelsel en de scherpte van het toezicht bleken minstens zo belangrijk. Onder bepaalde condities handhaafde het productieniveau zich zelfs bij reductie van de verlichting tot niet veel meer dan maanlichtsterkte. Om niet-relevante factoren zoveel mogelijk constant te houden, richtte men een *testkamer* in, waarin zes jonge vrouwen onder het oog van een observator aan het werk werden gezet met het assembleren van relais. Met behulp van controle-apparatuur kon de productie nauwkeurig worden gemeten. Ook privé-factoren zoals huiselijke omstandigheden en lichamelijk welbevinden (tot en met de menstruatiecyclus), werden – mede door middel van een maandelijks bezoek aan de bedrijfsarts – nauwkeurig in de gaten gehouden. De belangrijkste experimentele variabelen werden nu de invoering van extra rustpauzes en verkorting van de werkdag. Ditmaal was er sprake van een significante stijging van de productie, maar het bleek moeilijk de invloed van de experimentele en van andere condities te onderscheiden.

Aan het eind van haar Latijn gekomen, riep de directie de hulp in van academische onderzoekers, van wie Elton Mayo, hoogleraar aan de Harvard Business School, de meest prominente was. Onder zijn leiding en die van andere Harvard-onderzoekers werden er nog tal van andere experimenten doorgevoerd, waaronder een grootschalig interviewprogramma. Verder werd er nog een tweede testkamer ingericht, de zogenaamde *bank wiring room*, ditmaal met mannen die telefoononderdelen monteerden. De interviews leidden tot het inzicht dat persoonlijke factoren, zoals huiselijke zorgen, het werkgedrag sterk kunnen beïnvloeden. Observaties in de bank wiring room maakten duidelijk dat er naast het aan de *formele organisatie* ontleende leiderschap een *informele organisatie* bestond met een eigen statushiërarchie, en dat de hoogte van de productie werd bepaald door een *groepsnorm* over 'a fair day's job'. Tegenover de door het tariefsysteem geboden mogelijkheid meer te verdienen, stond namelijk de vrees dat het tarief bij een hogere productie zou worden 'gesneden' en dat overbodig geworden krachten zouden worden ontslagen.

Maar de uitkomst waaraan het onderzoek vooral zijn bekendheid ontleent, is het zogenaamde 'Hawthorne-effect'. Dit houdt in dat productiestijgingen niet het effect zijn van de experimentele variabelen, maar van de speciale aandacht die de 'proefpersonen' krijgen in het onderzoek. Het management en aanvankelijk ook de erbij geroepen wetenschappelijke adviseurs interpreteerden, zo heet het, het onderzoek vanuit hun vertrouwde denkkaders: beter licht, meer rust. Totdat een creatieve vonk het inzicht deed doorbreken dat in feite de persoonlijke aandacht die de betrokkenen kregen in het experiment en de veranderde sociale relaties doorslaggevend waren geweest: een radicale paradigmawisseling van een benadering van de mens als fysiologische productiemachine en als *homo economicus* naar een *mensgerichte* benadering.

Recent onderzoek naar de gang van zaken in de Hawthorne Works heeft uitgewezen dat de doorbraak naar het human-relationsdenken veel geleidelijker plaatsvond en ook al eerder was ingezet dan het 'succesverhaal' van Mayo en de zijnen suggereert. Door zich te verdiepen in de motieven van het personeel en aandacht te besteden aan hun welzijn, probeerde het management in de roerige jaren na de Eerste Wereldoorlog agitatie te voorkomen en de vakbonden buiten de deur te houden.[18] Daarnaast speelde het optimistisch vertrouwen dat 'just as contented cows produce most milk, happy workers produce most goods' ook een rol bij de 'sociale wending' in het bedrijfsleven.

De psychologisering van het gedrag van arbeid(st)ers op de werkvloer was dus in feite een protopsychologisering van het management, waarvoor het oude mensbeeld van de homo economicus al problematisch was geworden. Psychologen en sociologen voorzagen de nieuwe aandacht voor het 'moreel' op de werkvloer van een theoretische basis en bouwden het uit tot een programmatische 'philosophy of management': de *human-relationsbeweging*. De verbreiding ervan ondervond enige vertraging door de economische crisis van de jaren dertig. Maar na de Tweede Wereldoorlog was er sprake van een zegetocht over de hele westerse wereld, waarbij het human-relationsdenken een steeds bredere vulling kreeg en nieuwe 'succesverhalen' aan het Hawthorneverhaal werden toegevoegd.

Leiderschap, participatie, bedrijfsdemocratie

Voor een deel waren deze succesverhalen ontleend aan ervaringen in het Amerikaanse leger, dat als experimenteerveld van tal van (sociaal)psychologen had gediend (zie hoofdstuk 5). Daarnaast zijn er in en kort na de Tweede Wereldoorlog ook in het bedrijfsleven spraakmakende experimenten doorgevoerd. *Leiderschap* vormde daarbij een sleutelbegrip. Mede in reactie op de autoritaire gezagsverhoudingen in Nazi-Duitsland was 'democratisch leiderschap' in de Angelsaksische wereld tot een primaire waarde geworden. De in 1932 naar Amerika uitgeweken Duits-joodse emigrant Kurt Lewin, die het verschil tussen autoritair en democratisch leiderschap persoonlijk had ervaren, heeft met zijn experimenten sterk bijgedragen tot de psychologisering van de leidersrol. Bekend werd vooral het onderzoek dat hij kort voor de oorlog deed met jeugdclubjes die onder verschillende typen leiderschap fungeerden. Daarbij kwamen democratisch geleide groepjes tot veel betere resultaten dan autoritair of op een 'laissez-faire' manier geleide groepjes.[19] Vernieuwing van het leiderschap werd na de oorlog zowel in Amerika als elders de inzet van grootscheepse *Training Within Industry*-programma's. Ook in Nederland ging men bij de wederopbouw van het bedrijfsleven na de Tweede Wereldoorlog druk aan de slag met het opleiden van personeelsfunctionarissen en het trainen van *bazen* in de moderne stijl van leidinggeven. Begin 1949 hadden al 35.000 personeelschefs en andere leidinggevenden de voor dit doel in 1947 opgezette cursussen van het Nederlands Instituut voor Personeelsleiding gevolgd.[20] De voortvarendheid waarmee een en ander gebeurde, bewijst dat de psychologisering ook hier al op gang was gekomen voordat de – toen trouwens nog schaarse – beroepspsychologen zich op dit werkterrein stortten.

Binnen de door Lewin en zijn leerlingen gevormde *groepsdynamische* school, en ook daarbuiten, werd het leiderschap na de Tweede Wereldoorlog verder experimenteel onderzocht als centrale factor in taakgerichte groepsprocessen. Toen verder onderzoek leek uit te wijzen dat een zekere mate van autoritair optreden in bepaalde situaties functioneel kan zijn, gingen velen ertoe over twee elkaar aanvullende componenten in het leiderschap te onderscheiden, waarvan het belang afhangt van de aard van de taak. Deze werden aangeduid met termen als instrumenteel versus sociaal, productiegericht versus mensgericht en dergelijke.[21] Met behulp van vragenlijsten begon men te meten in hoeverre leidinggevenden voldoende van beide componenten in huis hadden.

Bij sociaal leiderschap vervulde *participatie* een sleutelrol. Hierbij dacht men niet zozeer aan medezeggenschap, maar aan het door uitleg betrekken van ondergeschikten in van bovenaf genomen beslissingen. Een voorbeeld van dit soort participatie dat in de literatuur vaak als 'success story' wordt gehanteerd, is het onderzoek in de Harwood confectiefabriek, dat in 1948 door Coch en French – leerlingen van Lewin – werd ingesteld.[22] Omdat het om een modegevoelig product ging, was het regelmatig nodig de modinettes aan het werk te zetten op een nieuwe productielijn. Na zo'n omschakeling daalde de dagproductie sterker dan redelijkerwijs mocht worden verwacht. Na een aantal vruchteloze pogingen deze 'weerstand tegen verandering' te breken, besloot men tot een experiment. Er werden vier groepen gevormd, waarbij de eerste als *controlegroep* diende en op de gebruikelijke manier in kennis werd gesteld van de nieuwe werkinstructies. Bij de tweede groep werd meer uitleg gegeven en werden enkelen uitgekozen die in de nieuwe werkwijze werden getraind, om daarna zelf hun groepsgenoten daarin te instrueren (participatie door vertegenwoordiging). Bij de derde en vierde groep werd de nieuwe werkwijze met de gehele groep doorgenomen en ingeoefend (volledige participatie). Het resultaat was dat de productie zich bij de laatste beide groepen, na de eerste aanpassing, snel herstelde en zich stabiliseerde op een hoger niveau dan voorheen, terwijl de eerste groep een blijvende daling vertoonde en een zo negatieve houding, dat de groep moest worden ontbonden. De tweede groep stond daar tussenin.

Soortgelijke ervaringen werden opgedaan in andere bedrijven, ook buiten de Verenigde Staten, en in de jaren vijftig werd participatie een van de basisprincipes van verlicht management. De motivatieprincipes van de humanistische psychologie werden daarbij van het individu overgebracht naar de groep. Populaire woordvoerders van de sociale wetenschappen als Chris Argyris en Douglas McGregor stelden tegenover het mensbeeld van het scientific management (theory X in termen van McGregor) een nieuw, gepsychologiseerd mensbeeld (theory Y). Terwijl werken volgens het eerste een noodzakelijk kwaad is, hebben mensen volgens het tweede behoefte zich in hun werk te ontwikkelen en zelf controle en verantwoordelijkheid uit te oefenen.[23]

De participatiegedachte heeft in vele bedrijven geleid tot periodiek werkoverleg, waarin klachten kunnen worden geventileerd en kwesties als nieuwe werkmethoden worden bepraat. Verder speelde ze – vooral in Europa – een rol bij de ontwikkeling van het idee van ondernemingsraden, waarin algemene bedrijfsaangelegenheden met gekozen vertegenwoordigers worden doorgesproken.

Op het niveau van het hoger en middenkader leidden de nieuwe inzichten over leiding en participatie tot een agogische aanpak bij het doorvoeren van reorganisaties, fusies en andere vernieuwingen. In plaats van het van bovenaf stellen van taken en het opleggen van veranderingen, werd de probleemsituatie – in de lijn van de in de school van Lewin ontwikkelde groepsdynamica[24] – in groepsverband doorgesproken en gezamenlijk gezocht naar de beste oplossing. Consultancy bij dit soort processen werd onder de naam organisatie-ontwikkeling[25] een groeimarkt voor psychologen en aanverwante -logen en -gogen.

In de loop van de jaren zestig rees er in toenemende mate kritiek op de praktijk van het participatief leiderschap. Deze was van tweeërlei aard: (a) ze laat de machtsverhoudingen onaangetast, en (b) de vormgeving van het werk staat niet ter discussie.

De kritiek op de bestaande machtsverhoudingen kwam vooral van de kant van de democratiseringsbeweging die zich in deze periode overal in de maatschappij manifesteerde, met name binnen de universiteiten. Participatie werd afgeschilderd als een paternalistische truc om de mensen op de werkvloer het gevoel te geven dat ze erbij horen, zonder ze echt te laten delen in de macht. Tegenover het harmoniemodel, dat de verhouding tussen arbeid en kapitaal in de naoorlogse periode had gekenmerkt, stelde men het conflictmodel, dat de oude klassenstrijd nieuw leven inblies. De bedrijfspsychologie werd, evenals de sociale wetenschap in het algemeen, verweten zich tot dusver eenzijdig in dienst te hebben gesteld van de machthebbers, hun broodheren. Het werd nu tijd voor een kritische wetenschap ten dienste van de minder machtigen aan de basis.[26]

Inderdaad is er in de jaren zeventig vanuit de universiteiten en vanuit alternatieve onderzoeks- en adviesbureautjes actie-onderzoek verricht ten behoeve van groeperingen binnen ondernemingsraden, vakbonden en actiegroepen. Een tijdlang golden het Joegoslavische model van arbeiderszelfbestuur en zelfbesturende coöperatieve ondernemingen zoals Mondragon in Baskenland, als model van bedrijfsdemocratie.[27] Maar werkelijk vergaande vormen van medezeggenschap werden vrijwel alleen gerealiseerd aan sommige universiteiten en in het *no-nonsense*-klimaat van de jaren tachtig werden deze grotendeels weer teruggedraaid. Het management spiegelde zich liever aan het werkoverleg van de economisch succesvolle Japanners, dat in het teken stond van identificatie met en trots op de eigen onderneming.[28]

Werkstructurering en humanisering van de arbeid

Het tweede bezwaar tegen het gangbare participatief werkoverleg was dat het de vaak geestdodende vormgeving van het werk als een noodzakelijk, aan de technologie inherent, gegeven opvatte. Hoewel het scientific management als beweging na de opkomst van het human-relationsdenken op de achtergrond was geraakt, waren de ermee verbonden principes van vergaande arbeidsdeling en scheiding van uitvoering en controle ook na de Tweede Wereldoorlog nog steeds springlevend. Veelal hadden de fabrieksarbeiders er zelf geen voorstelling van waar het onderdeel waaraan ze dag in dag uit vele duizenden maal dezelfde kortdurende handelingen verrichtten, uiteindelijk voor diende. Kritiek op de *vervreemdende* invloed van dit soort kortcyclisch werk was al sinds de invoering van de lopende band en het Taylorisme van verschillende kanten naar voren gebracht, maar pas toen uit enkele opnieuw als 'success story' gepubliceerde experimenten bleek dat het ook anders kon, zelfs met duidelijke voordelen voor de bedrijfsvoering, ging men op iets groter schaal over tot *herstructurering* van het werk.

De gedachte om productiepersoneel de verantwoordelijkheid te geven voor een compleet product was niet nieuw. In reactie op het Taylorisme was ze in de jaren twintig onder andere in Duitsland gepropageerd onder het motto *Gruppenfabrikation*.[29] Maar dit soort experimenten had het tij niet mee, en het duurde tot rond 1950 voordat zich een echt succesverhaal aandiende: de onder begeleiding van het Tavistock Institute of Human Relations te Londen doorgevoerde *sociotechnische* organisatie van de kolenproductie in de mijnen bij Durham.[30] Bij de modernisering van de kolenwinning had men daar na de oorlog het bestaande systeem van groepjes van drie vervangen door een systeem van veel grotere ploegen, die elk met één taak werden belast. De sterke weerstanden en de teleurstellende productie waartoe dit leidde, deed de directie besluiten een beroep te doen op het Tavistock Institute. Op voorstel van de onderzoekers werden kleinere *autonome* groepen gevormd, die de vrijheid hadden de winning van het hun toegewezen stuk op de hun gunstigst lijkende manier aan te pakken.

Het principe van het in relatie tot elkaar optimaliseren van het sociale en het technische systeem werd door de Tavistock onderzoekers ook in andere bedrijven in praktijk gebracht, zowel in Engeland als daarbuiten, met name in de Scandinavische landen, waar het tegelijk als bijdrage gold aan de industriële democratie.[31] Vooral de *taakverruiming* die erin lag besloten vond brede navolging. In Nederland vond ze onder de naam *werkstructurering* toepassing bij Philips bij de productie van televisieonderdelen, scheerapparaten en dergelijke.[32] Bij de automobielfabricage in Zweden was Saab-Scania de eerste die de lopende band verving door montage in groepen, weldra gevolgd door Volvo.[33]

Taakverruiming en – nog mooier – 'taakverrijking' werden doelstelling van de in de jaren zeventig opkomende internationale beweging tot 'humanisering van de arbeid' en verbetering van de '*quality of working life*'.[34] Evenals de in de jaren vijftig en zestig ondernomen werkstructureringsexperimenten, werd deze beweging overigens niet alleen door humane motieven geleid, maar ook door bezorgdheid over het toenemend arbeidsverzuim en door de moeite op een krappe arbeidsmarkt van steeds beter opgeleiden, personeel te vinden voor puur routinewerk. Door de toenemende internationale concurrentie is het rendement sinds de jaren tachtig steeds meer onder druk komen te staan. Bovendien leidden de stijgende loonkosten tot steeds verdergaande mechanisering en automatisering, waardoor eerdere taak-verruiming weer ongedaan wordt gemaakt. Er lijkt hierdoor een 'duale arbeidsmarkt' te ont-staan met aan de bovenkant een elite van goed opgeleide technici en programmeurs en aan de onderkant een nieuw 'proletariaat' van laag geschoold bedieningspersoneel.

Mens en materiaal: de psychologisering van de arbeidsmiddelen

We komen nu bij een derde, weliswaar kleiner maar in betekenis win-nend hoofdterrein binnen de arbeids- en organisatiepsychologie: de wisselwerking tussen mens en materiaal. Programmatisch hadden de oude psychotechnici al gewezen op het be-lang van een goede afstemming van apparatuur en gereedschap op de menselijke waarne-mings- en reactiemogelijkheden. De Duitse pionier Fritz Giese sprak hier van *object-psycho-techniek*. Ook Taylor en Gilbreth hadden hier trouwens al aandacht voor gehad, evenals Gil-breth's vrouw, Lillian, die aandacht vroeg voor de menselijke maat in de keuken. In de perio-de tussen beide wereldoorlogen werd er door psychologen op beperkte schaal onderzoek ge-daan op dit gebied. Zo was het Psychotechnisch Laboratorium van de PTT in de jaren dertig be-trokken bij het uitkienen van de best afleesbare vormgeving en kleur van autokentekens. Maar zowel hier als elders bleef het bij incidentele bijdragen.

Een werkelijke doorbraak kwam pas tijdens de Tweede Wereldoorlog, toen zaken als een overzichtelijke indeling van het instrumentenpaneel in vliegtuigen en be-trouwbaar afleesbare radarapparatuur een kwestie van leven en dood bleken te zijn. De door-braak was niet zozeer te danken aan de arbeids- en organisatiepsychologen zelf maar aan ex-perimenteel-psychologen, die met behulp van hun laboratoriumervaring in interdisciplinair verband bijdroegen aan een psychologisch verantwoorde vormgeving.

Na de oorlog groeide de afstemming van technische hulpmiddelen op de mens uit tot een eigen subdiscipline, in Europa onder de naam *ergonomie*, in Amerika on-der die van *engineering psychology* of *human factors engineering*.[35] In het bedrijfsleven vond ze vooral een werkterrein binnen de procesindustrie met zijn steeds complexer wordende pa-neelbewaking en veiligheidsproblematiek. Men begon te spreken van mens-machinesystemen en ging daarbij na welke taken het best aan de machine en welke aan de mens konden wor-den toebedeeld, gezien beider sterke en zwakke punten. De stormachtige ontwikkeling van de elektronische informatisering – wel aangeduid als *Derde Industriële Revolutie* – speelde daar-bij uiteraard een grote rol.

Maar daarnaast werd ook de vormgeving van werkplekken in het al-gemeen een punt van psychologische aandacht: het bedieningsgemak van productiemachi-nes, de werkhouding van typistes, de verlichting, de juiste plaatsing van gereedschap en ma-teriaal, enzovoort. Ook bij de ontwikkeling van *software* krijgt de gebruikersergonomie steeds meer aandacht. In het dagelijks leven ging men eveneens letten op ergonomische vormgeving: de gemakkelijke bestuurbaarheid van een auto, de inrichting van de keuken, de hanteerbaar-heid van huishoudelijke apparaten. Huis-, tuin- en keukenvoorwerpen als tafel, stoel, aan-recht, lamp en afstandsbediening van de televisie kregen zo een psychologische dimensie.

Ook de arbeid als menselijke energetische verrichting werd een zaak van (psycho)fysiologische aandacht. Vermoeidheid en arbeidsbelasting, effecten waar de pio-niers van het vak zich al zorgen over hadden gemaakt, werden nu inzet van nauwkeurige me-ting. Behalve aan de puur fysiologische afbraakprocessen begon men ook een plaats te geven aan de mentale instelling en de sociale en fysieke werkomgeving. In het verlengde hiervan werd psychische *stress* de laatste decennia een belangrijk onderzoeksthema. Ook de problemen verbonden aan het door werkloosheid of ziekte veroordeeld zijn tot *niet werken* vallen onder deze aandacht.

*C*onclusie

      En zo zijn we aan het eind van ons overzicht aangekomen bij een situatie, waarin in feite alles wat met menselijke arbeid verband houdt onderwerp is geworden van psychologisch onderzoek en van psychologische zorg. Wat opvalt is dat er zo'n sterk faseverschil is in het moment waarop psychologen zich beroepshalve met een bepaald probleemgebied bezig zijn gaan houden. Voor een verklaring hiervan moeten we teruggrijpen op het in de inleiding van dit boek gemaakte onderscheid tussen psychologisering van het alledaagse denken en psychologisering in de zin van het ontstaan van een professionele beroepspraktijk van psychologen. In de eerste, bredere zin was er in het eerste kwart van onze eeuw al sprake van het in psychologische termen gaan denken over allerlei praktische problemen, die op de gebruikelijke manier niet langer bleken te kunnen worden opgelost. Dat de maatschappij op het gebied van geschiktheidsvraagstukken het eerst een beroep deed op de academische psychologie, was omdat de daar in het laboratorium ontwikkelde onderzoekmethoden, onder de naam van *test*, voor dit doel een bruikbaar gereedschap beloofden te bieden. De daaropvolgende maatschappelijke vestiging van het testonderzoek is het resultaat van een wisselwerking, waarbij in het laboratorium opgeleide psychologen en andere psychologisch geïnteresseerde intellectuelen door lezingen en populaire geschriften voeding gaven aan het al gaande psychologiseringsproces en het geschiktheidsprobleem in toenemende mate met psychologische connotaties bezetten, onder verwijzing naar al behaalde successen. Nadat deze 'protopsychologen' de bodem rijp hadden gemaakt, kon geleidelijk een professionele beroepspraktijk tot ontwikkeling komen.[36]

      Bij organisatieproblemen bleef de psychologisering zich nog veel langer in de sfeer van *common sense* bewegen en kregen psychologen en aanverwante beroepen pas een kans toen zich ook daar sterke succesverhalen aandienden. In de sfeer van mens en materiaal is het ingenieursdenken lange tijd allesbepalend gebleven en kwam de psychologisering – in beiderlei zin – pas in de Tweede Wereldoorlog goed op gang. En zo bevinden we ons vandaag in een situatie waarin alles wat met menselijke arbeid verband houdt, voorwerp is geworden van psychologische aandacht. Dit strekt zich ook uit tot de reclame voor de producten van de arbeid en tot het onderzoek van consumentengedrag en andere sferen in de periferie van de arbeid die in volgende hoofdstukken aan de orde komen.

Noten

1 Zie voor vroege voorbeelden de historische oriëntatie in P.J. van Strien (1966), *Kennis en communicatie in de psychologische praktijk* (Utrecht: Bijleveld). Een boeiend historisch overzicht van de achter de beoordeling van geschiktheid liggende persoonlijkheidstypologieën vindt men in B.J. Kouwer (1963), *Het spel van de persoonlijkheid* (Utrecht: Bijleveld).

2 Binnen het vroegsocialistisch utopisch denken zijn vooral de speculaties van de utopisch socialist Charles Fourier, kort na de Franse revolutie, over een nieuwe op de verscheidenheid van menselijke karakters en behoeften gebaseerde organisatie van de productie, psychologisch interessant; zie Kouwer, a.w. Zie voor de denkbeelden van Marx en de doorwerking daarvan op het domein van de arbeid, P.J. van Strien, red. (1975), *Vervreemding in de arbeid* (Meppel: Boom).

3 Zie voor een overzicht van de opkomst van het scientific management in Amerika en de verbreiding ervan in Nederland, E.S.A. Bloemen (1988), *Scientific management in Nederland 1900-1930* (Amsterdam: Neha).

4 Zie: M.S. Viteles, (1962/1933), *Industrial psychology* (London: Cape), p. 13-15.

5 Zie F.J. Gosselink (1988), *Ontwikkelingen in de organisatiekunde* (Dissertatie Erasmus Universiteit Rotterdam) en Bloemen, a.w.

6 W. Stern (1903), Angewandte Psychologie, *Beiträge zur Psychologie der Aussage, 1,* 4-45.

7 Zie voor een goed gedocumenteerd beeld van deze vroege ontwikkelingen E. Haas (1995), *Op de juiste plaats. De opkomst van de bedrijfs- en schoolpsychologische beroepspraktijk in Nederland* (Hilversum: Verloren).

8 D.J. van Lennep (1949), *Ontstaan en functie van het psychologisch rapport* (Den Haag: Nederlandse Vereniging voor Bedrijfspsychologie).

9 Zie U. Geuter (1984), *Die Professionalisierung der deutschen Psychologie im Nationalsozialismus* (Frankfurt a.M.: Suhrkamp).

10 Zie opnieuw de historische oriëntatie in Van Strien (1966), a.w.

11 Zie voor een historische beschouwing over het criteriumbegrip P.J. van Strien (1967), *Het betere werk* (Assen: Van Gorcum).

12 P.E. Meehl (1954), *Clinical vs. statistical prediction* (Minneapolis: University of Minnesota Press).

13 Zie bijvoorbeeld P.W.G. Jansen en F. de Jongh (1993), *Assessment Centers; Een open boek* (Utrecht: Het Spectrum en J.N. Zaal (1996), Assessment Centers, in P.J.D. Drenth, H. Thierry en C.J. de Wolff, red., *Nieuw handboek arbeids- en organisatiepsychologie* (Deventer: Van Loghum Slaterus), p. 1-56.

14 Zie: P.J.D. Drenth (1967), *Protesten contra testen* (Amsterdam: Swets & Zeitlinger) en P.J. van Strien, red. (1976), *Personeelsselectie in discussie* (Meppel: Boom).

15 Zie A.H. Maslow (1954), *Motivation and personality* (New York: Harper & Row).

16 Zie F. Herzberg, B. Mausner en B. Snyderman (1959), *The motivation to work* (New York: Wiley).

17 Het eerste uitgebreide verslag bevindt zich in: F.J. Roethlisberger en W.J. Dickson (1939), *Management and the worker* (Cambridge, MA: Harvard University Press). Zie verder E. Mayo (1933), *The human problems of an industrial civilization* (New York: MacMillan). Voor een meer kritische bespreking zie L. Baritz (1960), *The servants of power. A history of the use of the social sciences in American industry* (Westport, CO: Greenwood), hoofdstuk 5 en 6.

18 De arbeidersopstanden in de nadagen van de oorlog hadden bij het management een dodelijke beduchtheid voor 'communistische agitatie' doen ontstaan. Bij de interpretatie van de productiecijfers in de testkamer was men zich bij Hawthorne, zoals uit archiefonderzoek blijkt, ook voor de komst van externe deskundigen al bewust geweest van de psychologische kanten aan het experiment. Zie R. Gillespie (1991), *Manufacturing knowledge. A history of the Hawthorne experiments* (Cambridge: Cambridge University Press).

19 K. Lewin, R. Lippitt en R.K. White (1939), Patterns of aggressive behavior in experimentally created social climates, *Journal of Social Psychology, 10,* 271-299.

20 Zie M.C.M. van Elteren (1987), Tussen opvoering van arbeidsproduktiviteit en ethiek; de receptie van de 'human relations'-benadering in Nederland (1945-1960), *Psychologie en Maatschappij, 11,* 339-353; en E. Haas (1988), Menselijke verhoudingen in Nederland; achtergronden bij de receptie van de human relationsbenadering, *De Psycholoog, 23,* 654-658.

21 Zie (o.a.) E.A. Fleishman (1953), The description of supervisory behavior, *Journal of Applied Psychology, 37,* 1-6; E.A. Fleishman en E.F. Harris (1962), Patterns of leadership behavior related to employee grievances and turnover, *Personnel Psychology, 15,* 43-56; R. Likert (1961), *New patterns of management* (New York: McGraw-Hill); R.R. Blake en J.S. Mouton (1964), *The managerial grid* (Houston: Golf Publishing); F.E. Fiedler

(1967), *A theory of leadership effectiveness* (New York: McGraw-Hill); F.A. Heller (1973), Leadership decision making and contingency theory, *Industrial Relations, 12*, 183-199.

22 L. Coch en J.R.P. French (1948), Overcoming resistance to change, *Human Relations, 11*, 512-532.

23 C. Argyris (1957), *Personality and organization: the conflict between system and the individual* (New York: Harper & Row); D. McGregor (1967), *The human side of enterprise* (New York: McGraw-Hill).

24 Zie D. Cartwright en A. Zander (1953), *Group dynamics* (London: Tavistock).

25 Zie o.a. de klassieke reader W.G. Bennis, K. Benne en R. Chin, eds. (1961), *The planning of change* (New York: Holt, Rinehart & Winston); W.L. French en C.H. Bell (1973), *Organization development* (Englewood Cliffs, NJ: Prentice Hall).

26 Een beeld van deze maatschappijkritische beweging in Nederland vindt men in De Holzkampgroep (1975), *Psychologie en marxisme* (Amsterdam: SUA) en in P.J. van Strien (1978), *Om de kwaliteit van het bestaan. Contouren van een emanciperende psychologie* (Meppel: Boom).

27 Zie voor een breed overzicht A.F. van Zweeden (1976), *Macht en tegenmacht. Vergelijkende studie van de arbeidsverhoudingen in West-Europa en de Verenigde Staten* (Alphen a/d Rijn: Samsom).

28 Zie E. van Helvoort, H. Dragstra en J. van Elferen (1975), *Werken in Japan* (Assen: Van Gorcum).

29 Zie S. Jaeger en I. Staueble (1981), Die Psychotechnik und ihre gesellschaftlichen Entwicklungsbedingungen, in W. Keienburg, Hrsg. (1976-1981), *Die Psychologie des 20. Jahrhunderts, Band XIII* (Zürich: Kindler), p. 54-95; P. Hinrichs (1981), *Um die Seele des Arbeiters. Industrie- und Betriebssoziologie in Deutschland* (Köln: Pahl-Rügenstein).

30 Zie E.L. Trist en K.W. Bamford (1951), Some social and psychological consequences of the Longwall-method of coal-getting, *Human Relations, 4*, 3-38; en E.L. Trist e.a. (1963), *Organizational choice: capabilities of groups at the coal face under changing technologies* (London: Tavistock).

31 Zie wat Scandinavië betreft F.E. Emery en E. Thorsrud (1964), *Form and content of industrial democracy. Some experiments from Norway and other European countries* (Oslo: Oslo University Press).

32 Zie: J.F. den Hertog (1977), *Werkstrukturering* (Groningen: Wolters-Noordhoff). Al eerder vond taakverruiming onder leiding van de sociaalpsychologen Hutte en Van Beinum plaats bij de Postcheque- en Girodienst, zie H.J.J. van Beinum (1963), *Een organisatie in beweging* (Leiden: Stenfert Kroese). Voor een klassiek sociotechnisch experiment in de textielindustrie zij verwezen naar J.T. Allegro (1973), *Socio-technische organisatie-ontwikkeling* (Leiden: Stenfert Kroese).

33 Zie voor Volvo P. Auer en C. Riegler (1990), *Post-taylorism; the enterprise as a place of learning organizational change. A comprehensive study on work organization changes and its context at Volvo* (Stockholm: The Swedish Work Environment Fund/Wissenschaftszentrum für Sozialforschung).

34 Zie het rapport van het Upjohn Institute (1971), *Work in America* (Cambridge, MA: M.I.T. Press); het tweedelig overzicht van L.E. Davis en A.B. Cherns (1975), *The quality of working life* (New York: Free Press); en C. de Galan, M.R. van Gils en P.J. van Strien, red. (1986), *Humanisering van de arbeid* (Assen: Van Gorcum).

35 Zie o.a. E.J. McCormick (1964), *Human factors engineering* (New York: McGraw-Hill) en K.E.H. Murrell (1965), *Ergonomics. Man in his working environment* (London: Chapman & Hall). De introductie in Nederland werd ingeleid met een Marka-pocket van het Philips-Team P.A. van Wely en P.J. Willems (1965), *Ergonomie; mens en werk* (Utrecht: Het Spectrum).

36 Het hier in enkele regels aangeduide proces is nader door mij uitgewerkt en in het kader van een model van wetenschapsontwikkeling geplaatst in P.J. van Strien (1993), *Nederlandse psychologen en hun publiek* (Assen: Van Gorcum).

e soldaat

5

ERIC HAAS

Op 6 april 1917 verklaarden de Verenigde Staten de oorlog aan Duitsland. Nog dezelfde dag zond de psycholoog Robert Yerkes een brief aan zijn collega's, waarin hij hen opriep hun kennis in dienst te stellen van de oorlogsinspanning. De reactie was prompt en massaal: binnen een maand was een twaalftal commissies gevormd ter bestudering van de mogelijke bijdragen van psychologen aan de oorlog, en in het daaropvolgende anderhalf jaar raakten vrijwel alle Amerikaanse psychologen direct of indirect betrokken bij de strijd.[1]

Deze betrokkenheid van Amerikaanse psychologen bij de oorlog betekende het begin van een intensieve bemoeienis van psychologen met het militair bedrijf, die tot op de dag van vandaag voortduurt. Het militair apparaat biedt vele psychologen werk en daarnaast heeft de militaire psychologie een *spin-off* naar bijvoorbeeld de testpsychologie, de klinische en sociale psychologie. Het is tegen deze achtergrond opmerkelijk dat er in de meeste overzichten van psychologische praktijkvelden weinig over de legerpsychologie is te vinden.

De ontwikkeling en toepassing van psychologische kennis binnen het militaire veld staat in dit hoofdstuk centraal. Deze kennis werd ingezet om oplossingen aan te dragen voor de problemen waartoe de ontwikkeling van massalegers en veranderingen op technologisch gebied hebben geleid. Hierdoor kwam de 'menselijke factor' steeds meer in het brandpunt van de belangstelling te staan. Psychologen en hun vakbroeders uit de psychiatrie sprongen hierop in en wisten in verschillende landen de legerautoriteiten te overtuigen van de bijdrage van de psychologie aan het oplossen van militaire vraagstukken.

Voorgeschiedenis

Het krijgsbedrijf is van oudsher gekenmerkt door regulering van het gedrag van de militairen, bijvoorbeeld omwille van de discipline. Met de opkomst van grootschalige, nationale legers in de achttiende en negentiende eeuw voltrokken zich een aantal veranderingen in het type gedragsregulering en namen de interventies bovendien in aantal toe.

De eerste veranderingen betroffen de militaire discipline. In de achttiende eeuw veranderde het karakter van de militaire strategie. De troepen trokken niet langer *en masse* in gesloten front op, maar gingen in hun aanval en bij de verdediging tegen vijandelijk vuur bewegelijker opereren. Technologische veranderingen droegen bij aan deze nieuwe, meer flexibele strategie: toen de musket door het geweer werd vervangen, namen de schotsaf-stand en trefzekerheid toe. Tegelijkertijd vergrootte het gebruik van geweren het gevaar dat soldaten van hetzelfde kamp elkaar per ongeluk zouden verwonden. De nieuwe bewapening en de beweeglijker wijze van opereren maakte een nauwgezette afstemming van taken en ab-solute gehoorzaamheid van de manschappen noodzakelijk.

De disciplinering van de soldaten werd met harde hand afgedwon-gen, veelal door het toedienen van lijfstraffen. De lichamelijke bestraffing was volgens de le-gerartsen functioneel, omdat zo de disciplinering op reflexmatige wijze geïnternaliseerd zou worden waardoor de kans op toekomstige uitingen van losbandigheid verminderde. In het Britse leger gingen de lijfstraffen gepaard met 'biting the bullet': de soldaat die een discipli-naire afranseling moest ondergaan, liet men op een kogel bijten om te voorkomen dat hij het uitschreeuwde van de pijn of zijn tong zou vernielen.[2]

De gezondheid van het legerpersoneel was een tweede domein waar-op men in de negentiende eeuw anders en grootschaliger ging ingrijpen. Door middel van me-dische interventies probeerde de legerleiding een halt toe te roepen aan de grote sterfte en massale desertie als gevolg van de slechte hygiëne, besmettelijke ziektes en voedselgebrek. Er werden militaire gezondheidsdiensten opgericht, die de taak kregen preventief te werken en de gewonden zo snel mogelijk op te lappen zodat ze weer aan de gevechtshandelingen kon-den deelnemen.[3] Daarbij ging het van meet af aan niet alleen om lichamelijke problemen. Zo-wel in de Napoleontische oorlogen als in de Amerikaanse Burgeroorlog deden zich gevallen voor van soldaten, die lichamelijk niets mankeerden en toch niet meer konden vechten. Be-velhebbers waren gedwongen deze gevallen van 'nostalgia' of 'tropische zwakte' voor korte of langere tijd van het oorlogstoneel te verwijderen.

Het derde interventiedomein was de zorg op psychosociaal gebied. Dit was van oudsher het terrein van de aalmoezeniers. Naast hun taak de stervenden een laat-ste troost te brengen, probeerden zij door middel van religieuze begeleiding de geestelijke nood onder de soldaten te lenigen. Het in toenemende mate optreden van verwondingen zon-der lichamelijke oorzaak wees de legerleiding op het feit dat psychische problemen meer aan-dacht verdienden.

Samen met de vanouds bestaande militaire discipline vormden de op-komst van medische interventies en de aandacht voor psychische problemen het begin van een praktijk van militaire gedragsregulering. Aanvankelijk gebeurde dit zonder enigerlei be-moeienis van psychologen en zonder enige verwijzing naar de psychologie. De Eerste We-reldoorlog bracht hierin verandering toen men een psychologische terminologie ging gebrui-ken en de psychologen zelf ten tonele verschenen.

*S*electie

Het eerste vraagstuk dat onderwerp werd van militair-psychologische bemoeienis was dat van de selectie van rekruten. In de negentiende en vroeg-twintigste eeuw waren reeds rudimentaire vormen van systematische keuring en selectie ontstaan. Het Ameri-kaanse leger achtte het bijvoorbeeld wenselijk dat soldaten tussen de achttien en vijfendertig jaar oud waren, dat zij de Engelse taal beheersten en niet aan krankzinnigheid leden. In Ne-derland vond selectie plaats op grond van lichamelijk onderzoek, dat soms werd vergezeld van enkele taal- en rekenopgaven en een 'psychiatrisch' onderhoud door een officier van ge-zondheid om te bepalen of iemand zwakzinnig was.

Tijdens de Eerste Wereldoorlog deed het selectievraagstuk zich in verscherpte vorm gelden, onder andere als gevolg van de introductie van nieuwe, complexe wapens, transportmiddelen (auto's, vliegtuigen) en communicatiemedia. Amerikaanse en Duitse psychologen slaagden erin de verschillende aspecten van selectie te definiëren in termen van 'psychologische geschiktheid' en de psychologische test als bruikbaar instrument naar voren te schuiven.[4]

Testonderzoek van piloten tijdens de Eerste Wereldoorlog. Met deze test werd de 'stabiliteit van het zenuwstelsel' onderzocht. De proefleider vuurde onverwacht een pistoolschot af. Met de apparaten op tafel werd geregistreerd welke invloed dit had op de hartslag, het ademhalingsritme en het trillen van de handen. Foto: ADNP.

De selectie van rekruten en specialisten

Selectie, en het gebruik van tests daarvoor, was het hoofdonderwerp van de vergadering van de *American Psychological Association* in 1917, waar men besprak welke mogelijkheden er waren om de psychologie in te zetten voor oorlogsdoeleinden. Toonaangevende psychologen in de vergadering waren onder anderen Robert Yerkes, Walter Dill Scott en Walter Bingham. Professionele aspiraties en inhoudelijke meningsverschillen over bijvoorbeeld het intelligentiebegrip leidden tot conflicten over de inzet van de psychologie. Yerkes nam bijvoorbeeld als uitgangspunt dat het gebruik van psychologische selectie geestelijk gestoorden buiten het leger kon houden. Scott vond dat het voorstel van Yerkes de mogelijkheden van de psychologie te sterk zou inperken.[5] Uiteindelijk concentreerde de bijdrage van psychologen zich op twee programma's: de selectie van rekruten onder leiding van Yerkes en de bepaling van geschiktheid voor specialistische functies onder leiding van Scott.

Yerkes beschouwde de intelligentietest als het aangewezen instrument voor de selectie aan de poort, waarbij hij afstand nam van zijn oorspronkelijke idee om de test alleen maar te gebruiken voor het uitschiften van geestelijk gestoorden. Hij propageerde voortaan dat een minimum aan algemene intellectuele bekwaamheden aanwezig diende te zijn om als soldaat goed te kunnen functioneren. Onder leiding van Yerkes kwamen na enkele proefnemingen de *Army Alpha* en *Bèta-tests* tot stand, die gedeeltelijk waren gebaseerd op de Stanford-Binet (zie hoofdstuk 3). Hoewel Yerkes aanvankelijk nog geloofde in de individuele afname van de test, koos het *Committee on Military Psychology* uiteindelijk voor een schriftelijke, groepsgewijze afname van de Alpha en Bèta bij alle ter keuring opgeroepen dienstplichtigen. Alleen op deze manier zou men snel kunnen selecteren om zo aan de enorme behoefte aan soldaten te kunnen voldoen. Vanaf 1917 testte de psychologische afdeling van de geneeskundige dienst ruim 1.750.000 rekruten op hun algemene intellectuele geschiktheid voor het leger.[6]

Testonderzoek van Amerikaanse recruten tijdens de Eerste Wereldoorlog. Foto: National Archives.

De Army Alpha was bedoeld voor Engelstalige rekruten die konden lezen en schrijven. De test beoogde vast te stellen wat de vaardigheden op het gebied van taal en rekenen waren en in hoeverre logisch denken en technisch inzicht aanwezig waren. Degenen die analfabeet waren, geen Engels konden lezen, of een te lage score op de Army Alpha hadden behaald, kregen de Army Bèta of de Stanford-Binet. De instructies bij de Army Bèta werden in gebarentaal gegeven, waarmee Yerkes en zijn collega's het taalprobleem wilden ondervangen. Zij waren ervan overtuigd dat de niet-verbale Army Bèta cultuurvrij was en dat beide tests op betrouwbare wijze aangeboren intellectuele capaciteiten in kaart brachten. Het feit dat blanke Amerikaanse officieren de hoogste score behaalden en dat Italiaanse en Poolse immigranten en de Amerikaanse negers het laagst scoorden, was voor de legerpsychologen rond Yerkes de wetenschappelijke bevestiging van hun raciale vooroordelen (zie hoofdstuk 11).[7]

Terwijl Yerkes leiding gaf aan het testen van de rekruten, wist Scott de legerautoriteiten te interesseren voor de personeelsevaluatietests die hij voor de oorlog ten bate van het bedrijfsleven had ontwikkeld. Scott kreeg de leiding over het *Committee on Classification of Personnel*. De commissie ontwikkelde tests voor het bepalen van de geschiktheid voor specialistische functies, zoals die van artillerist en piloot. De psychologische selectie voor dit soort functies groeide uit tot een normaal onderdeel van de interne selectie en bleef dit ook toen de selectie van rekruten op een laag pitje werd gezet als gevolg van de afschaffing van de dienstplicht na de Eerste Wereldoorlog.

Het grootschalig karakter van de testoperatie en het door de psychologen zelf ontketende publiciteitsoffensief droegen er aan bij dat het psychologische begrip 'intelligentie' en de IQ-test tijdens het interbellum in Amerika in het volle licht van de belangstelling kwamen te staan.[8]

Onderdeel van de Army Bèta-test. De onderzochte moest bij elk van de plaatjes aangeven welk element ontbrak. Intelligentiepsychologen vatten deze test op als een cultuurvrije test voor aangeboren intelligentie, omdat zij geen kennis van de Engelse taal veronderstelde. Critici wezen er echter op dat in de test tal van elementen verstopt waren die specifiek waren voor de Amerikaanse cultuur: tennisvelden, revolvers en grammofoons waren nu niet bepaald objecten waarmee arme immigranten uit Zuid- en Oost-Europa vertrouwd waren. Uit: R.M. Yerkes, ed. (1923), Psychological examining in the United States army (Washington, DC: National Academy of Sciences).

De Eerste Wereldoorlog was ook in Duitsland de aanleiding om de psychologische inspanningen te intensiveren. Men hield vast aan de tijdrovende individuele selectie waardoor er geen sprake was van een grootschalige operatie. Moede en andere leger-psychologen ontwikkelden apparatentests om de 'psychofysiologische geschiktheid' vast te stellen voor functies als vrachtwagenchauffeur, telegrafist, telefonist, artillerist en vliegenier. De taken in de test waren een directe afgeleide van de toekomstige werkzaamheden en be-oogden door de meting van bijvoorbeeld gezichtsscherpte, opmerkzaamheid en reactiesnel-heid, de geschiktheid vast te stellen.

Na afloop van de Eerste Wereldoorlog kwamen de selectieactiviteiten in de verschillende landen op een laag pitje te staan, om pas weer op te bloeien in de aanloop naar de Tweede Wereldoorlog. Na de machtsovername door Hitler in 1933 zetten Duitse le-gerpsychologen, onder aanvoering van Max Simoneit, met behulp van individueel af te nemen intelligentie- en psychofysiologische tests het selectiewerk voort, dat tijdens de Eerste Wereld-oorlog ontwikkeld was.[9] De meest grootschalige inzet van psychologische selectiemethoden vond echter opnieuw plaats in de Verenigde Staten.

Daar leidde de dreiging van de Tweede Wereldoorlog ertoe dat de dienstplicht werd heringevoerd, met in haar kielzog de grootschalige selectie. Legerautoritei-ten nodigden psychologen uit om een adequaat classificatiesysteem te ontwikkelen. Het Com-mittee on Classification of Military Personnel vervaardigde de *Army General Classification Test* (AGCT) die onder andere bestond uit ongeveer honderd items uit de oude Army Alpha en uit en-kele nieuwe niet-verbale tests. In 1940 werden de Army Alpha en Bèta vervangen door de AGCT, die vervolgens tijdens oorlog bij ongeveer negen miljoen rekruten werd afgeno-men.[10] In tegenstelling tot de door Yerkes ontwikkelde legertests, pretendeerde de AGCT niet aangeboren intelligentie te meten. De eindscore gebruikte men als een ruwe indicatie voor de mogelijkheid vaardigheden te leren die binnen het leger van belang waren. Anders dan de intelligentietests tijdens de Eerste Wereldoorlog werd de ACGT niet alleen gebruikt voor selectie, maar ook voor de toewijzing van rekruten aan de verschillende opleidingen binnen het leger. Bij de selectie voor de marine werd een speciale versie van de AGCT ontwikkeld, waarin een aantal items was toegespitst op maritieme zaken. Daarnaast kwamen speciale uitgebreide en technisch vernuftige selectieprocedures tot ontwikkeling voor specialistische functies, zoals piloten en vliegtuigbemanningen.[11]

Complex Coordination Test, onderdeel van het testprogramma van de Amerikaanse luchtmacht in de Tweede Wereldoorlog. Uit: R.A. Anastasi (1964), Fields of applied psychology (New York: McGraw-Hill). Foto: U.S. Air Force.

Sinds de Tweede Wereldoorlog is de psychologische geschiktheidsbepaling vast verankerd in de militaire organisatie. Dit komt onder andere tot uitdrukking in een nieuw selectiesysteem voor rekruten, ontworpen door de Canadese psycholoog Chisholm, dat tijdens en na de oorlog in verschillende landen – waaronder Nederland – werd ingevoerd. Dit zogenaamde A.B.O.H.Z.I.S.-systeem combineerde lichamelijk onderzoek naar de Algemene gezondheidstoestand, Bovenste ledematen, Onderste ledematen, geHoor en geZicht met psychologisch onderzoek naar Intelligentie en emotionele Stabiliteit. Voor het intelligentieonderzoek werden elementen van de AGCT gebruikt. De mate van emotionele stabiliteit werd vastgesteld in een gesprek met een legerpsychiater, waarbij eventueel gebruik werd gemaakt van projectietests als de Rorschach-inktvlekkentest en de Thematic Apperception Test.[12]

Officiersselectie

Naast de selectie van rekruten en militairen voor specialistische taken kwam er in de twintigste eeuw een derde vorm van psychologische selectie tot ontwikkeling: de selectie voor kaderfuncties. Tot in de negentiende eeuw geschiedde het aanwijzen van officieren voornamelijk via coöptatie. De familienaam of bekendheid die de aanstaand officier in het leger genoot, was voldoende om een officiersrang te krijgen. In de twintigste eeuw veranderde dat. Zowel in de Verenigde Staten als in Duitsland begon het militaire topkader officieren te beoordelen. Daarbij werd in eerste instantie nog de nadruk gelegd op persoonlijkheid en op vaardigheden in het handhaven van orde en tucht onder de manschappen.[13] Toen de psychologen zich met de selectie van het officierskader gingen bemoeien, kwamen zij aan de belangstelling van de legerautoriteiten tegemoet, door persoonlijkheidskenmerken in hun selectieprocedures op te nemen.

In de Verenigde Staten nam Scott tijdens de Eerste Wereldoorlog het initiatief om tot een verbetering van de officiersselectie te komen. Hij had in het bedrijfsleven ervaring opgedaan met het meten van niet-cognitieve leidinggevende kwaliteiten, zoals *karakter*, waarbij zaken als ambitie, motivatie, loyaliteit en tact voorop stonden. Scott hevelde deze begrippen over naar de selectie van officieren: op basis van zijn *Rating Scale for Selecting Salesmen* ontwierp hij de *Rating Scale for Selecting Captains*. Toen Scott tegen het einde van de oorlog de leiding kreeg over het Committee on Classification of Personnel, paste hij de door het topkader gebruikte *Efficiency Reports* aan. Deze rapporten werden gebruikt om de prestaties van officieren te evalueren in termen van persoonlijkheidseigenschappen. Scotts wijzigingen gaven deze rapporten een minder algemeen 'common sense' karakter. Scotts commissie pretendeerde op wetenschappelijke wijze uitspraken te doen over intelligentie, persoonlijkheid en militair leiderschap.[14]

In Duitsland ontwikkelde de psycholoog Rieffert in de jaren twintig een nieuwe methode voor het selecteren van militair kader. Rieffert ging eerst te rade bij ervaren officieren om te horen over welke eigenschappen de kandidaat-officier moest beschikken. Het bleek dat officieren vooral intelligente en karaktervolle leiders moesten zijn, die in moeilijke oorlogs- en dienstverhoudingen blijk gaven van moed en standvastigheid. De tot dan toe gebruikte psychofysiologische tests waren volgens Rieffert niet geschikt voor een selectie op persoonlijkheidseigenschappen, omdat zij de officieren slechts op technische specialisatie selecteerden. Simoneit zette de ontwikkeling van dergelijke nieuwe selectiemethodes vanaf 1931 voort en ontwierp een drie dagen durende testprocedure, waarin de kandidaat-officieren aan verschillende onderzoeken werden onderworpen. Het onderzoek bestond onder andere uit een intelligentietest, een interview met een psycholoog of psychiater en een analyse van het handschrift. Ook werd onderzocht hoe de kandidaten op elektrische schokken reageerden, door de lichaamshouding en de mimiek tijdens het toedienen van stroomstoten op film vast te leggen. Ten slotte onderwierp Simoneit de kandidaten aan enkele levensechte militaire groepsopdrachten. Hij gaf ze bijvoorbeeld de opdracht om gezamenlijk met een beperkt aantal attributen een brug te bouwen, waarbij hij observeerde wie de leiding nam en hoe men samenwerkte. Ook werd het doen en laten tijdens een groepsdiscussie en tijdens het houden van een voordracht nauwkeurig geobserveerd. Conform de in die tijd in Duitsland populaire uitdrukkingspsychologie, beschouwden Simoneit en zijn medewerkers lichaamshouding, handschrift, mimiek en ook het sociale gedrag als uitdrukkingen van de innerlijke psychologische gesteldheid, oftewel de persoonlijkheid van het individu. Het selectieteam, dat bestond uit een psycholoog, een psychiater en een hoge legerofficier, lette bij de observaties in het bijzonder op de mate waarin de kandidaat beschikte over wilskracht, autoriteit en discipline; eigenschappen die zij toeschreven aan echte kerels.[15]

De Duitse testmethode werd overgenomen door het Britse leger (met uitzondering van de analyses van lichaamshouding, mimiek en handschrift). Psychologen en psychiaters van de Tavistock Clinic in Londen waren de stuwende krachten achter de verdere ontwikkeling van de officiersselectie. Men gebruikte intelligentietests en persoonlijkheidstests, zoals de Rorschach en de Thematic Apperception Test en nam klinische interviews af om de stabiliteit van de kandidaten te bepalen. Net als in Duitsland introduceerde men groepsopdrachten, zoals het bouwen van een brug en de groepsdiscussie. Bij het interpreteren van het groepsgedrag werd een ander theoretisch uitgangspunt dan in Duitsland gehanteerd, waarbij het door de psychiater Bion ontwikkelde concept van de 'leiderloze groepssituatie' een centrale positie innam. Bion combineerde Freuds psychoanalyse met sociaalpsychologische inzichten. Onder zijn invloed beschouwde men in Engeland natuurlijk leiderschap en de bereidheid tot samenwerking als eigenschappen die diep in de persoonlijkheid verankerd waren, maar had men tegelijkertijd oog voor de dynamische processen die zich in de groep afspeelden. Hoe de groepsleden met elkaar omgingen, achtte men afhankelijk van de wijze waarop men in zijn jeugd relaties met andere mensen was aangegaan.[16]

In de teambespreking van de selectiecommissie, de *War Office Selection Board* (WOSB), lette men op het intelligentiepeil, de specifieke deskundigheden en vaardigheden, leiderschapskwaliteiten en de emotionele stabiliteit van de kandidaat. De eindverantwoordelijkheid voor de beslissing lag bij de militair deskundige van de WOSB, een belangrijke strategische zet van de psychologen om de testmethode binnen het leger geaccepteerd te krijgen. De in Engeland ontwikkelde selectieprocedure vond al spoedig ook elders ingang. Zo werd zij via de *Interallied Psychological Studygroup* ingevoerd bij het Amerikaanse *Office of Strategic Services* (OSS, de voorloper van de CIA) voor bijvoorbeeld de selectie van personeel voor geheime operaties.[17] Ook in Nederland introduceerde men in 1945 dit type officiersselectie, die ondergebracht werd bij de pas opgerichte Psychologische Dienst van de Koninklijke Landmacht. De intensieve selectie van het kader paste binnen de snelle wederopbouw van het leger die men in militaire kringen noodzakelijk achtte om Nederlands-Indië te kunnen bevrijden.

Psychologisch onderzoek voor de OSS, de Amerikaanse geheime dienst, 1944. 'Burma-town' groepsopdracht, waarbij de onderzochten gezamenlijk een oplossing moesten vinden voor een aan de praktijk ontleend probleem: wat te doen als het vliegtuig waar je inzit, boven vijandelijk gebied neerstort? Foto: Archives of the History of American Psychology.

Na de Tweede Wereldoorlog kwam in de westerse landen het ouderwetse gezagsidee onder druk te staan. Het traditionele hiërarchische leiderschap, dat was gebaseerd op maatschappelijke rang en stand en waarbij 'bevel is bevel' het motto was, zou plaats moeten maken voor een wijze van leidinggeven die beter paste bij de idealen van een democratische samenleving. Psychologen en psychiaters construeerden een psychologisch leiderschap waarbij 'overtuigingskracht' en 'stimuleren' de sleutelwoorden waren. Modern leiderschap diende te berusten op wederzijds vertrouwen, waardoor de manschappen uit een innerlijke overtuiging de instructies zouden opvolgen, hetgeen het moreel van de groep ten goede zou komen. Alleen een officier met psychologisch inzicht in de consequenties van het eigen handelen werd in staat geacht om uit een verzameling losse individuen een homogene gevechtseenheid te smeden.[18]

*P*sychologische begeleiding

Tijdens de Eerste Wereldoorlog kregen de aalmoezeniers gezelschap van psychiaters en psychologen die zich ook over de in psychische nood verkerende soldaten gingen ontfermen, waarmee het fundament werd gelegd van de militaire psychiatrie en de militaire klinische psychologie.[19] Op het strijdtoneel bleek een steeds groter aantal soldaten verschijnselen te vertonen als uitputting, verlamming en totale verwarring, zonder dat er lichamelijke oorzaken vielen te onderkennen. Daarnaast constateerden artsen dat ook factoren als werkonwilligheid en simulatie geen voldoende verklaring voor de hardnekkigheid van de verschijnselen konden bieden. Men ging de verklaring op andere niveaus zoeken en richtte zich daarbij op psychogene factoren. Het begrip *shell shock* dat in 1916 door de Britse psychiater Myers was geïntroduceerd, nam daarbij een belangrijke plaats in. Aanvankelijk verklaarde men de shock uit het inslaan van de granaten (*shells*), maar al snel werd deze beperkte interpretatie vervangen door een ruimere aandacht voor psychogene oorzaken: men achtte het psychische leed een gevolg van het ondergaan van overmatige angst, het verlies van kameraden en andere verschrikkingen van de moderne oorlogsvoering.[20] Min of meer psychoanalytische termen, zoals 'hysterische verlamming' en 'neurose' vonden binnen de gezondheidsdiensten ingang als nadere beschrijving van het ziektebeeld. Er kwam een scala aan behandelingsmethoden tot ontwikkeling, die deels geënt waren op militaire disciplineringstechnieken en deels ontleend waren aan in de toenmalige psychiatrie gangbare methoden. Zo werden patiënten onderworpen aan militaire drill en exercitie of kregen zij urenlang pijnlijke elektrische stroomstoten toegediend. Ook hypnose, isolering, koude baden, schijnoperaties en het oproepen van verstikkingsangst waren 'therapeutische' methoden om van de psychisch verwonde soldaat weer een bruikbaar militair te maken.[21]

Na de oorlog kwam in Groot-Brittannië en de Verenigde Staten, maar ook in Duitsland kritiek op deze behandelingen los. In Engeland werd er een speciale *Committee of Enquiry into Shell Shock* ingesteld, die concludeerde dat er te weinig aandacht was besteed aan de psychologische gevolgen van oorlog. Ter vermijding van dit type problemen pleitte men voor een zorgvuldiger selectie van soldaten en officieren. Het nauwkeurig selecteren op 'emotionele stabiliteit' zou de kans op het ontstaan van *shell shock* en andere oorlogsneurosen verminderen.

De Tweede Wereldoorlog was de aanleiding tot de ontwikkeling van kortdurende psychotherapeutische behandelingen, zoals praat- en groepstherapieën.[22] Tijdens de oorlog begon de legerleiding in te zien dat het voor een snelle terugkeer van soldaten in de frontlinies noodzakelijk was dat men de lijders aan *combat stress* ter plaatse behandelde (Forward Psychiatry): door een korte psychotherapie in *the theatre of war* kon het verlies van effectieve mankracht zoveel mogelijk worden beperkt. Indien de psychische gesteldheid terugkeer naar het front uitsloot, gebruikten de therapeuten de behandeling om de soldaat op veiliger plekken binnen de militaire organisatie nuttig te maken.

Na de Tweede Wereldoorlog beperkten psychiaters en klinisch psychologen zich niet langer tot de directe slachtoffers. De hulpverleners raakten er door ervaringen met veteranen en dankzij onderzoek van bijvoorbeeld de Amerikaanse *Veterans Administration* van overtuigd, dat iedere deelnemer aan oorlogshandelingen ten prooi kon vallen aan een of andere oorlogsneurose. De intensieve selectie- en trainingsmethoden konden daar niets aan veranderen. Het begrip *shell shock* werd in de jaren zeventig vervangen door *Post Traumatic Stress Disfunction* en de zorg werd verbreed naar alle in oorlogshandelingen betrokken militairen. Het zogenaamde *debriefen* van soldaten ging een belangrijke rol vervullen: psychologen en psychiaters reisden met de troep mee om de militairen in de gelegenheid te stellen zo snel mogelijk de traumatische ervaringen te bespreken. Door middel van een individuele of groepsgewijze *debriefing* probeerde men de schadelijke gevolgen voor de individuele soldaat en de legerorganisatie te beperken. Tijdens de oorlogen in Korea en Vietnam, maar ook bij de Golfoorlog en de oorlog in het voormalige Joegoslavië werd deze handelwijze gevolgd.[23] Als *spin-off* van dit werk worden hoe langer hoe vaker *traumateams* ingezet voor het verlenen van psychologische bijstand bij rampen en andere calamiteiten in de burgermaatschappij.

*D*e militaire training

De selectie op psychologische geschiktheid die de legerautoriteiten in antwoord op de technologische ontwikkelingen hadden ingevoerd, was niet voldoende om het militair apparaat optimaal te laten functioneren. De geselecteerde kandidaten moesten vervolgens worden opgeleid in de hun toebedachte specialistische functie en de training van de soldatenmassa moest ook worden aangepast aan de nieuwe technieken. Tijdens het interbellum beperkte de instructie van soldaten zich over het algemeen tot het geven van informatie over achtergronden en de werking van het moderne oorlogstuig. Op deze wijze van instrueren kwam gedurende de Tweede Wereldoorlog kritiek los, onder andere naar aanleiding van een Britse enquête onder militairen. In plaats van de nadruk op het mechanisch leren, het zogenaamde *parrot-like teaching*, en het uit het hoofd leren van namen van onderdelen van wapens, zou meer nadruk moeten komen te liggen op het leren-door-te-doen. Door aan te sluiten bij de belangstelling van de soldaten zou het leerproces aanzienlijk kunnen worden versneld, een noodzakelijke voorwaarde om soldaten snel te kunnen inzetten.[24]

In het kader van de preventie van *shell shock* sneed men de opleiding van rekruten toe op wat zij daadwerkelijk tijdens de gevechten zouden tegenkomen. Zij werden bijvoorbeeld geconfronteerd met bloed om hen ongevoelig te maken voor de oorlogsgruwelen en kregen een training in haat ten opzichte van de vijand. Daarnaast werd een op behavioristische leest geschoeide *noise-training* ingevoerd: door het systematisch opvoeren van het volume van oorlogsgeluiden beoogde men de soldaten via habituatie te desensitiseren voor oorlogsherrie om zo toekomstige angsten te reduceren. In de opleiding van officieren werd voortaan uitgebreid stilgestaan bij achtergronden van psychische ziektebeelden en bij het onderkennen van de symptomen.[25]

Na de Tweede Wereldoorlog ging men, onder invloed van inzichten uit de human-relationsbenadering binnen de arbeidspsychologie (zie hoofdstuk 4), tijdens de opleiding meer rekening houden met de psychische uitrusting van de soldaat. De curricula van de militaire academies werden aangepast, om het toekomstige hogere personeel vertrouwd te maken met psychologie.

De toenemende complexiteit van de militaire technologie leidde in de jaren vijftig tot hernieuwde aandacht voor de problemen bij de bediening van wapens en andere apparatuur. Militair psychologen maakten het cognitieve apparaat tot object van onderzoek en probeerden door middel van ergonomische en perceptiepsychologische experimenten oplossingen aan te dragen. Binnen verschillende onderzoeksinstituten trachtte men mens en technologie op elkaar af te stemmen. In Amerika was dat bijvoorbeeld het *Human Resources Research Office* (HUMRRO) en in Nederland het Instituut voor Zintuigfysiologie op de luchtmachtbasis Soesterberg.[26] Bij de inrichting van besturings- en controle-instrumenten, bijvoorbeeld in de cockpit van straaljagers, ging men in toenemende mate rekening houden met de kenmerken van het menselijk waarnemings- en informatieverwerkingssysteem.

*P*sy-war: psychologische oorlogsvoering

Het hooghouden van de eigen krijgsmoraal en het breken van het vijandelijk moreel maakten altijd al deel uit van de oorlogsvoering. In de twintigste eeuw vormde de nieuwe wijze van oorlogvoeren de aanleiding om steeds uitgebreider aandacht te gaan besteden aan de mentale vorming van soldaten, propaganda en andere aspecten van psychologische oorlogvoering. De bijdrage die de mentale vorming van soldaten aan de gevechtsmoraal kon leveren, werd in Amerika al tijdens de Eerste Wereldoorlog onderkend toen psychologen van de *Morale and Intelligence Division* gingen observeren hoe soldaten zich aan het militaire leven aanpasten.[27] Het was ook tijdens deze oorlog dat in Groot-Brittannië de eerste instelling voor propaganda werd opgericht.[28] Het was echter pas in de aanloop naar de Tweede Wereldoorlog, dat de psychologische oorlogsvoering echt goed van de grond kwam.

In de tweede helft van de jaren dertig werd in Duitsland de nationaal-socialistische propagandamachine ontwikkeld. Hitler en zijn propagandaminister Goebbels lieten zich bijstaan door psychologen binnen de Generale Staf. De *Psychologie des Foules* van LeBon uit 1895 werd als een van de inspiratiebronnen gebruikt, omdat het inzicht gaf in de instincten en emoties waardoor de massa zich liet leiden. De Nazi's gebruikten niet alleen propagandafilms, maar ook nieuwsberichten en publieksfilms om de Duitse publieke opinie te bewerken.[29] De documentaire *Triumph des Willens* (1935) van Riefenstahl over de partijdag in Neurenberg is een sprekend voorbeeld van de betekenis van enscenering, de relatie tussen beeld en geluid, en de mythologisering van Hitler bij de beïnvloeding van het publiek.

Toen de Amerikanen bij de Tweede Wereldoorlog betrokken raakten, werd door de psychologische en antropologische afdeling van de *National Research Council* het zogenoemde *Emergency Committee* in het leven geroepen om de inzetbaarheid van de psychologie voor de krijgsmacht te onderzoeken. De Duitse militaire psychologie werd nauwgezet onderzocht en fungeerde daardoor als een belangrijke inspiratiebron voor de Amerikaanse oorlogspropaganda.[30] Het systematisch onderzoek naar de vijandelijke en eigen propaganda betekende het begin van een op wetenschappelijke grondslagen gebaseerde psychologische oorlogvoering, waarbij Amerikaanse psychologen nauw samenwerkten met onderzoekers uit andere vakgebieden.[31] Defensie-instellingen zoals het OSS en het *Office of War Information* (OWI), riepen de hulp in van vooraanstaande psychologen. Erikson, Langer en Murray stelden persoonlijkheidsprofielen samen van Hitler en de andere Nazi-leiders. De *Foreign Broadcasting Intelligence Service* verrichtte onder leiding van Goodwin Watson onderzoek naar vijandelijke propaganda, waarbij men onder andere probeerde vast te stellen welke militaire operaties ophanden waren en hoe het moreel van de vijand was. Onderzoek van Rensis Likert voor de *Strategic Bombing Survey* was erop gericht de doelen voor bombardementen te identificeren die het moreel van de Duitse bevolking maximaal zouden ondermijnen. Men onderzocht ook in hoeverre het Duitse moreel te lijden had van de geallieerde propaganda die via radiouitzendingen en pamfletten achter de vijandelijke linies was verspreid.[32]

Dehumanisering van de vijand, propaganda-affiches uit de
Tweede Wereldoorlog.
Uit: Z. Zeeman (1978),
Propaganda in de Tweede Wereldoorlog. Politieke affiches 1939-1945
(Utrecht: Het Spectrum).

De Morale Division en zijn opvolger, de *Research Branch of the Information and Education Division*, startte sociaal-psychologisch onderzoek naar het moreel van de eigen soldaten. De sociaal-psychologen beoogden door middel van interviews en enquêtes de attitudes en motieven van soldaten vast te stellen, bijvoorbeeld ten aanzien van

Amerika's betrokkenheid bij de oorlog of de eigen ervaringen in het leger.[33] Een belangrijk onderdeel van het onderzoek betrof de mentale voorbereiding van dienstplichtigen. Zo werd onder andere de invloed onderzocht van de door de Hollywood-filmer Frank Capra vervaardigde *Why we fight*-films, waarmee rekruten werden geïnformeerd over het doel van de oorlog. In deze films werd de inmenging van de Verenigde Staten gepresenteerd als een onvermijdelijke reactie op de Duitse en Japanse agressie, die werd afgeschilderd als een wrede aanval op de onschuldige vrije wereld.[34] Deze presentatie werd kracht bijgezet door zorgvuldig geselecteerde beelden waarmee het Duitse volk werd gedehumaniseerd. Emotionele en patriottistische redenen werden aangevoerd voor de Amerikaanse betrokkenheid bij de oorlog.[35] Voor het bepalen van de effectiviteit van de films onderzocht men bijvoorbeeld welke elementen een permanente invloed hadden op de attitudes. Hoewel de onderzoeksresultaten lang niet ondubbelzinnig waren en de psychologen bij de verschillende experimentele condities op talloze methodologische problemen stuitten, waren deze onderzoeken van enorme betekenis voor het naoorlogs onderzoek naar attitudes ten aanzien van leiderschap en gedragsverandering. De verandering van attitudes bleek niet af te hangen van de presentatie van feiten, maar van de emotionele lading van de boodschap. Bovendien vond men een positief verband tussen intellectuele factoren, gemeten via de AGCT, en de motivatie van de militairen.[36] De resultaten van de grootschalige en gevarieerde onderzoeksinspanning werden gepubliceerd in de vierdelige serie *Studies in social psychology in World War II*, onder redactie van Samuel Stouffer. Gewapend met deze informatie kon de legerleiding maatregelen nemen om het moreel van de soldaten te verhogen.

De naoorlogse Korea-crisis en de Koude Oorlog brachten met zich mee dat de psychologische oorlogsvoering en het onderzoek naar de effectiviteit daarvan werden voortgezet. Hoewel exacte cijfers in verband met geheimhouding en staatsveiligheid slechts gedeeltelijk bekend zijn, blijkt daaruit dat het Amerikaanse ministerie van Defensie en de CIA een groot aandeel hadden in het financieren van militair-psychologisch onderzoek.[37] In de jaren vijftig verzamelde de CIA bijvoorbeeld gevoelige informatie over persoonlijke zwakheden van politieke en militaire leiders van vijandige landen. Tevens stelde men kalenders samen van data waarop verrassingsaanvallen het meeste effect zouden sorteren.[38]

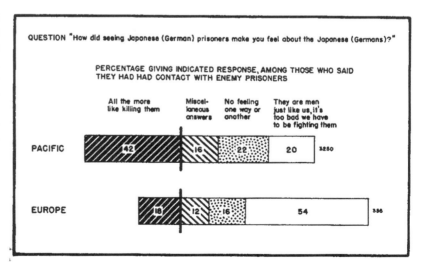

'Wat was uw houding ten opzichte van de vijand na de confrontatie met vijandelijke gevangenen?' Resultaten van psychologisch attitudeonderzoek tijdens de Tweede Wereldoorlog. Uit: S.A. Stouffer e.a. (1949), The American Soldier Vol. 2, Combat and its aftermath (Princeton: Princeton University Press).

Binnen de internationale politiek-militaire krachtsverhoudingen die zich gedurende de Koude Oorlog ontwikkelden, ging het niet alleen maar om het militair geavanceerd wapengekletter. Ook het schimmige spel van militaire inlichtingendiensten, van spionage en contraspionage speelde een rol. Door het rapport *Psychological phenomena applicable to the development of psychological weapons* (1965) kwamen de modernste *Psy-war*-technieken volop in de belangstelling te staan. Tijdens de oorlog in Indochina werd antropologische en psychologische kennis over geurbeleving ingezet bij het afwerpen van geurbommen ter demotivering van de vijandelijke soldaten. Ook probeerde men het geloof in tovenarij te exploiteren, bijvoorbeeld door filmbeelden op laaghangende wolken te projecteren die in combinatie met angstwekkende geluiden moesten suggereren dat de goden hun laatste oordeel uitspraken.

De oorlog in Indochina plaatste ook het onderzoek naar *brainwashing* op de agenda. Westerse krijgsgevangenen zouden tijdens de oorlogen in Korea en Vietnam een hersenspoeling hebben ondergaan, waarbij de communistische vijand het denken van de gevangenen had beïnvloed. Het vermeende succes van de hersenspoeling leidde in de Verenigde Staten tot twijfel aan de effectiviteit van de eigen ideologische en militaire training. Dergelijke twijfels vormden de aanleiding tot nieuw onderzoek naar de motivatie en het moreel van de soldaten. Klinisch psychologen werden ingeschakeld om inzicht te verwerven in de psychologische technieken van hersenspoeling en om trainingen te ontwikkelen die weerstand opbouwden tegen het prijsgeven van gevoelige informatie.[39] Een aantal psychologen kreeg binnen het Amerikaanse leger een actieve rol te velde in de eenheden voor psychologische operaties. Deze *Psyops-units* werden ingezet in verschillende militair-politieke *theatres of war* om ter plekke het eigen moreel te bewaken en de vijandelijke propaganda te analyseren.[40]

*C*onclusie

De introductie van nieuwe technologie en de uitbreiding van beïnvloedingsstrategieën vormden de achtergrond waartegen militair-psychologische kennis tot ontwikkeling kwam en een rol van betekenis ging spelen bij het oplossen van problemen in de militaire organisaties. Stonden veel militairen tijdens de Eerste Wereldoorlog nog aarzelend tegenover de inzet van psychologische selectiemethoden, tijdens de Tweede Wereldoorlog was er reeds sprake van een brede acceptatie van psychologische vormen van geschiktheidsbepaling. Psychologisch onderzoek zou de verschillen in geschiktheid voor specialistische militaire taken in kaart kunnen brengen, waardoor recrutering en plaatsingsproblemen in toenemende mate tot psychologische vraagstukken werden getransformeerd.

Naast de grootschalige inzet van psychologische selectiemethoden voor de verschillende krijgsmachtonderdelen betekende de Tweede Wereldoorlog de definitieve doorbraak van sociaal-psychologisch onderzoek naar het moreel en de propaganda. De vijandelijke krijgsmoraal en het moreel in eigen gelederen werden als psychologische fenomenen beschouwd, die door middel van psychologische technieken konden worden gemanipuleerd. Daarmee werd de psychologie een geducht wapen op het militair-politieke veld.

Psychologen en psychiaters gingen zich in toenemende mate ontfermen over de psychische problemen die oorlogvoering met zich meebracht. Nadat was gebleken dat alle militairen psychische schade konden oplopen tijdens militaire operaties, verbreedde de zorg zich. Psychologische begeleiding ontwikkelde zich tot een integraal onderdeel van de zorg binnen legerorganisaties.

De technologische ontwikkelingen leidden tot steeds nieuwe eisen aan de soldaten. De complexe naoorlogse technologie maakte de combinatie mens-apparatuur tot vechteenheid, in plaats van de individuele soldaat uit vroeger tijden. Bij het omgaan met de apparatuur werden de beperkingen van de menselijke cognitieve vermogens zichtbaar, wat waarneming en informatieverwerking tot objecten van militair psychologisch onderzoek maakte.

Ondanks ethische bezwaren die men tegen de militaire psychologie heeft aangevoerd, waarbij misbruik van psychologische kennis een veelgehoord thema is, heeft deze praktijk een belangrijke invloed uitgeoefend op de ontwikkeling van de psychologie.[41] Dit geldt voor de financiering en de inhoud van fundamenteel onderzoek, maar ook voor de toepassing van militair-psychologische kennis binnen het bedrijfsleven. Omgekeerd heeft men academische en praktijkpsychologische kennis opgenomen in de militaire psychologie. In de loop van de eeuw is de militaire psychologie tot een vruchtbare praktijk uitgegroeid, zowel binnen het eigen veld als in wisselwerking met andere sectoren. Het staat echter buiten kijf dat de militaire psychologie geassocieerd blijft met het bedreigen van mensenlevens, ondanks nobele, soms schijnbaar neutrale doelen als 'human engineering' of psychologische begeleiding. Dit is de tol die, hoe interessant en fascinerend de onderzoeksthema's ook mogen zijn, de militaire psychologie moet betalen.

Noten

1   F. Samelson (1979), Putting psychology on the map: ideology and intelligence testing. In A.R. Buss, ed., *Psychology in social context* (New York: Irvington), p. 103-168.

2   M. Foucault (1975), *Surveiller et punir. Naissance de la prison* (Paris: Gallimard), p. 165; 175-182; R. Smith (1992), *Inhibition. History and meaning in the sciences of mind and brain* (London: Free Association Books), p. 49-51; 172-175.

3   R.A. Gabriel en K.S. Metz (1992), *A history of military medicine* (New York: Greenwood Press).

4   J. Carson (1993), Army alpha, army brass, and the search for army intelligence, *Isis, 84,* 278-309; E. Haas (1995), *Op de juiste plaats. De opkomst van de bedrijfs- en schoolpsychologische beroepspraktijk in Nederland* (Hilversum: Verloren), p. 89; J.D. Keene (1994), Intelligence and morale in the army of a democracy: the genesis of military psychology during the First World War, *Military Psychology, 6,* 235-253; H.H. Hofman, Hrsg. (1980), *Das Deutsche Offizierkorps 1860-1960* (Boppard am Rhein: Harold Boldt Verlag), p. 19.

5   R.T. von Mayrhauser (1987), The manager, the medic, and the mediator: the clash of professional styles and the wartime origins of group mental testing, in M.M. Sokal, ed., (1987), *Psychological testing and American society, 1890-1930* (New Brunswick: Rutgers University Press), p. 128-157; R.T. von Mayrhauser (1992), The mental testing community and validity, *American Psychologist, 47,* 244-253.

6   C. Lynch, F.W. Weed en L. McAfee (1923), *The medical department of the United States army in the World War. Vol. I: The surgeon general's office* (Washington: Government Printing Office), p. 395-405; 571-573; 659-661. Von Mayrhauser (1987), a.w., p. 132-133; 148-149; R. Yerkes, ed., (1921), *Psychological examining in the United States army* (Washington D.C.: National Academy of Sciences).

7   M. Hale (1982), History of employment testing, in A.K. Wigdor and W.R. Garner, eds., *Ability testing. Uses, consequences, and controversies* (Washington D.C.: National Academy Press), p. 3-38.

8   Haas, a.w.; Hale, a.w.; Keene, a.w. Zie ook hoofdstuk 4 in dit boek.

9   G. Flik (1968), *Zur Geschichte der Wehrmachtspsychologie 1934-1943; Aufbau der Bundeswehrpsychologie 1951-1966* (Bonn: Untersuchungen des Psychologischen Dienstes der Bundeswehr), p. 83-98; L. Von Renthe-Fink (1985), Von der Heerespsychotechnik zur Wehrmachtpsychologie, in *Deutsche Wehrmachtpsychologie 1914-1945,* p. 1-184, hierin p. 34.

10   D.S. Napoli (1981), *Architects of adjustment. The history of the psychological profession in the United States* (Port Washington, NY: Kennikat Press), p. 90.

11   De trainingsprogramma's werden begeleid door intensief psychologisch onderzoek (Hale, a.w.). Zie ook C.W. Bray (1948), *Psychology and military proficiency. A history of the Applied Psychology Panel of the National Defense Research Committee* (Princeton: Princeton University Press), p. 41-66; C.W. Bray (1962), Toward a technology of human behavior for defense use, *American Psychologist, 17,* 527-541; Napoli, a.w., p. 93-99.

12   Flik, a.w., p. 100 e.v.; Haas a.w., p. 102-107; zie ook E. Haas (1990), Militaire psychologie in Nederland. Officiersselectie en veranderende opvattingen over leiderschap, *Psychologie en Maatschappij, 14,* 253-265; E. Haas (1993), Testing for leadership and morale. The implementation of social psychological methods into the testing practice, *Sociétés Contemporaines, 13,* 95-101; J.E. Driskell Beckett Olmstead (1988), Psychology and the military. Research applications and trends, *American Psychologist, 44,* 43-54; F.W. Steege (1977), Personalpsychologie in der Bundeswehr, *Psychologie und Praxis, 21,* 49-57.

13   Carson, a.w., p. 283. *Deutsche Wehrmachtpsychologie 1914-1945,* a.w., p. IX; Hofmann, a.w.

14   Carson, a.w., p. 280-281. Zie ook R.T. von Mayrhauser (1985), *The triumph of utility: the forgotten clash of American psychologies during World War I* (University of Chicago: Ph.D. thesis); Mayrhauser (1987), a.w., p. 130-146.

15   Von Renthe-Fink, a.w., p. 55. Zie ook P. Riedesser en A. Verderber (1985), *Aufrüstung der Seelen. Militärpsychiatrie und Militärpsychologie in Deutschland und Amerika* (Freiburg i. Br: Dreisam-Verlag); M. Simoneit (1933), *Wehrpsychologie. Ein Abriß ihrer Probleme und praktischen Folgerungen* (Berlin: Verlag Bernard & Graefe); M. Simoneit (1972), Deutsche Wehrmachtspsychologie 1927-1942, *Wehrpsychologische Mitteilungen, Heft 2,* p. 71-110. U. Geuter (1984), *Die Professionalisierung der deutschen Psychologie im Nationalsozialismus* (Frankfurt a. M.: Suhrkamp).

16   H. Harris (1949), *The group approach to leadership-testing* (London: Routledge & Kegan Paul), p. 5-38; J.R. Rees (z.j.), *The shaping of psychiatry by war* (London: Chapman and Hall), p. 71-101; *Report of an Expert Committee on the work of psychologists and psychiatrists in the services* (1947) (London: Her Majesty's Stationary Office), p. 49-56.

17 H.A. Murray (1948), *Assessment of men. Selection of personnel for the Office of Strategic Services* (New York: Rinehart & Company). Het gebruik van de situatietests luidde het begin in van de Assessment Center-methode die vanaf de jaren zeventig op grote schaal in het bedrijfsleven zou worden toegepast.

18 N. Rose (1990), *Governing the soul. The shaping of the private self* (London: Routledge), p. 22-33.

19 Gabriel en Metz, a.w.; R.A. Gabriel (1986), *Soviet military psychiatry. The theory and practice of coping with battle stress* (New York: Greenwood Press); R.A. Gabriel, ed. (1986), *Military psychiatry. A comparative perspective* (New York: Greenwood Press).

20 J.M.W. Binneveld (1989), *Het leger als spiegel. Oorlog, psychiatrie en geestelijke gezondheidszorg* (Rotterdam: Erasmus Universiteit), p. 9-17.

21 In Duitsland heette het toedienen van stroomstoten de *Kaufmann-Kür*, genoemd naar de psychiater F. Kaufmann. In Engeland werd dezelfde therapie toegepast door L. Yealland, zie Binneveld, a.w.; Riedesser en Verderber, a.w., p. 13-19. De hardhandigheid van de gebruikte methoden doet vermoeden dat niet iedere psychiater of psycholoog simulatie of werkonwilligheid als oorzaak uitsloot.

22 Riedesser en Verderber, a.w., p. 52.

23 Gabriel, ed., a.w.; P. Watson (1980), *War on the mind. The military uses and abuses of psychology* (Harmondsworth: Penguin), p. 170-173; zie ook G. Belency, ed., (1987), *Contemporary studies in combat psychiatry* (New York: Greenwood Press).

24 C.W. Valentine (1945), *The human factor in the army. Some applications of psychology to training, selection, morale and discipline* (Aldershot: Gale and Polden), p. 27-38.

25 *Report of an Expert Committee*, a.w., p. 54-56; Rees, a.w., p. 54-57; Riedesser en Verderber, a.w., p. 24-28; 51-54.

26 Watson, a.w., p. 25; 44-50; 130-136.

27 Keene, a.w., p. 244-246. Zie ook F.M. Richardson (1978), *Fighting spirit. A study of psychological factors in war* (London: Leo Cooper).

28 G.S. Jowett en V. O'Donnell (1992), *Propaganda and persuasion* (London: Sage), p. 79-95. Zie ook K.R.M. Short, ed. (1983), *Film and radiopropaganda in World War II* (London: Croom Helm).

29 R.G. Reuth (1990), *Goebbels. The life of Joseph Goebbels, the mephisthophelean genius of Nazi propaganda* (London: Constable), p. 81-85; Bray (1948), a.w., p. 14.

30 G.W. Allport (1941), Psychological service for civilian morale, *Journal of Consulting Psychology, 5*, 235-239; H.L. Ansbacher (1941), German military psychology, *Psychological Bulletin, 38*, 370-392; J.S. Bruner (1941), The dimensions of propaganda; German short-wave broadcasts to America, *Journal of Abnormal and Social Psychology, 38*, 311-337; L. Farago, ed. (1941), *German psychological warfare* (New York: Committee for National Morale).

31 Zo werden de krachten gebundeld in het Department of Social Relations aan Harvard University, in de Industrial Relations Section van het Massachusetts Institute of Technology en in het Industrial Relations Center van de Universiteit van Chicago (D. Cartwright (1947-48), Social psychology in the United States during the Second World War, *Human Relations, 1*, 333-352).

32 L.E. Hoffman (1992), American psychologists and wartime research on Germany, 1941-1945, *American Psychologist, 47*, 264-273; Rose, a.w., p. 33-39.

33 D. Cartwright (1946), American social psychology and the war, *Journal of Consulting Psychology, 10*, 67-72; Cartwright (1947-48), a.w.; J. van Ginneken (1986), Politieke propaganda en het ontstaan van de opinie- en attitude-psychologie, *De Psycholoog, 21*, 231-236; J. van Ginneken (1992), *Crowds, psychology and politics, 1871-1899* (Cambridge: Cambridge University Press), p. 217-239. Zie ook hoofdstuk 7 in dit boek.

34 S. Stouffer e.a., eds. (1949), *Studies in social psychology in World War II. Vol. 1: The American soldier. Adjustment during army life* (Princeton: Princeton University Press), p. 105-229; 431-485; C.I. Hovland, A.A. Lumsdaine en F.D. Sheffield, eds. (1949), *Studies in social psychology in World War II. Vol. 3: Experiments on mass communication* (Princeton: Princeton University Press), p. 80-119. In Groot-Brittannië maakte men, naast lezingen voor het verhogen van het moreel van de nieuwe rekruten, gebruik van de film 'The new lot', waarbij psychiaters adviezen gaven over emotionele betekenis van camerastandpunten (*Report of an Expert Committee*, a.w., p. 57-58).

35 D. Culbert (1983), 'Why we fight': social engineering for a democratic society at war, in Short, a.w., p. 173-191.

36 Hovland, Lumsdaine en Sheffield, eds., a.w., p. 247-279; Stouffer e.a., eds., a.w.; S.A. Stouffer, e.a, eds. (1949, 1950), *Studies in social psychology in World War II. Vol. 2: The American soldier. Combat and its aftermath; Vol. 4: Measurement and prediction* (Princeton: Princeton University Press), p. 105-154.

37 H.E. Page (1954), The role of psychology in the Office of Naval Research, *American Psychologist, 9*, 621-628; M.L. Young and J.T. Wilson (1960), Government support of psychological research, *American Psychologist, 15*, 661-664; Bray (1962), a.w.; W.W. Ellis (1964), The federal government in behavioral science:

Fields, methods, and funds, *American Behavioral Psychologist, 7*, 3-24; S.B. Kiesler (1977), Research funding for psychology, *American Psychologist, 32*, 23-32.

38 Watson, a.w., p. 295-311; J. van Ginneken (1992), Het dier als bondgenoot, *Psychologie, 11*, nr. 6, 22-25; J. van Ginneken (1992), Bizarre wapens. Gebruik en misbruik van menswetenschappen, *NVMP Nieuwsbrief, 12*, nr. 3, 4-5.

39 Watson, a.w., p. 198-228; Jowett en O'Donnell a.w., p. 201-211; zie ook O.H. Harsch en H. Zimmer (1965), An experimental approximation of thought reform, *Journal of Consulting Psychology, 29*, 475-479; R.W. Chandler (1981), *War of ideas: the U.S. propaganda campaign in Vietnam* (Boulder: Westview); B. Shalit (1988), *The psychology of conflict and combat* (New York: Praeger).

40 Voor meer voorbeelden hiervan zie Watson, a.w., p. 21-25, 296-312. Door de Koude Oorlog ontstond mede interesse in psychologische praktijken achter het IJzeren Gordijn. Omdat hierover nog nauwelijks betrouwbare bronnen voorhanden zijn, verwijs ik slechts naar Watson, a.w., p. 351-360; Gabriel, a.w.

41 Zie bijvoorbeeld C. Mabee (1987), Margaret Mead and behavioral scientists in World War II: Problems in responsibility, truth, and effectiveness, *Journal of the History of the Behavioral Sciences, 23*, p. 3-13. Zie ook Watson, a.w., p. 26-37, 330-350.

e patiënt

DE OPKOMST VAN DE THERAPEUTISCHE SAMENLEVING

6

RUUD ABMA

'Nette zakenman zoekt beschaafde, ontwikkelde dame.' Dit was de formule waarmee men zich in de jaren vijftig in een contactadvertentie presenteerde: het ging om de buitenkant, de formele statuskenmerken. Hoe anders zag zo'n advertentie er in de jaren tachtig uit: 'Jongen, nogal gevoelig, introvert, heeft naast leuk werk en kennissen, behoefte aan intieme eerlijke relatie.'[1] Dat de 'jongen' een baan heeft, en een sociaal netwerk, wordt wel vermeld, maar de nadruk ligt toch op de 'binnenwereld': hij is gevoelig en introvert, en maakt duidelijk wat hij van een relatie verwacht.

Deze veranderde wijze van zelfpresentatie zegt iets over de veranderingen in zelfwaarneming en -beleving. Men kan haar zien als een van de uitkomsten van het proces van psychologisering, dat in dit boek centraal staat. Dit hoofdstuk behandelt de manier waarop de in omvang toenemende hulpverlening door psychologen, psychiaters en andere 'psy-deskundigen' aan deze transformaties heeft bijgedragen. Daarbij gaat het niet alleen om het ontstaan en de groei van een psychologische praktijk, maar ook om een *culturele* verandering. Dit komt bijvoorbeeld tot uitdrukking in de ontwikkeling van adviesrubrieken in damesbladen, zoals 'Margriet weet raad'. Aanvankelijk waren dit soort adviezen nog overwegend een uitdrukking van een christelijk-burgerlijke moraal; sinds het midden van de jaren zestig hebben ze echter steeds sterker het karakter van een *psychologisch* advies gekregen. In plaats van de vragenstelster er aan te herinneren hoe het eigenlijk ook al weer hoort ('Ga liever met uw bloedeigen man op stap, al vindt hij andere dingen leuk dan u'), wordt aangedrongen op zelfonderzoek ('Bent u in uw huwelijk wel zelfstandig genoeg? Of toont u aan uw man een overgrote afhankelijkheid?').[2] Hieruit spreekt niet alleen een liberalisering van de (seksuele) moraal, maar ook een verschuiving van de *uitkomst* naar het *proces*: het is niet zozeer van belang *wat* precies het resultaat is van dit zelfonderzoek, het gaat er in de eerste plaats om dat men de zaak 'in een rustig perspectief plaatst' en vooral: erover *praat*.

Dit 'praten' is het middel bij uitstek van de professionele psychotherapeutische hulpverlening van onze tijd, maar de grondslagen ervoor werden al bijna een eeuw geleden gelegd in de *psychoanalyse* van Sigmund Freud. De psychoanalyse leidde niet alleen tot een psychologisering van het zelfbeeld en van de relaties met ouders, partners en kinderen, maar gaf ook een nieuwe richting aan het vak dat zich tot dan toe had gespecialiseerd in geestesziekten: de *psychiatrie*. Hoewel deze discipline de medisch-biologische kant altijd nauwlettend in het oog heeft gehouden, verloor ze met de verbreiding van het psychoanalytische gedachtegoed gaandeweg haar dominante oriëntatie op de biologische determinanten van psychische stoornissen. De groeiende ruimte om ook het psychische zèlf aan onderzoek te onderwerpen, bood bovendien aan de opkomende beroepsgroep der psychologen de mogelijkheid zich te profileren binnen het domein van de geestelijke gezondheidszorg, eerst op het terrein van de psychodiagnostiek, later ook op dat van de behandeling: de psychotherapie. Dit hoofdstuk belicht de etappes van deze ontwikkeling en de diverse routes waarlangs deze heeft plaatsgevonden.

Voorgeschiedenis

Wie praat over 'patiënten' praat ook over artsen, en zo bezien zou men pas over psychiatrische patiënten mogen spreken vanaf het moment dat artsen zich, zo rond 1800, met 'krankzinnigen' gaan bezighouden. Onmiddellijk rijst dan de vraag of hier sprake is van een 'ontdekking' van een categorie 'zieken' die daarvoor ook al bestond (namelijk geesteszieken), of dat deze categorie juist een voortbrengsel is van de beroepsgroep die haar benoemde. De historische literatuur laat hierover weinig twijfel bestaan; de westerse beschaving mag dan in de loop van de geschiedenis gevoeliger zijn geworden voor afwijkend gedrag, ook in eerdere samenlevingsvormen werd het 'vreemd gedrag' dat samenhangt met krankzinnigheid als zodanig herkend: 'The mentally ill have always been with us.'[3'] Sterker nog: ook het onderscheid tussen 'zwaarmoedigheid' (melancholie), heftige angsten en 'razernij' werd in de Middeleeuwen al gemaakt. Er werd echter alleen actie ondernomen tegen degenen die door hun uitzinnige gedrag in het openbare leven bij herhaling overlast veroorzaakten; zij werden opgesloten in zogenaamde dolhuisjes, een soort buitenisoleercellen die, zoals bij het Willem Arntsz Huis in Utrecht, een aparte afdeling vormden van het gasthuis of armenhuis.[4]

Wie zich zonder duidelijke aanleiding als een dolle gedroeg, liep dus de kans te worden opgesloten. Daar bleef het bij: van medische interventies gericht op genezing van de krankzinnige was aanvankelijk geen sprake. De eerste pogingen om krankzinnigen te behandelen, dateren van rond 1800, en waren mede geïnspireerd door de idealen van de Verlichting: wetenschappelijke kennis over mens en maatschappij zou kunnen bijdragen aan een vergroting van welvaart en welzijn voor iedereen, ook voor de 'uitvallers' uit het systeem – de armen, de landlopers, de misdadigers en de krankzinnigen. Daarbij stond men voor twee opgaven: het opsporen van de oorzaken van krankzinnigheid en het vinden van een behandelingsmethode.

Over de oorzaken werd druk gespeculeerd. Sommigen meenden dat krankzinnigheid zijn oorsprong vond in lichamelijke afwijkingen, in het bijzonder in stoornissen in de hersenen. Dit was bijvoorbeeld het standpunt van de Amerikaanse arts Rush in zijn Medical inquiries and observations upon the diseases of the mind (1812). Anderen veronderstelden dat geestesziekte het gevolg was van een 'improper association of ideas',[5] die op haar beurt zou worden veroorzaakt door de turbulenties van het leven in een zich snel moderniserende maatschappij. Dit laatste standpunt won voorlopig het pleit: in de eerste helft van de negentiende eeuw werd de behandeling van krankzinnigen gericht op het scheppen van een rustige, goed gestructureerde omgeving, gekoppeld aan een opvoedkundig regime dat werd aangeduid als moral treatment.

Moral treatment

De ontwikkeling van een nieuwe krankzinnigenzorg begon ongeveer gelijktijdig in Frankrijk en Engeland, in het laatste decennium van de achttiende eeuw, en was vooral gemotiveerd door weerzin tegen de mensonwaardige toestanden in de gasthuizen en hospitalen: de krankzinnigen waren er als dieren opgesloten en vastgeketend. Philippe Pinel, directeur van de Bicêtre in Parijs, zette – zo luidt het standaardverhaal – de eerste stap in de humanisering van de krankzinnigenzorg door in zijn inrichting de geesteszieken van hun ketenen te bevrijden. Dit bezorgde hem de eretitel van 'stichter van de psychiatrie'. Meer religieus gemotiveerd was, in dezelfde periode, het initiatief van de Engelsman William Tuke, een quaker, om een tehuis (*retreat*) op te richten waar degenen die vervreemd waren van hun morele en religieuze wortels – hij sprak dan ook bij voorkeur van 'gealiëneerden' – op menselijke wijze verzorgd zouden kunnen worden. Zowel Pinel als Tuke stelde een groot vertrouwen in de genezende kracht van de natuur en bepleitte dan ook de onderbrenging van de geesteszieken in een rustige omgeving, bij voorkeur op het platteland.[6]

Maar landelijke rust alleen was niet genoeg: krankzinnigheid werd opgevat als een verlies van zelfdiscipline en om dit te herstellen was een krachtige behandeling noodzakelijk. In zijn *Traité médico-philosophique sur l'aliénation mentale ou la manie* uit 1801 hield Pinel al een pleidooi voor het invoeren van een systeem van overreding, beïnvloeding, dreiging en afschrikking, dat hij aanduidde als 'traitement moral' – morele behandeling. De kern daarvan was dat de geesteszieke een sterke afhankelijkheid moest gaan ervaren van een gezagsfiguur naar wie hij zou moeten opzien, te weten de arts. In de verdere ontwikkeling van de moral treatment werd het gezag verbreed naar de instelling als geheel. Dit gebeurde om te beginnen door heldere structuren te creëren: een vaste dagindeling met regelmatig terugkerende bezigheden (arbeid, onderwijs, godsdienstoefeningen) en een duidelijk zichtbare hiërarchie. Er bestonden duidelijke normen voor wat wel en niet mocht, en de toepassing daarvan was gekoppeld aan een regime van beloning en straf, dat vooruitliep op de latere behavioristische leerprincipes. Zo werd aan de geesteszieke een modelwereld gepresenteerd waardoor zijn morele gevoelens, hoezeer ook in het ongerede geraakt, op positieve wijze zouden worden geprikkeld.[7]

De moral treatment maakte in Engeland en de Verenigde Staten onderdeel uit van een meer algemene campagne in de jaren 1830-1850, die gericht was op het uitbannen van sociale misstanden. De filantropische beweging die hiervan de motor vormde, poogde op diverse maatschappelijke velden menslievendheid te combineren met morele hervorming en sociale ordening. Hoewel zij voorrang gaven aan de bestrijding van armoede en misdadigheid, waren de filantropen ook actief op het terrein van de volksgezondheid, met inbegrip van de *geestelijke* volksgezondheid. In navolging van de Verlichting toonden zij zich optimistisch over wat ook ten aanzien van geesteszieken met 'milde dwang' kon worden bereikt. Met name in de Verenigde Staten heerste rond 1850 een ware *cult of curability*, die in niet geringe mate bijdroeg aan de forse uitbreiding van het aantal psychiatrische inrichtingen.[8]

Van gestichtsarts tot psychiater

In veel gevallen bleef de feitelijke praktijk achter bij het ideaal. Om te beginnen vergde de uitvoering van moral treatment de aanwezigheid van een voldoende aantal goed geïnstrueerde stafleden in de inrichtingen. Hieraan ontbrak het vaak, waardoor een terugval naar de praktijk van fysieke dwangmiddelen onontkoombaar was. Dit werd nog versterkt door de enorme toename van het aantal patiënten vanaf het midden van de negentiende eeuw: in Nederland steeg dit aantal in de periode 1849-1928 van 39 naar 264 per honderdduizend inwoners. In andere West-Europese landen en in de Verenigde Staten vonden soortgelijke stijgingen plaats, met Engeland als koploper (daar waren in 1869 al 160 patiënten per honderdduizend inwoners opgenomen).[9] Deze toppositie van Engeland hing samen met de eerste Industriële Revolutie, die hier vroeger plaatsvond dan elders. Het moderne arbeidsproces stelde hoge eisen aan de ijver en discipline van de arbeiders, en wie hierin niet mee kon komen werd uit het arbeidsproces gestoten. Wie behalve werkloos (en dus arm) ook nog moeilijk te handhaven was (door aanstootgevend, lastig of gevaarlijk gedrag), bevond zich reeds op de glijbaan naar de inrichting.

Meerenberg, een van de eerste 'moderne' krankzinnigengestichten in ons land (1849). Landelijke rust, een strikte dagindeling en een duidelijke hiërarchie waren middelen waarmee men probeerde het verstoorde gevoelsleven weer in goede banen te leiden. Uit: Voor gek gehouden (1983), (Haarlem: Frans Halsmuseum).

Intussen kampten de artsen in de inmiddels overvolle inrichtingen nog met een ander probleem: de moral treatment doorkruiste hun ambitie om geesteszieken met een medisch-wetenschappelijk georiënteerde behandeling te genezen. Rond het midden van de negentiende eeuw was er nog steeds geen erkende en bruikbare wetenschap van geestesstoornissen, waardoor de rol van artsen zich in de praktijk beperkte tot de zorg voor de lichamelijke gesteldheid van de krankzinnigen. Dat zij er gaandeweg toch in slaagden in de inrichtingen de leiding in handen te krijgen, kwam vooral door het steeds duidelijker wordend failliet van de moral treatment en door de stijgende status van de geneeskunde als geheel. De psychiaters in spe brachten keer op keer ter tafel dat krankzinnigheid het gevolg is van een defect in de hersenen: *Geisteskrankheiten sind Gehirnkrankheiten.*[10] In hun optiek dienden de gestichten te worden omgevormd tot *ziekenhuizen* waar ook psychiatrisch onderzoek kon worden verricht, en waar uiteraard een medicus-psychiater aan het hoofd moest staan.[11]

Dit offensief van de gestichtsartsen werd mede gevoed door druk vanuit de geneeskunde, in het bijzonder de opkomende neurologie, die zich via haar laboratoriumwerk profileerde als een echte natuurwetenschap. Wilde de psychiatrie haar pretentie dat zij een apart medisch specialisme was kunnen volhouden, dan moest zij ook een eigen medische identiteit opbouwen. Zij deed dat in de praktijk door het nauwkeurig observeren en lichamelijk onderzoeken van de patiënten, en het onderbrengen van hun kenmerken en symptomen in uitgebreide classificatiesystemen van ziekten (nosologieën), zoals dat van de Duitse psychiater Kräpelin uit het einde van de vorige eeuw.

Rond 1900 kon de psychiatrie zich weliswaar als 'gevestigd' beschouwen, maar zij kampte nog steeds met het probleem dat slechts weinig patiënten in genezen toestand de inrichting verlieten, terwijl er wel telkens nieuwe patiënten bijkwamen. Deze ongemakkelijke situatie vormde een tijdbom onder zowel de maatschappelijke als de wetenschappelijke status van de psychiatrie. Bovendien was de actieradius van de psychiater beperkt: net zoals de krankzinnige zat hij opgesloten in de inrichting. De oplossing voor deze impasse kwam dan ook van buiten: de psychoanalyse bood aan de psychiatrie een nieuwe behandelingsvorm, en daarnaast opende de *mental hygiene movement* voor psychiaters de mogelijkheid om hun bereik uit te breiden tot buiten de gestichtsmuren.

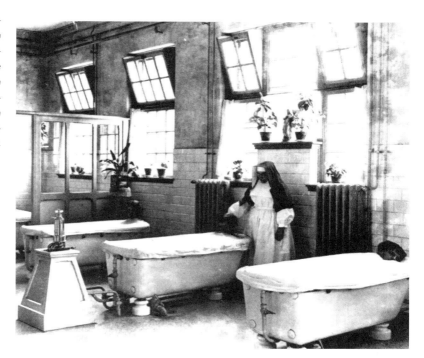

Badbehandeling, Gesticht Voorburg te Vught, 1927. Patiënten werden uren achtereen in lauwwarme baden gestopt, in de hoop dat ze hiervan zouden kalmeren en misschien zelfs genezen. Uit: Voor gek gehouden (1983). (Haarlem: Frans Halsmuseum).

*P*sychoanalyse

Hoewel de psychoanalyse meestal door psychiaters wordt beoefend, en zij te boek staat als de *tweede psychiatrische revolutie* (na de eerste van Pinel), ontwikkelde Freud zijn theorie en methode niet vanuit een psychiatrisch kader, en stond hij zelfs tamelijk kritisch tegenover de psychiatrie van zijn tijd. Opgeleid als neuroloog hield hij zich aanvankelijk vooral bezig met laboratoriumonderzoek, maar net als veel andere 'zenuwartsen' vestigde ook hij rond 1890 een privé-praktijk in Wenen, waar cliënten uit de betere kringen zich voor hun psychosomatische kwalen konden laten behandelen. Sommige van hen hadden duidelijke organische afwijkingen, anderen leden onder lichamelijke kwalen die niet op neurologische stoornissen waren terug te voeren en weer anderen hadden 'neurasthenische' klachten, zoals angsten, dwanggedachten, prikkelbaarheid, vermoeidheid en lusteloosheid. Men constateerde in deze periode een onrustbarende toename van het aantal 'zenuwlijders', en weet dit aan maatschappelijke processen die de zenuwen overprikkelden, de gemoedsrust ondermijnden en het geestelijk evenwicht verstoorden. In zijn boekje *Hygiëne van den geest. Tucht als middel tegen zenuwzwakte* uit 1908, wees de zenuwarts Soesman als belangrijkste oorzaken aan: *'(...) de enorme vooruitgang van wetenschap en industrie, de verplaatsing der bevolking van het platteland naar de grootere centra der samenleving, de snelle veranderingen op sociaal en economisch gebied, die het geheele leven zo gecompliceerd gemaakt hebben (...).'[12]*

Freud raakte vooral geïnteresseerd in het probleem van de hysterie, een kwaal waarbij de patiënt verlammingsverschijnselen vertoonde zonder dat er een fysiek substraat aanwijsbaar was. Gaandeweg kwam hij tot de conclusie dat hier psychische oorzaken in het spel waren, en dat ook het verhelpen van de kwaal langs psychologische weg diende te geschieden. Mede geïnspireerd door de hypnosetechnieken die in die tijd bij de behandeling van zenuwzieken werden toegepast, ontwikkelde Freud een 'psychologische' therapie, waarin de psychische herbeleving van traumatische voorvallen uit de kinderjaren de hoofdrol speelde: de *psychoanalyse*. In zijn spreekkamer creëerde hij daartoe een setting die was afgeleid van die van de vrij gevestigde arts, en waarin hij effectief gebruik maakte van het statusverschil tussen patiënt en arts; in Freuds visie trad de arts op als substituut-vader en riep deze zo de *overdracht* in het leven.[13]

Formeel gesproken vond er in de psychoanalytische behandeling niets anders plaats dan een 'uitwisseling van woorden' (de patiënte Anna O. noemde haar daarom de 'talking cure'), maar toch was de relatie met lichamelijke processen niet afwezig. Een van de centrale stellingen van Freuds theorie was namelijk dat de eerder genoemde trauma's altijd seksueel van aard waren. Aanvankelijk ging hij er van uit dat deze trauma's voortkwamen uit werkelijk gebeurde voorvallen, maar later verliet hij deze 'verleidingstheorie' voor de opvatting dat het hier ging om *gefantaseerde* gebeurtenissen.[14] Een tweede belangrijk postulaat in Freuds werk was dat deze seksuele trauma's werden verdrongen naar het onbewuste deel van de psyche, en dat latere klachten en symptomen veroorzaakt werden door deze verdringing. De genezing kon dan ook alleen plaatsvinden door het verdrongene weer bewust te maken (al lukte dat volgens Freud nooit helemaal).

De divan van Freud. Patiënten lagen op hun rug op de divan en de psychoanalyticus zat aan het hoofdeinde, buiten hun gezichtsveld. Foto: Mary Evans/Freud Archives.

Psychoanalyse, psychiatrie en psychologie

Freud stond met zijn theorie en methode tussen de toenmalige psychiatrie en academische psychologie in. Tegenover de psychiatrie, die toen vooral naar organische oorzaken voor geesteszieken zocht, voerde hij aan dat psychische stoornissen geen één-op-één relatie met lichamelijke defecten hebben: deze relatie wordt 'bemiddeld' door de zelfstandige werking van het 'psychisch apparaat', zoals hij het noemde. Hij stelde bovendien dat de processen in dit psychisch apparaat voor het merendeel *onbewust* van karakter zijn, en daarin verschilde de psychoanalyse van de toenmalige psychologie, die zich juist richtte op bewustzijnsprocessen. Bovendien zag Freud weinig heil in het soort experimenten dat Wundt en zijn navolgers in het laboratorium uitvoerden. Hoewel hij zich – zeker in theoretisch opzicht – wel liet inspireren door de natuurwetenschappen, was zijn methodologie die van de arts: zijn onderzoeksruimte was de spreekkamer (zie ook hoofdstuk 12).[15] Freuds invloed was bij psychiaters dan ook groter dan bij psychologen. Als theorie en behandelingsmethode van psychische stoornissen begaf de psychoanalyse zich op het domein van de psychiatrie, die in die periode nog niet veel meer had voortgebracht dan classificaties van stoornissen, en bed- en badbehandelingen. De psychoanalyse had de belofte in zich dat zij behalve de neurotici ook de ernstig gestoorde patiënten in de inrichtingen zou kunnen genezen. Een deel van de psychiaters ging zich mede daarom toeleggen op de psychoanalytische behandelingsmethode. Meer in het algemeen vormde de psychoanalyse door haar niet-positivistische, interpretatieve inslag een ondersteuning van de *geesteswetenschappelijke* psychiatrie, die, net als Freud, tegenover de neurologie en de somatisch georiënteerde psychiatrie de visie verdedigde dat psychische stoornissen ook psychische oorzaken hebben.[16]

Psychopathologie in het dagelijks leven

De psychoanalyse heeft op het denken over psychische stoornissen en hun behandeling een niet te onderschatten invloed gehad, zowel in de publieke opinie als in de geestelijke gezondheidszorg: men kan met recht stellen dat zij de basis heeft gelegd voor de psychologisering van menselijke problemen en stoornissen. Een belangrijke factor daarin was dat zij de tot dan toe geaccepteerde tweespalt tussen 'normalen' en 'gestoorden' relativeerde. Iedereen loopt in zijn kinderjaren wel psychische trauma's op en is, afhankelijk van de ernst daarvan en de graad van verdringing, in meerdere of mindere mate neurotisch, aldus Freud. Om dit te illustreren schreef hij *Zur Psychopathologie des Alltagslebens* (1901).

Deze visie verveelvoudigde op slag de potentiële cliëntèle van de psychische hulpverlening. Bovendien leverde het idee dat de mens, juist in geciviliseerde maatschappijen, een voortdurend gevecht moet leveren met zijn onbewuste seksuele driften en verlangens, Freud ook in bredere kring een aandachtig gehoor op. Conservatieven betwistten weliswaar zijn idee dat het kind een seksueel wezen was, maar grepen voor het overige zijn theorie aan als wapen in de strijd tegen het moreel verval van de samenleving. Progressieven zagen in hem, overigens ten onrechte, een medepleitbezorger van seksuele hervorming (in de zin van liberalisering).[17]

Binnen het domein van de hulpverlening bood Freuds werk een krachtige ondersteuning aan diegenen die meenden dat tijdig (psycho)sociaal ingrijpen allerlei vormen van ongewenst gedrag, variërend van misdadigheid tot geesteszieke, kon verhelpen en vooral voorkomen. Daarmee bood de psychoanalyse een welkome ondersteuning aan een beweging die rond dezelfde tijd tot ontwikkeling kwam: de beweging voor geestelijke volksgezondheid.

Geestelijke volksgezondheid

De basis voor de beweging voor geestelijke volksgezondheid werd gelegd door de Amerikaan Clifford Beers. Beers publiceerde in 1908 de aangrijpende autobiografie *A mind that found itself*, waarin hij verslag deed van zijn bittere ervaringen als psychiatrisch patiënt. Nadat hij een mislukte zelfmoordpoging gedaan had, liet zijn familie hem in een 'sanatorium' opnemen, waar het harteloze gedrag van de 'oppassers' hem sterkte in zijn achtervolgingswaan. Door geldgebrek gedwongen liet zijn familie hem uiteindelijk overbrengen naar een 'State Hospital', waar hij, voortgedreven door manische buien, het gevecht aanging met de inrichtingsautoriteiten om een eind te maken aan de onmenselijke toestanden die daar heersten.[18] Het relaas van Beers was een signaal dat de situatie binnen de inrichtingen, in weerwil van eerdere hervormingspogingen, nog weinig was verbeterd en dat men daarbuiten nog steeds geneigd was patiënten als 'bezetenen' te zien en niet als (geestes)zieken.

Beers liet het niet bij een boek, hij wilde ook daadwerkelijk verbeteringen tot stand brengen. Met dat doel benaderde hij een reeks van deskundigen (psychiaters, psychologen en maatschappelijk werkers), onder wie de psychiater Meyer en de psycholoog James. Gezamenlijk richtten zij in 1909 het National Committee for Mental Hygiene op, dat zich ten doel stelde: *'te werken aan de bescherming van de geestelijke volksgezondheid; de kwaliteit van de zorg te verbeteren voor (...) geesteszieken; onderzoek te bevorderen naar geestesziekten in al hun vormen (...), en de kennis over hun oorzaken, behandeling en preventie te verbreiden.'[19]*

Het comité begon een publiciteitscampagne waarin, net als ruim een halve eeuw eerder, filantropische en medische uitgangspunten met elkaar werden gecombineerd. Vergeleken met toen hadden zowel de filantropie als de psychiatrie een steviger professionele basis gekregen: de eerste door de stichting van een reeks opleidingen tot *social worker*, de tweede door de uitbreiding van het aantal universitaire opleidingen in de psychiatrie, maar vooral ook door de overname van psychoanalytische inzichten. Mede onder invloed van deze psychoanalytische ideeën richtte de beweging voor geestelijke volksgezondheid zich vooral op het vroegtijdig opsporen van psychische problemen in de gezinssituatie, waarbij de *child guidance clinics* een centrale rol vervulden. Deze clinics vormden het voorbeeld voor de latere Medisch-Opvoedkundige Bureaus (MOB'S) in Nederland (zie hoofdstuk 2).

Na de Eerste Wereldoorlog kreeg de beweging pas goed de wind in de zeilen. De nieuwe oorlogstechnologieën hadden tot massaslachtingen geleid die bij veel soldaten een *shell shock* teweegbrachten, en men oordeelde het verstandig dat zij bij de hereniging met hun gezin begeleiding van ambulante psychiaters, psychologen en maatschappelijk werksters ontvingen.[20] Toen in 1930 in Washington het eerste Internationale Congres voor Geestelijke Volksgezondheid werd gehouden, raakten voor het eerst ook Europeanen bij de beweging betrokken. De Nederlandse psychiater Arie Querido was erbij: *'dat congres was geweldig stimulerend, en (...) had een ongelooflijk optimisme. Dat was natuurlijk ook een neerslag van de oorlog; de stemming was zo van (...) het kwaad kan overwonnen worden, kijk maar naar de mof. Er was helemaal geen duidelijke voorstelling van wat 'geestelijke volksgezondheid' precies betekende, maar je zou het kunnen typeren als: heilsbehoefte, (...) het optimisme in de psychiatrie.'[21]*

Uit dit citaat wordt al duidelijk dat 'geestelijk' hier niet alleen 'psychisch' betekende, maar ook 'moreel' – het kwaad moest bestreden worden. Zo valt te begrijpen dat alle misstanden binnen de driehoek 'armoede – misdadigheid – krankzinnigheid' tot doelwit van de nieuwe hygiënistische beweging werden: prostitutie, alcoholisme, ongehuwd moederschap, jeugdbendes, verwaarloosde kinderen, enzovoort. Zoals een Nederlandse apostel van de beweging het, onder verwijzing naar het psychoanalytisch gedachtegoed, uitdrukte: *'Meer en meer zag men in dat niet alleen criminaliteit, doch ook talloze andere maatschappelijke moeilijkheden in individuen – zoals arbeidsongeschiktheid, zenuwstoornissen, moeilijkheden in de leiding van het gezin, prostitutie en dergelijke – meestal hun oorsprong vinden in invloeden gedurende de kinderjaren ondergaan, welke bij deskundige leiding tijdig herkend en verholpen hadden kunnen worden.'*[22]

De kerken vormden hierbij een natuurlijke, zij het kritische, bondgenoot van de beweging.[23] De termen 'psychische hygiëne' en 'geestelijke volksgezondheid' waren een vondst: ze riepen de herinnering wakker aan de succesvolle campagnes van de *hygiënisten* uit de negentiende eeuw ter verbetering van de (lichamelijke) volksgezondheid (zie hoofdstuk 1).[24] Zoals de hygiënisten door voorlichtingscampagnes, verbetering van sanitaire voorzieningen (zoals riolering) en nieuwe medische interventievormen een belangrijke bijdrage hadden geleverd aan de lichamelijke gezondheid, zo streefden de 'geestelijke hygiënisten' naar een vergelijkbaar netwerk van preventieve en voorlichtende activiteiten en instellingen. Naast de psychiatrische inrichtingen moest een netwerk van ambulante instellingen ontstaan, die lokale knooppunten vormden van preventie en voorlichting en zo bijdroegen aan het versterken van de 'geestelijke infrastructuur' van de maatschappij. Niet de geestes*ziekte* stond centraal maar de geestelijke *gezondheid*, of, zoals de psychiater en psychoanalyticus White in zijn toespraak op bovengenoemd internationaal congres het uitdrukte: 'Health is a positive, not a negative concept.'[25]

Sociale psychiatrie

Het idee dat de sociale omgeving van invloed kon zijn op de geestesgesteldheid van individuen drong ook binnen de psychiatrie door. Terwijl een deel van de psychiaters zich bleef vastbijten in de zoektocht naar organische oorzaken, en een ander deel zich omschoolde tot psychoanalyticus, kwam er een derde type psychiaters op, die zich gingen richten op het *milieu* van de psychiatrisch patiënten.[26] Dit nam aanvankelijk, in de jaren twintig, de vorm aan van het bieden van nazorg aan patiënten die als 'genezen' uit de inrichting waren ontslagen. Om te voorkomen dat deze patiënten door een inadequate opvang in de eigen leefomgeving opnieuw moesten worden opgenomen, werd de terugkeer naar huis begeleid door psychiatrisch sociaal werksters (want het waren vrijwel uitsluitend vrouwen die dit werk deden), hetgeen onder meer inhield dat de familie van de patiënt werd voorgelicht over de kwaal en over hoe te handelen als de symptomen zich opnieuw voordeden.

In tweede instantie werd, vanuit dezelfde optiek, een beleid opgezet dat moest *voorkomen* dat psychisch gestoorden überhaupt in de inrichting terechtkwamen: naast de nazorg werd ook een systeem van voorzorg (*profylaxe*) ontwikkeld. Beide taken kregen hun institutionele neerslag in de oprichting van zogenaamde Sociaal-Psychiatrische Diensten (SPD-en). Dit nieuwe beleid was niet zozeer ingegeven door wetenschappelijke inzichten als wel door bezuinigingsoverwegingen. Inrichtingsbedden waren duur, en het was voordeliger om, waar mogelijk, patiënten in de eigen omgeving te behandelen. Dit verzwaarde de rol van de psychiatrisch sociaal werkster, maar vergde ook een nieuwe specialisatie binnen de psychiatrie. De al genoemde Querido vervulde in het ontwikkelen van deze *sociale psychiatrie* een belangrijke rol en werd daarmee ook internationaal een van Nederlands bekendste psychiaters.

Psychodynamiek

De beweging ter verbetering van de geestelijke volksgezondheid kreeg aldus in de eerste helft van deze eeuw een institutionele basis door de oprichting van een scala van ambulante instellingen, die als evenzovele vooruitgeschoven posten in het sociale veld de toestroom van patiënten naar de inrichtingen moesten indammen. Het bewaken van de geestelijke volksgezondheid vergde samenwerking tussen instellingen, maar ook tussen beroepsgroepen. Om de kloof tussen de medisch georiënteerde inrichtingspsychiatrie en het (psychiatrisch) maatschappelijk werk te overbruggen, moest ook een nieuwe taal ontwikkeld worden, die zowel de sociale als de individueel-psychische kant kon omvatten. En opnieuw bleek de psychoanalyse van nut: omgevormd tot een meer algemene psychodynamische theorie over de omgevingsbepaaldheid van psychische afwijkingen, legde zij de basis voor een *lingua franca* in de ambulante zorg. De psychoanalyse werd tot een psychologie van de persoonlijke aanpassing.[27]

Maar zij droeg ook bij aan een culturele omslag: intellectuelen en kunstenaars lieten zich in toenemende mate inspireren door psychoanalytische ideeën, en concepten als 'onbewuste', 'weerstand' en 'verdringing' drongen via de media door tot het gewone publiek. Dit was in het bijzonder in de Verenigde Staten het geval, maar ook in Europa vormde de psychoanalyse een 'zinkend cultuurgoed', dat in steeds bredere maatschappelijke kringen weerklank vond. Toen na de Tweede Wereldoorlog de wederopbouw ter hand werd genomen, ging bezorgdheid om de teloorgang van de moraal hand in hand met campagnes voor een 'geestelijk gezond volk'. Voor groepen waarbij men het met moraal prediken alleen niet redde, en voor individuen van wie men de geestelijke gezondheid daadwerkelijk in gevaar achtte, waren er nu in de meeste westerse landen – naast de inrichtingen – ambulante centra. Zo ontstonden in Nederland naast de Sociaal-Psychiatrische Diensten en de Medisch Opvoedkundige Bureaus de Instituten voor Medische Psychotherapie.[28]

De derde psychiatrische revolutie

De hierboven genoemde ontwikkelingen in ambulante richting droegen bij aan een koerswending in de psychiatrie. Ook hier vormde de Tweede Wereldoorlog een breekpunt en liepen de Verenigde Staten voorop. Een belangrijke impuls ging uit van instellingen onder auspiciën van de zogenaamde *Veterans Administration*, die tijdens en na de oorlog waren opgericht voor de nazorg van militairen die door hun oorlogservaringen psychisch in het ongerede waren geraakt. De opvang van deze militairen vergde meer psychiaters dan er beschikbaar waren, en dit leidde tot twee vernieuwingen: het inschakelen van psychologen en het therapeutisch werken in groepen. De ervaringen hiermee waren gunstig: er leek een nieuwe, multidisciplinaire psychiatrie mogelijk voor 'normale' mensen die door omstandigheden uit hun evenwicht waren geraakt. Dit bracht een aantal jonge, progressieve psychiaters ertoe een *Group for the advancement of psychiatry* in het leven te roepen, die zich, net als Querido vijfentwintig jaar eerder, beijverde voor een betere opvang van de *mentally ill* in de gemeenschap. Hieruit kwam de Community Mental Health Movement voort, die er in het begin van de jaren zestig in slaagde bij de Amerikaanse overheid toestemming en geld los te krijgen voor het opzetten van *community mental health centers*.[29]

In ideologisch opzicht richtten deze centra zich vooral op het 'uit-roeien van pathogene maatschappelijke condities' en het verbeteren van de *quality of life* door het ontwikkelen van omgevingen die een positieve geestelijke gezondheid bevorderden, ook wel aangeduid als 'primaire preventie'.[30] In de praktijk hielden zij zich echter vooral bezig met het terugdringen van de spreiding, ernst en duur van de stoornissen (secundaire preven-tie), het verminderen van de invloed van de stoornissen op het leven van geesteszieken (ter-tiaire preventie) en het buiten de inrichting houden van psychisch gestoorden door een sys-teem van *crisisinterventie*. In Europa waren soortgelijke ontwikkelingen al eerder op gang ge-komen: zowel Nederland als Duitsland kenden sociaal-psychiatrische diensten (SPD'en), die naast preventieve taken op het collectieve vlak, zich bezighielden met nazorg en crisisinter-ventie volgens de lijn die Querido eerder had uitgezet.

De opvang van psychiatrische patiënten buiten de inrichting werd mede gestimuleerd door de introductie van middelen die reeds eerder ook het leven *binnen* de inrichtingen een ander aanzien hadden gegeven: *psychofarmaca*. Door de introductie van kal-merende middelen zoals chloorpromazine, kon het uitzinnige en vaak agressieve gedrag van patiënten meer en meer worden beteugeld. Enerzijds creëerde dit binnen de inrichtingen de ruimte voor de toepassing van meer therapeutische behandelmethoden; anderzijds vergrootte het de mogelijkheid voor de terugkeer van mensen met psychiatrische stoornissen naar een min of meer aangepast leven buiten de inrichting.

De maatschappijgerichte *community psychiatry* kreeg in de jaren ze-ventig een extra impuls door de zogenaamde *antipsychiatrie*, die aan beide zijden van de oce-aan was begonnen aan een aanval op het 'establishment'. Onder aanvoering van (anti)psy-chiaters als Ronald Laing, Thomas Szasz en in Nederland Jan Foudraine opende deze bewe-ging de aanval op het hiërarchische, gesloten karakter van de inrichtingen en het medisch-bio-logisch karakter van de daar dominante psychiatrie (die werd afgebeeld als een opeenhoping van lichamelijk geweld, in de vorm van shockbehandelingen, 'platspuiten' en separeren – ver-gelijk ook het boek of de film *One flew over the cuckoo's nest*). Opnieuw kwamen de *asylums* ter discussie te staan, en de gebruikte argumenten vormden een echo van de eerdere aan-klachten van Pinel en Beers: de gedetineerden werden onmenselijk behandeld en men (het publiek, de politiek, maar ook de wetenschap) vertoonde een hardnekkig onbegrip voor hun conditie. Er was echter één belangrijk verschil. Pinel en Beers waren ervan overtuigd dat krankzinnigen ziek waren, terwijl de antipsychiatrie van de jaren zeventig stelde dat de *maat-schappij* ziek was: nonconformisten werden als geesteszieken geëtiketteerd en uit de samen-leving verwijderd.[31] Eenmaal opgenomen, werd hun lijden nog verergerd door de 'repressie-ve' psychiatrische praktijken die onverbrekelijk verbonden waren met het 'medisch model', zo zei men. De antipsychiatrische beweging leidde in een aantal landen tot een beleid van *deïn-stitutionalisering* (sluiting van de inrichtingen en versterking van de ambulante zorg), soms overigens vanuit radicaal verschillende motieven, variërend van politiek idealisme tot bezui-nigingspolitiek.

K*linische psychologie*

De jaren zestig en zeventig vormden ook de periode dat psychologen zich definitief en massaal nestelden in de geestelijke gezondheidszorg, in de inrichtingen als *sociotherapeut*, maar vooral daarbuiten, in de ambulante sector als psychotherapeut. De voorgeschiedenis daarvan, die begon rond de eeuwwisseling, is verre van rechtlijnig. In 1896 had Lightner Witmer, een leerling van Cattell, een psychologische kliniek geopend aan de Universiteit van Pennsylvania. Witmer gebruikte de aanduiding *clinical psychology* om zijn methodische invalshoek aan te duiden: het ging om het onderzoeken van een veelheid van (gestoorde) functies bij telkens één individu, en niet zozeer om het onderzoeken van één functie bij een representatieve groep individuen.

Net als op andere werkterreinen, was het de psychologische test die de psychologen een entree bezorgde binnen de geestelijke gezondheidszorg.[32] Psychiaters waren van meet af aan geboeid geweest door de mogelijke bijdrage van psychologische onderzoeksmethoden aan de diagnostiek van psychiatrische stoornissen. Zo experimenteerde de vooraanstaande Duitse psychiater Kräpelin al voor de eeuwwisseling met de toepassing van geheugen- en concentratietestjes bij zijn patiënten. Aanvankelijk hield men de ontwikkeling en gebruik van dit soort tests in eigen hand; vanaf de jaren twintig werd het echter vooral in de Verenigde Staten steeds meer gebruikelijk om hierbij een psycholoog in te schakelen. Een belangrijke impuls hierbij was de ontwikkeling van de zogenaamde 'projectieve tests', zoals de inktvlekkentest van Rorschach (1921) en de Thematic Apperception Test (1935). In deze tests werden aan de cliënten figuren of plaatjes voorgelegd met het verzoek hiervan een interpretatie te geven. Deze werkwijze, die geïnspireerd was door de methode van *vrije associatie* uit de psychoanalyse, sloeg een brug tussen de testpsychologie en de psychiatrie, en baande zo een weg voor de verdere verbreiding van de klinische psychologie.

Kreeg deze ontwikkeling in de Verenigde Staten al in de jaren dertig zijn beslag, in Europa duurde het tot na de Tweede Wereldoorlog voordat de psycholoog zijn intrede deed in de inrichting.[33] Net als hun Amerikaanse collega's lieten de psychiaters er daarbij geen twijfel over bestaan dat psychologen een ondergeschikte rol dienden te vervullen. Dit belette de hierbij betrokken psychologen overigens niet zich te gaan profileren als een nieuwe subdiscipline en deze op de gebruikelijke manieren te institutionaliseren (via eigen beroepsverenigingen, tijdschriften en handboeken). Vanaf het begin van de jaren vijftig werd in de meeste West-Europese landen binnen de psychologie-opleiding ook een specialisatie in de klinische psychologie mogelijk.

In dezelfde periode ontstond er, vooral in de Verenigde Staten, zowel binnen de psychiatrie als binnen de psychologie steeds meer kritiek op de kwaliteit van de diagnostiek. Om een einde te maken aan de lokale wisselvalligheden in het klinisch oordeel, gaf de eerder genoemde *Group for the advancement of psychiatry* de aanzet tot een nieuw, statistisch gefundeerd classificatiesysteem, de *Diagnostic and statistical manual of mental disorders* (DSM), dat in 1952 door de American Psychiatric Association werd uitgegeven. De DSM, die sindsdien diverse malen herzien en uitgebreid is, beoogde een universeel geldige maatstaf voor de vaststelling van stoornissen te bieden, maar bleek toch meer onderhevig aan culturele (lees: Amerikaanse) *bias* dan de samenstellers meenden.[34]

Ook de psychologische diagnostiek kwam vanaf het midden van de jaren vijftig in het teken te staan van het streven naar objectiviteit. Projectieve technieken als de Rorschach genoten op dit punt een slechte reputatie; zoals een criticus eens opmerkte: diagnostische uitspraken op basis van deze tests zeggen misschien wel meer over de psycholoog dan over de cliënt.[35] Meer en meer schakelden klinisch psychologen dan ook over op het gebruik van gestandaardiseerde persoonlijkheidsvragenlijsten met gesloten antwoordcategorieën, die de interpretatieruimte voor de psycholoog sterk aan banden legden.[36]

Gedragstherapie en cliëntgerichte therapie

Psychologen toonden echter niet alleen ambitie op het vlak van de psychodiagnostiek, maar ook op dat van de *behandeling*. Deze ambitie werd gevoed door twee uiteenlopende bronnen: de kritiek op het gebrek aan effectiviteit van de door psychiaters gebruikte psychotherapeutische methoden (zoals de psychoanalyse), en de wens om iets te kunnen doen aan psychische problemen bij 'normale' mensen.

Overtuigd dat de psychologie, en in het bijzonder de behavioristische leertheorie, een beter alternatief op tafel kon leggen, startten psychologen in Engeland en de Verenigde Staten in de jaren vijftig de eerste onderzoeken naar de effectiviteit van de psychoanalytische behandeling. De conclusie was dat de psychoanalyse, behalve langdurig en elitair, ook weinig effectief was: in veel gevallen had men net zo goed geen behandeling kunnen aanbieden. Gewapend met deze bevindingen startten zij een krachtig offensief ter promotie van de *gedragstherapie*, die, in contrast met de psychoanalyse, gepresenteerd werd als een toepassing van op wetenschappelijke wijze vastgestelde, algemene principes omtrent het menselijk gedrag.[37]

Toch was het niet de gedragstherapie die de weg vrijmaakte voor psychotherapie door niet-psychiaters. In de jaren veertig had de Amerikaan Carl Rogers de eerste stap gezet naar een therapievorm die net als de psychoanalyse berustte op een gesprekstechniek, maar daarbij afzag van de moeizame terugtocht naar seksuele trauma's uit de kinderjaren. De psychologische theorie die eraan ten grondslag lag, was simpel: individuen maken behalve een biologische groei, ook een psychische groei door. Omstandigheden in de actuele levenssituatie kunnen deze groei tijdelijk belemmeren, en het is de taak van de therapeut de cliënt bewust te maken van deze blokkades. Anders dan in de psychoanalyse is niet de behandelaar degene die ontdekt of 'weet' wat er mis is, het is de cliënt zelf die het meest deskundig is. De therapeut heeft slechts tot taak de cliënt te helpen zichzelf te helpen.

Het mensbeeld van deze *niet-directieve* of *cliëntgerichte therapie* vertoonde belangrijke overeenkomsten met de in Europa populaire existentieel-fenomenologische benadering, en het is dan ook niet verbazend dat juist de aanhangers hiervan als pleitbezorgers van de Rogeriaanse therapie optraden.[38] Opmerkelijk genoeg brachten niet de klinisch psychologen haar het eerst in praktijk, maar pastoraal en maatschappelijk werkers, die minder gedomineerd werden door de psychiatrie (zie hoofdstuk 9). Zij spraken niet van *therapie*, maar van *counseling*, een benaming die onschuldiger klonk, als was het slechts een nieuwe vorm van de adviespraktijk die in deze sectoren al bestond.[39] De introductie van counseling paste bovendien in het nieuwe elan van de geestelijke gezondheidszorg van na de oorlog, doordat ze gepresenteerd kon worden als een vorm van preventie.

In het kielzog van de non-directieve therapie en de gedragstherapie kwam in de jaren zestig en zeventig een heel scala aan nieuwe therapeutische stromingen tot ontwikkeling, variërend van gezins- en relatietherapie tot Gestalttherapie, 'body-awareness', en andere meer of minder exotische benaderingen. De psychoanalyse boette door deze ontwikkelingen aan invloed in, evenals haar traditionele beoefenaren, de psychiaters. Met de opkomst van de nieuwe therapeutische stromingen werd psychotherapie meer en meer tot een nieuw, zelfstandig beroep, waarbinnen naast psychiaters ook psychologen een leidende rol speelden.[40]

Medische psychologie en gezondheidspsychologie

Naast de klinische psychologie kwam in de jaren vijftig ook de *medische* psychologie op, die zich vooral richtte op de *somatische* gezondheidszorg. Het idee dat artsen kennis van de psychologie moesten hebben, werd krachtig gevoed door de in die tijd populaire psychosomatische stroming in de geneeskunde, die zich liet inspireren door de wijsgerig-antropologische benadering van Plessner, Buytendijk en anderen. De zieke is niet zomaar een lichaam met een stoornis, maar een eenheid van lichaam en psyche, die maakt dat een fysiologische vaststelbare stoornis een plaats heeft in de subjectieve beleving van de persoon. Artsen moeten bij de diagnose dus niet alleen het lichaam onderzoeken, maar ook en vooral met de patiënt praten, het contact moet de vorm hebben van een *ontmoeting*.[41] Psychologische kennis werd daarbij onmisbaar geacht, en dus kreeg de 'medische' psychologie een plaats in de artsenopleidingen.

Deze medische psychologie raakte vanaf 1965 echter steeds meer buiten de positivistische hoofdstroom van de psychologie. Nieuwe aandacht voor de somatische gezondheidszorg kwam er pas met de opkomst van de *gezondheidspsychologie*, die in het begin van de jaren tachtig in Nederland uit de Verenigde Staten werd geïmporteerd. De kern hiervan is dat het *gedrag* van mensen van invloed is op hun ziek en beter worden. De gezondheidspsychologie sluit enerzijds aan bij de neurofysiologische traditie, zoals in de psychoneuro-immunologie, anderzijds bij het sociaal-psychologische onderzoek naar de rol van omgevingsfactoren bij ziek en beter worden.[42]

Psychologisering

De cliëntèle van de geestelijke gezondheidszorg is na de Tweede Wereldoorlog met sprongen gegroeid. Zo vertienvoudigde het aantal aanmeldingen bij het IMP-Amsterdam, van 234 in 1950 tot 2430 in 1976. Ook in de jaren tachtig bleef het aantal aanmeldingen stijgen: in 1980 meldden zich bij de instellingen voor de ambulante geestelijke gezondheidszorg in totaal 88.000 cliënten voor een behandeling; in 1986, toen deze instellingen inmiddels gebundeld waren in de zogenaamde Riaggs, waren dat er bijna 217.000. Inmiddels is de groei wat afgevlakt: in 1993 bedroeg het aantal nieuwe cliënten bij de Riaggs ruim 240.000. Ook het aantal *hulpverleners* groeide: bij het IMP-Amsterdam van 31 in 1950 tot 262 in 1970; en bij de Riaggs van 3100 in 1982 tot bijna 5100 in 1993.[43]

Deze groei van de geestelijke gezondheidszorg staat niet op zichzelf. Zij hangt samen met een bredere culturele verandering, die ertoe geleid heeft dat de westerse burger meer aandacht heeft gekregen voor de eigen 'emotiehuishouding', zichzelf meer en meer ziet als een autonome persoonlijkheid, en bij klachten eerder geneigd is deskundige hulp te zoeken. Heeft u moeilijkheden op uw werk? Stop ze niet weg, maar praat erover. Zijn er spanningen in uw huwelijk? Spreek er over met uw partner. Doet uw kind het slecht op school? Praat met de leerkracht, maar vooral met uw kind, om te achterhalen of het ergens mee tobt. Komt u er zelf niet uit, dan kunt u rustig contact opnemen met het Riagg of een eerstelijnspsycholoog. Zo zijn wij er ten diepste van overtuigd geraakt dat wij psychische wezens zijn en dat mankementen aan ons psychisch apparaat net zo goed te verhelpen zijn als die aan ons lichaam.

In de geestelijke gezondheidszorg ligt voor onze stoornissen en problemen een gevarieerd pakket aan behandelingsvormen klaar: zij is in de jaren negentig flexibeler, pragmatischer en eclectischer dan ooit; zelfs de oude tegenstelling tussen de biologische en de psychologische benadering lijkt overwonnen te zijn.[44] Als we ons gefrustreerd voelen en tobben over onze identiteit, kunnen we kiezen voor een therapievariant die ons helpt ons eigen ik weer te vinden en de blokkades in onze relaties te verwijderen. We kunnen ook proberen, bijvoorbeeld door in psychoanalyse te gaan, de diepste oorzaken van deze blokkades en frustraties op te sporen. Hebben we te kampen met onverklaarbare angsten, dan is misschien de gedragstherapie de aangewezen weg, die ons via praktische oefeningen helpt onze angst te overwinnen. Vermoeden we dat het probleem niet alleen in onze individuele psyche ligt, maar vooral in communicatiestoornissen in de relaties met onze gezinsleden, dan ligt een gezins- of systeemtherapie voor de hand. Mochten we genoeg hebben van het praten, dan kunnen we altijd nog vragen om medicatie: *Prozac* geldt tegenwoordig als een buitengewoon effectieve manier om van onze depressies af te komen. Psychofarmaca helpen ook als we lijden aan ernstiger stoornissen, die maken dat we een gevaar voor onszelf en onze omgeving zijn, en als ze niet genoeg helpen, is er altijd nog een heel scala aan 'contactmogelijkheden' met de ambulante en intramurale psychiatrie, variërend van crisisinterventie tot langdurige opname.

*C*onclusie

De geschiedenis overziend, kunnen we constateren dat het begrip 'patiënt' in de geestelijke gezondheidszorg vanaf Pinels 'bevrijding' van de krankzinnige een aanzienlijke verruiming heeft ondergaan. Een patiënt was in de negentiende eeuw in de eerste plaats iemand die met een ernstige psychische stoornis was opgenomen in een krankzinnigengesticht. De psychoanalyse voegde hieraan de ambulante patiënt toe, die als gevolg van zijn neurose gehandicapt door het leven gaat. Mede door het preventiestreven van de beweging voor geestelijke volksgezondheid werd aan deze twee patiëntentypen de 'nog-geen-patiënt' toegevoegd, individuen die door hun levensgeschiedenis of leefomstandigheden het risico lopen psychisch te ontsporen. Ten slotte werd de lat nog een streepje hoger gelegd: de geestelijke gezondheidszorg zou ook moeten bijdragen aan een optimale psychische ontwikkeling bij 'normale' mensen, en niet alleen stoornissen verhelpen of voorkomen.

Voor deze verbreiding van het psychologisch perspectief zijn verschillende verklaringen in omloop. De *professionals zelf* gaan er doorgaans van uit dat het aantal psychische stoornissen daadwerkelijk is toegenomen. Door een reeks van maatschappelijke oorzaken – het losser worden van traditionele samenlevingsverbanden, de groeiende werkdruk, enzovoort – is de psychische draag*last* groter geworden, terwijl de draag*kracht* gelijk is gebleven of zelfs is afgenomen.

In de jaren zeventig kwamen *sociologen* met een andere verklaring: psychotherapie was bezig een professie te worden en zoals iedere nieuwe beroepsgroep hebben de therapeuten zich ingespannen een eigen markt te creëren.[45] Vanaf de jaren dertig is een groot aanbod aan verschillende soorten hulpverlening opgebouwd, gericht op diverse potentiële categorieën cliënten: ouders met probleemkinderen, paren met seksuele en andere relatieproblemen, depressieve huisvrouwen, werknemers met spanningsklachten, en meer recent meisjes en jonge vrouwen met eetstoornissen, soldaten met posttraumatische stress-stoornissen en allochtonen met 'cultuurgebonden psychiatrische syndromen'. De groeiende cliëntèle van de geestelijke gezondheidszorg komt dus niet voort uit meer problemen, maar uit een *groeiend aanbod* dat vooral via de media zijn weg vindt naar de burgers.

Deze sociologische verklaring betekent niet dat we psychische problemen niet serieus hoeven te nemen – zoals sommige sceptici stellen. Zoals de Nederlandse socioloog De Swaan het eens uitdrukte: 'Het aanbod schept de vraag, niet de misère';[46] met andere woorden, de problemen waarvoor cliënten hulp zoeken, waren er al. De opkomst van de 'nieuwe verzorgende beroepen' (waaronder psychotherapie) in de jaren vijftig en zestig schiep niet alleen een nieuwe mogelijkheid deze problemen te behandelen, maar had ook een bredere culturele uitstraling: burgers 'leerden' hun moeilijkheden als *psychische* problemen te zien en te verwoorden. Deze toenadering tot de professionele hulpverlening doopte De Swaan 'protoprofessionalisering'. Ook andere onderzoekers koppelen de groei van de cliëntèle aan culturele betekenisverschuivingen: de toenemende vraag naar psychische hulp is niet louter een kwestie van vraag en aanbod, maar weerspiegelt een algemene mentaliteitsverandering, die inhoudt dat mensen gevoeliger zijn geworden voor hun psychisch wel en wee.[47]

Het is bij deze laatste interpretatie lastig niet in cirkelredeneringen te vervallen. Zo is het vaak als oorzaak genoemde proces van *individualisering* niet los te zien van psychologisering: de individualisering wordt niet alleen psychologisch ingevuld, maar ook door de psychologisering gestimuleerd. Hetzelfde geldt voor het vaak genoemde *seculariseringsproces*: het verval van religieuze normen en waarden gaat hand in hand met de opkomst van een humanistisch, psychologisch mensbeeld. En zo komen we onvermijdelijk uit bij de economische basis: het moet wel zo zijn dat de toegenomen welvaart de aandacht heeft afgeleid van de zorgen om het dagelijks brood, en aldus ruimte heeft geschapen voor de zorg om het dagelijks wel*zijn*, om onze geestelijke en lichamelijke gezondheid. En zo is het ook gegaan: na de periode van wederopbouw, waarin spaarzaamheid en arbeidslust de boventoon voerden, werd allerwegen de noodzaak gevoeld ook de sociale zekerheid, en daarmee het welzijn en de geestelijke gezondheid van de bevolking, te bevorderen. Zodra de middelen het toelieten, ging de overheid ertoe over allerlei vormen van sociale en psychologische hulpverlening financieel te ondersteunen. Zo konden bijvoorbeeld in Nederland zowel het welzijnswerk als de geestelijke gezondheidszorg in de periode 1965-1975 een forse groei doormaken, als onderdeel van de opkomst van de verzorgingsstaat.

Maar ook hier grijpen de processen in elkaar: dat de geschapen ruimte op deze wijze werd opgevuld, is voor een groot deel toe te schrijven aan het zendingswerk van de geestelijke gezondheidszorg zelf. De vermaatschappelijking van de geestelijke gezondheidszorg en de psychologisering van de cultuur vormen twee kanten van één proces, dat zich in de afgelopen eeuw heeft voltrokken, en dat ertoe geleid heeft dat we oog hebben gekregen voor onze eigen zieleroerselen en daarover praten, niet alleen met onze intimi, maar ook met hulpverleners, en zelfs voor een miljoenenpubliek, op de beeldbuis.[48]

N*oten*

1 De citaten zijn ontleend aan W. Zeegers (1988), *Andere tijden, andere mensen. De sociale representatie van identiteit* (Amsterdam: Bert Bakker).

2 C. Brinkgreve en M. Korzec (1978), *'Margriet weet raad'. Gevoel, gedrag, moraal in Nederland 1938-1978* (Utrecht: Het Spectrum), p. 83 en 85.

3 Dit is de openingszin van F. Alexander en S. Selesnick (1966), *The history of psychiatry. An evaluation of psychiatric thought and practice from prehistoric times to the present* (New York: Harper & Row).

4 Zie P. Schnabel (1995), *De weerbarstige geestesziekte. Naar een nieuwe sociologie van de geestelijke gezondheidszorg* (Nijmegen: SUN), p. 13-17.

5 Zie A. Deutsch (1948), *The mentally ill in America. A history of their care and treatment from colonial times* (New York: Columbia University Press).

6 Zie P. Vandermeersch (1982), De religie en het ontstaan van de psychiatrie, in J.M.W. Binneveld e.a., *Een psychiatrisch verleden. Uit de geschiedenis van de psychiatrie* (Baarn: Ambo), p. 64-93.

7 De vormgeving van de moral treatment verschilde overigens van land tot land, zie J.M.W. Binneveld (1985), *Filantropie, repressie en medische zorg. Geschiedenis van de inrichtingspsychiatrie* (Deventer: Van Loghum Slaterus), hoofdstuk 2.

8 Deutsch, a.w.; F. Castel, R. Castel en A. Lovell (1982), *The psychiatric society* (New York: Columbia University Press).

9 H.F.M. Peeters (1982), Historische fasen in aard en behandeling van geesteszieken, in Binneveld e.a. (1982), a.w., p. 11-25.

10 De formulering is van de Duitse psychiater Griesinger, een van de belangrijkste pleitbezorgers van een wetenschappelijke psychiatrie.

11 A.T. Scull (1979), *Museums of madness. The social organization of insanity in nineteenth-century England* (London: Allen Lane); D. Ingleby (1983), Mental health and social order, in A. Scull en S. Cohen, eds., *Social control and the state* (Oxford: Blackwell), p. 141-188. Zie voor de transformatie van de inrichting van 'asiel' naar ziekenhuis ook: Binneveld (1985), a.w., hoofdstuk 2.

12 Geciteerd in C. Brinkgreve (1982), De zorg voor zenuwlijders in Nederland rond de eeuwwisseling en de opkomst van de psychoanalyse, in Binneveld e.a. (1982), a.w., p. 181-205, hierin p. 182.

13 A. de Swaan (1982), Over de sociogenese van de psychoanalytische setting, in A. de Swaan, *De mens is de mens een zorg. Opstellen 1971-1981* (Amsterdam: Meulenhoff), p. 51-80.

14 In het afgelopen decennium is over deze koerswijziging van Freud veel discussie geweest, zie onder andere J.M. Masson (1984), *Traumatische ervaring of fantasie. Freuds rampzalige herziening van de verleidingstheorie* (Amsterdam: Van Gennep); H. Israëls (1993), *Het geval Freud 1. Scheppingsverhalen* (Amsterdam: Bert Bakker), p. 174-215.

15 Zie G. Panhuysen (1990), *Het ei van Freud. Over de bijdrage van medische heuristieken aan geboorte en groei van de psychoanalyse* (Amsterdam: Swets & Zeitlinger).

16 Hierbij valt te denken aan het werk van antropologische georiënteerde psychiaters als Jaspers en Binswanger, zie A.W.M. Mooij (1993), Een pendelbeweging in de geschiedenis van de psychiatrie, in D. Bauduin, red., *Inspiratie. De invloed van hedendaagse filosofische stromingen op de theorie en praktijk van de geestelijke gezondheidszorg* (Utrecht: NcGv), p. 1-10.

17 Zie voor de invloed van de psychoanalyse op het grote publiek B. Richards (1989), *Images of Freud. Cultural responses to psychoanalysis* (London: Dent & Sons).

18 Zie R. Porter (1991), *De zin van de waanzin. Een sociale geschiedenis* (Amsterdam: Veen), hfdst. 10.

19 Geciteerd in Castel, Castel en Lovell, a.w. p. 34.

20 M. Stone (1985), Shellshock and the psychologists, in W.F. Bynum, R. Porter en M. Sheperd eds., *The anatomy of madness. Essays in the history of psychiatry* (London: Tavistock), p. 242-271.

21 A.J. Heerma van Voss (1991), Querido, een levensverhaal, *Maandblad Geestelijke volksgezondheid, 46*, 722-811, hierin p. 725.

22 E.C. Lekkerkerker (1957), Geestelijke volksgezondheid. De geschiedenis van de oudheid tot heden, *Maandblad voor de Geestelijke volksgezondheid, 12*, 262-284, hierin p. 281.

23 J. Donzelot (1977), *La police des familles* (Paris: Minuit); zie voor Nederland onder andere R. Abma (1981), De katholieken en het psy-complex, *Grafiet, 1*, 156-197.

24 E.S. Houwaart (1991), *De hygiënisten. Artsen, staat en volksgezondheid in Nederland 1840-1890* (Groningen: Historische Uitgeverij).

25   Geciteerd in Castel, Castel en Lovell, a.w., p. 37.

26   N. de Boer e.a. (1984), Van nazorg tot sociale psychiatrie. De opkomst van een ambulante psychiatrische zorg tegen de achtergrond van ontwikkelingen binnen de inrichtingen, *Comenius, 4,* 69-82.

27   Vergelijk D.B. Klein (1944), *Mental hygiene. The psychology of personal adjustment* (New York: Holt & Co). Zie voor de transformatie van de psychoanalyse in een 'conformistische psychologie' R. Jacoby (1975), *Social amnesia. A critique of conformist psychology from Adler to Laing* (Boston: Beacon Press). De opkomst van de multidisciplinaire 'psychosociale strategie' staat beschreven in N. Rose (1985), *The psychological complex. Psychology, politics and society in England 1869-1939* (London: Routledge & Kegan Paul), p. 205 e.v.

28   De eerste van deze IMP'en werd in 1940 in Amsterdam opgericht, met als oorspronkelijk doel de behandeling van oorlogsneurosen bij minvermogende patiënten. Zie voor de geschiedenis van het IMP-Amsterdam C. Brinkgreve, J.H. Onland en A. de Swaan (1979), *De opkomst van het psychotherapeutisch bedrijf* (Utrecht: Het Spectrum); P. van Lieshout en D. de Ridder (1990), *Symptomen van de tijd. De dossiers van het Amsterdamse Instituut voor Medische Psychotherapie [IMP], 1968-1977* (Amsterdam: SUA).

29   Zie M.M. Nawas (1978), Klinische psychologie, in H.C.J. Duijker, red., *Psychologie vandaag* (Deventer: Van Loghum Slaterus), p. 85-139; Castel, Castel en Lovell, a.w., p. 54-78.

30   Het meest invloedrijke boek hierover was G. Caplan (1964), *Principles of preventive psychiatry* (New York: Basic Books).

31   G. Nijhof (1978), *Individualisering en uitstoting: van maatschappelijk probleem naar psychische stoornis. Een perspectief voor een psychiatrische sociologie* (Nijmegen: Link). Zie voor een analyse van de deïnstitutionaliseringsbeweging onder andere C. Trimbos (1980), Psychiatrie en maatschappij, in A.W.M. Mooij en H. Procee, red., *Aspecten van de psychiatrie* (Baarn: Ambo), p. 93-112.

32   Zie voor de geschiedenis van de psychodiagnostiek J.M. Reisman (1991/1966), *A history of clinical psychology* (New York: Hemisphere). Oorspronkelijke editie: *The development of clinical psychology* (New York: Appleton Century Crofts).

33   Zie voor Nederland onder andere H.J. Conradi en P. van Drunen (1995), Jan Dijkhuis: een leven als klinisch psycholoog, *Maandblad Geestelijke volksgezondheid, 50,* 1322-1358.

34   A. Kaasenbrood en P. Schnabel (1993), De ontwikkeling van de DSM als diagnostisch classificatiesysteem, in C.A.L. Hoogduin e.a., red., *Jaarboek voor psychiatrie en psychotherapie 1992-1993* (Houten: Bohn Stafleu Van Loghum), p. 71-83. Zie voor de culturele bias van de DSM ook A. Richters (1988), Psychiatrische classificering en geestelijke gezondheid. Een feministisch-antropologische kritiek, in J. Rolies, red., *De gezonde burger. Gezondheid als norm* (Nijmegen: SUN), p. 141-174.

35   A. Anastasi (1976/1954), *Psychological testing* (New York: MacMillan), p. 578.

36   Het gevecht tussen 'clinici' en 'statistici' dat hiervan het gevolg was, staat uitgebreid beschreven in P.J. van Strien (1966), *Kennis en communicatie in de psychologische praktijk* (Utrecht: Bijleveld); zie ook G.C.G. Dehue (1990), *De regels van het vak. Nederlandse psychologen en hun methodologie 1900-1985* (Amsterdam: Van Gennep).

37   Zie voor de geschiedenis en uitgangspunten van gedragstherapie en Rogeriaanse therapie Castel, Castel en Lovell, a.w., p. 100 e.v.; en A.P. Cassee, P.E. Boeke en C.P.F. van der Staak, red. (1988), *Psychotherapie in Nederland* (Deventer: Van Loghum Slaterus).

38   Vergelijk bijvoorbeeld D.J. van Lennep (1949), De ontwikkeling van de klinische psychologie in Amerika, *Nederlands Tijdschrift voor de Psychologie, 4,* 196-222.

39   R.H.J. ter Meulen (1988), *Ziel en zaligheid. De receptie van de psychologie en van de psychoanalyse onder de katholieken in Nederland 1900-1965* (Baarn: Ambo); C.N. de Groot (1995), *Naar een nieuwe clerus. Psychotherapie en religie in het 'Maandblad voor de Geestelijke volksgezondheid'* (Kampen: Kok Agora).

40   Zie voor de professionalisering van psychotherapie in Nederland H.M. Reijzer (1993), *Naar een nieuw beroep. Psychotherapeut in Nederland* (Houten: Bohn Stafleu Van Loghum).

41   Zie W.J.M. Dekkers (1985), *Het bezielde lichaam. Het ontwerp van een antropologische fysiologie en geneeskunde volgens F.J.J. Buytendijk* (Zeist: Kerckebosch).

42   Zie voor een overzicht S. Maes (1986), Gezondheidspsychologie. De rol van gedrag in gezondheid en ziekte, *Gedrag en gezondheid, 14,* 49-56; J.A.M. Winnubst (1991), Gezondheidspsychologie: een nieuwe loot, in J.A.M. Winnubst e.a., red., *De metamorfose van de klinische psychologie. Nieuwe ontwikkelingen in de klinische en gezondheidspsychologie* (Assen: Van Gorcum), p. 49-58.

43   De gegevens zijn ontleend aan: Brinkgreve, Onland en De Swaan a.w.; C. Jacobs, R. Bijl en M. ten Have (1995), *GGZ in getallen 1995* (Utrecht: NcGv).

44 Vgl. P. Schnabel (1991), Psychotherapie tussen de jaren zeventig en negentig. In Winnubst, a.w., p. 23-38; J.A. den Boer (1993), Tussen tekst en receptoren. Over het impliciete mensbeeld van de biologische psychiatrie, in Bauduin, red., *a.w.*, p. 73-84; R.H. van den Hoofdakker (1995), *De mens als speelgoed. (Trimboslezing 1995)* (Utrecht: NcGv). Zie voor het eclecticisme in de psychotherapie M.A. van Kalmthout en C.P.F. van der Staak (1988), Integratie van psychotherapieën? in Cassee, Boeke en van der Staak, a.w., p. 335-351; F. Lemmens, D. de Ridder en P. van Lieshout (1993), De integratie van psychotherapie: ideaal of utopie? *Nederlands Tijdschrift voor de Psychologie, 48*, 128-135.

45 Een interessante combinatie van de eerste twee verklaringstypen wordt geboden door A. van Dantzig (1990), *Psychotherapie - een vak apart. Opstellen over mogelijkheden en grenzen van psychotherapie* (Meppel: Boom). (Zie in het bijzonder het hierin opgenomen debat met De Swaan, p. 103-119.)

46 In Brinkgreve, Onland en De Swaan, a.w., p. 12.

47 Zie bijvoorbeeld G. Hutschemaekers (1990), *Neurosen in Nederland. Vijfentachtig jaar psychisch en maatschappelijk onbehagen* (Nijmegen: SUN).

48 Illustratief zijn de 'talkshows' en 'verzoeningsprogramma's' op de Nederlandse televisie, die in de jaren negentig, met de Amerikaanse show van Oprah Winfrey als grote voorbeeld, in snel tempo populair werden. Dat 'de bekentenis', waarover Foucault in 1976 schreef *(Geschiedenis van de seksualiteit* deel I, Nijmegen: SUN) zo'n radicale en massale vorm zou aannemen, had zelfs hij niet kunnen voorzien. Het beeld dat Castel en Le Cerf (a.w.) in 1981 van de 'psy-cultuur' schetsten, leek destijds overdreven, maar is nu door de werkelijkheid ingehaald. Zie voor een meer uitgebreide analyse R. Abma (1995), Back to normal: opkomst en ondergang van de psy-kritiek, in K. Schaafsma, red., *Het verlangen naar openheid. Over de psychologisering van het alledaagse* (Amsterdam: De Balie), p. 75-85.

H et publiek

OPINIES, ATTITUDES EN DE MASSAMAATSCHAPPIJ

JAAP VAN GINNEKEN

'Mag ik u even storen, heeft u een ogenblikje voor mij?' We worden op straat aangeschoten, we krijgen een vragenformulier thuisgestuurd, we worden 's avonds opgebeld, we worden op school of op het werk geënquêteerd, we worden uitgenodigd voor een diepte-interview of een groepsgesprek elders. Over allerlei zaken wil men tegenwoordig onze mening weten, waarbij gebruik gemaakt wordt van steeds geavanceerdere technieken. Er zijn verschillende grote toepassingsbereiken, waarvan er vier het meest in het oog springen.

Om te beginnen het *marktonderzoek*: bedrijven zijn geïnteresseerd in onze mening over hun producten. Er worden 'consumentenprofielen' opgesteld, en de introductie van nieuwe producten wordt voorafgegaan en begeleid door intensief marktonderzoek, om onze reacties te voorspellen en te peilen. Een Nederlands marktonderzoeksbureau kijkt bijvoorbeeld op schoolpleinen wie de 'smaakmakers' onder kinderen zijn en nodigt die uit voor een vergelijking en bespreking van producten, namen en verpakkingen. Doel hiervan is om uit de oordelen van deze welgekozen 'opinieleiders' te kunnen voorspellen welke nieuwe candybar of softdrink onder die leeftijdsgroep een succes zal worden.

Een tweede belangrijk toepassingsgebied is het *mediaonderzoek*. Men wil onze mening weten over tijdschriften en de artikelen die daarin verschijnen, over televisiekanalen en de programma's die ze vertonen, maar ook over de advertenties en reclamespotjes waarmee dit alles gelardeerd (en gefinancierd) wordt. Ook hier volgen de nieuwste snufjes elkaar in snel tempo op. Zo heeft een Frans bureau voor luister- en kijkonderzoek een soort infrarode camera ontwikkeld, die bij een vast panel onder het televisietoestel wordt geplaatst en alsmaar de kamer in blikt. Aan de hand van gegevens die in de computer zijn opgeslagen, kan die aan de warmtecontouren vaststellen welke gezinsleden zitten te kijken, en hun demografische gegevens via een telefoonlijn doorgeven naar het rekencentrum en de programmaleiding. Een Amerikaans instituut werkt aan de gelijktijdige interpretatie van gelaatsuitdrukkingen daarbij.

Een derde toepassingsgebied is het *verkiezingsonderzoek*. Men probeert onze mening over politici en bestuurders te peilen, en te achterhalen op welke persoon of partij we ('als er nu verkiezingen waren') zouden gaan stemmen. Ook hier wordt niet meer volstaan met eenvoudige enquêtes. Een Amerikaans opinie-onderzoeksbureau laat bijvoorbeeld tegenwoordig een steekproef van burgers door het hele land *live* kijken naar het televisiedebat tussen presidentskandidaten, met een telefoontoestel in de hand. Ze moeten iedere paar seconden één van de toetsen van nul tot negen indrukken, om aan te geven of de spreker goed of slecht overkomt. Van ieder gebruikt woord of gebaar kan zo de nationale uitwerking worden geanalyseerd.

Een vierde, verwant toepassingsterrein is het *beleidsonderzoek*. Men wil onze mening weten over allerlei overheidsmaatregelen: de aanleg van een nieuw vliegveld of een nieuwe wijk, van autowegen of openbaar vervoer, maatregelen op het gebied van belastingen en uitkeringen. Men probeert na te gaan of er voldoende 'draagvlak' is voor dit soort maatregelen, en zo nodig door 'overheidsvoorlichting' dit draagvlak te vergroten. Daarbij moet worden aangetekend dat het algemene 'opinie-onderzoek', waarvan we de resultaten regelmatig in de media aantreffen, eigenlijk maar een marginaal verschijnsel is: bureaus doen dat vooral uit publiciteitsoverwegingen en omdat ze die paar actuele vragen toch goedkoop kunnen laten 'meelopen' in groter betaald onderzoek.

De bovengenoemde domeinen zijn maar een paar willekeurige grepen uit het wijdverbreide publieksonderzoek binnen onze huidige maatschappij.[1] Maar ze laten tevens zien hoe breed de invloed ervan is geworden. Niet alleen onze individuele, maar ook onze collectieve oriëntaties zijn zo voorwerp van sturing geworden. Het management van onze *subjectiviteit* – onze belevingen, waarnemingen, meningen en voorkeuren – is uitgegroeid tot een centrale taak van zowel de overheid als particuliere organisaties. In het verlengde daarvan is een nieuwe vorm van deskundigheid ontstaan, een expertise van de subjectiviteit.[2]

In dit hoofdstuk zullen we onderzoeken hoe deze expertise vanuit verschillende disciplines – en uiteindelijk met name vanuit de sociale psychologie – gestalte heeft gekregen. Daarbij worden drie perioden en thema's onderscheiden. In de eerste paragraaf worden de ontwikkelingen tot aan de Eerste Wereldoorlog besproken. Hierbij ligt het accent op de theoretische en conceptuele veranderingen die zich in deze tijd voltrokken. Vervolgens komt de periode tussen beide wereldoorlogen aan de orde. Hierbij ligt het accent op praktische en methodologische veranderingen: de ontwikkeling van een instrumentarium om 'het publiek' de maat te nemen. In de derde paragraaf ligt het accent op de internationale en disciplinaire verspreiding van de nieuwe technieken na de Tweede Wereldoorlog.

V*oorgeschiedenis*

De voorgeschiedenis van de ontwikkeling van het publieksonderzoek voltrok zich vooral in wat wel de 'lange negentiende eeuw' wordt genoemd: de periode die begint met de Britse industriële revolutie en de Franse politieke revolutie aan het eind van de achttiende eeuw, en eindigt met de Eerste Wereldoorlog en het ontstaan van het huidige statensysteem. Aanvankelijk meende men dat de oriëntaties van mensen als natuurnoodzakelijk uit hun achtergrond voortvloeiden: ras, natie, klasse, geslacht, enzovoort. Allengs werden deze 'objectieve' categorieën als vertrekpunt verruild voor veel verderreikende 'subjectieve' constructies van enkelingen en groepen. Deze ontwikkeling manifesteerde zich op verschillende, ogenschijnlijk heel uiteenlopende terreinen. Hier volgen enkele voorbeelden uit verschillende probleemvelden en landen.

In de eerste plaats is daar het terrein van de *internationale verhoudingen*. Met de groei van het verkeer over zee en over land, naar aanleiding van ontmoetingen en botsingen met groepen anderen, werden opvattingen over 'het karakter' van rassen en volkeren binnen geografie en historiografie pregnanter (zie ook hoofdstuk 11). De omschrijving van de eigen etnische en nationale identiteit kreeg in zekere zin gestalte aan de hand van etnische en nationale 'alteriteit': men definieerde wat men zelf was ('beschaafd, energiek en intelligent'), mede aan de hand van wat anderen waren ('onbeschaafd, lui en dom'). Het hoogtepunt van dit rassendenken werd in het midden van de negentiende eeuw bereikt. Maar hoewel deze stijl van denken nog lang invloedrijk zou blijven, begon zich daarnaast in de loop van de negentiende eeuw een andere, meer psychologische conceptualisering van 'volkskarakter' af te tekenen. Zo gaf de historicus Renan in 1882 een lezing aan de Sorbonne over de vraag 'Wat is een natie?'. Zijn antwoord luidde: *'de natie is een ziel, een geestelijk beginsel (...) gebaseerd op het gezamelijke bezit van een rijke nalatenschap van herinneringen aan het verleden en instemming met het heden, het verlangen samen te leven en de wil om het eigen erfgoed verder te ontwikkelen.'*[3]

Het duurde daarna overigens nog lang voordat deze nieuwe opvatting gemeengoed werd. Een tweede terrein waarop de ontwikkeling van 'objectieve' naar 'subjectieve' constructies zich aftekende, was dat van de *politieke verhoudingen*. In het verlengde van de Verlichting waren (onder meer door Rousseau) denkbeelden ontwikkeld over *la volonté générale* (de volkswil), en hoe deze in een democratie het beste tot uitdrukking kon worden gebracht. Aanvankelijk werd deze volkswil gezien als één ondeelbaar geheel. De Franse historicus Michelet schreef bijvoorbeeld een monografie over de rol van 'het volk' in de geschiedenis, en kende daaraan ook een centrale rol toe in de Franse revolutie en latere politieke omwentelingen. De eerste verkiezingen hadden dan ook vaak de vorm van een plebisciet, waarbij 'het volk' slechts één enkele vertegenwoordiger hoefde te kiezen – en wel voor langere tijd.

Assemblée Nationale, Frankrijk, ca. 1871. Met de gekozen volksvertegenwoordiging kreeg het begrip 'publieke opinie' een nieuwe betekenis. Anonieme gravure, Bibliothèque Nationale, Parijs.

Dit soort democratie onthulde al snel zijn totalitaire strekking (bijvoorbeeld onder de beide Napoleons). Parallel aan de geleidelijke verbreding van het kiesrecht maakte het concept van de volkswil dan ook in de loop van de negentiende eeuw geleidelijk aan plaats voor dat van de 'publieke opinie': een gedeelde openbaarheid, waarin verschillende opvattingen over verschillende kwesties worden uitgewisseld, onderbouwd, en om voorrang strijden. 'Het volk' koos een parlement met honderd of zelfs enkele honderden volksvertegenwoordigers; iedere kandidaat, lijst of partij belichaamde daarbij de aspiraties van een bepaalde groep. Na iedere verkiezing werd bovendien steeds duidelijker dat alle buurten en gemeenten, districten en provincies een verdeelde stem uitbrachten, waarbij één stroming tijdelijk dominant was, maar na verloop van tijd door een andere kon worden afgewisseld.[4]

Het denken over *sociale verhoudingen* gaf een vergelijkbare ontwikkeling te zien. De vroege opvattingen over sociale klassen van Marx bijvoorbeeld hadden een sterk collectivistisch en essentialistisch karakter: het proletariaat vormde daarin immers 'tendentieel' één geheel, en het had slechts één belang, dat het best tot uiting kwam in één wereldbeschouwing. Daartegenover begonnen 'burgerlijke' hervormers binnen het raamwerk van de liberale democratie aan *piecemeal social engineering* (stapsgewijze hervormingen): zij probeerden binnen de geldende status quo de ergste vormen van ellende en achterstelling (van boeren en arbeiders, vrouwen en kinderen) te identificeren, en daarin beperkte verbeteringen na te streven.

Binnen deze politiek van stapsgewijze hervormingen pasten ook de vroegste sociale onderzoekingen of 'overzichten' van problemen onder deelgroepen, in het Engels 'surveys' genaamd (verwant aan het Franse woord 'surveiller' dat 'toezicht houden' betekent). Een eerste onderzoek (in zeventien delen) dat gebruik maakte van veldwerk en uniforme categorieën, was dat van de Engelsman Charles Booth, *Life and labour of the people of London* (1889-1903). Zijn collega Rowntree introduceerde in een soortgelijke studie over armoede in York (1901) de methode van de directe ondervraging van (en de 'face-to-face' ontmoeting met) de betrokkenen, in het Engels aangeduid als 'interview'. Soortgelijke onderzoekingen vonden ook elders in Europa plaats. Dit waren de vroegste voorlopers van het publieksonderzoek, dat in dit hoofdstuk centraal staat.

Tot slot het denken over *economische verhoudingen*. Aan het eind van de negentiende eeuw deed de massaproductie van consumptiegoederen zijn intrede. Door de vorming van nationale staten, en het ontstaan van een internationaal commercieel systeem, ontstonden nieuwe geïntegreerde markten. Door verbetering van verpakkings- en conserveringsmethoden konden artikelen over veel grotere afstanden en veel langere tijdsperioden worden vervoerd, opgeslagen en verhandeld. Aanvankelijk was er nog schaarste, en ging het vooral om 'aanbiedersmarkten', waarin met specifieke voorkeuren van 'de klant' relatief weinig rekening werd gehouden. Maar naarmate hier en daar verzadiging dreigde, moest de relatie met de cliëntèle meer worden gespecificeerd. Vanaf het eind van de negentiende eeuw werden bijvoorbeeld 'merk'-artikelen steeds prominenter, waardoor men een duurzame vertrouwensband probeerde te scheppen met het koperspubliek. In het verlengde daarvan ontstond een *reclamepsychologie*, waarbij aanvankelijk slechts de algemene wetten van de waarnemingspsychologie op teksten en afbeeldingen werden toegepast. Maar vervolgens kwamen de vroegste vormen van marktonderzoek op, waarbij men zich meer ging verdiepen in de subjectieve voorkeuren van de consument.

De hier geschetste verschuivingen in het denken over internationale, politieke, sociale en economische verhoudingen sloten aan bij de meer algemene ontwikkelingslijn van de westerse maatschappij (zie hoofdstuk 1): van een 'traditionele' standenmaatschappij, waarin de groep van herkomst het lot van de enkeling in hoge mate bepaalde, naar een 'moderne' massamaatschappij, waarin meer geïsoleerde individuen hun eigen richting zochten. Nationale en internationale migratie speelde daarbij een rol, educatie en professionalisering, beroepsmobiliteit enzovoort. Engeland liep voorop bij de industrialisering en urbanisering. Duitsland en de Verenigde Staten begonnen echter al spoedig met een inhaalmanoeuvre, waarbij ze in kortere tijd een snellere ontwikkeling doormaakten. Sociale ontwrichting en psychologische sturing werden er daardoor tijdelijk nog een fractie prominenter. Door het moment van de grote doorbraken en hun verbreiding oefende de Amerikaanse benadering uiteindelijk de grootste invloed uit; vandaar dat we daaraan in het vervolg van dit hoofdstuk ook de meeste aandacht besteden.

Opkomst van de sociale psychologie

De schaalvergroting die de opkomst van de massamaatschappij kenmerkte, had ertoe geleid dat persoonlijke banden (tussen bestuurders en bestuurden, kopers en verkopers) geleidelijk aan losser werden of zelfs geheel werden verbroken. De leemte die hierdoor ontstond, werd opgevuld door twee nieuwe verschijnselen: enerzijds ontstond er een heel netwerk van intermediaire organisaties (partijen, vakbonden, verenigingen) en anderzijds een van communicatiemedia (kranten, geïllustreerde bladen, tijdschriften). Via deze organisaties en media kon men trachten onbetaalde of betaalde boodschappen in omloop te brengen, teksten en beelden, om het gedrag van de massa in een gewenste richting bij te sturen. Het cultiveren van het nationaal gevoel, van de electorale betrokkenheid, van een sociale instelling, van een economische voorkeur: dit alles werd tot object van politiek en economisch beleid.

De opkomst van deze nieuwe interventiepraktijken ging gepaard met pogingen om een nieuwe conceptualisering te vinden van de band tussen individu en collectief, in het spanningsveld tussen de psychologie (die zich vooral met het eerste bezighield) en de sociologie (die zich vooral met het laatste bezighield). Een eerste voorbeeld hiervan was de 'collectieve' of massapsychologie, een nieuwe interdiscipline die haar bloeitijd kende in het laatste decennium van de negentiende eeuw. Uitgangspunt van het nieuwe vakgebied was de constatering dat collectiviteiten en massa's vaak spontaan een soort 'mentale eenheid' leken te ontwikkelen. Propaganda (en reclame) zou zich dus vooral moeten richten op het modelleren van deze *group mind*.

Al spoedig bleek dat deze benadering misschien zinvol was voor bepaalde specifieke verschijnselen (het gedrag van volksmenigten, sociale bewegingen, opiniestromingen en wellicht zelfs nationale staten onder bepaalde kritische omstandigheden), maar niet voor meer algemene sociale processen. Daarom ontwikkelde de criminoloog Gabriel Tarde een heel andere opvatting. Volgens hem ontstonden mentale collectiviteiten juist uit de imitatie door (later: interactie tussen) individuen. Deze individuen werden daartoe geleid door hun *croyances et désirs* – hun opvattingen en verlangens. Daardoor was volgens Tarde niet langer de (collectieve) 'massa' het belangrijkste maatschappelijke verschijnsel, maar het (uit individuen opgebouwde) 'publiek'.

Tarde was de eerste die – in 1898 – een boek publiceerde over 'sociale psychologie', en later een over 'economische psychologie' (terwijl andere Fransen rond dezelfde tijd het begrip 'politieke psychologie' introduceerden). Terwijl zijn denkbeelden over de wisselwerking tussen (de geesten van) enkelingen in Frankrijk weinig gehoor vonden, werden ze dankbaar onthaald in de Anglo-Amerikaanse wereld.[5] In 1908 publiceerde de Brit William McDougall een *Introduction to social psychology* (dat deels nog op oudere denkbeelden was gebaseerd), en de Amerikaan Edward Ross een *Social psychology*. Ross ontleende (vooral ook in zijn eerdere boek *Social control*) zeer veel aan de 'interactionistische' denkbeelden van Tarde, net als veel andere vroege Amerikaanse psychologen en sociologen.[6]

Er gingen dus steeds meer stemmen op, om het collectieve subject (in de gedaante van een volk, een electoraat, een klasse, een klantenkring) niet langer in zuiver algemene termen te benaderen als een ondeelbaar geheel, maar als een aggregaat van individuen. Een belangrijke stap hierbij was de ontwikkeling van een nieuw concept voor de aanduiding van de oriëntaties van het individu op zijn sociale omgeving: *attitude*. Met dit – hypothetische – construct werd geprobeerd de kloof te overbruggen tussen 'meningen' en 'gedragingen'. Het attitudebegrip werd geïntroduceerd door de Amerikaanse socioloog William Thomas in een studie over nieuwe migranten, die onmiddellijk na de Eerste Wereldoorlog werd gepubliceerd. Thomas omschreef attitude als 'a process of individual consciousness which determines real or possible activity of the individual in the social world' – oftewel een neiging tot specifiek sociaal gedrag.[7] Cruciaal daarbij was de veronderstelling dat er een heleboel van die attitudes waren, waarmee hetzelfde individu tegelijkertijd deel kon uitmaken van meerdere collectiviteiten (etnische, politieke, sociale, economische, enzovoort). Zo hielp het attitudebegrip de oude opvattingen over collectieve subjecten als ondeelbare massa's tot ontbinding brengen, en hielp het nieuwe opvattingen over collectieve subjecten als samengestelde publieken ontstaan.

De sociale psychologie en het begrip 'attitude' schiepen een heel nieuw veld, waarmee de theoretische en conceptuele veranderingen die in deze paragraaf aan de orde waren, hun definitieve beslag kregen. Aan het begin van de jaren twintig werd bijvoorbeeld aan de titel van het gezaghebbende *Journal of Abnormal Psychology* toegevoegd: *and Social Psychology*, en zo ontstond het eerste Amerikaanse wetenschappelijke tijdschrift op dit terrein. Hoofdredacteur werd kort daarna Floyd Allport, die toen juist op zijn beurt een handboek over sociale psychologie had gepubliceerd. Allport riep op om de 'group mind fallacy' eindelijk los te laten, en deze te verruilen voor het attitudebegrip. Hij was ook een van de eersten om (in 1925) een vroege versie van een attitudeschaal te helpen construeren. Zijn jongere broer Gordon Allport publiceerde tien jaar later een eerste overzicht van boeken over sociale psychologie (het waren er toen al 52), en definities van het begrip attitude (dat waren er toen al 16). Een nieuwe psychologische realiteit was geboren.

*D*e ontwikkeling van een instrumentarium

Vanaf vlak voor de Eerste Wereldoorlog tot direct na de Tweede Wereldoorlog verhevigden zich de tendensen tot sociale ontwrichting en maatschappelijke individualisering. Enerzijds waren er de afwisselingen van oorlog en vrede: op het ene moment werden alle mensen en middelen, alle wetenschap en techniek, gemobiliseerd om een vuist te maken; op het andere moment volgde een omschakeling naar civiele productie en consumptie-expansie, en kreeg men voldoende te besteden om zich allerlei nieuwigheden aan te schaffen (fietsen en auto's, gasfornuizen en ijskasten, wasmachines en stofzuigers). Anderzijds waren er de afwisselingen van economische groei en krimp in het algemeen, van *boom and bust*, beurtelings begeleid door wilde speculatie of grote werkloosheid.

Dit alles ging gepaard met een toenemende gerichtheid op de publieke opinie. Het overheidsapparaat breidde zich uit en ging zich actiever bemoeien met het sociale leven. Propaganda, voorlichting en 'public relations' werden belangrijke activiteiten, zowel in oorlogs- als in vredestijd. Er ontstonden commerciële bedrijven op nationale en zelfs internationale schaal, terwijl kleinere lokale en regionale ondernemingen soms verdwenen. Dit ging gepaard met toenemende activiteiten op het vlak van advertenties, reclame en marketing.

Door deze snelle veranderingen waren de gevestigde benaderingen van *research and management* niet langer toereikend. Er moesten vaker, sneller, nauwkeuriger, gegevens verzameld worden over wat 'de mensen' nou eigenlijk vonden en wilden. Vervolgens kon men zich dan afvragen, of men wilde proberen daar invloed op uit te oefenen door communicatiecampagnes. Het was echter niet langer voldoende om hierbij te denken in grote en hermetische categorieën; er moest specifieke informatie worden verzameld over specifieke groepen enkelingen en hun voorkeuren.

Het attitudebegrip en de conceptualisering van de sociale psychologie als *linking pin* tussen psychologie en sociologie creëerden de voorwaarden voor een wetenschappelijke bewerking van deze nieuwe vraagstukken. Op basis hiervan ontstond in de jaren twintig en dertig een bloeiende traditie van empirisch onderzoek. Ten minste vier ontwikkelingen grepen daarbij in elkaar: de ontwikkeling van steekproeven, ondervragingen, schaaltechnieken en statistische verwerking.

Steekproeven

Denkbeelden over representativiteit waren al oud: op de kaasmarkt werd immers al van een op de zoveel kazen een steek-proef genomen. Aan het eind van de negentiende eeuw was het *Internationaal Statistisch Instituut* opgericht. Op de congressen daarvan werd druk gesproken over de toepassing van soortgelijke procedures in het sociaal onderzoek. Rondom de eeuwwisseling stelde een Noorse onderzoeker voor om bij volkstellingen een op de zoveel mensen uitgebreider te ondervragen over bepaalde onderwerpen. Hiermee werd het idee van *random* steekproeven in het sociaal onderzoek geïntroduceerd. In de loop van de jaren twintig bedacht de Deen Jensen op zijn beurt manieren om de distributie van sociale achtergronden daarbij als uitgangspunt en controle te nemen. Hiermee werd de basis gelegd voor *quota* steekproeven, waarbij rekening werd gehouden met de verdeling van relevante variabelen binnen de steekproef.

Een zeer praktische impuls bij de toepassing van deze nieuwe technieken kwam van het markt- en mediaonderzoek in de Verenigde Staten. Kranten en tijdschriften hadden altijd verschillende vormen van feedback gekregen van hun publiek. Het 'gat' in informatie tussen verkoopcijfers en lezersbrieven werd daarbij gedicht met terugstuurcoupons die periodiek werden afgedrukt, en waarop men vragen over artikelen en advertenties kon laten beantwoorden. De radio, en later de televisie, verspreidden echter geen materieel product, en het exacte bereik daarvan was dus moeilijk te bepalen, evenals de waardering voor de programma's. Dit werd des te nijpender, toen aan het eind van de jaren twintig de eerste landelijke netwerken van commerciële omroepstations opkwamen. Hoe konden managers en reclamemakers weten hoeveel luisteraars ze bereikten, en wat die ervan vonden?

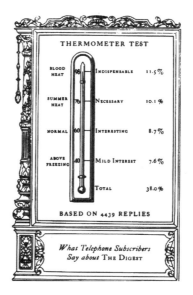

Meningen van telefoon-abonnees over het tijdschrift Literary Digest (1925). Met de verbreiding van de telefoon kwam in de jaren twintig het telefonisch markt- en mediaonderzoek op. De thermometer was een aansprekende manier om de resultaten van dit soort onderzoek weer te geven: hij suggereerde exactheid, en de vergelijking met temperatuur leverde een herkenbaar referentiepunt op. Uit: J.M. Converse (1987), Survey research in the United States (Berkeley: University of California Press).

Doordat de telefoon inmiddels wijdverbreid was, kon men via 'prikken' in het telefoonboek *random* steekproeven bellen. Door mensen tevens naar hun demografische gegevens te vragen, leerde men later controleren of de *quota* voor diverse groepen wel gehaald werden. Ook huis-aan-huisinterviews en straatinterviews bleken dergelijke informatie te kunnen opleveren. Aanvankelijk stonden opdrachtgevers nog sceptisch tegenover dergelijke onderzoeksmethoden. Dit veranderde in 1936, toen enkele groepen onderzoekers (zoals die onder leiding van George Gallup) in staat bleken om met steekproeven van slechts enkele duizenden mensen de herverkiezing van president Roosevelt te voorspellen; dit terwijl anderen met miljoenen (onrepresentatieve) interviews ten onrechte een overwinning van Roosevelts rivaal hadden voorspeld. Vanaf dat moment werden 'polls' op basis van representatieve steekproeven gemeengoed.

Ondervragingen

Juist in diezelfde tijd, in 1937, begon in Engeland de zogenoemde *Mass Observation* (MO). Dit is interessant omdat het een geheel andere techniek was, met compleet andere implicaties. Enerzijds ging zij terug op tradities in de systematische observatie van diergedrag, anderzijds op systematische rapporten over de 'publieke opinie' die al eerder door binnenlandse veiligheidsdiensten waren gemaakt. 'MO'-vrijwilligers observeerden hoe 'gewone' mensen zich in de openbare ruimte gedroegen, waarover ze spraken, en wat daarvan de strekking was. Deze registraties van onder meer de 'informele communicatie' tussen mensen waren in zekere zin meer 'natuurgetrouw' dan peilingen, maar ook minder eenduidig en moeilijker te verwerken. Tijdens de Tweede Wereldoorlog was de Britse overheid een belangrijke opdrachtgever, maar kort daarna stierf deze traditie weer uit.

De enquête bleek een handzamer instrument. In zekere zin kunnen we zeggen dat de enquête een variant is op oudere wetenschappelijke technieken zoals de test en het experiment. Bij een experiment houdt men alle variabelen constant op één na, om de invloed daarvan te kunnen onderzoeken. Een test is in zekere zin een experiment waarbij de taken gestandaardiseerd zijn, zodat men de variabele van de individuele geschiktheid en/of persoonlijkheid kan onderzoeken. Een enquête is in zekere zin een test waarbij het niet zozeer gaat om de capaciteiten van het individu, maar om zijn of haar oriëntaties. Terwijl psychologische experimenten (en ook tests) in deze tijd steeds meer uitsluitend gingen over 'openlijk', voor buitenstaanders waarneembaar gedrag, gingen enquêtes juist steeds meer over wat mensen dachten en voelden (en waarom). Daarbij realiseerde men zich dat mensen in zo'n situatie vaak niet zeggen wat ze denken, en niet weten wat ze voelen. Deze nadelen van de methode wogen echter niet op tegen de voordelen: men hoefde uitsluitend uit te gaan van een vraag- en antwoordspel, dat bovendien gemakkelijk te registreren was. Als dit fundamentele uitgangspunt eenmaal aanvaard was, moesten alleen nog wat methodische zaken verder uitgewerkt worden. Wie waren goede interviewers en hoe moest men die selecteren en trainen? Moesten interviews bij voorkeur mondeling of schriftelijk worden afgenomen, op straat of thuis? Wat waren goede vragen, en in welke volgorde en bewoordingen moest men die stellen?

Schalen

Geleidelijk kwam men erachter dat de vergelijkbaarheid (en dus de optelbaarheid) van antwoorden groter was als men niet alleen de vragenformulering, maar ook de antwoordcategorieën van tevoren vastlegde volgens het 'multiple choice' systeem. De enquêteur hoefde dan alleen de betreffende alternatieven voor te leggen, en er een van aan te (laten) strepen. Wel moest men er natuurlijk voor zorgen, dat de antwoordmogelijkheden het hele 'spectrum' aan gegevens en opinies ook inderdaad recht deden.

Toen men eenmaal vaste antwoordcategorieën had, ging men die ook gebruiken om daarin een volgorde of intensiteit aan te brengen. In 1925 ontwikkelde Bogardus als een van de eersten een 'sociale afstands-' en etnocentrisme schaal, waarbij men moest aangeven of men bereid was bepaalde andere etnische groepen toe te laten tot de familie (via aantrouwen), tot de club (als lid), tot de straat (als buur), tot het werk (als collega), tot het land (als burger), tot het land (als bezoeker). Kort daarop publiceerde de psycholoog Louis Thurstone een spraakmakend artikel met de titel *Attitudes can be measured*. Hij stelde daarin voor om methoden tot stimulusvergelijking (afkomstig uit de psychofysiologie) toe te passen en verder te ontwikkelen in de sociale psychologie. In de daaropvolgende jaren kwamen ook anderen met diverse methodes voor de constructie van attitudeschalen.

Het basisrecept was eenvoudig. Om te beginnen probeerde men uitspraken te selecteren (bijvoorbeeld over etniciteit, politiek of religie), die eenduidig waren en bovendien een goed 'onderscheidend vermogen' hadden binnen een populatie. Door vervolgens dergelijke uitspraken aan een representatieve steekproef voor te leggen en paarsgewijs te laten vergelijken of te laten ordenen op een continuüm, kon men daar een positief of negatief teken, en zelfs een cijfermatige attitudescore, aan verbinden: bepaalde uitspraken konden dan als (relatief) 'gematigd' worden aangemerkt, andere als 'extreem'. Zo ontstonden, in de loop van de jaren dertig, talloze schalen waarmee men de houdingen van het publiek ten opzichte van de meest uiteenlopende sociale verschijnselen in kaart probeerde te brengen. Interessant is dat sommige van deze attitudeschalen later ook weer als test gebruikt werden. Door reeksen gestandaardiseerde uitspraken aan afzonderlijke individuen voor te leggen, kon men immers hun positie op een schaal 'berekenen'. Wie het eens was met bepaalde etnocentrische uitspraken, kreeg bijvoorbeeld een hoge score op de 'F-schaal' toegekend, en werd daarmee herkenbaar als 'autoritaire persoonlijkheid'.[8]

TABLE 4 (IV)
THE TOTAL ETHNOCENTRISM SCALE
Public Opinion Questionnaire E

The following statements refer to opinions regarding a number of social groups and issues, about which some people agree and others disagree. Please mark each statement in the left-hand margin according to your agreement or disagreement, as follows:

+1: slight support, agreement   −1: slight opposition, disagreement
+2: moderate support,   "   −2: moderate opposition,   "
+3: strong support,   "   −3: strong opposition,   "

_____ 1. The many political parties tend to confuse national issues, add to the expense of elections, and raise unnecessary agitation. For this and other reasons, it would be best if all political parties except the two major ones were abolished.

_____ 2. If there are enough Negroes who want to attend dances at a local dance hall featuring a colored band, a good way to arrange this would be to have one all-Negro night, and then the whites could dance in peace the rest of the time.

_____ 3. Patriotism and loyalty are the first and most important requirements of a good citizen.

_____ 4. Certain religious sects whose beliefs do not permit them to salute the flag should be forced to conform to such a patriotic action, or else be abolished.

_____ 5. The Negroes would solve many of their social problems by not being so irresponsible, lazy, and ignorant.

_____ 6. Any group or social movement which contains many foreigners should be watched with suspicion and, whenever possible, be investigated by the FBI.

_____ 7. There will always be superior and inferior nations in the world and, in the interests of all concerned, it is best that the superior ones be in control of world affairs.

_____ 8. Negro musicians are sometimes as good as white musicians at swing music and jazz, but it is a mistake to have mixed Negro-white bands.

_____ 9. Although women are necessary now in the armed forces and in industry, they should be returned to their proper place in the home as soon as the war ends.

_____ 10. Minor forms of military training, obedience, and discipline, such as drill, marching and simple commands, should be made a part of the elementary school educational program.

_____ 11. It would be a mistake to have Negroes for foremen and leaders over whites.

_____ 12. The main threat to basic American institutions during this century has come from the infiltration of foreign ideas, doctrines, and agitators.

_____ 13. Present treatment of conscientious objectors, draft-evaders, and enemy aliens is too lenient and mollycoddling. If a person won't fight for his country, he deserves a lot worse than just a prison or a work camp.

_____ 14. Negroes may have a part to play in white civilization, but it is best to keep them in their own districts and schools and to prevent too much intermixing with whites.

_____ 15. One main difficulty with allowing the entire population to participate

Gedeelte van een attitudeschaal, 1950. Deze schaal was bedoeld om etnocentrisme te meten. Uit: T.W. Adorno e.a. (1950), The authoritarian personality (New York: Norton).

De toepassing van deze schaaltechnieken opende de weg naar twee belangrijke vernieuwingen. Ten eerste kon men de houding van individuen en doelgroepen tegenover een ideologie, land, persoon of product onderling vergelijken. Daardoor kon men ook zijn overredingsinspanningen veel nauwkeuriger afstemmen op verschillende doelgroepen, rekening houdend met hun ontvankelijkheid. Ten tweede kon men die houding voor en na een overredingsinspanning vergelijken, en daarmee bezien of een propaganda- of reclameboodschap effectief was (zie ook hoofdstuk 13). Dit leidde tevens tot een snelle verzelfstandiging en opbloei van allerlei vakken in de sfeer van 'communication and persuasion'.[9]

Kwantitatieve en kwalitatieve analyses

Er zaten aan de nieuwe methoden allerlei statistische haken en ogen, maar geleidelijk aan werden die één voor één opgelost, en kwam de techniek tot volle wasdom. Zo was er bijvoorbeeld het probleem van 'systematische uitval', waardoor bepaalde soorten respondenten ondervertegenwoordigd waren. Hiervoor werden methoden van 'herweging' van het aandeel van dergelijke doelgroepen ontwikkeld, waarmee zulke scheve verdelingen weer in evenwicht gebracht konden worden.

Op deze manier traden steeds verdere verfijningen in de verwerking van gegevens op. Een belangrijke rol hierbij speelden allerlei nieuwe technieken waarmee de mathematische samenhang tussen verschillende factoren berekend kon worden. Belangrijke bijdragen daartoe kwamen bijvoorbeeld uit de Britse school van het erfelijkheids- en eugenetisch onderzoek. In verband met Amerikaanse volkstellingen werden bovendien al voor de Tweede Wereldoorlog de eerste machines ontwikkeld voor de automatische verwerking van gegevens, de zogenaamde *Hollerith-machines*. Individuele gegevens en enquête-antwoorden konden zo worden overgebracht op ponskaarten en ponsband, omgezet in magnetische en elektrische signalen, waardoor gecompliceerde bewerkingen eenvoudiger werden.

Natuurlijk werd er in het opinie- en attitudeonderzoek niet alleen gebruik gemaakt van kwantitatieve en individualiserende methoden. Zo maakte men ook wel gebruik van kwalitatieve methoden. Hierbij probeerde men bijvoorbeeld om via open of halfgestructureerde interviews meer te weten te komen van de 'diepere' motieven voor bijvoorbeeld koop- of stemgedrag. Verder werden er ook groepsmethoden ontwikkeld, bijvoorbeeld om via spontane of gestuurde rondetafelgesprekken feitelijke interactiepatronen en argumentatie-uitwisselingen rondom een product of *issue* in kaart te brengen. Maar binnen het veld als geheel werden deze methoden vaak gezien als van secundair belang: als een verkenning voor, een verbreding tijdens, of een verdieping na het primaire onderzoek, dat immers verondersteld werd op 'exacte meting' van attitudes te berusten.

*D*e naoorlogse verbreiding van toepassingen

In de voorafgaande paragraaf hebben we gezien, dat het enquête-instrument in de loop van de jaren dertig zijn fundamentele vorm kreeg, vooral in de Verenigde Staten (hoewel ook in de andere grote industriële landen in deze richting werd gewerkt). Het is belangrijk om te zien dat het typisch past bij het management van een (min of meer) liberale maatschappij, waarin allerlei individuele keuzemogelijkheden bestaan (op de afloop waarvan planners willen anticiperen). Door het aan de macht komen van de Nazi's in Duitsland en Oostenrijk raakten de ontwikkelingen op dit vlak daar vertraagd. Bovendien verjoeg het veel pioniers uit de psychologie en sociologie naar Engeland en vooral Amerika, waar de confrontatie van denkbeelden uit de 'oude' en 'nieuwe' wereld leidde tot een snelle opbloei van allerlei nieuwe technieken en toepassingen. Met name in de sociale psychologie leverden de kersverse migranten van het Europese continent vele vernieuwende bijdragen.[10]

Daarnaast bracht de Tweede Wereldoorlog de grootste mobilisatie van wetenschappelijke kennis teweeg, die tot dan toe in de wereldgeschiedenis had plaatsgevonden. Er kwamen reusachtige budgetten ter beschikking, om in interdisciplinaire samenwerking mogelijk nuttige toepassingen te ontwikkelen, met name op het gebied van 'communication and persuasion': ten aanzien van vriend en vijand, burger en militair. Vrijwel alle psychologen en sociologen (maar ook politicologen en economen) werden op de een of andere manier bij dergelijke projecten betrokken. In de loop der tijd werden bijvoorbeeld zo'n tweehonderd vragenlijsten afgenomen bij een half miljoen militairen, met name om het moreel te peilen en de propaganda te verbeteren (zie hoofdstuk 5). Daarnaast was er een *Office of War Information*, met bijna zesduizend specialisten, dat zich met de burgerbevolking bezighield.

Mediaonderzoek in de jaren vijftig. Door middel van een Program-analyzer' wordt de mening van een panel over een radioprogramma geregistreerd. Uit: A. Anastasi (1964), Fields of applied psychology (New York: McGraw-Hill). Courtesy Columbia Broadcasting Company.

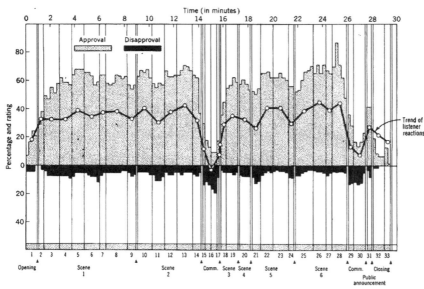

Hele werkwijzen en vakgebieden ontstonden uit dergelijk onderzoek, met name op het gebied van de sociale psychologie. Inhoudsanalyse (van vijandelijke propaganda), groepsklimaat (onder bombardementen), modale persoonlijkheid (in vijandelijke culturen en subculturen): het zijn evenzovele thema's die hieruit zijn voortgekomen. Voor een deel vonden deze onderzoekingen hun voortzetting in het kader van de Koude Oorlog. Voor een ander deel keerden de onderzoekers met hun opgedane kennis en ervaring terug naar andere sectoren in de gewone maatschappij. Dit gaf een verdere impuls aan de reeds bestaande tendens naar 'beheer van collectieve subjectiviteit' op een veelheid van gebieden. De sociaal-historicus Boorstin signaleerde in zijn boek *The image* (1960) dan ook al, dat beeldmanagement een allesoverheersend verschijnsel in de Amerikaanse samenleving was geworden.[11] Hier volgen enkele voorbeelden.

Economie. Het vooroorlogse onderzoek naar producten, merken en reclame had zich goeddeels beperkt tot de toepassing van de algemene wetmatigheden uit de psychologische functieleer op dit specifieke domein, soms aangevuld door evaluatieonderzoek in de vorm van voor- en na-tests van communicatieboodschappen. Tijdens de oorlog was echter (onder anderen door de sociaal-psycholoog Lewin) onderzoek gedaan naar consumentengedrag in het algemeen, en naar mogelijkheden om de schaarste beter te verdelen. Mede onder invloed van de groeiende welvaart en de daaruit voortvloeiende toename van consumptiebestedingen kwam dit veld na de oorlog tot volle wasdom.

Het marktonderzoek in zijn vele gedaanten werd de locomotief die de trein van het opinie-onderzoek op vele terreinen trok, zowel financieel als methodologisch. Daarbij waren verschillende tendensen merkbaar. Het verzamelen van 'objectieve' gegevens over consumentengedrag (wie, wat, wanneer, waar) maakte steeds meer plaats voor het verzamelen van 'subjectieve' gegevens over de motieven achter consumentengedrag: *waarom* gaven klanten de voorkeur aan één product of dienst boven een gelijkwaardig alternatief? Consumptiepatronen werden *life-styles*. En de totale communicatie rondom een bedrijf of instelling werd steeds meer ondergebracht in één geïntegreerd concept.

Het imago van producten en bedrijven kreeg na de oorlog steeds meer aandacht. Het 'corporate image' kreeg onder andere gestalte in bedrijfsmerken. Dit beeldmerk van Akzo werd eind jaren tachtig ingevoerd. Het moest een nadruk op menselijkheid, samenwerking en individuele prestaties uitdrukken en van kracht getuigen, zonder dreigend te zijn.

Sociaal beleid. Door de afbrokkeling van bestaande gezagsverhoudingen en de toegenomen 'mondigheid' van burgers werd het steeds belangrijker om na te gaan, in hoeverre voorgenomen overheidsmaatregelen konden rekenen op een voldoende draagvlak onder de bevolking. Geleidelijk aan werden vormen van sociaal beleid (op lokaal, regionaal, en nationaal niveau) meer en meer voorafgegaan, begeleid en gevolgd door onderzoek en campagnes (zie hoofdstuk 13). Probleemgebieden werden onder de loep genomen en bestemmingsplannen werden voorgelegd aan de bevolking om brede steun te verwerven. Ook de samenleving tussen groepen van verschillende etnische oorsprong werd bijvoorbeeld voorwerp van periodiek onderzoek naar vooroordelen en stereotypen, en hoe die te doorbreken.

Politiek. Belangrijke verkiezingen werden steeds meer voorafgegaan, begeleid en gevolgd door opinie-onderzoek. Al rond het begin van de oorlog had Paul Lazarsfeld vanuit Columbia University (samen met anderen) een eerste panelonderzoek over media-invloeden en publieke opinie gedaan, dat resulteerde in *The people's choice* (1944); later volgde een tweede onderzoek, uitmondend in het boek *Voting* (1954). Angus Campbell van de University of Michigan volgde (met anderen) een minder politicologische en meer sociaal-psychologische benadering, waarvan verslag gedaan werd in *The American voter* (1960).

Naarmate de betekenis van traditionele banden tussen partijen en groepen kiezers verder afnam, ging onderzoek naar de politieke voorkeuren van de kiezer een steeds belangrijker rol spelen. De media publiceerden periodiek de resultaten en oefenden steeds meer invloed uit op het verloop van het proces. Dit gold natuurlijk met name voor de opkomende televisie. Kandidaten lieten zich ook steeds meer terzijde staan door opiniepeilers en media-adviseurs. Zij identificeerden districten die 'op de wip' zaten, groepen zwevende kiezers daarbinnen, mogelijke *issues* die deze potentiële doelgroepen interesseerden, gerichte communicatie om deze te exploiteren, gevoelsmatige thema's om deze aan op te hangen, negatieve boodschappen over de tegenstanders, enzovoort.[12] In het verlengde daarvan deed de *image-building* van kandidaten zijn intrede: aanpassingen van het uiterlijk, de manier van doen en de manier van praten, via trainingen en simulaties. Overigens bleek de persoonlijkheid van de politicus in kwestie daarbij soms een onoverkomelijk probleem te zijn.[13]

Diplomatie. Een ander veld waarbinnen opinie- en attitudeonderzoek steeds belangrijker werd, was dat van de betrekkingen met andere landen. In vredestijd nam dit de vorm aan van zogenoemde 'culturele' of 'publieke' diplomatie, waarbij men de juistheid van de eigen leef- en zienswijze probeerde duidelijk te maken aan de bevolking van andere landen. De agressievere variant hiervan, die in (koude) oorlogstijd zijn intrede deed, was de 'politieke' of 'psychologische' oorlogvoering. Hierbij probeerde men de tegenstander op het verkeerde been te zetten, bijvoorbeeld door desinformatie en mediamanipulatie. Ook deze nieuwe praktijk ging gepaard met intensieve wetenschappelijke begeleiding (zie hoofdstuk 5). Zo werden met steun van particuliere fondsen als de Rockefeller Foundation en de Carnegie Foundation enkele grote vergelijkende studies gedaan, resulterend in publicaties als *How nations see each other* (1948) en *The appeals of communism* (1954). De voorlichtingsarm van het Amerikaanse ministerie van Buitenlandse Zaken liet al spoedig in vrijwel alle landen ter wereld (waaronder ook Nederland) doorlopend vertrouwelijk onderzoek doen over de ontwikkeling van vriend- en vijandbeelden ter plaatse.[14] En gespecialiseerde afdelingen van het ministerie van Defensie en de inlichtingendiensten zorgden ervoor, dat buitenlandse interventies (bijvoorbeeld in Latijns-Amerika) werden voorafgaan, begeleid en gevolgd door uitgekiende misinformatiecampagnes.[15]

Internationale verbreiding

Afgezien van enkele Europese pioniers was het publieksonderzoek voor de oorlog een vrijwel exclusief Amerikaanse aangelegenheid. Tijdens de oorlog had het instrumentarium zich al enigszins verbreid van de Verenigde Staten naar het Verenigd Koninkrijk en andere bondgenoten. Maar pas na terugkeer van de vrede breidden de technieken zich werkelijk als een olievlek uit. Allerlei Amerikaanse overheidsinstellingen werden overzee actief, ook in het kader van internationale organisaties, en brachten hun onderzoeks- en voorlichtingswijzen mee. Allerlei particuliere bedrijven volgden in hun spoor en brachten hun eigen reclame- en marketingspecialisten mee. Amerikaanse *polling agencies* zoals dat van de genoemde Gallup, vormden wereldwijde netwerken, met eigen vestigingen of vaste samenwerkingsverbanden in vele tientallen landen. Er ontstonden organisaties van beroepsbeoefenaren zoals de World Association of Public Opinion Research (WAPOR) en de European Society for Opinion and Market Research (ESOMAR).

In Nederland was al bij het begin van de oorlog vanuit het Centraal Bureau voor de Statistiek – een overheidsorgaan – de particuliere Nederlandse Stichting voor Statistiek (NSS) ontstaan, die zich na de oorlog steeds meer op beleidsonderzoek ging toeleggen. Vanuit de zeep- en vetgigant Unilever en haar reclamebureau Lintas was het 'Instituut voor Huishoudelijk Onderzoek' (tegenwoordig Research International) gevormd, dat als eerste modern markt- en mediaonderzoek ging doen. Daarnaast werd bij de bevrijding het Nederlands Instituut voor Publieke Opinie (NIPO) opgericht, dat onder meer met algemene peilingen aan de weg timmerde.

Terwijl de buitenuniversitaire wereld deze werkwijzen enthousiast als nuttig omhelsde, bleef in de universitaire wereld lange tijd scepsis bestaan over wat men neerbuigend 'het neuzen tellen' noemde. Daarnaast was er ook in Nederland grote weerstand tegen zoiets als het (diepere) motievenonderzoek, zoals dat in een Amerikaanse bestseller als *De verborgen verleiders* van Packard aan de kaak werd gesteld. Geleidelijk aan ging echter ook de academische wereld overstag. Aan de Universiteit van Amsterdam werd door Kurt Baschwitz een instituut voor de studie van de openbare mening en massapsychologie gesticht, waar veel fundamenteel onderzoek werd verricht.[16] Daarnaast werd een 'polls-archief' aangelegd met onderzoeksresultaten uit de hele wereld, en een 'Steinmetz stichting' met onderzoeksmateriaal voor secundaire analyse (tegenwoordig zijn beiden ondergebracht bij het landelijke SISWO in Amsterdam). En vanaf de late jaren vijftig en vroege jaren zestig schoten ook de leerstoelen voor 'sociale psychologie' en dergelijke als paddestoelen uit de grond.

Conclusie

Samenvattend kunnen we zeggen dat de oriëntaties van individuele en collectieve subjecten op de wereld in iets meer dan een eeuw geleidelijk aan steeds meer voorwerp van onderzoek en sturing zijn geworden. Allerlei vormen van opinie- en attitudeonderzoek zijn een standaardonderdeel geworden van beleid en denken in allerlei sectoren. Dergelijk onderzoek dient soms het algemeen belang: bijvoorbeeld bij voorlichting ter verhoging van de volksgezondheid en de verkeersveiligheid. Het dient soms ook bijzondere belangen: bijvoorbeeld bij de verkoop van artikelen en ideologieën. Voorop staat dat onze mentale oriëntaties op dingen en mensen voortdurend in kaart gebracht worden, en voorwerp zijn van psychosociale bemoeienis. In zekere zin stellen we ons daar trouwens ook maar al te graag voor open: we zijn immers zelf ook voortdurend op zoek naar signalen die ons oriëntatie kunnen verschaffen op een complexe werkelijkheid: aansprekende ideaalvoorstellingen over wat 'in' is en wat 'uit', over wie populair is en onpopulair. Steeds meer van deze signalen komen tot ons via de media, en worden gemedieerd door honderd-en-een verschillende mechanismen.[17] Twee kanttekeningen over de toekomst en over de allernieuwste ontwikkelingen in dit veld.

Ten eerste lijkt het traditionele onderzoek naar 'representatieve' opinies en attitudes betrekkelijk primitief, vergeleken bij de ultramoderne technieken die opdoemen in het verlengde van de huidige 'multimedia'-revolutie (waarbij beeld en geluid, tekst en cijfers, elektronica en telecommunicatie allemaal in elkaar omgezet en aan elkaar gekoppeld kunnen worden). Enerzijds ontstaan daardoor veel nieuwe mogelijkheden tot het 'monitoren' van feitelijk gedrag (in plaats van eenvoudige uitspraken daarover), anderzijds kan dit massaal gebeuren bij hele bevolkingsgroepen (in plaats van steekproeven daaruit). Wie bijvoorbeeld een klantenkaart of 'voordeelkaart' neemt bij een supermarkt of benzinestation, stelt daarbij terloops allerlei persoonlijke gegevens (en die van eventuele gezinsleden) ter beschikking. Bij later gebruik kunnen deze steeds opnieuw gekoppeld worden aan feitelijk koopgedrag, elektronisch geanalyseerd, en omgezet in sturingspogingen – zoals 'speciale aanbiedingen' per post of per telefoon. Vlak voor de verjaardag van de kinderen kan men ze bijvoorbeeld felicitaties en 'verlanglijstjes' sturen, die ze dan zelfstandig kunnen invullen en alvast aan ouderen voorleggen.

Ook de introductie van nieuwe media biedt tal van nieuwe mogelijkheden. Via de volgende generatie kabelkastjes zullen ons kijk- en luistergedrag perfect kunnen worden geregistreerd en de effecten van programma's en reclamespotjes perfect 'uitgewaardeerd'. Bovendien zitten we steeds vaker aan (en in) computers: de leercurves van schoolkinderen, de plaspauzes van werknemers en het verplaatsingsgedrag van reizigers kunnen zo automatisch worden geregistreerd en geanalyseerd. Al deze gegevens kunnen ook 'gezeefd' worden, op zoek naar bepaalde patronen. Daaruit ontstaan bijvoorbeeld nu al allerlei science-fiction-achtige toepassingen op het gebied van de forensische psychologie en criminologie.[18]

Bezetting van de Brent Spar, 1995. De gang van zaken rond dit booreiland is een fraaie illustratie van de onvoorspelbaarheid van de publieke opinie. Plannen om de Brent Spar op de zeebodem te dumpen moesten wegens onverwacht heftige protesten worden ingetrokken. Foto: Greenpeace.

Hoewel de middelen om de attitudes en het gedrag van het publiek te voorspellen dus voortdurend toenemen, blijken deze toch vaak massaal een volledig onverwachte wending te nemen. Het image van een product of persoon wordt bijvoorbeeld door een onbeduidend gerucht of incident volledig verstoord; de koers van een aandeel of geldsoort stijgt tot ongekende hoogten, om dan opeens radicaal in elkaar te klappen;[19] een overheidsmaatregel roept een onvoorziene storm van protest of morele verontwaardiging op; door een sociaal conflict of een oorlog neemt een ontwikkeling een fundamenteel andere wending, enzovoort.

Blijkbaar voldoet het verloop van de publieke opinie niet altijd aan het simpele adagium: 'Meten is weten, weten is voorspellen, voorspellen is beheersen.' Drie eeuwen lang hebben de wetenschappen in het teken gestaan van 'de appel van Newton': een mechanistisch wereldbeeld gebaseerd op de wisselwerking tussen slechts enkele eenvoudige krachten. Sinds drie decennia rukt echter 'de vlinder van Lorenz' op. Hiermee wordt verwezen naar de titel van een beroemd artikel van de metereoloog Edward Lorenz: 'Kan het fladderen van de vleugels van een vlinder in Brazilië een orkaan veroorzaken in Texas?' Het antwoord luidt bevestigend, en daarmee wordt de aandacht gevestigd op de afwisseling tussen chaos en patroonvorming, bijvoorbeeld in veel-deeltjessystemen met interacterende kenmerken, waarbij kleine oorzaken (zoals katalysatoren) onevenredig grote gevolgen kunnen hebben.

De laatste jaren ontstaat er ook binnen de psychosociale wetenschappen steeds meer belangstelling voor de implicaties van dit alternatieve paradigma. Mogelijk zal dit ertoe leiden, dat er naast de 'opiniestatica' ook een 'opiniedynamica' tot ontwikkeling komt, waarin de vreemdsoortige logica van dergelijke radicale en massale omslagen in opinies en attitudes, percepties en images wordt bestudeerd. Want gelukkig is de ontwikkeling van onze belevingen, als individu en collectiviteit, niet volledig te voorzien en te sturen.

N_{oten}

1 Meer over dergelijke vormen van 'psy-bernetica' in J. van Ginneken (1992), *Waarom doet U dat?! Beïnvloeding van het gedrag in het dagelijks leven* (Lisse: Swets & Zeitlinger).

2 N. Rose (1990), *Governing the soul. The shaping of the private self* (London: Routledge), p. 1-3. Zie ook: N. Rose (1985), *The psychological complex. Psychology, politics and society in England 1869-1939* (London: Routledge & Kegan Paul). En voor Amerikaanse parallellen: D. S. Napoli (1981), *Architects of adjustment. The history of the psychological profession in the United States* (Port Washington, NY: Kennikat Press).

3 Geciteerd naar J. van Ginneken (1992), *Crowds, psychology and politics, 1871-1899* (New York: Cambridge University Press), p. 136.

4 Zie o.m. E. Noelle-Neumann (1984), *The spiral of silence* (Chicago: University of Chicago Press) en V. Price (1992), *Public opinion* (Newbury Park, CA: Sage).

5 Een cruciale schakel hierbij vormde de Chicago School of Sociology, en met name het werk van de socioloog Robert Park. Meer hierover in Van Ginneken (1992), *Crowds,* a.w., p. 224-228.

6 Een uitvoerige geschiedenis van (vooral de Amerikaanse) interdiscipline is W.S. Sahakian (1982/1974), *History and systems of social psychology* (Washington: Hemisphere).

7 W.I. Thomas and F. Znaniecki (1958), *The Polish peasant in Europe and America* (New York: Dover Publications). Geciteerd naar Sahakian, a.w., p. 98.

8 Zie Th. Adorno e.a. (1950), *The authoritarian personality* (New York: Norton).

9 Zie bijv. S. Lowery en M. De Fleur (1983), *Milestones in mass communication research – Media effects* (New York: Longman).

10 Bijvoorbeeld in de leer van de wisselwerking tussen persoonlijkheid, waarneming en maatschappij (psychoanalyse, Gestaltpsychologie, Frankfurter Schule) en in de veld- en balanstraditie (Lewin, Heider, Festinger). Zie o.m. M. Jay (1973), *The dialectical imagination* (Boston: Little, Brown & Co); Stuart Hughes (1975), *The sea change* (New York: Harper & Row).

11 Zie D. Boorstin (1963/1960), *The image or what happened to the American dream* (Harmondsworth: Penguin).

12 Ontwikkelingen in Amerikaanse campagnetechnieken zijn onder meer goed samengevat door D. Nimmo (1970) in *The political persuaders – The techniques of modern election campaigns* (Englewood Cliffs, NJ: Prentice Hall). De geschiedenis van het politieke onderzoek staat onder meer beschreven in: S. Kraus en D. Davis (1980/1976), *The effects of mass communication on political behavior* (Univ. Park: Pennsylvania State University Press).

13 Zie voor Nederland onder meer J. van Ginneken (1994), *Den Haag op de divan – Een psychologische analyse van onze politieke top* (Bloemendaal: Aramith).

14 J. van Ginneken (1993), *De uitvinding van het publiek* (Amsterdam: Cramwinckel), p. 74-75.

15 Zie voor enkele recente voorbeelden hiervan o.a. J. van Ginneken (1991), Liegen voor het vaderland, *Psychologie, 6,* 16-19; J. van Ginneken (1994), Kijk maar, je weet niet wat je ziet, in J. Wesselius, red., *Het mijnenveld* (Amsterdam: Nijgh & Van Ditmar), 37-57.

16 Enkele publicaties die daaruit voortvloeiden: M. Brouwer (1968), *Stereotypen als folklore* (Vinkeveen: Fringilla); en de proefschriften van H. 't Hart, A. den Boon, C. de Boer e.a.

17 Zie J. van Ginneken (1996), *De schepping van de wereld in het nieuws* (Houten: Bohn, Stafleu Van Loghum).

18 Af en toe duikt er een krantenbericht op, waardoor we een glimp van de politionele en justitiële toepassingen hiervan kunnen opvangen. De Colombiaanse drugsbaron Pablo Escobar bleek bijvoorbeeld te zijn gedood, nadat hij was opgespoord via zijn (uitgeschakelde) satelliettelefoon. De Franse voetbalmagnaat Bernard Tapie werd veroordeeld voor corruptie, nadat zijn alibi's waren ontmaskerd door zijn eigen creditcard. De Amerikaanse FBI zeeft passagiersgegevens op luchthavens aan de hand van typische smokkelaarsprofielen. De Franse politie loste een zedenmoord op door iedereen na te trekken die herhaaldelijk bepaalde 06-nummers had gebeld. Het Duitse Bundes Kriminal Amt ontwikkelde technieken waarbij bewakingscamera's automatisch auto's met verdacht gedrag bij terroristische doelen signaleren, en bij de nummerborden meteen de eigenaars zoeken. Inmiddels zijn dergelijke technieken ook in Nederland geïntroduceerd. Zie Van Ginneken (1992), *Waarom doet U dat?!* (a.w.).

19 Verschijnselen en gevallen met betrekking tot commerciële markten in J. van Ginneken (1993), *Rages en crashes – De onvoorspelbaarheid van de economie* (Bloemendaal: Aramith).

De vrouw

PSYCHOLOGIE EN DE LEGITIMERING VAN SEKSESEGREGATIE

AGNETA H. FISCHER

'Dat in den laatsten tijd de psychologie der vrouwen meer dan vroeger in ruimen kring de opmerkzaamheid getroffen heeft, vindt wel zijn hoofdoorzaak in het feit dat men haar met zekere practische vragen, als die van de vrouwenstudie, van het vrouwenkiesrecht, van de aanspraken der vrouw op het bekleeden van openbare ambten in nauw verband gebracht heeft. En zeker zal men voor de beslissing van deze practische vragen wel-gegronde inzichten in de psychologie der vrouwen dringend noodig hebben; want wat de vrouw in het leven te doen heeft, hangt in de eerste plaats af van wat zij is.'[1]

Dit citaat uit Gerard Heymans' *Psychologie der vrouwen* (1910) illustreert de opkomst van de psychologische bemoeienis met de taken en rollen van vrouwen. Heymans verwees hier naar het maatschappelijke debat over de 'vrouwenquaestie' dat niet alleen in Nederland, maar ook bijvoorbeeld in Engeland en de Verenigde Staten werd gevoerd. De centrale vraag was in hoeverre de aard van vrouwen verschilt van die van mannen, en of vrouwen wel of niet dezelfde maatschappelijke rollen kunnen dan wel horen te vervullen als mannen: kunnen vrouwen ongestraft studeren, kunnen zij 'mannelijke' arbeid verrichten, zijn ze in staat op verantwoorde wijze met hun stemrecht om te gaan, zonder dat dit alles ten koste gaat van hun vrouwelijke karakter en functies?

Vertegenwoordigers van de jonge wetenschap van de psychologie grepen deze gelegenheid aan om zich uit te spreken over de rollen van vrouwen in de publieke en de privé-sfeer. Zij deden dit vanuit de overtuiging dat psychologische kennis bij uitstek geschikt was als basis om hierover adviezen te geven. Als beoefenaren van een empirische wetenschap meenden psychologen over een beter instrumentarium te beschikken om uitspraken te kunnen doen over de aard van de verschillen tussen de seksen dan bijvoorbeeld filosofen, artsen of biologen.

Anders dan bij het kind, de leerling, of de werknemer, is van een zelfstandig psychologisch praktijkveld aangaande 'de vrouw' nooit echt sprake geweest – hoewel ideeën over de natuur van vrouwen wel een rol speelden in bijvoorbeeld opvoedingsadviezen, de geestelijke gezondheidszorg, de beroepskeuzeproblematiek en het overheidsbeleid. De psychologische bemoeienis met vrouwen uitte zich echter vooral in *populariserende verhandelingen* over 'de natuur' of 'het wezen' van de vrouw: lezingen, radiopraatjes, artikelen in populaire tijdschriften, enzovoort. Deze gepopulariseerde psychologie van de vrouw behelsde normen, waarden en ideaalbeelden die niet alleen een rol speelden in maatschappelijke debatten, maar ook een voedingsbodem vormden voor hoe vrouwen zichzelf het liefst zagen. Dit was het begin van een subtiel beïnvloedingsproces waarin wetenschappelijke beschrijvingen van ideale vrouwelijkheid normgevend werden voor het alledaagse leven van vrouwen. Zo speelde de psychologie een rol in de legitimering van bepaalde maatschappelijke standpunten of bewegingen.

De rol van mannen bleef in deze psychologische uiteenzettingen grotendeels buiten beschouwing of kwam slechts ter sprake als afgeleide van de rol van vrouwen. De titels van boeken over deze kwesties zijn wat dit betreft illustratief: *Psychologie der vrouwen* (Heymans), *De vrouw* (Buytendijk), *On the weakness of women* (Watson), enzovoort. Er zijn nauwelijks psychologische titels geweest waarin het woord 'man' voorkwam. Wat mannen deden of moesten doen, stond in de meeste psychologische uiteenzettingen niet ter discussie. Vandaar dat in dit hoofdstuk de nadruk ligt op de wijze waarop vrouwen zijn aangesproken door psychologen.

In dit hoofdstuk zullen vier thema's aan de orde komen, die in deze eeuw onderwerp van maatschappelijk debat zijn geweest en waarin psychologen een herkenbare rol hebben gespeeld. Het eerste debat, voornamelijk gevoerd in de eerste decennia van deze eeuw, richtte zich op de deelname van vrouwen aan het hoger onderwijs. De tweede discussie die beschreven wordt, vond plaats in de jaren twintig en dertig en ging over de rol van de vrouw als moeder. Vrouwen zijn van oudsher aangesproken op hun moeder-zijn. Waar dit moederschap echter voorheen min of meer als een natuurlijk gegeven was beschouwd, werd het in de jaren twintig tot onderwerp van wetenschappelijke bemoeienis. Het derde debat handelde over de rol van de vrouw als echtgenote. Hierin stonden de verschuivende sekserollen in het gezin en de seksuele relatie tussen de huwelijkspartners centraal. Tot slot zal de discussie over de werkende vrouw aan bod komen: met name na de Tweede Wereldoorlog werd de vraag pregnant in hoeverre gehuwde vrouwen betaalde arbeid hoorden te verrichten.

Hoe verschillend de thema's van deze debatten ook waren, de achterliggende vragen bleven steeds ongeveer dezelfde, namelijk 'waarin verschillen vrouwen van mannen?' en 'welke implicaties heeft dit voor de maatschappelijke functies van vrouwen (en mannen)?' Zoals we zullen zien, werd de rol van de psychologie in deze debatten steeds prominenter.

Voorgeschiedenis

Van oudsher hebben geleerden zich over het verschijnsel 'vrouw' gebogen. Een steeds terugkerend motief in veel van deze beschouwingen was de gedachte dat vrouwen de antipolen van mannen zijn. Hierbij stond de vrouw veelal voor het natuurlijke en emotionele en de man voor rationaliteit en cultuur. In het algemeen werd de vrouw daarbij als inferieur aan de man beschouwd: niet alleen wat betreft intelligentie, maar wat betreft bijna alle psychische en lichamelijke vaardigheden. Deze ideeën, die eeuwenlang gemeengoed waren in de westerse cultuur, vormden een rechtvaardiging voor het feit dat mannen en vrouwen verschillende maatschappelijke functies hadden: mannen hielden zich bezig met het openbare leven, met politiek en oorlog voeren, terwijl vrouwen zorg droegen voor alles in en rond het huis.[2]

Deze traditionele scheiding in de maatschappelijke rollen van beide seksen werd in de loop van de negentiende eeuw pregnanter, als gevolg van het industrialisatie- en urbanisatieproces en de daarmee samenhangende opkomst van het moderne kerngezin. De wereld van werken en geld verdienen raakte in dit proces steeds meer gescheiden van de wereld van de zorg en de huiselijke haard. Deze ontwikkeling van gescheiden werelden, of *separate spheres*[3], resulteerde in een steeds strengere arbeidsdeling naar sekse: de man werd exclusief verantwoordelijk voor de financiële zorg voor het gezin (de *productie*), terwijl de vrouw exclusief zorg diende te dragen voor de immateriële zorg voor de gezinsleden (de *reproductie*). Rond de eeuwwisseling was het in de westerse wereld een vrij algemeen verschijnsel dat de vrouw hart en ziel van het gezinsleven was en het moederschap haar ultieme levensvervulling.[4]

Demonstratie voor vrouwen-
kiesrecht, Amsterdam, 1916.
Foto: IIAV Beeldarchief Amsterdam.

Vrouwen uit de lagere klassen hadden aan deze gezinstaken hun handen vol. Voor middenklassevrouwen lag dit anders. Door technologische innovaties, zoals de aanleg van warm en koud stromend water, van wc's en badkamers, en de introductie van groente en fruit in blik, en door de opkomende trend om het kindertal te beperken, was het huishouden geen allesopslokkende activiteit meer en kregen deze vrouwen meer vrije tijd. Onder invloed hiervan breidde hun zorgende rol zich geleidelijk aan uit buiten de muren van het eigen gezin. Vrouwen uit de middenklasse begonnen zich moreel verantwoordelijk te voelen voor kinderen, zwakkeren en hulpbehoevenden in de hele samenleving. Zij beschouwden zichzelf als hoedsters van de morele standaard in de samenleving, als belichaming van spirituele waarden. Dit *virtuous womanhood* fungeerde als een nieuwe gedragslijn voor middenklassevrouwen.[5] Zij gingen zich steeds grootschaliger organiseren om dit nieuwe ideaal te verwezenlijken. De vrouwenclubs en liefdadigheidsverenigingen (in Nederland bijvoorbeeld de Vereniging voor Moederlijke Weldadigheid) schoten rond de eeuwwisseling als paddestoelen uit de grond. De vrouwen trokken ten strijde tegen het immorele gedrag van mannen (onder andere drank en prostitutie) en het onrecht in de samenleving, zoals de erbarmelijke omstandigheden in bijvoorbeeld armenhuizen en weeshuizen.

Zolang vrouwen zich binnen de grenzen van het vrouwendomein van de zorg en de morele verantwoordelijkheid voor anderen ophielden, werd hen weinig in de weg gelegd. Deze activiteiten deden immers geen afbreuk aan de traditionele definitie van vrouwelijkheid, en de scheiding der levenssferen. Rond de eeuwwisseling begonnen vrouwen echter ook hun eigen maatschappelijke positie ter discussie te stellen: het ontbreken van vrouwenkiesrecht, de onmogelijkheid om goede opleidingen te volgen, en de ongelijke positie in betaalde arbeid. Dit resulteerde in de opkomst van vrouwenbewegingen, ook wel aangeduid als de eerste feministische golf, die zowel in de Verenigde Staten als in de meeste Europese landen haar hoogtepunt vond in de eerste decennia van deze eeuw en onder andere uitmondde in de instelling van het kiesrecht voor vrouwen.

Hoewel de middenklassevrouwen zelf juist het traditionele verschil tussen man en vrouw onderstreepten, zorgden zij met hun eisen voor gelijke behandeling op politiek, sociaal en onderwijskundig vlak voor de eerste barsten in het bolwerk van de traditionele vrouwelijkheid. De vraag was niet alleen of vrouwen in maatschappelijk opzicht dezelfde kansen en rechten moesten hebben als mannen, maar ook of mannen en vrouwen wel zo verschillend van elkaar waren als altijd beweerd werd.

In de strijd voor vrouwenkiesrecht werd onder andere verwezen naar de morele superioriteit van vrouwen: kiesrecht voor vrouwen zou een bijdrage leveren aan een humanere samenleving. Uit: I. Dancyger (1978), A world of women (Dublin: Gill and MacMillan).

Rond de eeuwwisseling werd deze vraag opgepakt door de psychologie. De eerste psychologische theorieën erover stonden sterk onder invloed van het evolutionaire gedachtengoed van Darwin. Daarbij ging men ervan uit dat de evolutietheorie een wetenschappelijke verklaring gaf voor de verschillende gedragingen, capaciteiten en voorkeuren van beide seksen: mannen en vrouwen hadden een verschillende functie in de evolutionaire ontwikkeling. Hierdoor zouden de hersenen van mannen verder ontwikkeld zijn dan die van vrouwen, met name op het vlak van abstracte, logische en rationele functies.

Ook psychologen die minder darwinistisch georiënteerd waren, gingen er in het algemeen van uit dat de verschillen tussen mannen en vrouwen essentieel waren en een biologische grondslag hadden: vrouwen waren gepredestineerd om te moederen en mannen om een bijdrage te leveren aan de menselijke beschaving. Zo beweerde Freud bijvoorbeeld dat vrouwen van nature meer energie nodig hebben om hun kinderlijke, perverse neigingen te verdringen, waardoor zij onvoldoende energie over hebben om hun seksuele driften te sublimeren, en dus om een bijdrage aan de menselijke beschaving te leveren.[6]

Toch waren de opvattingen van psychologen niet volledig geënt op de biologie. Zo onderstreepten zij bijvoorbeeld ook de invloedrijke rol van de opvoeding en de sociale omgeving in de vorming van vrouwelijkheid. Daarnaast benadrukten de meeste psychologen de gelijkwaardigheid van beide seksen, ondanks hun verschillende capaciteiten.

Vrouwelijke begaafdheid

Een van de eerste debatten over de positie van vrouwen waarin psychologen een rol van betekenis speelden, was de discussie over de toelating van vrouwen tot vormen van hoger onderwijs. Deze discussie bereikte haar hoogtepunt in de eerste decennia van deze eeuw, toen in het kader van de eerste feministische golf gepleit werd voor gelijke onderwijskansen voor vrouwen. De eerste aanzet tot de discussie vond echter reeds in de jaren zestig en zeventig van de vorige eeuw plaats.

Tot de tweede helft van de negentiende eeuw waren zowel in Europa als in de Verenigde Staten voortgezette opleidingen voor vrouwen gesloten. Een van de eerste pogingen om hier verandering in te brengen, waren de zogenaamde *women's colleges* in de Verenigde Staten. Het eerste van deze colleges was Vassar College, gesticht in 1865. Volgens de oprichter, Matthew Vassar, hadden vrouwen van God dezelfde intellectuele capaciteiten gekregen als mannen, en kwamen hen dus ook dezelfde rechten toe op intellectuele ontwikkeling. Dit lokte een storm van protest uit, vooral van medische zijde. Een van de felste en actiefste tegenstanders was de arts Clarke, die stelde dat de baarmoeder de mentale en lichamelijke gezondheid van vrouwen domineert, waardoor een zwak, submissief, oncreatief, emotioneel en algemeen inferieur schepsel ontstaat. De onderontwikkelde hersenen van vrouwen zouden niet bestand zijn tegen blootstelling aan intellectuele inspanning. Sterker nog, dit zou ten koste gaan van de reproductieve functie van vrouwen, omdat het bloed dat nodig is voor de werking van de hersenen, niet gebruikt kan worden om de menstruatie op gang te houden. 'Identical education of the two sexes', aldus Clarke, 'is a crime before God and humanity that physiology protests against and that experience weeps over'.[7]

Naarmate de claims van vrouwen op het volgen van hoger onderwijs sterker werden, nam de discussie in hevigheid toe. Dit gold niet alleen voor de Verenigde Staten, maar ook voor Europa. Zo vormde in Nederland de toelating van Aletta Jacobs in 1871 als eerste vrouw tot de universiteit de aanleiding voor een in eerste instantie politiek en later medisch en psychologisch debat. In Nederland was de oppositie tegen de vrouwenstudie echter mild in vergelijking met de Verenigde Staten.[8]

Naast het argument dat vrouwen te zwak zijn om zich intellectueel te ontwikkelen, werden door biologen en medici twee andere argumenten aangevoerd tegen het studeren door vrouwen. Het eerste was dat de hersencapaciteit van vrouwen kleiner is, waardoor vrouwen minder intelligent zijn dan mannen. Hoe hardnekkig deze gedachte was, bleek uit de intellectuele wendbaarheid waarmee zij verdedigd werd. In eerste instantie dacht men dat de frontale kwabben in vrouwenhersenen kleiner waren; deze werden dan ook prompt tot zetel van het intellect bestempeld. Nader onderzoek wees echter uit dat niet de frontale, maar de pariëtale kwabben bij vrouwen kleiner waren. Als gevolg van deze bevinding werd vervolgens dit gedeelte van de hersenen als oorzaak van sekseverschillen in intelligentie aangewezen.

Een tweede argument was gebaseerd op het verschil in individuele variatie tussen mannen en vrouwen. Ook hier wisselde de gedachtengang, al naar gelang de vermeende consequenties die men aan dit fenomeen toedichtte. Zo waren wetenschappers aan het begin van de negentiende eeuw van mening dat vrouwen over een grotere variabiliteit beschikten en dat variabiliteit *dus* een teken van inferioriteit was. Darwin daarentegen stelde dat juist mannen een grotere variabiliteit vertoonden. Dit werd verder uitgewerkt door onder anderen de seksuoloog Havelock Ellis, die stelde dat de grotere variabiliteit van mannen van toepassing was op praktisch alle karaktereigenschappen. Rond de eeuwwisseling was het een geaccepteerde opvatting dat variabiliteit een teken van superioriteit was.[9]

Psychologische argumenten

Waren het aanvankelijk medici en biologen die zich met aan de wetenschap ontleende argumenten verzetten tegen de 'vrouwenstudie', rond de eeuwwisseling begonnen ook psychologen zich te roeren. In de Verenigde Staten was het onder andere Stanley Hall die zich keerde tegen het verschijnsel van de studerende vrouw. Volgens Hall onderscheiden vrouwen zich door een groter moraliteitsgevoel, een grotere intuïtie en een intenser gevoelsleven dan mannen. Als vrouwen zich academisch zouden scholen, zou dit tot masculinisatie van de vrouw, feminisatie van de universiteiten en uiteindelijk tot zelfmoord van het ras leiden.

Ook in geschriften van andere mannelijke psychologen kwam naar voren dat hoewel vrouwen wellicht in intellect niet onderdeden voor mannen, zij zich toch beter op andere professies dan de puur academische konden toeleggen. Zo schreef Heymans dat vrouwen weliswaar ijverig en accuraat zijn en een goed geheugen hebben, maar dat ze niet zo goed in staat zijn tot abstraheren als mannen.[10] Dit kwam volgens Heymans vooral omdat vrouwen emotioneler van aard zijn. Vrouwen zouden zich dan ook meer op praktische kwesties moeten toeleggen, zoals de dagelijkse problemen in een gezin, terwijl mannen zich beter het hoofd kunnen buigen over abstracte, academische problemen.

Toch bestond onder psychologen over het algemeen een wat tolerantere houding dan onder medici en biologen. Verschillende vooraanstaande psychologen spraken zich openlijk uit voor gelijke academische kansen voor vrouwen, en vanaf het ontstaan van de psychologie als wetenschappelijke discipline werden vrouwen toegelaten tot het vak. In 1906 waren er onder de 186 in de *American men of science* geregistreerde psychologen, 22 vrouwen. Ook waren vrouwen vanaf het begin lid van de beroepsvereniging van psychologen, publiceerden ze in de nieuw opgerichte psychologische tijdschriften en hielden ze lezingen op bijeenkomsten en vergaderingen.[11] Ook in Europa waren vrouwen van het begin af aan actief, bijvoorbeeld in de psychoanalytische beweging. In vergelijking met andere wetenschappen was de rol van vrouwen binnen de psychologie dus relatief groot.

Een belangrijke bijdrage van de psychologie aan het debat over sekse-verschillen bestond uit de aanlevering van nieuwe empirische gegevens. Een van de eerste pogingen hiertoe was Heymans' *Psychologie der vrouwen (1910)*, dat voor een belangrijk deel gebaseerd was op een grootschalige enquête onder leraren en artsen naar verschillen in gedrag en karakter tussen mannelijke en vrouwelijke leerlingen, respectievelijk patiënten.[12] In de Verenigde Staten waren het vooral vrouwelijke psychologen die de eerste pogingen ondernamen om het bestaan van sekseverschillen empirisch te onderzoeken. De eerste van hen was Helen Thompson Woolley, die in 1900 promoveerde op het proefschrift *The mental traits of sex: An experimental investigation of the normal mind in men and women*. Woolley concludeerde dat er nauwelijks verschillen tussen vrouwen en mannen waren in algemene kennis, uitdrukkingsvermogen, emotionaliteit, of intelligentie. Ook Leta Hollingworth, die in 1914 promoveerde, vond geen aanwijzingen voor grote verschillen tussen de seksen. Zelfs tijdens de menstruatieperiode, zo concludeerde ze, is er geen sprake van de algemeen veronderstelde inferieure geestelijke en lichamelijke capaciteiten van vrouwen.[13] In de daaropvolgende decennia werden deze gegevens steeds vaker bevestigd, waardoor het idee dat vrouwen intellectueel inferieur aan mannen zouden zijn, steeds verder werd ondermijnd.[14] Ook het argument dat vrouwen een academische opleiding lichamelijk of geestelijk niet aan zouden kunnen, werd op basis van statistische gegevens, afkomstig van onder andere de *women's colleges*, steeds minder plausibel: academisch gevormde vrouwen bleken geen zwakkere gezondheid te hebben in vergelijking met mannen, of in vergelijking met vrouwen die niet studeerden. Evenmin verlepte hun charme, of werd hun vrouwelijkheid op een andere wijze aangetast. Wel werd bij tijd en wijle de vraag opgeworpen in hoeverre leren en studeren past bij het vrouwelijke karakter.

Vanaf de jaren twintig gingen steeds meer vrouwen allerlei opleidingen volgen en was het belangrijkste verzet gebroken. Een studerende vrouw was niet langer meer een uitzondering, hoewel dit geenszins betekende dat men ook vond dat vrouwen moesten gaan studeren. Een van de belangrijkste argumenten waarmee de intellectueel vooruitstrevende vrouw indirect werd bestreden, was haar plicht als moeder.

H*et moederschap*

In de periode voor de industriële revolutie was er weinig aandacht voor de rol van de moeder in de opvoeding van kinderen, maar met het terugdringen van de vrouw in de huiselijke sfeer, werd het fulltime moederschap steeds meer de norm. Mede onder druk van religieuze groepen die de morele purificatie van de samenleving en de zorg om zwakkeren voorstonden, was men van mening dat goed moederschap de basis vormde voor een deugdzame en moreel hoogstaande samenleving. De vrouwenorganisaties die rond de eeuwwisseling ontstonden, speelden bij het uitdragen van deze gedachte een belangrijke rol.

In 1897 werd door McLellan Birney in de Verenigde Staten het National Congress of Mothers opgericht, een machtig netwerk van moederclubs, dat nauwe relaties onderhield met de *child study movement* (zie hoofdstuk 2). Het Congress stelde zich tot doel om gezamenlijk actie te ondernemen op het gebied van het welzijn van kinderen. Het ultieme belang van het kind en de kindertijd diende erkend te worden en moeders moesten worden bijgestaan in de uitoefening van 'het belangrijkste beroep ter wereld': het opvoeden van kinderen. Het was een programma dat brede maatschappelijke steun genoot; zo organiseerde de vereniging lezingen door vooraanstaande politici (onder anderen president Roosevelt) en wetenschappers (onder anderen Stanley Hall).

De leden van het Congress waren vooral actief in stedelijke moeder-organisaties, die moeders instrueerden over de psychologie en opvoeding van het kind. Dat was niet alleen van belang voor de kinderen zelf, maar ook voor de Amerikaanse samenleving als geheel. Illustratief voor die gedachte is de presidentiële rede uit 1905, waarin voorzitster Schoff de leden van het Congress eraan herinnert dat de problemen van het land groot zijn en dat het werk nog bij lange na niet klaar is, vooral gezien de grote hoeveelheid immigranten-kinderen, die nog alles moeten leren over de Amerikaanse normen en waarden. De zendings-gedachte van het Congress sloeg enorm aan: in 1910 waren vijftigduizend vrouwen lid van moederverenigingen, in 1920 waren het er zelfs 190.000.[15]

Het ideaalbeeld dat via de vrouwenorganisaties werd uitgedragen, was dat van de vrouw als moeder en moreel superieur wezen. Net als in het debat over de 'vrouwenstudie', speelden wetenschappelijke noties een belangrijke rol in de onderbouwing van dit ideaal. Dit gold bijvoorbeeld voor het gepopulariseerde darwinistische gedachten-goed: de rol van vrouwen in de evolutie betekende niet alleen dat hun intellectuele capacitei-ten minder waren dan die van mannen, maar ook dat hun emotionaliteit en instincten, en met name hun moederinstinct, veel beter ontwikkeld waren. Vergelijkbare opvattingen waren te-rug te vinden in theorieën van psychologen als Stanley Hall, Freud en Heymans. Zoals de laat-ste het formuleerde: *'De beschaving is voor de vrouw, veel meer dan voor de man, een knel-lende band (...). In het diepst van haar hart blijft zij veel meer natuur- dan cultuurproduct.'[16]*

Door dit alles was de vrouw als vanzelfsprekend bestemd voor het moederschap. Zo beschikten vrouwen, volgens psychologen als Heymans en Stanley Hall, over eigenschappen als medelijden, offervaardigheid, altruïsme en menslievendheid, die hen voorbestemden voor de zorg van kinderen.

Wetenschappelijke bemoeienis met de moederrol

Psychologische theorieën dienden niet alleen om de 'natuurlijke' rol van de vrouw als moeder te legitimeren; ze behelsden ook voorschriften over de manier waar-op vrouwen deze rol moesten vervullen. Hoe hoog psychologen als Stanley Hall ook opgaven van het belang van het moederinstinct, dit betekende in hun ogen niet dat men de opvoeding met een gerust hart aan moeders over kon laten. Integendeel: zoals we in het hoofdstuk over de opvoeding zagen, nam vanaf de jaren twintig de wetenschappelijke bemoeienis met de op-voeding hand over hand toe. Enerzijds werd daarbij de vrouw als vanzelfsprekend een be-langrijke rol toegekend; anderzijds waren veel psychologen uiterst kritisch over de manier waarop zij deze rol vervulde.

Voor de Tweede Wereldoorlog was het vooral de behaviorist Watson die zich kritisch uitliet over de rol van moeders in de opvoeding. De moederliefde, waar Heymans en Stanley Hall nog zo hoog van hadden opgegeven, was voor Watson juist een steen des aan-stoots. In *On the weakness of women* (1928) stelde hij dat moeders zich over het algemeen veel te veel moederliefde veroorloven: moeders dienen hun kinderen niet steeds te kussen of te knuffelen, maar moeten zich juist objectief en afstandelijk gedragen (zie ook hoofdstuk 2). In de opvoedingshandboeken voor de Tweede Wereldoorlog werd bijna zonder uitzondering gewaar-schuwd voor een overdaad aan vrouwelijke emoties.[17] Moederlijke emoties werden gezien als centrale en oncontroleerbare krachten die een potentieel gevaar voor het kind vormden.

De kritiek op de manier waarop vrouwen hun moederrol vervulden, kreeg nieuw voedsel door de opkomst van psychoanalytisch georiënteerde opvoedingsadvie-zen. Freud en andere vroege psychoanalytici hadden zich weinig expliciet uitgelaten over de moederrol. In de jaren veertig en vijftig veranderde dit: psychoanalytici gingen meer nadruk leggen op het belang van de omgeving voor de kinderlijke ontwikkeling, waarbij vooral de betekenis van de moeder werd benadrukt. Dit kwam onder andere tot uitdrukking in de populaire praatjes van de Engelse arts Winnicott voor de BBC, waarin benadrukt werd dat de moeder de bron van alle goed en kwaad is in de ontwikkeling van het kind.[18] Zeer expliciet in zijn kritiek op moeders was de Amerikaanse psychiater Levy, die in zijn boek *Maternal overprotection* stelde dat normaal moederschap psychopathogeen kon zijn. Het moederinstinct leidde volgens hem tot een overbeschermende houding van vrouwen, waardoor zij te aanwezig en te permissief zouden zijn.

Allengs bleef zo weinig meer over van het idee dat vrouwen van nature goede moeders waren en dat het moederschap normaal gesproken iets deugdelijks en hoogstaands was. Daarvoor in de plaats kwam een zeer kritische houding over de manier waarop vrouwen hun moederschap vervulden, die wel werd aangeduid als 'mother blaming' of 'momism': moeders werden verantwoordelijk gesteld voor het probleemgedrag van hun kinderen, en daarmee indirect ook voor maatschappelijke problemen als alcoholisme en jeugddelinquentie.

De vader speelde tot de Tweede Wereldoorlog een marginale rol in de opvoedingshandboeken. Als *zorgende* ouder was hij veelal afwezig. Zijn rol bestond vooral uit het handhaven van orde en gezag, hij was de autoriteit op de achtergrond, die de moeder morele en financiële ondersteuning moest bieden. In het algemeen werden vaders dan ook niet verantwoordelijk geacht voor gebreken in de opvoeding. Hun emotionaliteit en vaderliefde was onder controle, en de emotionele afstand die tussen hen en hun kinderen werd geconstateerd, werd niet beschouwd als een teken van desinteresse of ongevoeligheid, maar als een vorm van – gewenste – objectiviteit.

*S*ekserollen

Behalve de rol van moeder was vrouwen een tweede belangrijke rol toebedeeld: die van partner en aantrekkelijke echtgenote. Vanaf de jaren twintig werd ook deze rol in toenemende mate onderwerp van maatschappelijke en wetenschappelijke discussie. Een eerste aanzet hiertoe kwam vanuit de vrouwenbeweging. Na de Eerste Wereldoorlog deed een nieuwe generatie feministen van zich spreken, de zogenaamde *New Women*, die zich verzetten tegen de ouderwetse moraliserende opvattingen van hun voorgangers. Op politiek en sociaal terrein hadden vrouwen veel gelijke rechten verworven, maar de sekserollen binnen het huwelijk waren niet veel veranderd. De New Women wensten hun leven echter niet louter te wijden aan het huishouden of het moederschap.

De meest radicale uitdaging van het Victoriaanse ideaal van de vrouwelijke deugdzaamheid vormden de zogenaamde *flappers*.[19] Deze vrouwen daagden de gevestigde orde uit, door vrouwelijkheid te combineren met een mannelijke stijl en traditioneel mannelijke eigenschappen, zoals onafhankelijkheid en seksuele vrijheid. Flappers waren te herkennen aan hun kleding, stijl en gewoonten: ze droegen kort haar, maakten zich op, rookten en dronken, gingen op een kameraadschappelijk manier met mannen om, feestten veel, en hadden wisselende seksuele contacten.

'Dertig jaar "vooruitgang".'
Amerikaanse spotprent (1926)
over de opkomst van de 'flappers'.
Uit: M. Cornelis en M. Hinderink
(1989), Vrouwen in Nederland en
de Verenigde Staten
(Houten: Fibula).

1896   1926

Thirty Years of "Progress"!

Waren de flappers nog vooral een provocerende tegenbeweging, in de loop van de jaren dertig deed ook in bredere kring een nieuw vrouwelijkheidsideaal zijn intrede. Meer en meer kwam in huwelijksadviesboeken de nadruk te liggen op het belang van de *liefdesrelatie* tussen de echtelieden. Hierbij werd de vrouw een cruciale rol toebedeeld: zij moest niet alleen een liefhebbende moeder, maar ook een romantische en seksueel aantrekkelijke huwelijkspartner zijn.[20] Met name sociologen, maar ook seksuologen en psychologen, wezen erop dat huwelijken stukliepen, niet omdat er iets mis was in de relatie tussen de huwelijkspartners, noch omdat de vrouwen slechte huisvrouwen of moeders waren, maar omdat ze oninteressante echtgenotes waren. Vrouwen werden daarom getraind om dergelijke drama's te voorkomen, via extra cursussen op de *women's colleges*, of via speciaal daarvoor bestemde vrouwenclubs (*sororities*). Hier leerden ze een goede gastvrouw te zijn, bridge, dansen, het voeren van interessante conversaties, enzovoort. Ook in de reclame werd dit ideaal van de interessante echtgenote met verve uitgedragen. Zo werden wasmachines bijvoorbeeld aangeprezen met de slogan: *She washes most of the morning, then dances half of the night.*[21]

In het begin van de jaren dertig nam de discussie over de rol van vrouwen een nieuwe wending, waarbij voor het eerst ook de mannelijke rol expliciet ter sprake kwam. Directe aanleiding was de economische crisis, waardoor de traditionele rolverdeling tussen mannen en vrouwen onder druk kwam te staan: veel mannen raakten werkloos, en niet zelden was het de vrouw die de rol van kostwinner overnam. Dit leidde tot een verhevigde maatschappelijke aandacht voor mannelijke en vrouwelijke sekserollen, waarbij ook psychologen opnieuw van zich deden spreken.[22]

In 1936 verscheen in Amerika de studie *Sex and personality* van de psychologen Lewis Terman en Catherine Miles. Centraal in dit boek stond de poging om een test te ontwerpen waarmee mannelijkheid en vrouwelijkheid 'gemeten' kan worden: de *Attitude Interest Analysis Survey*. Mannelijkheid en vrouwelijkheid werden hierin opgevat als twee uiteinden van één schaal. Vrouwelijkheid werd volgens de auteurs onder andere gekenmerkt door een gebrek aan algemene ontwikkeling, submissiviteit, sterke emotionele reacties, en het prefereren van een sociaal-emotionele stijl boven een autoritaire stijl. Mannelijkheid was het tegenovergestelde.[23] Deze studie was een van de eerste pogingen om 'mannelijkheid' en 'vrouwelijkheid' meetbaar te maken. De test weerspiegelde niet alleen het idee dat mannelijkheid en vrouwelijkheid tegenovergestelde rollen, attitudes, eigenschappen en gedragingen impliceren, maar ook dat dit normaal en gewenst is. Vanuit deze gedachtengang verschenen mannelijke vrouwen, maar zeker ook vrouwelijke mannen als 'afwijkingen'. Deze vormden een maatschappelijk probleem, onder andere omdat ze de stabiliteit van het gezin in gevaar brachten.

Fragmenten uit de Attitude Interest Analysis Survey van Terman en Miles. Deze test was bedoeld om mannelijkheid en vrouwelijkheid te meten. 'Mannelijke' antwoorden worden aangegeven door een plus, 'vrouwelijke' antwoorden door een min, en neutrale antwoorden door een nul. Uit: L.M. Terman en C.C. Miles (1936), Sex and personality (New York: McGraw Hill).

EXERCISE 2

EXERCISE 6–Concluded

Read each statement and consider wheter it is mostly true or mostly false.
If it's mostly TRUE, draw a circle around T.
If it's mostly FALSE, draw a circle around F.
Work rapidly. Answer all.

		Omission		
1.	Men are created equal in mental capacity	–	T+	F–
2.	Inventors deserve more honor than artists	–	T+	F–
3.	An ugly face usually goes with a kind heart	0	T–	F+
4.	Married women ought not to be permitted to teach school	0	T+	F–
5.	Lines in the hand foretell the future	–	T–	F+
6.	Women are purer than men by nature	–	T–	F+
7.	The hanging of murderers is justifiable	+	T+	F–
8.	Hunting and fishing are wrong because cruel	–	T–	F+
9.	There is plenty of proof that life continues after death	–	T0	F+
10.	The United States should adopt a more agressive foreign policy	–	T+	F0
11.	It is more important to be just than to believe in God	–	T+	F–
12.	Wealth, power, and honor usually go to those who deserve them	–	T+	F–
13.	It is better to tell your troubles to your friends than to keep them to yourself	0	T+	F–
14.	Blondes are less trustworthy than brunettes	0	T+	F–

SEX AND PERSONALITY

Zoals gezegd verscheen *Sex and personality* in een periode waarin men zich steeds meer zorgen ging maken over de in ontbinding lijkende traditionele sekse-identiteiten en -rollen. Deze bezorgheid betrof niet in de laatste plaats de gevolgen voor de opvoeding van de kinderen. Vooral de ontwikkeling van de mannelijke identiteit bij jongens, zo meende men, kon op verschillende manieren gevaar lopen: de moeder was afwezig, of overbeschermend, of de vaders toonden geen echte mannelijkheid. Een van de mogelijke gevolgen die men voorzag, was hypermasculiniteit als verdedigingsmechanisme tegen de onbewuste, vrouwelijke identificatiefiguur.

Seksualiteit

Als onderdeel van de discussie over de vrouw als liefhebbende echtgenote werd in de jaren dertig ook de seksuele relatie binnen het huwelijk tot onderwerp van psychosociale bemoeienis. Daarbij bouwde men voort op het werk van vooral psychoanalytici, die zich al vanaf de eeuwwisseling met dit thema hadden beziggehouden. Freud had de vrouwelijke seksualiteit omschreven als problematisch, met name omdat vrouwen hun clitorale seksualiteit moesten opgeven voor vaginale lustbeleving. Bovendien moesten zij van seksueel object wisselen (van moeder naar vader) om zich normaal – dat wil zeggen: heteroseksueel – te ontwikkelen. Centraal in Freuds karakterisering van de vrouwelijke seksualiteit stond het begrip *penisnijd*: de ontdekking van het meisje dat zij 'gecastreerd' is, hetgeen zeer grote psychische gevolgen heeft. Een van deze gevolgen is volgens Freud dat vrouwen vaker dan mannen frigide of hysterisch worden. Deze gedachtegang werd ook door sommigen van Freuds vrouwelijke leerlingen onderschreven. Zo stelde Hélène Deutsch in haar invloedrijke boek *The psychology of women* (1925) dat de ontdekking van het geslachtsverschil een narcistische krenking is, waaraan het meisje levenslang herinnerd zal worden.[24]

In huwelijkshandboeken en ander populariserend werk was het vooral de seksuele onwetendheid en ongemotiveerdheid van vrouwen, die werd aangemerkt als een belangrijke oorzaak van problemen tussen huwelijkspartners. Vaak werden vrouwen beschreven als seksuele novices die niet weten op welke manier zij zoveel mogelijk van de coïtus kunnen genieten. Zo schreef de Nederlandse gynaecoloog Van der Velde in zijn beroemde huwelijkshandboek *Ideals of marriage* (1928) dat mannen over enige vaardigheid moeten beschikken om bij de vrouw seksuele lust op te wekken, vooral omdat volgens hem de clitoris op de verkeerde plaats zit.

Na de Tweede Wereldoorlog kreeg de belangstelling voor seksualiteit een nieuwe impuls door het werk van de bioloog Alfred Kinsey. Kinsey publiceerde in 1948 *Sexual behavior in the human male*, in 1953 gevolgd door *Sexual behavior in the human female*.[25] Daarmee legde hij de basis voor een lange reeks empirische onderzoeken naar mannelijke en vrouwelijke seksualiteit, waarvan het laboratoriumonderzoek van de gynaecoloog Masters en de gedragswetenschapster Johnson (*Human sexual response*, 1966) en het grootschalige survey-onderzoek van Hite, *The Hite report on female sexuality* (1976) het meest bekend zijn geworden. De belangrijkste implicatie van deze onderzoeken was dat er geen bewijs werd gevonden voor de veronderstelling dat vrouwelijke seksualiteit passief van aard is en dat de clitoris een minderwaardig orgaan zou zijn. Het door psychoanalytici beschreven onderscheid tussen een vaginaal en clitoraal orgasme, bestond helemaal niet; bovendien konden vrouwen, net als mannen, verschillende orgasmes na elkaar krijgen.

Deze studies bereikten, net zoals de huwelijkshandboeken in de jaren dertig en veertig, een breed publiek en hadden daarmee grote invloed op het seksuele gedrag en beleven van mannen en vrouwen. Hoewel ze afrekenden met de restrictieve psychoanalytische opvattingen over vrouwelijke seksualiteit, werkten ze niet in elk opzicht bevrijdend. De uitkomsten van deze onderzoeken introduceerden immers telkens weer een nieuwe norm voor vrouwelijke seksualiteit, waarbij steeds een andere plek tot vrouwelijk lustorgaan werd uitgeroepen (vagina, clitoris, 'G-spot'). Kenmerkend was bovendien dat seksuele problemen in deze onderzoeken bijna zonder uitzondering vanuit het perspectief van de man werden benaderd: de seksualiteit van de vrouw was problematisch en háár seksuele problemen dienden te worden opgelost. Tijdens de tweede feministische golf kwam kritiek op dit moraliserend en mannelijk perspectief: de vrouwelijke lustbeleving moest niet als afgeleide van de mannelijke worden opgevat.

*W*erkende vrouwen

De dominante ideaalbeelden voor met name middenklassevrouwen waren dus die van goede moeder en aantrekkelijke echtgenote. Deze idealen stonden op gespannen voet met het verrichten van betaalde arbeid door vrouwen: buitenshuis werkende vrouwen riepen dan ook veel weerstand op, niet alleen van de kant van hun echtgenoot, maar ook van de kant van psychodeskundigen en de overheid.

Ondanks deze weerstand was vanaf de jaren twintig een langzame stijging te zien in het percentage buitenshuis werkende vrouwen. Vrouwen kwamen, in vergelijking met mannen, echter wel vaak in banen terecht die minder status hadden, minder opleiding vereisten en lager betaald werden. Exemplarisch was wat dit betreft de situatie aan de Amerikaanse universiteiten. Vrouwen moesten meer moeite doen om cursussen te kunnen volgen en als ze al een baan aan een universiteit kregen, werd hen vaak medewerking bij het doen van onderzoek onthouden. Ze werkten bovendien voor lagere salarissen, en hadden zwaardere onderwijsverplichtingen dan mannen. Een van de gevolgen van deze tegenwerking was dat de meeste vrouwen terechtkwamen bij de *women's colleges*. Deze posities hadden minder status (de psycholoog James refereerde aan de women's colleges als 'petticoat regimes') dan vergelijkbare functies aan de normale universiteiten. Bijna alleen aan deze women's colleges konden vrouwen in hogere rangen terechtkomen. De individuele kosten daarvan waren bovendien hoog. In de praktijk zagen veel vrouwen zich voor de harde keus gesteld tussen een carrière en een gezinsleven; een tussenweg was niet mogelijk, niet in de eerste plaats omdat dit binnen het gezin problemen zou opleveren, maar vooral vanwege de afwijzende reacties van de omgeving. Zelfs in de psychologie, toch een relatief vrouwvriendelijke wetenschap (die bovendien in de jaren twintig snel groeide), bleef het aantal vrouwen aan de universiteiten beperkt. Voorzover vrouwelijke psychologen carrière maakten, was dit overwegend in praktische werkvelden zoals de schoolpsychologie en de klinische psychologie. Deze beroepssectoren genoten echter een aanzienlijk lagere status dan de academische psychologie.[26]

De afwezige moeder
Na de oorlog kreeg de discussie over de rol van vrouwen op de arbeidsmarkt een nieuwe impuls. Dit was een gevolg van de radicale veranderingen in de traditionele sekserollen tijdens de oorlog: de mannen werden ingelijfd in het leger, en de vrouwen vulden de opengevallen plaatsen in de burgermaatschappij op. Na de oorlog werd sterke druk op vrouwen uitgeoefend om hun werk buitenshuis op te geven, en zich weer te concentreren op hun moederrol. Hierbij speelden aan de psychologie ontleende argumenten een belangrijke rol. In de eerste jaren van de kinderlijke ontwikkeling, zo werd betoogd, moet een vertrou-

wensband tussen het kind en de moeder worden opgebouwd. Vrouwen horen daarom in het belang van hun kind thuis te blijven. Daarnaast moeten zij een goed sekserolvoorbeeld voor hun dochters bieden, en een carrièrevrouw is dat niet.

Propaganda-affiches uit ca. 1942 en uit 1947. Tijdens de oorlog werden vrouwen opgeroepen om de opengevallen plaatsen van mannen in de industrie over te nemen; na de oorlog richtte de propaganda zich op het terugdringen van de arbeidsparticipatie van vrouwen. Links: uit: Z. Zeeman (1978), Propaganda in de Tweede Wereldoorlog. Politieke affiches 1939-1945 (Utrecht: Het Spectrum). Rechts: uit: M. Cornelis en M. Hinderink (1989), Vrouwen in Nederland en de Verenigde Staten (Houten: Fibula).

Bron: Archief Spiegel Historiael.

Waar voor de oorlog het accent had gelegen op een teveel aan aandacht van de kant van moeders, kwam na 1945 juist het probleem van de *afwezige* moeder centraal te staan. Daarbij speelde vooral het werk van de Britse psychoanalyticus John Bowlby een belangrijke rol (zie hoofdstuk 2). Op basis van onderzoek naar (oorlogs)wezen en andere tehuiskinderen, concludeerde Bowlby dat kinderen behoefte hebben aan een warme en – vooral – continue relatie met de moeder. Met de gepopulariseerde versie van zijn studie, die in 1953 verscheen onder de titel *Maternal care and mental health*, bereikte Bowlby een miljoenenpubliek in binnen- en buitenland. Een goede hechtingsrelatie met de moeder, aldus Bowlby, vormt de voorwaarde voor een gezonde psychische ontwikkeling van het kind en kan alleen worden geëffectueerd door fulltime moederschap. De brede verspreiding van deze opvattingen ondersteunde niet alleen de strijd tegen de buitenshuis werkende moeder, maar zadelde bovendien vrouwen die de moederrol wel combineerden met een betaalde baan, op met grote schuldgevoelens.[27]

In Nederland was de psycholoog Buytendijk invloedrijk in de discussies over werkende vrouwen. Zijn boek *De vrouw. Haar natuur, verschijning en bestaan, een existentieel-psychologische studie* (1951) beleefde veel herdrukken. In overheidsrapporten waarin maatregelen werden afgekondigd tegen het buitenshuis werken van gehuwde vrouwen, werd regelmatig naar zijn werk verwezen.[28] Volgens Buytendijk bestaat er een wereld van zorgen en een wereld van arbeiden. Het vrouwelijk bestaan is zorgend en de vrouw is adaptief ingesteld; de mannelijke wereld daarentegen is er een van weerstanden die met 'expansieve, geïrriteerde agressie' overwonnen dient te worden. Dit betekende overigens volgens Buytendijk niet dat vrouwen volstrekt moeten afzien van werk buitenshuis, maar wel dat hun zorgende instelling het best tot zijn recht komt bij kinderen. Hoewel Buytendijks werk een goede rechtvaardiging kon bieden voor een conservatieve overheidspolitiek, was hij geen pleitbezorger van het absolute verschil tussen mannen en vrouwen: *'Er bestaat geen manlijk arbeiden zonder een verzorgend element (...). Ieder mens ontwikkelt in zijn leven manlijke en vrouwelijke aspecten van zijn gedrag, van zijn wereld.'[29]*

Het dominante ideaal dat gehuwde vrouwen met kleine kinderen niet buitenshuis horen te werken, werd dus vanaf de jaren vijftig in stand gehouden en versterkt door psychologen en psychoanalytici. De argumenten die deze opvattingen wetenschappelijk onderbouwden, vormden het speerpunt van feministische kritiek in de jaren zestig en zeventig. Met name Amerikaanse feministes, zoals Millett en Friedan, maar ook Europese feministes, zoals De Beauvoir, hadden geen goed woord over voor psychologen en psychoanalytici die naar hun mening decennia lang een wetenschappelijke rechtvaardiging hadden gegeven voor de onderdrukking van vrouwen.[30] Vooral Freud moest het hierbij ontgelden. Zijn concept 'penisnijd' symboliseerde volgens vele feministen de patriarchale en biologisch-deterministische kijk op vrouwen. Vrouwen zouden niet als minderwaardige afgeleide van mannen moeten worden opgevat, maar als autonome personen, voor wie werken en carrière maken een persoonlijke levensvervulling, en niet slechts een bijverdienste betekent.

*C*onclusie

In de loop van de twintigste eeuw zijn psychologen zich steeds meer gaan bezighouden met de inrichting van de leefwereld van vrouwen, en indirect met die van mannen. Zij schreven niet alleen puur wetenschappelijke verhandelingen over deze kwesties, maar ook populaire boeken, ze gaven adviezen of schreven artikelen en columns in tijdschriften. Zij namen hiermee steeds meer de rol van met name filosofen en biologen over. Samen met medici, seksuologen en sociologen vormden de psychologen de twintigste-eeuwse psychodeskundigen op het gebied van de sekseverschillen.

De thema's waarop psychologen vrouwen en mannen hebben aangesproken, hebben in de loop van de eeuw een aantal verschuivingen te zien gegeven. Deze verschuivingen hingen sterk samen met de maatschappelijke veranderingen die zich in de positie van de vrouw – en in mindere mate in die van de man – voltrokken. Psychologen waren niet zozeer voortrekkers of initiatiefnemers in die debatten, maar gingen zich er pas mee bemoeien op het moment dat de kwestie maatschappelijk of politiek actueel was, zoals de vrouwenstudie rond de eeuwwisseling, of de veranderende sekserollen in de jaren twintig en vijftig.

Hoewel psychologen pretendeerden een wetenschappelijke bijdrage te leveren aan het debat, waren hun verhandelingen niet alleen beschrijvend en informerend, maar vooral ook normstellend. Juist omdat hun ideeën op grote schaal gepopulariseerd werden, hadden ze invloed op het alledaagse denken over hoe een ideale vrouw hoorde te zijn en zich hoorde te gedragen. Daarbij heeft het hoofdaccent altijd gelegen op de rol van de vrouw als moeder. Discussies over de vraag of vrouwen mochten studeren, een zelfstandig bestaan mochten leiden, carrière mochten maken, kwamen uiteindelijk altijd terug op de vraag of het moederschap in gevaar kwam.

Het psychologiseringsproces kreeg inhoudelijk vorm door verhandelingen over de wezenlijke aard van beide seksen. Hierbij verwees men in de eerste decennia van deze eeuw nog veelvuldig naar darwinistische argumenten inzake de evolutionaire verschillen tussen mannen en vrouwen. In de loop van de eeuw hebben deze biologisch getinte argumenten echter steeds meer plaatsgemaakt voor meer psychologische argumenten: de scheiding van sekserollen was niet louter een kwestie van een evolutionair bepaalde constitutie, maar berustte ook op het verschillende karakter en de verschillende interesses en competenties van mannen en vrouwen. De vraag die psychologen deze eeuw steeds opnieuw stelden was in welke mate, en in welke opzichten mannen en vrouwen van elkaar verschilden. Opvallend is dat het antwoord in grote lijnen hetzelfde bleef: het is de *emotionaliteit* die vrouwen in de grond van hun wezen anders maakt dan mannen. Deze emotionaliteit zou ervoor zorgen dat vrouwen bij uitstek geschikt zijn voor zorgtaken.

Deze opvatting over de vrouw als vat vol emoties zien we niet alleen bij vroegtwintigste-eeuwse psychologen als Freud, Heymans en Stanley Hall, maar ook bij latere psychologen zoals Watson en Buytendijk. Alleen feministische psychologen *avant la lettre*, zoals Thompson en Hollingworth, concludeerden op basis van hun empirisch onderzoek dat er geen wetenschappelijke aanwijzingen bestonden voor die verschillende aard en competenties van mannen en vrouwen, en dat dus een dergelijke scheiding in de traditionele arbeidsverdeling naar sekse niet vol te houden was. Toch heeft gedurende deze eeuw dit idee, bedoeld of onbedoeld, gefungeerd als wetenschappelijke rechtvaardiging voor het behoud van de traditionele rolverdeling tussen de seksen.

Lag het volgens de meeste mannelijke psychologen dus voor de hand dat vrouwen taken op zich namen die in het verlengde van hun aanleg en karakter lagen, tegelijkertijd waren zij zich bewust van het feit dat hun uitspraken over gemiddelden gingen, en niet over individuele mannen en vrouwen. Dit zou een van de verklaringen kunnen zijn voor de relatief grote tolerantie van psychologen ten aanzien van vrouwelijke beoefenaars van het vak. Er waren immers altijd wel een paar uitzonderingen op de regel: vrouwen die wel geschikt waren voor een 'mannelijke' loopbaan. Het verklaart eveneens waarom het altijd bij die paar uitzonderingen is gebleven.

N_{oten}

1 G. Heymans (1911/1910), *Psychologie der vrouwen* (Amsterdam: Maatschappij voor goede en goedkope lectuur), p. 12.

2 Zie bijvoorbeeld B.J. Harris (1984), The power of the past. History and the psychology of women, in M. Lewin, ed., *In the shadow of the past: Psychology portrays the sexes* (New York: Columbia University Press), p. 1-26.

3 Zie R. Rosenberg (1982), *Beyond separate spheres. Intellectual roots of modern feminism* (New Haven: Yale University Press).

4 S. Rothman (1978), *Women's proper place: a history of changing ideals and practices, 1870 to the present* (New York: Basic Books). Vergelijk voor de Nederlandse situatie, W.H. Posthumus-van der Goot e.a. (1968), *Van moeder op dochter* (Utrecht: Bruna).

5 Rothman, a.w.

6 Zie bijvoorbeeld A. Fischer, W. van Hoorn en J. Jansz (1983), *Psychoanalyse en vrouwelijke seksualiteit* (Meppel: Boom).

7 Rosenberg, a.w., p. 7.

8 Zie onder andere Posthumus-van der Goot e.a., a.w.

9 Zie S. Shields (1975), Functionalism, darwinism, and the psychology of women: a study in social myth, *American Psychologist, 30*, 739-754.

10 Heymans, a.w.

11 Zie o.a. L. Furumoto (1987), On the margins: Women and the professionalization of psychology in the United States, in M.G. Ash en W.R. Woodward, eds., *Psychology in twentieth-century thought and society* (Cambridge: Cambridge University Press), p. 93-113.

12 Heymans' beweringen over de verschillen tussen mannen en vrouwen waren gebaseerd op een grootschalige enquête onder leraren en artsen. Interessant is overigens dat hij op basis van de waarnemingen van die leraren en artsen conclusies trok over het gedrag en karakter van mannelijke en vrouwelijke leerlingen en patiënten. Juist de psychologie diende zich te profileren als empirische en objectieve wetenschap die geen vooroordelen heeft, maar met een onbevangen blik het object van onderzoek tegemoet treedt. Deze visie was met name populair onder de voorstanders van de vrouwenstudie, omdat zij van mening waren dat er geen enkele ondersteuning kon worden geleverd voor de veronderstelde psychische en lichamelijke ongeschiktheid van vrouwen voor de academische studie.

13 De titel van Hollingworths proefschrift luidde *Functional periodicity: An experimental study of the mental and motor abilities of women during menstruation.* Zie voor een uitgebreide bespreking van de onderzoeken van Thompson Woolley en Hollingworth, Rosenberg, a.w. en Lewin, ed., a.w.

14 Deze bevestiging kwam o.a. van het werk van de intelligentiepsycholoog Terman, die in 1917 rapporteerde dat noch de gemiddelde intelligentie van vrouwen, noch de variabiliteit ervan verschilde van die van mannen.

15 Zie o.a. S. Contratto (1984), Mother: Social sculptor and trustee of faith, in Lewin, ed., a.w., p. 226-256; en Rothman, a.w.

16 Heymans, a.w., p. 280.

17 Zie voor een analyse van de rol van emoties in opvoedingshandboeken, S. Shields en V. Koster (1989), Emotional stereotyping of parents in child rearing manuals, 1915-1980, *Social Psychology Quarterly, 52*, 44-55.

18 Zie voor een overzicht D. Riley (1983), *War in the nursery. Theories of the child and mother* (London: Virago).

19 De benaming 'Flapper' werd oorspronkelijk gebruikt voor jonge prostituées. Later verbreedde de betekenis van het woord en refereerde het naar meisjes met een jongensachtig uiterlijk. Na de Eerste Wereldoorlog had het vooral een positieve en frivole betekenis. Het werd gebruikt om kameraadschappelijke meisjes te beschrijven die als duopassagier op de 'flapper bracket' van een motor meereden (zie o.a. D. Beddoe, 1989, *Back to home and duty. Women between the wars, 1918-1939* (London: Pandora); en Rothman, a.w.)

20 Zie Rothman, a.w.; C.Z. Stearns en P.N. Stearns (1986), *Anger. The struggle for emotional control in American history* (Chicago: University of Chicago Press).

21 Rothman, a.w., p. 185.

22 Zie o.a. J. Pleck (1984), The theory of male sex role identity, in Lewin, ed., a.w., p. 205-226.

23 De AIAS (Attitude Interest Analysis Survey) bestond uit 456 items. De testitems waren gebaseerd op typerende sekseverschillen en de proefpersonen kregen voor elke vraag M-punten, F-punten, of neutrale punten. Aan het eind van de test werd de totale F-score van de totale M-score afgetrokken. Zie M. Lewin (1984), 'Rather worse than folly?' Psychology measures femininity and masculinity, 1: From Terman and Miles to the Guilfords, in Lewin, ed., a.w., p. 155-179.

24 Fischer e.a, a.w.

25 In Engeland werden er in de jaren veertig en vijftig vergelijkbare grootschalige onderzoeken uitgevoerd door het Mass-Observation instituut.

26 Voor detailgegevens omtrent de positie van vrouwen binnen verschillende sectoren van de psychologie, zie Furumoto, a.w.; N.F. Russo en F.L. Denmark (1987), Contributions of women to psychology, Annual Review of Psychology, 38, 279-298.

27 Zie voor de Nederlandse situatie, M. Moreé (1994), Mijn kinderen hebben er niets van gemerkt (Utrecht: Van Arkel).

28 J. Plantenga (1988), Gelijk of gelijkwaardig? Opvattingen over de vrouw, vrouwenarbeid en beloningsverschillen, in J.J. Schippers, red., Beloningsdiscriminatie tegen vrouwen: normen, feiten en beleid (Delft: Eburon), p. 39-56.

29 F.J.J. Buytendijk (1951), De vrouw (Utrecht: Het Spectrum), p. 256.

30 Zie onder andere K. Millet (1969), Sexual politics (New York: Doubleday); B. Friedan (1963), The feminine mystique (New York: Norton); en S. de Beauvoir (1949), Le deuxième sexe (Paris: Editions Gallimard).

De christen

OVER HERDERS EN SCHAPEN

DAVID J. BOS

'Komaan, zo sprak de dominee, wat zal het nu eens wezen?
Hoe brengen wij de avond door, wie heeft er een idee?
He, zei het schaap Veronica, als u ons voor wilt lezen
dan zijn wij u zo innig dankbaar, lieve dominee...'

*Uit: A.M.G. Schmidt
(1960/1951), Het hele schaap
Veronica (Amsterdam:
Arbeiderspers).
Illustratie: Wim Bijmoer*

Zo begint een van de ruim zeventig versjes die Annie M.G. Schmidt in de jaren vijftig schreef over de avonturen van het schaap Veronica en haar huisgenoten: twee oude vrijsters en een predikant. Laatstgenoemde wordt afgeschilderd als een stereotiepe dominee: hij draagt een stijve boord, een bril, een streepjesbroek, hoed en paraplu. Verder verwijst hij gedurig naar Het Hogere, hekelt hij 'werelds vermaak' en spreekt verheven, plechtstatige taal. De dominee is, kortom, geen mens als ieder ander. Ook Veronica is buitengewoon: zij kan fietsen, breien, pianospelen en allerlei andere dingen die geen schaap haar nadoet. Het belangrijkste is wel dat Veronica kan praten; zij is een mondig schaap. Dat leidt soms tot conflicten, want in tegenstelling tot de dames Groen spreekt Veronica de dominee dikwijls tegen. Zij zaait twijfel aan zijn woorden en verzet zich tegen zijn gezag.

Dit eigengereide, sceptische schaap heeft verdacht veel weg van haar schepper, Annie Schmidt. Deze kende, evenals Veronica, een dominee van heel nabij: zij groeide op als dochter van een hervormd predikant. Je kunt deze versjes daarom lezen als het dichterlijke verslag van een vader-dochterrelatie. Ze onthullen echter ook iets over een andere verhouding, die tussen 'zieleherders' (predikanten of priesters) en hun 'kudde' (gemeenteleden of parochianen).

In Nederland van de jaren vijftig kregen 'geestelijken' te maken met mondige in plaats van makke schapen. Moderne gemeenteleden en parochianen gedroegen zich niet meer als kuddedieren – zoals de dames Groen, die als uit één mond plachten te spreken – maar als zelfstandige, kritische individuen. Die ontwikkeling ging ten koste van de invloed, het gezag en het prestige van dominees, pastoors en kapelaan. Maar deze ondergingen dat niet slechts: predikanten en priesters stelden ook allerlei pogingen in het werk om een nieuwe sociale positie te verwerven en om langs nieuwe wegen hun 'schapen' te bereiken. Daarbij maakten zij onder andere veel gebruik van psychologische ideeën en instrumenten.

Voor een groot deel werden deze psychologische vindingen geïmporteerd: in andere westerse landen voltrok zich namelijk een vergelijkbare wijziging in de verhouding tussen herders en schapen. De manier waarop dat gebeurde, was niet alleen afhankelijk van sociaal-structurele factoren – zoals de verhouding tussen kerk en staat – maar ook van religieuze en theologische tradities. De verschillen tussen het ene en het andere land, de ene en de andere kerk, zijn dan ook groot. In dit hoofdstuk ligt het accent op de ontwikkeling in Nederland, vooral onder protestanten.

Voorgeschiedenis

Van priesters en predikanten wordt vaak gezegd dat zij uit de aard van hun ambt iets gemeen hebben met psychologen, namelijk 'iets met mensen'. Die overeenkomst is echter historisch gegroeid. Hoewel zij sinds jaar en dag 'zielszorgers' heetten, hielden priesters en predikanten zich tot halverwege de twintigste eeuw betrekkelijk weinig met de zieleroerselen van hun parochianen of gemeenteleden bezig.

Katholieke geestelijken hadden het weliswaar vaak over 'zielszorg', maar daarmee bedoelden zij meestal iets heel anders dan gesprekken onder vier ogen, zoals psychotherapeuten die tegenwoordig voeren. De zielszorg omvatte *alle* werkzaamheden van pastoor en kapelaan; zij was niet in de eerste plaats gericht op individuen maar op de kudde in haar geheel. Haar primaire vorm was dan ook niet het afnemen van de biecht – een uiterst formeel, ritueel vraaggesprek – maar het opdragen van de mis, preken en het toedienen van de sacramenten.[1]

In de protestantse kerken hier te lande was het met de aandacht voor de enkele ziel niet heel anders gesteld: predikanten – alias 'leraars' – legden zich toe op preek en catechisatie. Meer 'herderlijke' ambtstaken, zoals het bezoeken van zieke gemeenteleden, werden door stadspredikanten veelal uitbesteed aan een 'krankbezoeker' of 'ziekentrooster'. Zo'n hulpkracht stond, zoals Multatuli schreef, 'tot een wezenlijke dominee, als 'n likdoornsnijder tot 'n geneesheer'.[2] Negentiende-eeuwse (stads)predikanten beschouwden de zorg voor zieken en stervenden – tegenwoordig een uiterst belangrijk onderdeel van het pastoraat – als een taak die beneden hun stand was.

Dat gold ook voor een andere 'herderlijke' ambtsverplichting: het afleggen van 'huisbezoek'. Van predikanten werd verwacht dat zij ter aankondiging van het Avondmaal, dat drie à vier keer per jaar werd gevierd, al hun gemeenteleden aan huis bezochten. Zo'n bezoek was mede bedoeld als gelegenheid voor een goed geestelijk gesprek, maar in de praktijk kwam daar weinig van terecht. Veel predikanten hadden een broertje dood aan deze ambtsverplichting. In zijn befaamde novelle *Schetsen uit de pastorie te Mastland* (1843), beschreef Van Koetsveld hoe hij als jong 'dorpsleeraar' voor het eerst huisbezoek aflegde:

'Er stonden twee stoelen gereed, waarvoor wij vriendelijk bedankten. Het was duidelijk, dat men dit verwacht had: het werd niet voor de tweede maal gevraagd. Ondertusschen waren meid en knecht binnen gekomen, en de eerste zat, de laatste stond als een standbeeld. De ouderling nam zijn hoed af: – dit was een vriendschappelijke wenk, dat ik het ook zou doen; de mannen des huizes volgden, de vrouwen sloegen de oogen neder en vouwden de handen. Mijne keel was beklemd. Gelukkig viel mijn oog op mijn zakboekje, en ik vroeg nog eens, schoon ik ze lang wist, naar al de namen. Hier door werd mijne tong losgemaakt, zoo dat ik de formule kon uitbrengen die ik reeds vijftig maal bij mij zelven had opgezegd: "Gij kent de reden van mijne komst; gij weet, dat het binnen kort avondmaal is; wij vertrouwen, dat gij het belang van die plegtigheid gevoelt, enz." – De huisvader zeide zeer afgemeten: "Ik dank je wel, Dominé!" en vervolgde terstond: "Gij treft geen mooi weêr bij de ommegang." – De huismoeder had hare ogen weder opgeslagen, en vervolgde haar werk aan een half geschelden aardappel; meid en knecht gingen heen, zonder iets anders te doen, dan heen te gaan; en zoo – was dit huis bezocht.

En wat zoudt gij mij verder vergezellen, mijn lezer? Het is alles: da capo! en nog eens: da capo! van huis tot huis.'[3]

Dat jonge predikanten zo weinig raad wisten met het huisbezoek duidde op een lacune in hun opleiding. Studenten theologie leerden de beginselen van de wiskunde, de 'redeneerkunde' en de landhuishoudkunde (de wetenschap van het boerenbedrijf) en zij oefenden zich in preek en catechisatie, maar op de praktijk van de 'zielszorg' werden zij in het geheel niet voorbereid.

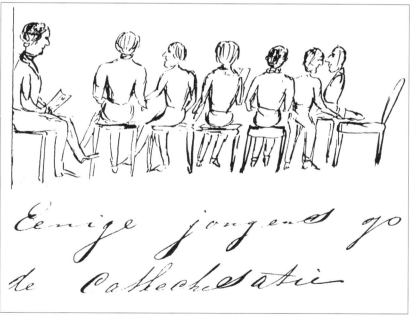

Uit het dagboek van de Amsterdamse koopmanszoon. Walrave Boissevain, 24 oktober 1847. Historisch-topografische Atlas van het Gemeentearchief van Amsterdam.

Van 'stand' naar 'beroepsgroep': Engeland

Niet alleen Nederlandse predikanten besteedden zo weinig aandacht aan de 'herderlijke zorg'. Hun vakbroeders in de *Church of England* bijvoorbeeld, lieten zich van oudsher nog minder met (individuele) gemeenteleden in.[4] Dat werd ook niet van hen verwacht: Anglicaanse predikanten in de achttiende en vroegnegentiende eeuw waren typische vertegenwoordigers van de *leisure class*. Het traktement dat zij genoten was eerder een standsprivilege dan loon naar werk. *Clergymen* waren *gentlemen*, die vooral bij aristocratische families op de thee kwamen. Zulke visites – waarbij godsdienstige onderwerpen beleefdheidshalve vermeden werden – waren vaak het enige huisbezoek dat zij aflegden.

In de negentiende eeuw begon dit te veranderen. Na de Franse Revolutie, die in Engeland diepe indruk maakte, werd van predikanten een grotere inspanning verwacht voor het bestrijden van ongeloof, ongehoorzaamheid en ondeugd. Kerk en clerus zouden een dam moeten opwerpen tegen de dreigende omverwerping van het maatschappelijk bestel. Hoewel men erbij bleef dat predikanten *gentlemen* moesten zijn, liefst opgeleid in Oxford of Cambridge, zouden zij er met beschaving alleen niet meer komen. Voortaan moesten zij tonen dat zij hun geprivilegieerde positie waard waren, door werk te maken van de zielszorg. Dat was temeer van belang gezien de gevolgen van de Industriële Revolutie. De stabiele, overzichtelijke plattelandssamenleving, waarin kerk en predikantenstand een *matter of course* waren, begon ontbindingsverschijnselen te vertonen. Tegen die desintegratie van de dorpsgemeenschap zouden predikanten zich, als goede herders, te weer moeten stellen.

Zo kwam de zielszorg op de voorgrond te staan. Vanaf de jaren twintig (van de vorige eeuw) werd het gebruikelijk dat Anglicaanse predikanten de middag besteedden aan huisbezoek. In deze tijd werden voor het eerst speciale zakboekjes uitgegeven waarin predikanten aantekeningen konden maken over de bezochte huizen: de samenstelling van het gezin, kerkgang en gebedsleven, de boeken die men las, de clubs waarvan men lid was, enzovoort. Een 'Golden Age of pastoral work' brak aan.

Van 'geestelijk leiders' tot 'professionals': de Verenigde Staten

In de Verenigde Staten lieten predikanten zich al van oudsher veel aan hun individuele gemeenteleden gelegen liggen.[5] Zij moesten wel: in deze democratische, van 'standen' afkerige migrantensamenleving was de positie van geestelijken nooit vanzelfsprekend geweest. De kerk gold hier niet als *institutie* waar men vanaf zijn geboorte automatisch toe behoorde, maar als *vereniging* van gelijkgezinden, waar eenieder zich al dan niet bij aan kon sluiten. Door de radicale scheiding van kerk en staat was hier niet (zoals in Engeland of Zuid-Europa) één enkele *established church*, maar een enorme verscheidenheid aan 'denominaties'. De voorgangers van al deze kerkgenootschappen – die vaak rechtstreeks door hun gemeenteleden betaald werden – moesten met elkaar wedijveren om de gunsten van het 'lekenpubliek'. Deze leken hadden dan ook veel invloed op het kerkelijk bedrijf: in de Verenigde Staten, zo constateerde een Britse aartsbisschop eens ontzet, konden predikanten door hun kerkeraad ontslagen worden, als waren zij *domestic servants*.

Hoewel Amerikaanse predikanten dus weinig wettelijke bescherming genoten, hadden zij een vooraanstaande maatschappelijke positie. Tot ver in de negentiende eeuw golden zij als 'geestelijk leiders' bij uitstek. Tot de jaren zeventig hadden negen van de tien *colleges* bijvoorbeeld een predikant als decaan. En ondanks de scheiding van kerk en staat had ook in menige gemeenteraad een *clergyman* zitting.

In het laatste kwart van de negentiende eeuw, de periode na de Burgeroorlog, kwam daar verandering in. Volgens velen hadden predikanten, met hun polemische preken, bijgedragen aan het uitbreken van de broederstrijd tussen Noord en Zuid. Geestelijken, zo was nu het gevoelen, moesten politieke zaken overlaten aan echte mannen, die bereid waren eventueel zelf de wapens op te nemen. Predikanten werden zo uit de voorste rangen van het maatschappelijk leven verdreven; als geestelijk leiders van de natie hadden zij afgedaan.

Daar lieten dominees zich echter niet door ontmoedigen. Zij richtten voortaan hun energie niet meer zozeer op de samenleving in haar geheel ('het publieke forum'), als wel op de eigen 'kudde'. Een duidelijk symptoom van die wending was dat vanaf de jaren zeventig haast iedere protestantse gemeente een *parlor* bouwde, een zaal in of naast het kerkgebouw, waar allerlei (deels nieuwe) gemeenteactiviteiten gehouden konden worden, zoals catechisatie, zondagsschool, lezingen, concerten, koorrepetities en dameskransjes. Predikanten ontwikkelden zich zo van gemankeerde leiders der natie tot een soort managers van het kerkelijk bedrijf. In die rol konden zij zich meten met de helden van de naoorlogse Amerikaanse samenleving, de zogeheten *professionals*. Een predikant die zijn gemeente met succes leidde, deed niet onder voor een legerofficier, zakenman, arts of advocaat.

Het huisbezoek, waar predikanten tot dan toe veel tijd aan hadden besteed, raakte als gevolg van deze verschuiving uit de gratie. In de eerste plaats leek het predikanten gepast om voortaan, net als veel andere 'professionals', *spreekuur* te houden. Daar hadden ze nu immers ook letterlijk de ruimte voor. In de tweede plaats zinde het huisbezoek hun niet meer, omdat zulke zielszorg iets 'ouwewijvigs' had. Doordat de meeste mannen buitenshuis werkten, kwamen predikanten tijdens het huisbezoek vooral met vrouwen in aanraking.[6] Handboeken voor de zielszorg droegen daar de sporen van. Zij schreven de dominee voor om zich beschaafd, gevoelig, teder of zelfs ronduit *womanly* op te stellen. Zulke fijne manieren stonden op gespannen voet met de eisen die het arbeidsproces aan veel mannen stelde – spierkracht, wilskracht, competitie en kameraadschap – en waren volstrekt onverenigbaar met het mannelijkheidsideaal dat de Amerikaanse samenleving na de Burgeroorlog doorvoer.

De oude zielszorg had, 'onmannelijk' en 'inefficiënt' als zij was, haar tijd gehad. Predikanten zochten een nieuwe pastorale benadering – een waarin de zielzorger niet een *gentle man* maar een doortastende professional zou zijn en waarin het geloof als een even 'hard' verschijnsel behandeld zou worden als winst, recht of gezondheid. Een nieuwe tak van wetenschap kwam hen daarbij te hulp: de psychologie.[7]

*G*odsdienstpsychologie

Toen de Amerikaanse theoloog Granville Stanley Hall eenmaal was afgestudeerd, wist hij het zeker: hij deugde niet voor dominee.[8] Vandaar dat hij niet in een pastorie belandde, maar in het psychologisch laboratorium van Wilhelm Wundt, waar hij zo'n zes jaar werkte. Terug in de Verenigde Staten richtte hij een eigen psychologisch laboratorium op, waar hij onder meer godsdienstpsychologisch onderzoek verrichtte. Daarnaast begon hij op Harvard University college te geven over het verband tussen adolescentie en religieuze ontwikkeling. Samen met zijn leerlingen Starbuck en Leuba richtte hij in 1904 *The American Journal of Religious Psychology and Education* op. Daarin deden zij verslag van hun experimenteel en statistisch onderzoek naar religieuze ervaring – 'bekering' vooral, een belangrijk onderdeel van het Amerikaans godsdienstig leven.

Hoewel de meeste godsdienstpsychologen vrijzinnig of zelfs, zoals Leuba, atheïstisch waren, spoorden hun praktijken wonderwel met die van de fundamentalistische *revival*-predikanten. Zo maakten zij veel gebruik van de lijsten waarop dit soort domi-nees het succes van hun prediking noteerde: de naam, leeftijd, sekse en het beroep van de zieltjes die zij gewonnen hadden. Godsdienstpsychologen verwerkten dit soort gegevens tot fraaie tabellen en grafieken. Ook bezochten zij 'opwekkings'-bijeenkomsten om, aan de hand van enquêteformulieren, de deelnemers te ondervragen over de precieze plaats, het tijdstip, en de omstandigheden van hun 'wedergeboorte'.

Volgens Leuba was er niets bovennatuurlijks aan bekering; hij ver-klaarde dit verschijnsel uit het streven van individuen naar 'lust' en 'zelfhandhaving'. De meeste godsdienstpsychologen echter trachtten bekering niet te reduceren tot zulke lage drijf-veren. Aan de hand van de psychologie der bekering wilden zij veeleer aantonen dat mensen van nature religieus waren en dat godsdienst – in haar 'natuurlijke' vorm – nuttig was voor de ontwikkeling van samenleving en individu. De Amerikaanse godsdienstpsychologie behelsde dus eerder apologetiek dan religiekritiek.

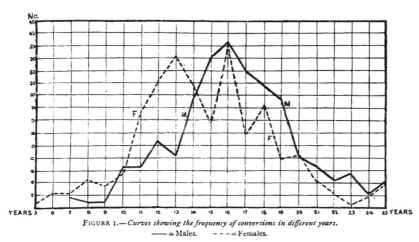

FIGURE I.—*Curves showing the frequency of conversions in different years.*
——— = Males.   - - - = Females.

Bekering (conversion) was een geliefd onderwerp binnen de vroege, sterk kwantitatief ingestelde Amerikaanse godsdienstpsychologie. Deze grafiek geeft de frequentie weer van bekeringen op verschillende leeftijden voor mannen en vrouwen. Uit: E.D. Starbuck (1901), The psychology of religion (London: Scott).

Dat gold ook voor het werk van William James, de auteur van *de* klas-sieke godsdienstpsychologische studie, *The Varieties of Religious Experience* (1902). Hoewel dit boek onmiddellijk een bestseller was geworden, had James geen zitting in het *Journal* van Stanley Hall en de zijnen. James zag namelijk niets in hun experimentele en statistische aan-pak. Om inzicht te krijgen in religieuze ervaringen zou men veeleer egodocumenten als dag-boeken, brieven en memoires moeten analyseren. James pleitte, anders gezegd, voor een kwa-litatieve, interpreterende benadering.

Starbuck, Leuba, Stanley Hall en, anderzijds, William James werden de aartsvaders van de godsdienstpsychologie. Onder Amerikaanse theologen werd dat vak spoedig erkend: vanaf de eeuwwisseling bood de ene na de andere universiteit een cursus *re-ligious psychology* alias *psychology of religion* aan. Dit nieuwe vak sloot goed aan bij het stre-ven van Amerikaanse protestanten naar een praktische, maatschappelijk relevante vorm van christendom. Toepassing in de praktijk liet dan ook niet lang op zich wachten: in 1906 open-den de voorgangers van een trendy vrijzinnig-protestantse gemeente in Boston de *Emmanuel Clinic*, een centrum voor lichamelijke, psychische en geestelijke hulpverlening. De predikan-ten (beiden tevens psycholoog) en artsen van deze kliniek behandelden de bezoekers met de meest uiteenlopende middelen, zoals rituelen, een preek onder vier ogen, of 'psychotherapie' (met behulp van suggestie of hypnose). Dit model van samenwerking tussen dokter en dominee sloeg aan, niet in de laatste plaats omdat vrijzinnig-protestanten zo de concurrentie aan konden gaan met 'Christian Science', een quasi-wetenschappelijke *cult* die in Boston veel aanhang had.[9]

Buiten hun eigen land kregen de Amerikaanse godsdienstpsychologen alleen navolging in Duitsland.[10] De meeste Duitse godsdienstpsychologen waren, in tegenstelling tot hun vakbroeders overzee, van huis uit (protestants) theoloog. Hun experimentele zin was er niet minder om. De eerste vrucht daarvan verscheen in 1921: Girgensohns *Der seelische Afbau des religiösen Erlebens*. Girgensohn had zijn proefpersonen gevraagd om religieuze teksten te lezen en hun associaties en belevingen daarbij te noteren. De uitkomsten van dit onderzoek waren nogal mager. De religieuze ervaring, zo concludeerde Girgensohn, kwam voort uit een ongedifferentieerd *gevoel*, dat los stond van zowel de wil als van specifieke religieuze voorstellingen (van bijvoorbeeld God of de hemel). Godsdienst was dus een uitgesproken *Privat-Sache*; met kerk, cultus, moraal, geloofsbelijdenis, wetenschap of theologie had het 'van nature' niets te maken.

Zoals Girgensohn zelf toegaf, was die stelling volstrekt niet nieuw. Zij was een volle eeuw eerder gelanceerd door Schleiermacher, de aartsvader der negentiende-eeuwse theologie. In een tijd waarin de kerk, clerus en christendom steeds meer terrein moesten prijsgeven, had Schleiermacher te kennen gegeven dat het daar eigenlijk ook niet om draaide. De essentie van geloof was gelegen in de religieuze ervaring: 'das Gefühl der schlechthinnigen Abhängigkeit'. Geloven deed je dus niet in de kerk, maar in het diepst van je hart: *religio habitat in sensu*. Die stelling had Girgensohn nu empirisch onderbouwd.

Receptie in Nederland

Voorzover Amerikaanse en Duitse godsdienstpsychologen bekendheid kregen in Nederland, was dat vooral te danken aan gereformeerde theologen, verbonden aan de Vrije Universiteit.[11] Deze was opgericht om het hoofd te bieden aan de moderne natuurwetenschap, die van God, geest of ziel niet wilde weten. Gereformeerde intellectuelen verwelkomden de psychologie als een remedie tegen zulk 'materialisme'. Deze jonge geesteswetenschap zou kunnen bijdragen aan wat Bavinck – hoogleraar dogmatiek aan de Vrije Universiteit – 'de overwinning van de ziel' noemde. Het was dan ook uitgerekend aan deze gereformeerde Universiteit dat voor het eerst in Nederland een hoogleraar publiekelijk aandacht besteedde aan het werk van Freud.[12] Deze waardering was van korte duur: als middel tegen materialisme bleek psychoanalyse erger dan de kwaal. Andere psychologieën leken beter te rijmen met de calvinistische beginselen en meer van nut voor de gereformeerde psychiatrie.

Een van Bavincks leerlingen, Geelkerken, promoveerde in 1909 op een lijvig proefschrift over *De Empirische Godsdienstpsychologie*.[13] Daarin uitte hij grote belangstelling voor – maar ook ernstige bedenkingen tegen – het werk van de Amerikaanse (en Duitse) godsdienstpsychologen. Volgens hem besteedden zij te veel aandacht aan spectaculaire gevallen van 'bekering' en 'wedergeboorte', verwaarloosden zij de intellectuele aspecten van religie en reduceerden zij geloof tot 'godsdienst zonder God'. Wilde de godsdienstpsychologie vrucht afwerpen, dan zou zij op een andere stam moeten worden geënt. Bavinck zelf gaf daar een aanzet toe, met zijn analyse van de psychologische wijsheid van de bijbel[14] en het oprichten van een *Godsdienstpsychologische Studievereeniging*.

Aan de meeste gereformeerden was dat niet besteed: in de jaren twintig werd hun afweer ten opzichte van 'de wereld' steeds sterker. Geelkerken zelf ondervond dat aan den lijve, toen hij in 1926 uit zijn ambt werd ontzet omdat hij in een preek over het paradijsverhaal gesuggereerd had dat de slang niet letterlijk tot Eva had gesproken. Deze affaire kwam de ontvankelijkheid van gereformeerden voor (godsdienst)psychologie niet ten goede.

Onder rooms-katholieken was vrijwel niets te merken van belangstelling voor de godsdienstpsychologie. Het aantal katholieke publicaties over dit onderwerp was op de vingers van één hand te tellen. Geen wonder: paus Pius X had in 1907 de staf gebroken over de opvatting van godsdienst als een kwestie van gevoel. De aandacht die godsdienstpsychologen besteedden aan de strikt subjectieve dimensie van godsdienst werd door katholieken afgedaan als 'een typisch protestantse dwaling'. Dat kwam er nu van als je 'door het geloof alleen' zalig wilde worden! Dan raakte je de kerk, de sacramenten en de geloofsleer kwijt en hield je alleen een vaag gevoel over. Slechts een enkeling zag mogelijkheden voor het ontwikkelen van een eigen, katholieke godsdienstpsychologie. Uit een systematische analyse van heiligenlevens bijvoorbeeld, zou men kunnen opmaken hoe de religieuze ontwikkeling idealiter verliep – om daar vervolgens de godsdienstige opvoeding op af te stemmen. Zo'n 'psychologie der heiligen' kwam echter niet van de grond.[15]

In hervormd Nederland van de jaren twintig waren de weerstanden veel geringer: hier zag men vooral nieuwe mogelijkheden in de psychologie. Volgens sommige hervormde theologen zou de psychologie zelfs de 'hoofdfactor' moeten worden van de predikantsopleiding.[16] De Leidse, vrijzinnige hoogleraar De Graaf – die na zijn studie godgeleerdheid bij Heymans in Groningen was gepromoveerd – voegde de daad bij het woord; hij begon colleges godsdienstpsychologie te geven. Daarin wees hij ook op gevaren: godsdienstpsychologie zou kunnen leiden tot psychologisering van de theologie. Om dat te voorkomen moest de psychologie niet, zoals in Duitsland, betrokken worden op de 'eigenlijke' godgeleerdheid, maar op het predikantswerk en, anderzijds, op onderzoek naar het verschijnsel religie.[17] Ook andere hervormden pleitten voor gepaste afstand. Psychologen zouden zich moeten onthouden van pogingen om godsdienst te verklaren uit bijvoorbeeld de seksuele driften. Als er iets verklaard moest worden, dan was het veeleer het *ontbreken* van geloof. Vandaar de reeks geschriften die tussen 1933 en 1939 verscheen: *Psychologie van het ongeloof*.

Het laatste deel van deze serie werd tevens het bekendste: *Karakter en aanleg in verband met het ongeloof*.[18] De auteur van dit vaak herdrukte boekje was de Utrechtse hoogleraar psychiatrie Rümke, die zich daarmee grote faam verwierf onder theologen. Hij stelde namelijk dat geloof geen product was van een ontwikkelingsstoornis (zoals psychoanalytici suggereerden), maar juist een kenmerk van geestelijke gezondheid. Die stelling vormde een aanmoediging voor samenwerking tussen theologen en psychiaters of psychologen.

*P*redikant en dokter

Theologen en (zenuw)artsen waren elkaar in Nederland sinds het eind van de negentiende eeuw genaderd. Dit was onder andere een gevolg van de verzuiling: in de katholieke en 'gereformeerde' zuil speelden artsen een minstens zo leidende rol als priesters en predikanten. Medici en 'geestelijken' kregen vooral met elkaar te maken door de opkomst van de verzuilde geestelijke gezondheidszorg. In de gereformeerde en katholieke psychiatrische inrichtingen die sinds de jaren tachtig waren geopend, werkten behalve zenuwartsen en verplegers ook zielszorgers.[19] Doordat hervormden minder tot verzuilde actie geneigd waren dan gereformeerden of katholieken, beschikten zij voor de oorlog niet over eigen psychiatrische inrichtingen. Toch waren ook zij geïnteresseerd in vraagstukken op het grensvlak van geloof en geestelijke gezondheidszorg. In 1931 werd daar een speciaal tijdschrift voor opgericht: *Predikant en dokter*.

Uit deze titel sprak een programma: geneeskundigen en godgeleerden zouden elkaars 'natuurlijke' bondgenoten zijn. Waar predikanten in de negentiende eeuw gewoonlijk in één adem genoemd werden met juristen, begonnen zij zich nu te identificeren met medici.[20] Dat was enerzijds een respons op het maatschappelijk succes van deze beroepsgroep: gezien het prestige van artsen was het voor predikanten aantrekkelijk om zich aan hen te spiegelen. Anderzijds sprak uit deze nieuwe identificatie het streven naar een zelfde vertrouwensband met 'leken'.

Sinds het laatste kwart van de negentiende eeuw was het langzamerhand tot hervormde predikanten doorgedrongen dat zij zich niet meer zo afstandelijk tot hun gemeenteleden konden opstellen als een 'redenaar' tegenover zijn 'gehoor'. Van zo'n gehoor waren zij namelijk steeds minder verzekerd. Door de uittocht van vrijzinnig-hervormden rond 1870 (naar de doopsgezinde en remonstrantse broederschap) en die van orthodoxen rond 1886 (naar de gereformeerde kerken), door de opkomst van de socialistische beweging, van nieuwe religieuze bewegingen als het Leger des Heils, de pinksterbeweging of de theosofie en, niet te vergeten, door de snelle ontkerkelijking merkten hervormde predikanten dat zij het contact met hun 'schapen' dreigden te verliezen. Zij zouden hechtere, intiemere banden moeten smeden met hun individuele gemeenteleden. De verhouding tussen arts en patiënt was het meest voor de hand liggende model van zo'n nieuwe verhouding tot 'leken'; het was een beproefd recept voor 'cliëntèlevorming'. Predikanten zouden zich minder als 'leraars' en meer als 'herders' moeten profileren; zij zouden zich vooral moeten toeleggen op de individuele zielszorg. En daar zou de psychologie goed bij van pas komen.

Godgeleerdheid en menswetenschap

Protestantse theologen toonden echter niet alleen belangstelling maar ook grote beduchtheid voor de psychologie. Hun bezwaar was niet zozeer dat de psychologie, zoals katholieken vreesden, de moraal zou ondermijnen; zelfs niet dat psychologie, en vooral de psychoanalyse, zo vaak op religiekritiek uitdraaide; het ging hun vooral om de theologie: deze moest gepaste afstand bewaren ten opzichte van de menswetenschappen.

Dat laatste leerde de 'dialektische school' van de Zwitserse theoloog Karl Barth, die zich met kracht verzette tegen de 'humanisering' en de 'psychologisering' van theologie en predikantswerk. Volgens Barth moest de theologie niet uitgaan van de religieuze ervaring, zoals Schleiermacher gesteld had, maar alleen van de openbaring, het Woord Gods. Van godsdienstpsychologie (waarin geloof gereduceerd werd tot gevoel) of van 'therapeutische zielszorg' (die 'zonde' gelijkstelde aan 'neurose' en 'genade' aan 'genezing') moest hij daarom niets hebben. Godgeleerdheid was geen Hogere Menswetenschap, en predikanten waren niet geroepen om zielen te verzorgen maar om het Woord te verkondigen. Barth vergeleek dominees daarom niet met dokters, maar met postbodes.[21]

In de jaren rond de Tweede Wereldoorlog kwamen de dialectische theologen in hoog aanzien te staan. Barth werd tot wat hij nu is: de belangrijkste theoloog van de twintigste eeuw. In hervormd Nederland rond 1950 was zijn benadering absoluut toonaangevend. Toch kreeg juist in die tijd de psychologie een vaste plaats in de theologische studie – niet als godsdienstpsychologie, maar als *pastorale psychologie*, als hulpwetenschap ten dienste van het predikantswerk. Terwijl de dialectische theologen de psychologie uit alle macht trachtten te weren uit het 'hart' van de theologie (de dogmatiek) en de kern van het predikantswerk (de preek), lieten zij haar toe in de marges van het godgeleerd bedrijf. Bij de zwaar bewaakte voordeur werden psychologen geweerd, maar de dienstbodeningang stond voor hen open: zij waren welkom als hulp in de kerkelijke huishouding.

In 1948 werd de psychiater Jan Hendrik van den Berg aan de ge-meente-universiteit van Amsterdam benoemd tot de eerste docent in dit nieuwe vak; zijn collega Kuiper kreeg korte tijd later een soortgelijke aanstelling in het Hervormd Seminarie in Driebergen. Van den Berg en Kuiper hadden geen moeite met de dienstbare positie van de pastorale psychologie; beiden droegen de dialectische theologie een warm hart toe.[22] In navolging van Barth en de zijnen definieerden zij zielszorg als een afgeleide van de preek, als 'verkondiging van het Woord Gods aan de enkeling'. Met psychologische theorieën of praktijken zouden predikanten zich niet te veel moeten inlaten. Het belangrijkste was dat zij hun eigen grenzen en beperkingen leerden kennen en 'pathologische gevallen' snel doorstuurden naar de psychiater. Over de manier waarop predikanten hun *gezonde* gemeenteleden moesten benaderen, hadden deze pastoraal-psychologen (pastoraal-psychiaters, eigenlijk) niet zoveel te melden.

Van verkondiging tot hulpverlening

In de loop van de jaren vijftig kwam de principiële scheiding van god-geleerdheid en menswetenschap, van pastoraat en psychologie, onder druk te staan. Dat kwam onder andere door de opkomst van de beweging voor geestelijke volksgezondheid, die de aandacht vestigde op het 'niemandsland' tussen psychiatrie en pastoraat: 'de psychische moeilijkheden van de gezonde mens'. Als predikanten vasthielden aan de vorm van zielszorg die Barth voorschreef (huisbezoek gericht op verkondiging), dreigden zij de boot te missen: ge-meenteleden met 'moeilijkheden' zouden dan bij een psychiater belanden of bij een *Bureau voor Levens- en Gezinsmoeilijkheden*.[23] De hervormde synode was zich van dat gevaar bewust; vandaar dat zij in 1955 een *Werkgroep voor de Zielszorg* instelde.

In de loop van de jaren vijftig en zestig veranderde de verhouding van pastoors en predikanten met hun parochianen, respectievelijk gemeenteleden. Uit: F. Marcus, Schietgebedjes (Nijmegen: Gottmer).

Volgens deze werkgroep kwam het er in de eerste plaats op aan dat predikanten het vertrouwen van hun gemeenteleden zouden winnen. Daarom stelde zij voor om voortaan iedere nieuwe predikant publiekelijk te laten beloven dat hij zijn mond zou houden over hetgeen hem ter ore kwam. De hervormde synode voerde zo'n geheimhoudings-plicht graag in; predikanten zouden zo beter bestand zijn tegen de concurrentie van psychiaters en, anderzijds, katholieke zielzorgers.

Met het oog op die mededinging werd ook gepleit voor het (her)invoeren van de biecht. Sinds het midden van de negentiende eeuw hadden al veel protestanten, in en buiten Nederland, daar op aangedrongen. In verschillende landen, vooral in Duitsland en Engeland, was daadwerkelijk een protestantse biechtpraktijk ontstaan. In de jaren dertig waren veel hervormden onder de indruk geraakt van de *Oxford Group Movement*. Deze internationale nieuwe religieuze beweging, met aanhangers in de hoogste sociale lagen, werd bekend door haar 'house parties', waar men 'in de groep' zijn zonden op kon biechten.[24] Hoewel de Oxford-beweging (alias 'Morele Herbewapening') in de jaren vijftig bij Nederlandse theologen uit de gratie raakte, bereikte hun belangstelling voor de biecht toen haar hoogtepunt. In 1958 hield de voorzitter van de *Werkgroep voor de Zielszorg* een vurig pleidooi voor het (her)invoeren van de 'oorbiecht', omlijst door een diepgaand pastoraal gesprek, met Schriftlezing, gebed en 'genadeverkondiging'.[25]

Andere leden van de Werkgroep bleken daar echter niets voor te voelen. Naar hun overtuiging zouden predikanten hiermee valse schuldgevoelens aanwakkeren, die het pastorale contact eerder vertroebelden dan verbeterden. De zielszorg, zo stelden zij, moest niet op 'verkondiging' gericht zijn (zoals Barth gesteld had), zelfs niet op '*genade*verkondiging' (zoals nu werd gepreciseerd), maar op 'hulpverlening'.[26]

*P*astors en psychologen

In plaats van zich te spiegelen aan katholieke biechtvaders enerzijds en psychiaters anderzijds begonnen predikanten zich vanaf het eind van de jaren vijftig op te trekken aan de jonge, veelbelovende beroepsgroep der psychologen. Een van de leden van de Werkgroep voor de Zielszorg, Heije Faber, speelde de hoofdrol in deze wending. Faber had naast theologie ook psychologie gestudeerd en zou uitgroeien tot de voorman van de tweede generatie pastoraal-psychologen in Nederland.

Aanvankelijk had ook Faber weinig idee van wat de psychologie aan de zielszorg zou kunnen bijdragen.[27] De beroepsontwikkeling van psychologen liet daar evenwel geen twijfel over bestaan. Vanaf het eind van de jaren vijftig boden zij hun diensten aan als 'hulpverleners' met een eigen therapeutische methode: de 'non-directieve' gesprekstechniek van Carl R. Rogers (zie ook hoofdstuk 6). In de Verenigde Staten werd deze methode niet alleen door psychologen, maar ook door veel predikanten toegepast: Rogers (die zelf ooit theologie had gestudeerd) had furore gemaakt in de beweging voor *pastoral counseling*.[28]

Deze beweging was tijdens de oorlog tot bloei gekomen. Met de Amerikaanse troepen waren ook zo'n achtduizend legerpredikanten en aalmoezeniers ten strijde getrokken. Zij ondervonden dat de militairen graag wilden praten, maar meestal geen zin hadden om een 'preek' aan te horen: ze wilden dat er naar hen geluisterd werd. Daar waren de meeste zielzorgers echter niet in getraind. Nog tijdens de oorlog werd daar iets aan gedaan: de *Army Chaplain's School* aan Harvard University startte een cursus *counseling*, die door vele duizenden predikanten werd gevolgd. Na de oorlog werd dat initiatief voortgezet, zodat in de jaren vijftig acht van de tien theologische hogescholen een cursus *pastoral psychology* of *pastoral counseling* aanboden.

Deze cursussen en trainingen kwamen, zoals gezegd, sterk onder invloed te staan van Rogers, die in 1942 zijn non-directieve, *client-centered* methode had gelanceerd. Deze methode was vooral aantrekkelijk gezien haar eenvoud: de basisbeginselen konden in korte tijd worden onderwezen. Voorts kon zij – in tegenstelling tot bijvoorbeeld de psychoanalyse – gemakkelijk worden ingepast in de bestaande omgangsvormen van predikanten met hun gemeenteleden. Bovendien boden cursussen *pastoral counseling* predikanten ook uitzicht op een carrière buiten de kerk, bijvoorbeeld als 'geestelijk verzorger' (*chaplain*) in een ziekenhuis, psychiatrische inrichting of gevangenis. Dit was een snelgroeiende sector: waar voor de oorlog slechts een handjevol Amerikaanse ziekenhuizen een fulltime pastor kenden, werden dat er in de jaren vijftig zo'n vijfhonderd. Daarnaast vonden predikanten ook emplooi in speciale centra voor *pastoral counseling*, waar zij zich, in samenwerking met psychiaters en maatschappelijk werkers, geheel en al op 'levensmoeilijkheden' toelegden.

Het pastorale gesprek

In Nederland ontbraken zulke pastorale gesprekscentra. Wel waren er sinds de Tweede Wereldoorlog protestantse *Bureaus voor Levens- en Gezinsmoeilijkheden*, waar behalve een arts (meestal een psychiater) en een maatschappelijk werkster ook een predikant aan verbonden was.[29] Het enige bureau waar een dominee de leiding had, was het Utrechtse *Pastoraal Psychologisch Centrum*. Samen met de predikant-directeur van dit Centrum, Van der Schoot, publiceerde Faber in 1962 een handboek voor pastoraat op Rogeriaanse grondslag: *Het pastorale gesprek*. Dit boek was doorspekt met *verbatim* gespreksverslagen die toonden wat een *pastoral counselor* moest doen – en vooral moest laten: 'moraliseren', 'dogmatiseren', 'generaliseren', 'diagnostiseren' en 'interpreteren' waren uit den boze. De pastor moest zich veeleer inleven in de gevoelens van de ander en deze 'spiegelen'. Hoe dat in zijn werk ging, blijkt uit het volgende fragment van een gesprek tussen een predikant (P), die op ziekenbezoek is bij juffrouw De Wit (W).

> *W: Ik moet aldoor overgeven. Ik ben nog niet veel.*
> *P: U voelt u nog slap.*
> *W: Ik kom af en toe mijn bed wel uit, maar ik ben nog te ziek.*
> *P: U hebt het gevoel dat u nog niet veel kunt.*
> *W: Ik houd mij goed. Ik geef de moed niet op.*
> *P: U geeft er niet aan toe.*[30]

Het pastorale gesprek werd een groot succes: het werd vele malen herdrukt en vertaald in het Engels, Duits, Frans en Portugees. Dat kwam onder meer doordat dit handboek niet alleen een nieuwe methode van gespreksvoering introduceerde, maar ook een nieuwe manier om pastors daar in te trainen. Dit was de – eveneens uit Amerika afkomstige – klinisch pastorale vorming (KPV).

Geestelijken in het gesticht

Klinisch pastorale vorming was alleen al iets nieuws gezien haar setting: het gesticht. De cursisten werden geacht om drie maanden lang in een psychiatrische inrichting te leven. Gedurende die tijd voerden zij pastorale gesprekken met patiënten, schreven daar *verbatim* verslagen van en bespraken deze 'in de groep'.[31]

In tegenstelling tot de Amerikaanse *clinical trainings* was de Nederlandse KPV niet primair bedoeld voor het opleiden van gespecialiseerde ziekenhuis- en gevangenispastors. Toch hield men ook hier vast aan de psychiatrische opleidingssetting. Zo'n 'vreemde' en 'bedreigende' omgeving zou namelijk unieke mogelijkheden bieden voor het vormen van pastors. De deelnemers moesten niet alleen theoretische kennis en praktische vaardigheden opdoen, maar ook een zekere mate van persoonlijkheidsverandering ondergaan. Alleen zo zouden zij de juiste 'pastorale habitus' kunnen ontwikkelen.[32]

Nederland was het eerste niet-Engelstalige land waar de KPV-beweging voet aan de grond kreeg. En het exporteerde: talloze buitenlandse pastors en 'supervisoren' werden hier opgeleid. Het binnenlands succes was niet minder; een KPV-brevet werd tot *het* keurmerk van pastorale bekwaamheid en 'counselen' werd de dominante vorm van pastorale gespreksvoering.

*C*onclusie

De opkomst en het succes van KPV is kenmerkend voor een aantal fundamentele verschuivingen in theologie en kerkenwerk. In de eerste plaats omdat dit een nieuwe vorm van onderwijs was, die losstond van zowel kerk als universiteit. De klinisch-pastorale vorming werd niet bestierd door hoogleraren, bisschoppen of synodes, maar door een select gezelschap van psychiaters, psychologen en pastors-supervisoren. In de tweede plaats was de Nederlandse KPV bijzonder omdat predikanten hier samen met katholieke geestelijken werden opgeleid. Die opzet maakte het aannemelijk dat dominee, pastoor en rabbijn eigenlijk deel uitmaakten van een en dezelfde beroepsgroep: *pastors.*

Dat duidt op een derde verschuiving: waar predikanten van oudsher de preek centraal stelden en zielszorg hoogstens als een afgeleide daarvan beschouwden, bestempelden zij vanaf de jaren zestig 'pastoraat' tot hun kerntaak. Dat gold ook voor katholieke geestelijken. Vanouds hadden deze hun liturgisch-sacramentele taak centraal gesteld. Het Vaticaans Concilie spoorde hen aan om zich tot het kerkvolk te wenden – ook letterlijk: priesters zouden voortaan de mis moeten opdragen met hun rug naar het altaar en hun gezicht naar de gelovigen (in plaats van omgekeerd). En waar de psychologie in katholiek Nederland sinds de eeuwwisseling te boek had gestaan als een gevaarlijke discipline, werd zij vanaf het eind van de jaren vijftig – en vooral na het Tweede Vaticaans Concilie (1962-1965) – te hulp geroepen voor het reviseren van de katholieke zielszorg, moraal en geloofsbeleving.[33]

Ten dele waren deze verschuivingen een kwestie van ideologie. Terwijl predikanten en priesters grotendeels dezelfde werkzaamheden bleven verrichten, gaven zij een andere *legitimering* aan hun optreden. Nu het geloof in de heiligheid van het ambt taande, beriepen zij zich meer op hun 'nut' of 'functie' voor de samenleving en, vooral, het individu. Maar er heeft zich ook daadwerkelijk een verschuiving voorgedaan: sinds de jaren zestig besteden predikanten en priesters veel meer tijd aan 'pastoraat' dan voorheen.

De 'herderlijke zorg' vindt sindsdien vaak ook niet meer plaats bij de gemeenteleden of parochianen thuis, maar in de spreekkamer van de pastor.[34] Deze verschuiving van huisbezoek naar spreekuur duidt op een zekere individualisering van de zielszorg. Zij wordt niet meer per huishouding maar per individu verstrekt, en is niet meer rechtstreeks verbonden met typische gemeenschapsrituelen als communie of avondmaal. Het huisbezoek was niet alleen te weinig op individuen toegesneden, maar deed ook te veel denken aan een soort 'geestelijke inspectie'. Zulke 'sociale controle' was niet langer aanvaardbaar: predikanten en priesters wilden zich juist ontdoen van het beeld van 'zedenmeester'.

Hoe vernieuwend dat uit kon pakken, blijkt uit de geschiedenis van homoseksualiteit in Nederland. Vanaf het eind van de jaren vijftig begonnen katholieke, gereformeerde en hervormde pastors een 'herbezinning' op dit 'vraagstuk'. Katholieke pastors, psychiaters en psychologen openden in 1958 een speciaal *Pastoraal Bureau* en publiceerden drie jaar later een *Pastoreel Cahier* over homoseksualiteit. Daarin was een opmerkelijk nieuw geluid te horen: 'aanvaarding van de homofiele naaste' was nu het devies. Even later verschenen ook een gereformeerde en een hervormde bundel, die dezelfde geest ademden.[35]

Het thema homoseksualiteit was aantrekkelijk voor moderne, psychologisch geschoolde pastors. Niet alleen omdat dit een kwestie was op het grensvlak van godsdienst en geneeskunde, van pastoraat en psychiatrie, maar ook omdat het hun de mogelijkheid bood om te tonen dat zij het individu en zijn ontplooiing hoger achtten dan de samenleving en haar (christelijke) moraal. Deze pastorale bekommernis om 'de homofiele medemens' heeft zeer veel bijgedragen tot de homo-emancipatie in Nederland: de hedendaagse tolerantie van homoseksualiteit is er voor een groot deel aan te danken.[36]

De opkomst van psychologische praktijken in theologie en kerk hing samen met heel uiteenlopende maatschappelijke ontwikkelingen. Dat is geen wonder: kerken en hun dienaren waren vroeger met zoveel andere instituties verweven, dat haast iedere vorm van sociale verandering hun raakte. De grootste gemene deler van al die veranderingen is dat predikanten en pastoors veel afhankelijker zijn geraakt van hun gemeenteleden of parochianen: zij zijn niet langer verzekerd van de bescherming van de staat, de sympathie van culturele en intellectuele elites of de belangstelling van 'het (kerk)volk'. Deze afhankelijkheid dwingt hen om in te spelen op de behoeften, gevoelens, stemmingen en ontstemmingen van hun 'schapen' – om hen niet te benaderen als een 'gehoor', laat staan als 'onderdanen', maar als 'cliëntèle'. Predikanten en priesters zijn, in één woord, 'cliëntgericht' geworden.[37] Bij dat proces van beroepsontwikkeling – dat 'professionalisering' genoemd kan worden, maar ook 'democratisering', of 'Amerikanisering' – kwam en komt de psychologie hun te stade.

N_{oten}

1   Zie W. Mulder (1947/1939), *Parochie en parochiegeestelijkheid* (Utrecht: Dekker & Van de Vegt), p. 200.

2   Multatuli (1985/1862), *Woutertje Pieterse* (Utrecht: Veen), p. 59.

3   C.E. van Koetsveld (1874/1843), *Schetsen uit de pastorie te Mastland. Ernst en luim uit het leven van den Nederlandschen dorpsleeraar* (Schoonhoven: Van Nooten), p. 96. Deze schetsen werden jarenlang gebruikt om theologiestudenten kennis te laten maken met het 'herderlijk werk'.

4   De Church of England of Anglicaanse Kerk is de Engelse staatskerk. Zie over deze kerk en haar clerus o.a. A. Russell (1984/1980), *The clerical profession* (London: SPCK), A. Haig (1983), *The Victorian clergy* (London: Croom Helm) en B. Heeney (1976), *A different kind of gentleman* (Connecticut: Hamden).

5   Zie voor de hier beschreven ontwikkelingen onder andere E. Brooks Holifield (1983), *A history of pastoral care in America: From salvation to self-realization* (Nashville: Abington) en J.T. McNeill (1965), *A history of the cure of souls* (New York: Harper).

6   A. Rotundo (1983), *American manhood. Transformations in masculinity from the revolution to the modern era* (New York: Basic Books), p. 205-209; vergelijk Russell, a.w., p. 250.

7   R. Laurence Moore (1989), Secularization: Religion and the social sciences, in W.R. Hutchinson, ed., *Between the times. The travail of the protestant establishment in America, 1900-1960* (Cambridge: Cambridge University Press), p. 233-252.

8   Een beknopt overzicht van de ontwikkeling der godsdienstpsychologie biedt R.H.J. ter Meulen (1988), *Ziel en zaligheid. De receptie van de psychologie en van de psychoanalyse onder de katholieken in Nederland, 1900-1966* (Baarn: Ambo), p. 117-123. Zie ook J.W. Heisig (1985), Psychology of religion, in *The encyclopaedia of religion, Vol. XII* (New York/London: MacMillan), p. 57-66 en J.H. van den Berg (1958), *Psychologie en geloof. Een kroniek en een standpunt* (Nijkerk: Callenbach). Zie voor de ontwikkelingen in de Verenigde Staten Brooks Holifield, a.w.

9   A. Abbott (1980), Religion, psychiatry, and problems of everyday life, *Sociological Analysis, 41,* 164-171. S. Michel (1984), American conscience and the unconscious: psychoanalysis and the rise of personal religion, 1906-1963, *Psychoanalysis and Contemporary Thought, 7,* 387-421.

10 Zie K.J. Cremer (1934), *De Duitsche godsdienstpsychologie* (Delft: Meinema).

11 Zie Ter Meulen, a.w., p. 123-148 en J.A. van Belzen (1992), Psychologisering van de theologie? De receptie van de godsdienstpsychologie aan de theologische faculteiten, *Psychologie en Maatschappij, 15,* 259-275.

12 Leendert Bouman, de eerste hoogleraar psychiatrie aan de VU. Zie I.N. Bulhof (1983), *Freud in Nederland. De interpretatie en invloed van zijn ideeën* (Baarn: Ambo), p. 144-164. Vergelijk J.A. van Belzen (1989), *Psychopathologie en religie. Ideeën, behandeling en verzorging in de gereformeerde psychiatrie, 1880-1940* (Kampen: Kok), p. 37-73. Toen Bouman zijn oratie hield, in 1907, had Freud net zijn eerste verhandeling over religie geschreven: *Dwanghandelingen en godsdienstoefeningen.* Die was al niet vleiend maar het kon nog minder: *Totem en taboe* (1913), *De toekomst van een illusie* (1927) en *De man Mozes en de monotheïstische religie* (1937-1939) lieten weinig heel van het aanvankelijk enthousiasme van gereformeerden voor de psychoanalyse. Vergelijk P. Gay (1988), *Een goddeloze jood. Freud, het atheïsme en het ontstaan van de psychoanalyse* (Houten: De Haan); oorspronkelijke editie *A godless jew* (New Haven: Yale University Press, 1987).

13 J.G. Geelkerken (1909), *De empirische godsdienstpsychologie* (Amsterdam: Scheltema & Van Holkema); vergelijk J.A. van Belzen (1991), J.G. Geelkerken en de godsdienstpsychologie, *De Psycholoog, 26,* 399-401.

14 H. Bavinck (1909), *Bijbelsche en religieuze psychologie* (Kampen: Kok).

15 Ter Meulen, a.w., p. 139-149; W. Berger en J. Janssen (1980), De katholieken en hun psychologie. De geschiedenis van een problematische relatie, in B. Alfrink e.a., *De identiteit van katholieke wetenschapsmensen* (Baarn: Ambo), p. 25-41; R. Abma, De katholieken en het psy-complex, in P. Hagoort e.a., *De ontwikkeling van de sociale wetenschappen in Nederland* (Utrecht: Grafiet, 1981), p. 156-197.

16 Zie o.a. S.F.H.J. Berkelbach van der Sprenkel (1920), *Vrees en religie. Een psychologisch onderzoek, toegepast op Nieuw-Testamentische gegevens* (Utrecht: Universitas) en H.G. Cannegieter (1925), *Een nieuwe grondslag. De psychologie als uitgangspunt voor theologie en predikantsopleiding* (Baarn: Hollandia).

17 H.T. de Graaf (1928), *De godsdienst in het licht der zielkunde* (Huis ter Heide: De Wachttoren).

18 H.C. Rümke (1939), *Karakter en aanleg in verband met het ongeloof* (Amsterdam: Ten Have). Vergelijk J.A. van Belzen (1991), *Rümke, religie en godsdienstpsychologie: achtergronden en vooronderstellingen* (Kampen: Kok).

19 Aanvankelijk hadden dominees een heel centrale positie: in de eerste gereformeerde inrichting onderwees de predikant het verplegend personeel zowel de hoofdzaken van het geloof als de basisbeginselen der psychiatrie. Gaandeweg bepaalden de predikanten zich op de 'geestelijk verzorging' van patiënten; zie Van Belzen (1989), a.w., p. 193-219.

20 Negentiende-eeuwse rechts- en godgeleerden hadden veel gemeen. Zij volgden vrijwel hetzelfde propaedeutisch onderwijs en eenmaal 'in het ambt' legden zij zich toe op dezelfde centrale werkzaamheid: beide beroepsgroepen waren gespecialiseerd in 'de publieke spraak'. Vanaf 1854, toen de hervormde synode de toga invoerde, droegen zij in kerk- en pleitzaal zelfs vrijwel hetzelfde ambtsgewaad. Zie D.J. Bos (1997), 'De toga wordt apart gezet'. Theologanten in de negentiende-eeuwse studentensamenleving, *Amsterdams Sociologisch Tijdschrift, 23*, 665-708.

21 Het verzet van Barth en de zijnen tegen psychologisering van de theologie heb ik uitvoeriger beschreven in D.J. Bos (1992), 'Wee de pastor die psycholoog wordt!' Over Karl Barth, Carl Rogers en Eppe Gremdaat, *Psychologie en Maatschappij, 15*, 238-258.

22 Zie onder andere C.W. du Boeuff en P.C. Kuiper (1950), *Psychotherapie en zielzorg* (Utrecht: Bijleveld) en J.H. van den Berg (1950), Het gesprek en de bijzondere aard van het pastorale gesprek, *Theologie en Practijk* 10, 161-180. Vergelijk D. Bos (1993), J.H. van den Berg en de vlegeljaren van de pastorale psychologie, *De Psycholoog* 28, 163-166. Van den Berg werd vooral bekend als auteur van *Metabletica* (1956).

23 Veel van deze *Bureaus* droegen overigens een hervormde signatuur: in de *ambulante* GGZ hadden hervormden na de oorlog een voorsprong; zie T.E.D. van der Grinten (1987), *De vorming van de ambulante geestelijke gezondheidszorg: een historisch beleidsonderzoek* (Baarn: Ambo). Hervormde predikanten vonden dat echter geen geruststelling: zielszorg was een taak van de kerk zelve.

24 H.D. de Loor (1986), *Nieuw Nederland loopt van stapel. De Oxford Groep in Nederland, een sociale beweging van het interbellum* (Kampen: Kok).

25 P.J. Roscam Abbingh (1958), *Biecht en absolutie* ('s-Gravenhage: Boekencentrum).

26 Zie G. Heitink (1977), *Pastoraat als hulpverlening. Inleiding in de pastorale theologie en psychologie* (Kampen: Kok).

27 Zie H. Faber (1958), *Pastorale verkenning: een onderzoek naar de gevoelsrelaties in het pastorale gesprek* ('s-Gravenhage: Boekencentrum).

28 Zie voor deze beweging Brooks Holifield, a.w. en H. Faber (1961), *Pastoral care and clinical training in America* (Arnhem: Van Loghum Slaterus).

29 Deze bureaus kregen, naast de *Medisch Opvoedkundige Bureaus* en *Sociaal Psychiatrische Diensten*, een prominente plaats in de ambulante GGZ. Dat ging echter ten koste van de positie van de predikant: om in aanmerking te komen voor overheidssubsidie, legden de bureaus steeds minder nadruk op hun pastorale en steeds meer op hun psychiatrische functie. Zie Van der Grinten, a.w., p. 210-236.

30 H. Faber en E. van der Schoot (1962), *Het pastorale gesprek* (Utrecht: Bijleveld), p. 58.

31 Aanvankelijk had KPV niets met gespreksvoering te maken gehad: de eerste cursussen, die vanaf 1924 in Boston werden gegeven, waren niet gericht op conversatie met, maar op (godsdienstpsychologische) observatie van patiënten. Zie H. Stroeken (1983), *Psychoanalyse, godsdienst en Boisen* (Kampen: Kok); vergelijk Michel, a.w. en Abbott, a.w.

32 W. Zijlstra (1969), *Klinisch pastorale vorming, Een voorlopige analyse van het leer- en groepsproces in zeven cursussen* (Assen: Van Gorcum).

33 Zie o.a. H. Suèr (1969), *Niet te geloven. De geschiedenis van een pastorale commissie* (Bussum: Paul Brand); J.C. Pols (1988), Genezen van de moraal. Over katholieken en geestelijke gezondheidszorg in Nederland, 1930-1950, *Kennis en Methode, 12*, 4-21; zie ook Abma, a.w.; Berger en Janssen, a.w. en Ter Meulen, a.w.

34 In pastorale handboeken werden richtlijnen verstrekt voor het 'psychologisch verantwoord' inrichten van dat vertrek; tot de basisvereisten behoorden twee gelijke stoelen in een hoek van 90 graden. Volgens een Zuid-Afrikaanse theoloog mochten die hard noch zacht zijn: 'Die stoel mag vir hom nie 'n pynbank of 'n luilekker wees nie...' (W.A. Smit, 1960, *Pastoraal-psigologiese verkenning van die client-centered terapie van Carl R. Rogers* (Kampen: Kok), p. 58.

35 A.F.C. Overing e.a. (1961), Homosexualiteit, in *Pastorale Cahiers* 3 (Hilversum: Paul Brand); A.L. Janse de Jonge e.a. (1961), *De homosexuele naaste* (Baarn: Bosch & Keuning).

36 Zie H. Oosterhuis (1992), *Homoseksualiteit in katholiek Nederland. Een sociale geschiedenis, 1900-1970* (Amsterdam: Sua); vergelijk D.J. Bos (1994), 'Een typisch menselijk verschijnsel'. Homoseksualiteit herzien, 1948-1963, *Psychologie en Maatschappij, 17*, 192-209.

37 Dit blijkt niet alleen in de zielszorg, maar ook in de vormgeving van de eredienst (liturgie); vergelijk D. Martin (1978), Crisis amongst the professional guardians of the sacred, in *A general theory of secularization* (Oxford: Blackwell), p. 278-305.

*D*e misdadiger

TOEREKENINGSVATBAARHEID EN BEHANDELING

IDO WEIJERS

Ruim een halve eeuw geleden deed Lionel Penrose een comparatief onderzoek naar de verhouding tussen het aantal plaatsen in gevangenissen en het aantal bedden in psychiatrische inrichtingen in Europa. Hij maakte een correlatie tussen deze gegevens aannemelijk: hoe kleiner het aantal bedden in de kliniek, hoe groter het aantal plaatsen in de gevangenis.[1] Hij bevestigde daarmee een gedachte die in de daarop volgende decennia gemeengoed werd: een hoog aantal verpleegden en een relatief klein aantal gevangenen, dat was een teken van een humane cultuur. Met de kritiek op de inrichtingspsychiatrie vanaf het midden van de jaren zestig en met de beweging die vanaf de jaren tachtig de sluiting van inrichtingen realiseerde, werd ook de gedachte van een vanzelfsprekend negatieve correlatie tussen behandelen en straffen losgelaten. Behandeling in een inrichting betekende in veler ogen niet zonder meer een verbetering en een humanere opvang van probleemgevallen dan gevangenisstraf.

De spanningsverhouding tussen de behoefte om te straffen voor ernstige vergrijpen en het juist behandelen van degenen die zich aan dergelijke daden hebben schuldig gemaakt, wordt bij uitstek zichtbaar in de problematiek van de zogeheten 'terbeschikkingstelling' (TBS). Bij 'onbegrijpelijke' gruweldaden kan de rechter een beroep doen op gedragsdeskundigen ter beoordeling van de vraag in hoeverre de verdachte verantwoordelijk kan worden geacht voor deze daden. Luidt het oordeel 'ontoerekenbaar' of 'verminderd toerekenbaar', dan kan de rechter besluiten geen straf op te leggen maar een maatregel tot behandeling, dat wil zeggen, TBS. De rechter laat zich niet zo eenvoudig meer overtuigen van de noodzaak van behandeling en van de mogelijkheden tot verbetering die de deskundigen bepleiten. Ferdi E., de moordenaar van Gerrit-Jan Heijn, die met zijn lugubere daad en de perfide afwikkeling daarna heel Nederland dagenlang in spanning hield, werd door gedragsdeskundigen als verminderd toerekenbaar beoordeeld, maar de rechter veroordeelde hem in 1988 tot twintig jaar gevangenis en TBS.

De psychologie verschijnt in dit hoofdstuk ten tonele tegen deze achtergrond van strafoplegging en behandeling. Psychologische noties gingen in de loop van deze eeuw een steeds voornamere rol spelen, maar een zelfstandige rol voor de psycholoog als deskundige werd pas tamelijk recent zichtbaar. Na de Tweede Wereldoorlog verwierf de psycholoog zich langzaam maar zeker een eigen positie als therapeut bij de behandeling in het kader van de terbeschikkingstelling. Daarnaast kreeg de psycholoog een aantal voorlichtingstaken; allereerst in het kader van de rapportage voor de reclassering, maar sinds enkele decennia bovendien als zelfstandig getuige-deskundige, die naast de psychiater forensisch advies aan de rechter uitbrengt omtrent de geestelijke staat van de verdachte. Recentelijk is daar de figuur van de psychologisch expert bijgekomen, die de rechter adviseert omtrent de betrouwbaarheid van getuigenverklaringen. Die laatste soort expertise is inmiddels uitgegroeid tot een apart specialisme binnen de psychologie. In dit hoofdstuk zal daarop echter niet verder worden ingegaan, evenmin als op de rol van de psycholoog in het kader van de reclassering.[2]

Hier zal de veranderende rol van de psychologie bij de diagnose en behandeling van de geestelijk gestoorde delinquent centraal staan. Psychologische kennis werd aanvankelijk exclusief door psychiaters gebruikt. In de loop van de jaren zestig traden psychologen in het voetspoor van de medische professionals, toen zij ook een rol gingen spelen in de behandeling. In dezelfde periode groeide echter het verzet tegen het eindeloos behandelen van gestoorde delinquenten en tegen hun onduidelijke uitzonderingspositie binnen het strafrecht. Zoals in dit hoofdstuk zal blijken, maakte de psychologie zich in antwoord op de kritiek los van de asyleringsaanpak en bepleitte zij andere benaderingen van degenen die als 'slecht en gek' werden beoordeeld.

Voorgeschiedenis

In het recht nam de geesteszieke van oudsher een uitzonderingspositie in. In het klassieke Romeinse recht werden geestelijk gestoorden niet gestraft en bestond bovendien de mogelijkheid iemand onder invloed van zware affecten een misdrijf in verminderde mate toe te rekenen. Vanaf de vijftiende eeuw hadden krankzinnigen echter te lijden onder de demonologische opvattingen met betrekking tot afwijkend gedrag, waardoor velen van hen werden vervolgd als heksen.[3]

Rond 1750 herstelde zich het klassieke denkkader ten aanzien van waanzin.[4] In de loop van de achttiende eeuw begon zich ook een verandering voor te doen in het beroep dat binnen het strafrecht werd gedaan op de mogelijkheid van ontoerekenbaarheid. Er werd nu af en toe betoogd dat er nog een ander criterium noodzakelijk was naast de eis dat iemands geesteszie te voor iedereen duidelijk diende te zijn. Er zou ook rekening moeten worden gehouden met de mogelijkheid dat iemand die ogenschijnlijk normaal was en in meerdere opzichten rationeel handelde, door een geestelijke stoornis plotseling tot waanzinnige handelingen kon komen, handelingen waar hij niet voor verantwoordelijk kon worden gesteld. Vanaf het midden van de achttiende eeuw werd een beroep op geesteszie kte ('lunacy') in de helft van het aantal pleidooien ook als zodanig aanvaard en tegen het eind van de eeuw vormde een dergelijk beroep in Groot-Brittannië in elk geval een door diverse jury's en rechters geaccepteerd verschijnsel. Zoals een van de rechters bij een moordzaak in 1784 zei: *'Rage which is the effect of distemper is brought upon them by the act of God, and not by themselves, and they are not answerable for what they do in those moments.'*[5]

Vaak zorgden dergelijke uitspraken voor opschudding en verontwaardiging bij het publiek. Een van de meest spectaculaire zaken aan het begin van de negentiende eeuw was die van Hadfield, die in 1800 een aanslag pleegde op de Engelse koning, George III. Hadfield had een voortreffelijke advocaat die hem wist vrij te pleiten van de doodstraf en hem opgenomen wist te krijgen in een inrichting. De geestesgestoorde, stelde de advocaat, redeneert vanuit verkeerde vooronderstellingen, niet vanwege een gebrekkig oordeelsvermogen, maar doordat 'a delusive image, the inseparable companion of real insanity, is thrust upon the subjugated understanding, incapable of resistance because unconscious of attack'.[6] Het criterium voor toerekenbaarheid was toen over het algemeen nog het al of niet aanwezig zijn van begrip van goed en kwaad. Hadfields advocaat maakte echter aannemelijk dat dat criterium niet adequaat was, aangezien waanideeën juist dat begrip zouden kunnen blokkeren.

Verplegen

In het begin van de negentiende eeuw werd de *manie* een gebruikelijke diagnose van degene (doorgaans een arts) die om een deskundig oordeel werd gevraagd. De term 'manie' was afkomstig uit de klassieke oudheid en werd gebruikt om de algehele desoriëntatie aan te duiden bij de patiënt wiens leven in belangrijk opzicht door waandenkbeelden werd gestuurd. Gedurende de Verlichting bleef deze rationalistische opvatting dominant. Geestesziek worden betekende zijn verstand kwijt raken en omgekeerd. Dit manifesteerde zich in een 'delirium', dat wil zeggen verwarde ideeën, onbegrijpelijke taal en dergelijke. Toch ontwikkelde zich in diezelfde periode een verhevigde aandacht voor het gevoel, met name onder filosofen en dichters. Die aandacht was van doorslaggevende betekenis voor een nieuw accent in de benadering van de waanzin. Ziekte van het gevoelsleven in plaats van ziekte van het verstand, dat was de gedachte die door de psychiater Philippe Pinel rond 1800 werd gearticuleerd met de notie 'manie sans délire'. Rond 1820 ontstond als uitwerking van deze notie een nieuw psychiatrisch ziektebeeld: de 'monomanie'. De Franse arts Jean-Etienne Esquirol introduceerde de term in 1816 in *De la folie*. Kenmerkend voor de monomanie zou zijn dat het hierbij slechts om de aantasting van één psychische functie zou gaan. Voor het overige zou het geestelijk gezonde personen betreffen.[7]

Het monomanieconcept werd door psychiaters ingezet als een geschikt wapen in de territoriumstrijd met de juristen, die langzamerhand op gang begon te komen. De psychiaters meenden dat de rechters hen altijd om een deskundige diagnose moesten vragen bij onbegrijpelijk of nauwelijks te verklaren gedrag van een verdachte. Interessant aan de monomanie was dat het hier in tegenstelling tot de manie, die iedere leek kon waarnemen, om een ziektebeeld ging dat alleen de medicus zou kunnen herkennen. De zieke kon in zijn alledaagse functioneren een volkomen normale indruk maken en alleen de deskundige zou in zo'n geval in staat zijn tot het stellen van de juiste diagnose. Dit appèl had in Frankrijk zo'n succes dat het monomanieconcept in de jaren dertig en veertig een bliksemcarrière in de rechtszaal maakte. Daarbij genereerde het een keten van varianten, van 'kleptomanie' tot 'dipsomanie' (bij drankmisbruik) en van 'pyromanie' en 'erotomanie' tot 'moordmanie'. De *médécins-aliénistes* ontleenden aan dit voor de leek niet waarneembare ziektebeeld een aparte deskundigheid, die hen in de Franse krankzinnigenwet van 1838 ook maatschappelijke erkenning als beroepsgroep binnen de strafrechtspraak opleverde. In de loop van de jaren veertig, toen deze positie eenmaal was verworven, werd het concept van de monomanie weer losgelaten, omdat steeds meer medici begonnen te betwijfelen dat geestelijke stoornissen zich werkelijk zouden kunnen manifesteren zonder cognitieve stoornissen.[8]

In Engeland was de discussie omtrent de 'gedeeltelijke geestesziekte' niet minder intensief dan in Frankrijk. Van invloed was hier met name het werk van de medicus James Prichard, die in *A treatise on insanity* (1835) met de notie *moral insanity* dezelfde verschijnselen aanduidde als Esquirol met het concept van de monomanie: '*the morbid phenomena which this disease displays in the moral constitution or feelings are independent of any corresponding affection of the understanding. It is not the revenge of supposed injury, but an immediate impulse arising spontaneously in the mind, which is diseased only in its moral constitution.*'[9]

Hier kwam in 1845 een nieuwe wet tot stand die gedwongen behandeling makkelijker maakte. De Engelse medici waren echter nog niet in staat om een zelfde sterke positie binnen het rechtssysteem te verwerven als hun Franse collega's, die vaak direct konden ingrijpen ter bescherming van de openbare orde.[10]

Ook in Nederland werd vanaf 1830 af en toe een beroep gedaan op het verschijnsel van de monomanie. Zo was er sprake van pyromanie in enkele gevallen van onbegrijpelijke motieven bij brandstichting door kinderen en jongeren en werd er een enkele keer een pleidooi gehouden voor vrijspraak wegens moordmonomanie. Toch lijken dat uitzonderingen. Formeel maakte de toenmalige wetgeving het mogelijk dat al tijdens het onderzoek en ook daarna tijdens het strafproces *krankzinnigheid* kon worden vastgesteld, wat betekende dat de delinquent niet toerekeningsvatbaar werd geacht en ontslagen werd van rechtsvervolging. In artikel 64 van het Wetboek van Strafrecht dat tot 1886 gold (Code Pénal) stond immers: *'daar is noch misdaad, noch wanbedrijf, zoo wanneer de beklaagde ten tijde van het feit in staat van krankzinnigheid was, of wanneer hij door overmagt gedwongen werd.'*

'De mensen van het recht'. Spotprent uit 1846 van de beroemde Franse cartoonist Daumier over het gebruik van het begrip 'Monomanie' in de rechtspraak. 'Wat mij zorgen baart, is dat ik beschuldigd word van twaalf berovingen'. 'Twaalf... des te beter... ik zal pleiten voor monomanie'. Benjamin A. and Julia M. Trustman Collection, Brandeis University Libraries.

Er waren dus maar twee mogelijkheden: men was wel of niet krankzinnig en werd dienovereenkomstig wel of niet toerekeningsvatbaar geacht. Dat maakte vrijpleiten wegens het *gedeeltelijke* karakter van de monomanie uiteraard bijzonder moeilijk. In het algemeen kwamen vrijspraken wegens krankzinnigheid in ons land overigens maar zelden voor. De confrontatie tussen psychiatrie en strafrecht, die in Frankrijk en Engeland al in de eerste decennia van de negentiende eeuw volop aan de gang was en ertoe leidde dat vrijpleiten wegens geesteziekte een vertrouwd verschijnsel was, ontstond in Nederland pas echt tegen het einde van de negentiende eeuw.[11]

In de negentiende eeuw hadden psychiaters en andere artsen met succes aandacht gevraagd voor de psychisch gestoorde delinquent, zij het dat hun invloed op de strafrechtspleging van land tot land verschilde. Hun feitelijke bemoeienis beperkte zich over het algemeen tot de diagnose; met de behandeling van gestoorde wetsovertreders hield men zich nauwelijks bezig. De medici leken te aanvaarden dat een vonnis tot verpleging in plaats van straf in de eerste plaats betekende dat de gestoorde goed opgeborgen werd. Dat kwam vaak neer op een langdurig vastgebonden verblijf, isolatie in een donkere cel en ordehandhaving door militairen. Als er al behandeld werd, dan gebeurde dit met het gebruikelijke arsenaal aan medische methoden tegen waanzin: aderlatingen, drastische braakmiddelen en 'verfrissende' dan wel 'rustgevende' baden.[12]

Bij het stellen van de diagnose in een strafrechtelijke context was de kernvraag hoe en in hoeverre immoreel of storend gedrag kon worden beoordeeld in termen van geesteziekte. Een typerend voorbeeld waarin 'verwerpelijk' zonder omhaal als 'ziek' werd gedefinieerd betrof de *insania moralis*, waarover eind negentiende eeuw druk werd gediscussieerd. Terwijl Prichard met het gebruik van termen als 'moral constitution' en 'moral insanity' vrijwel uitsluitend de psychische problematiek op het oog had, werd deze term een halve eeuw later in ethische zin gehanteerd. Met de diagnose insania moralis werd nu aangeduid dat bij de persoon in kwestie sprake was van gebrekkig ontwikkelde ethische vermogens, waarbij naar het wetenschappelijk inzicht van die tijd meestal werd aangenomen dat dat een gevolg was van aanleg. Insania moralis werd gehanteerd als verklaring voor het optreden van ongewenst gedrag en daar werd vervolgens een 'behandeling' aan verbonden die in feite niet medisch was, dat wil zeggen gericht op genezing, maar zuiver 'functioneel' juridisch, dat wil zeggen gericht op verwijdering uit de samenleving.

*B*eveiligen: de 'Nieuwe Richting' in het strafrecht

Tegen het einde van de vorige eeuw werd, zowel van de kant van de politiek als van de kant van juristen, steeds vaker aangedrongen bij de psychiater om verpleging van een gestoorde delinquent te adviseren. Men verlangde van de psychiater niet alleen een diagnose maar ook een legitimering van speciale opvang van deze 'grensgevallen'. Degenen die door de deskundigen als slecht en gek werden beoordeeld, dienden vervolgens effectief uit de maatschappij te worden verwijderd. In feite pleitten de juristen hiermee zelf voor de psychiatrisering van hun juridische grensgevallen, of ze schiepen er in elk geval de juridische ruimte voor. Zij haalden de psychiaters binnen om de juridische vraag die in de wet aan de orde was om te buigen en uit te breiden tot een maatschappelijke vraag. In de wet ging het immers om de vraag of degene die een criminele daad had gepleegd zonder meer krankzinnig was. In geval van krankzinnigheid kon de criminele daad, zoals gezegd, niet worden toegerekend. De vraag aan de psychiaters behelsde echter meer dan alleen het vaststellen van krankzinnigheid: men wilde weten of er een causaal verband was tussen het gepleegde delict en de geestelijke gezondheid van de delinquent. De psychiater werd nu (mede) verzocht om een oordeel te geven over onbegrijpelijke grensgevallen, over personen die daden hadden begaan die onacceptabel waren, zonder dat ze krankzinnig en dus volledig ontoerekenbaar waren. De psychiater zou de rechter moeten voorlichten omtrent de *persoon* van de dader, waarbij duidelijk moest worden in hoeverre het delict kon worden gezien als een symptoom van een mogelijke ziekte van de (vermoedelijke) dader.

De vraag aan de psychiater kwam op deze manier in de eerste plaats in het teken te staan van de behoefte om maatschappelijk gevaarlijken uit te schakelen. Gevangenisstraf was aan termijnen gebonden die vanwege het proportionaliteitsbeginsel in verhouding dienden te staan tot de daad. De straf was dus ongeschikt voor het doel van beveiliging tegen onverbeterlijken. De psychiater moest een (definitieve) verwijdering uit de maatschappij legitimeren, wat de Nederlandse psychiater Gerbrandus Jelgersma in 1890 als volgt formuleerde: '*De behandeling der misdaad, of liever van den misdadiger is een zeer eigenaardige en als men dat zoo mag uitdrukken, een zeer onmedische. De genezing, die voor een medicus hoofdzaak is, is hier wegens het zeer povere resultaat een bijzaak, maar er dringt zich een ander vraagstuk op den voorgrond en wordt zelfs hoofdzaak, dat voor een medicus bijzaak is, dit is de schade, die de omgeving kan lijden (...) De behandeling van den volwassen misdadig geborene en van den volwassen lijder aan insania moralis beperkt zich alleen tot eliminatie, tot onschadelijkmaking van het individu; hoofdzaak voor ons psychiaters is maar, dat men de insania moralis buiten de gestichten houdt.*'[13]

Om het optreden van de psychiaters te begrijpen, moeten we vooral rekening houden met die laatste opmerking van Jelgersma. Psychiaters waren in dergelijke gevallen bereid tot een medisch niet of nauwelijks te verantwoorden diagnose, als ze daarmee hun gestichten konden vrijwaren van deze lastige gevallen.

De accentverschuiving met het oog op deze probleemgevallen betekende enerzijds een aantasting van de toendertijd gangbare rol van de rechter, althans van diens onafhankelijke oordeelsvorming omtrent verantwoordelijkheid, causaliteit en proportionaliteit, zoals dat in het klassieke strafrecht werd verondersteld. Anderzijds betrof het hier ook een aantasting van de taak van de medicus, wiens oordeel immers – zoals Jelgersma evengoed erkende – in het teken van genezing diende te staan. Betekende de opvatting dat het delict als symptoom van ziekte diende te worden beschouwd een medicalisering van de misdaad, de opvatting dat de behandeling van deze delinquenten zich diende te beperken tot hun onschadelijkmaking betekende tegelijkertijd een onderschikking van de medische aanpak aan criminele politiek.

Deze dubbele koerswijziging is typerend voor het gedachtengoed van de *Nieuwe Richting* (of *Moderne Richting*) in het strafrecht. Deze internationale vernieuwingsbeweging werd in 1889 bijeengebracht binnen de *Internationale Kriminalistische Vereinigung* (IKV) door de Duitse jurist en links-liberale politicus Franz von Liszt, de Nederlandse jurist en vrijzinnig liberaal politicus Gerard Anton van Hamel en hun Belgische collega, de jurist en radicaal-liberale politicus Adolphe Prins. De IKV pleitte voor een actieve criminele politiek. Men wilde de samenleving effectief tegen misdadigers beschermen. Het strafrecht diende daartoe volledig te worden hervormd. Het klassieke principe dat iedereen voor de rechter als gelijke tegemoet getreden diende te worden, zou moeten worden losgelaten. Effectieve criminele politiek betekende dat men straffen en maatregelen juist nauwkeurig zou moeten afstemmen op het type misdadiger waarmee de rechter te maken kreeg. Wat men verlangde was een doelgerichte aanpak van zogenoemde gewoonte- en beroepsmisdadigers en gestoorde en onverbeterlijke delinquenten. Deze 'onmaatschappelijken' werden beschouwd als infectiebronnen voor de samenleving, die opgespoord en geïsoleerd moesten worden. De fundamentele begrippen van het klassieke strafrecht, met name de op het (abstracte) individu en diens bescherming tegenover de staatsmacht gebaseerde begrippen 'schuld' en 'straf', dienden vervangen te worden, of ten minste sterk gerelativeerd, door begrippen als 'gevaar' en 'beveiliging', waarbij het gemeenschapsbelang voorop stond.[14]

Het is merkwaardig genoeg juist tegen die achtergrond van grotere aandacht voor bescherming van de maatschappij, dat tegen het eind van de vorige eeuw de 'persoon van de dader' een prominente plaats kreeg in het strafrecht. De moderne aanpak van de gestoorde delinquent vond zijn oorsprong in de paradox dat actieve criminele politiek meer aandacht impliceerde voor de dader en minder exclusieve aandacht voor diens daad, waartoe het klassieke strafrecht zich (althans in principe) beperkte. En het is tegen diezelfde achtergrond van maatschappelijke beveiliging dat de psychiatrische bemoeienis met de delinquent systematisch vorm kreeg. Criminele politiek betekende dat men wilde weten of men misschien met een gewoontemisdadiger of een geboren crimineel te maken had. Het oordeel hierover kon eigenlijk niet aan de juristen worden overgelaten. De beveiliging van de maatschappij diende op de nieuwste wetenschappelijke inzichten te worden gebaseerd en juist in dat opzicht achtten de psychiaters hun inzichten en methoden superieur aan de rechtswetenschap.

Men was in de kring van moderne strafrechtshervormers en vooruitstrevende psychiaters zeer onder de indruk van de ideeën van de grondlegger van de criminele antropologie, Cesare Lombroso, die in *L'uomo delinquente* (1876) zijn opvattingen omtrent de geboren misdadiger uiteen had gezet. Lombroso beschouwde de 'geboren misdadiger' als slachtoffer van een pathologische aanleg. Deze geestesgesteldheid kwam volgens hem tot expressie in het uiterlijk van misdadigers.

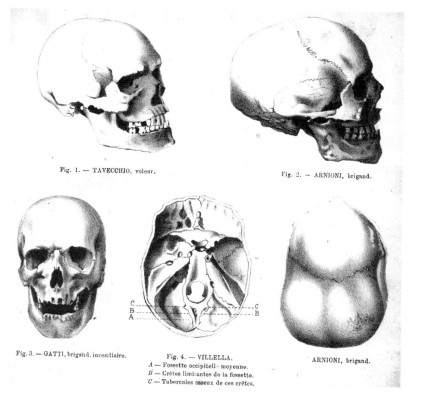

'Schedels van het recht'. Afbeelding uit de Atlas bij de Franse vertaling van Lombroso's L'uomo delinquente (1876). Van boven naar beneden en van links naar rechts de dief Tavecchio, de struikrover Arnioni, de brandstichter Gatti en de dief Villella. Bij allen constateerde Lombroso specifieke afwijkingen van de schedel. Zo had Tavecchio een zeer grote voorhoofdsholte, Villella een extreme achterhoofdsholte, en Gatti een zeer geprononceerde onderkaak.

Fig. 1. — TAVECCHIO, voleur.

Fig. 2. — ARNIONI, brigand.

Fig. 3. — GATTI, brigand, incendiaire.

Fig. 4. — VILLELLA.
A — Fossette occipitale moyenne.
B — Crêtes limitantes de la fossette.
C — Tubercules osseux de ces crêtes.

ARNIONI, brigand.

De opvattingen van Lombroso en zijn volgelingen leidden ertoe, dat men het uiterlijk van misdadigers nauwgezet in kaart ging brengen, bijvoorbeeld door middel van schedelmetingen en onderzoek naar onregelmatigheden aan het gezicht, onderzoek van de haarinplant, de vorm van de kaken en de ligging van de ogen.[15] De psychiater werd op deze manier een ingenieur van de geest, met bijbehorend professioneel instrumentarium: een nauwkeurig meetlint, diverse passers en op een bronzen sokkel de antropometer met stangen en flexibele winkelhaken.[16]

Toch is de directe invloed van Lombroso binnen het strafrecht maar van beperkte betekenis gebleken. Rond 1890 was de criminele antropologie zeer populair, maar een decennium later was haar invloed alweer tanende, omdat men het geloof verloor in de geboren misdadiger die zich door zijn uiterlijk zou verraden.[17] In meer algemene zin echter bleef de criminele antropologie de strafrechtsvernieuwers inspireren, vanwege haar nadrukkelijke aandacht voor de persoonlijkheid van de misdadiger.

De invloed van de Nieuwe Richting op het strafrecht in Europa werd vooral zichtbaar in de landen waar de oprichters actief waren. Het ging dan met name om het tot stand komen van penitentiaire maatregelen in plaats van straffen en om het treffen van preventieve maatregelen. In België had de Nieuwe Richting onder de noemer *Sociaal Verweer* grote invloed op de herziening van het rechtsstelsel. Prins zette als inspecteur-generaal van het gevangeniswezen bijvoorbeeld zijn stempel op wetgeving tegen landloperij en bedelarij, op wetgeving ter bescherming van het kind en op de oprichting van antropologische laboratoria en speciale gestichten voor de opname van gestoorde delinquenten.[18] In Duitsland waren de sporen van het pleidooi voor een 'gesamte Kriminalpolitik' minder markant. De Nieuwe Richting had enige invloed op de totstandkoming van het kinderrecht, met zijn sterke nadruk op preventie en op de gelijkwaardige plaats die beveiligingsmaatregelen naast straffen kregen.[19] De Nederlandse Kinderwetten van 1905 en 1921/22 droegen eveneens de sporen van de strafrechtsvernieuwing: het accent kwam te liggen op heropvoeding door middel van behandeling en tuchtstraffen. Om de sanctie zo precies mogelijk af te stemmen op de persoonlijkheid van de jeugdige dader, werd de berechting in handen gelegd van gespecialiseerde kinderrechters. Ook de Psychopatenwetten van 1925-1928, waarmee de terbeschikkingstelling van de regering zijn beslag kreeg, toonden de invloeden van de Nieuwe Richting.[20]

Onder invloed van de strafrechtshervorming breidde het gedragsdeskundig onderzoek zich in bijvoorbeeld België, Duitsland en Nederland steeds meer uit. Naast het onderzoek naar fysiologische kenmerken ging men ook onderzoek doen naar sociale, of milieukenmerken en psychologische karakteristieken als intelligentie. Het onderzoeksinstrumentarium groeide en de psychiater voorzag zich van assistenten die onderzoek in het gezin van de verdachte gingen doen. In sommige gevallen werd een psycholoog ingeschakeld om intelligentietests af te nemen, alhoewel de meeste psychiaters dat liever zelf deden.[21]

In de eerste decennia van de twintigste eeuw nam het aantal psychiatrische expertises snel toe. De toenemende betrokkenheid van de psychiater bij het strafproces betekende echter niet dat zijn voorlichtingstaak duidelijker werd afgebakend. Net als daarvoor bleef hij formeel de getuige-deskundige die om een oordeel werd gevraagd omtrent een eventuele ziekelijke stoornis of gebrekkige ontwikkeling der verstandelijke vermogens. Maar feitelijk veranderde de rol van de psychiater ingrijpend. 'De quaestie van de grensgevallen', dat wil zeggen storend gedrag waarbij eventueel kon worden gesproken van een stoornis, werd al snel het hoofdbestanddeel van het juridisch voorlichtingswerk door de psychiater. De 'grensgevallen', waartoe categorieën als imbecielen, neurasthenici, epileptici, hysterici, alcoholisten en 'gedegenereerden' werden gerekend, pasten niet in een gesticht, waar de geneesheren ertoe neigden deze gevallen al gauw te ontslaan. Ze pasten evenmin in de gevangenis, waar ze te snel vrijkwamen vanwege de vaak geringe ernst van de vergrijpen. Dus werd gekozen voor een tussenvorm: het gevangenisgesticht of 'psychopatenasyl', zoals het in Nederland werd genoemd. Het criterium voor opname werd eenvoudig omschreven als 'bescherming van de samenleving'. Voor deze gelegenheid werd in Nederland zelfs een passend nieuw psychiatrisch criterium gecreëerd: 'verminderde toerekeningsvatbaarheid'.

Een zeer belangrijke consequentie van het werk van de Nieuwe Richting voor de forensische psychiatrie was de introductie van de redenering, dat voor de beoordeling van de toerekeningsvatbaarheid niet de daad of de psychische gesteldheid van de dader tijdens de daad uitgangspunt was, maar dat de *gehele persoonlijkheid* van de dader in beschouwing moest worden genomen. Daarmee verdween het delict als aangrijpingspunt voor diagnose en als motief voor behandeling ver uit beeld. Dat laatste punt, dat door de betreffende delinquenten van meet af aan als frustrerend werd ervaren, hinderde de geneesheren nauwelijks. Typerend voor hun activiteiten binnen het nieuwe kader bleef namelijk het eenzijdige accent op categorisering en diagnose: de aandacht voor de persoon van de dader betekende dat de prioriteit lag bij de identificatie van de onverbeterlijke crimineel. Van behandeling was nauwelijks sprake, het bleef bij bewaring onder de vlag van een geneeskundig instituut en onder gezag van medici.

In de jaren dertig, toen in vele landen een zekere autoritaire tendens in het strafrecht voelbaar werd, kende deze opbergmaatregel een grote populariteit. In Nederland was de animo om in het belang van 'de openbare orde' onverbeterlijke misdadigers uit de maatschappij te elimineren in elk geval dermate groot, dat in 1933 een zogeheten 'Stopwet' nodig was om te vermijden dat de toepassing van deze maatregel volledig uit de hand zou lopen. Toen de Stopwet in 1947 definitief werd opgeheven, deed zich opnieuw een ware vloedgolf van terbeschikkingstellingen voor.[22] Deze enorme toename had desastreuze gevolgen voor de inrichtingen, die overvol kwamen te zitten, waardoor zelfs de meest elementaire voorwaarden voor 'fatsoenlijk opbergen' in gevaar kwamen.

Het Rijksasyl voor psychopaten in Avereest, ca. 1935. Dit asyl werd in 1933 in gebruik genomen. Het bestond uit een 'Voorgesticht' met een capaciteit van 200 plaatsen en een 'Achtergesticht' met 61 plaatsen, dat bestemd was voor de 'hopeloze' gevallen. De behandeling was gericht op reëducatie via 'het aankweken van een gezond zelfbewustzijn, van plichtsgevoel en verantwoordelijkheidsgevoel, van arbeidslust en doorzettingsvermogen'. Foto: Audiovisuele Dienst Rijksinrichting Veldzicht.

*B*ehandelen: de Utrechtse School en de psychoanalyse

Het grote aantal terbeschikkingstellingen dat Nederlandse rechters vanaf 1947 uitspraken, had te maken met een nieuw élan dat in vele landen na de Tweede Wereldoorlog ontstond. Er werd opnieuw gestreefd naar *functionalisering*: het meer dienstbaar maken van het strafrecht aan maatschappelijke doeleinden. Internationaal kreeg de functionalisering overwegend vorm als het streven naar resocialisatie, wat met name door de *Défense Sociale* werd bepleit. Deze beweging stond een individualiserende bejegening in het strafrecht voor, waarbij humaniteit en effectiviteit van misdaadbestrijding verenigd moesten worden in een krachtige oriëntatie op de resocialisatie van de delinquent. Met name in Frankrijk en in België kreeg de beweging een enthousiast onthaal, wat leidde tot het veelvuldig toepassen van justitiële maatregelen in geval van onmaatschappelijk gedrag.[23]

In Nederland ontstond een stroming die oppervlakkig gezien verwant was, maar die bij nadere beschouwing een heel andere richting in bleek te slaan. Ook in ons land ontstond groot animo voor de resocialisatiegedachte: in de nieuwe Beginselenwet Gevangeniswezen van 1951 werd vastgelegd dat straf en maatregel erop gericht moesten zijn de maatschappelijk ontspoorde te helpen uiteindelijk beter in de maatschappij te integreren. Maar hier kwam veel minder het accent te liggen op de notie van maatschappelijke effectiviteit en beveiliging. Strafrechtspleging werd niet als een beleidsinstrument of als een techniek van misdaadbestrijding beschouwd, maar als een principiële confrontatie tussen de samenleving en haar delinquenten. Noties als schuld, verantwoordelijkheid en vergelding, die voor de Défense Sociale irrelevant waren, werden hier juist centraal gesteld en opnieuw ingevuld. De Nederlandse tegenhanger van de Défense Sociale wordt meestal aangeduid als de 'Utrechtse

School', vanwege het feit dat haar belangrijkste woordvoerders zich bevonden aan de universiteit van Utrecht. Het betrof hier de kring van juristen, criminologen, psychiaters en psychologen die zich in de loop van de jaren veertig en vijftig vormde rond de strafrechtsgeleerde Willem Pompe, de criminoloog Ger Kempe en de jurist en psychiater Pieter Baan.[24]

Ging het bij de Défense Sociale net als bij de Nieuwe Richting primair om 'beveiligingsijver', in ons land werd het naoorlogs enthousiasme in toenemende mate gedragen door 'verzorgingsijver' waarvan de Utrechtse School zich tot belangrijkste pleitbezorger maakte. Als het strafrecht zich primair richtte op de notie van gevaar en maatschappelijke beveiliging, dan betekende dat dat er onderscheid werd gemaakt tussen burgers, een onderscheid in vijanden en vrienden, stelde Pompe. Daarmee begaf men zich in zijn ogen op de verkeerde weg. In plaats van wantrouwen diende juist vertrouwen de basis te vormen waarop het strafrecht functioneerde. Straffen en maatregelen dienden zo te worden ingericht, dat daarmee de veroordeelde in staat werd gesteld het vertrouwen van de gemeenschap dat hij met zijn misdaad had geschaad, terug te winnen. Van zijn kant moest de delinquent kunnen tonen dat hij het weer goed wilde maken. Daartoe was, zoals Kempe bepleitte, allereerst een invoelende, zich in de persoon van de dader verplaatsende houding van de kant van de rechters en deskundigen vereist. En daarmee opende de Utrechtse School een nieuw, typisch Nederlands, hoofdstuk in de bemoeienissen met de ontoerekeningsvatbare wetsovertreder.

De gestoorde delinquent moest volgens de Utrechtse School niet in de eerste plaats geresocialiseerd worden, maar er moest om te beginnen goed naar hem worden geluisterd teneinde een beeld van zijn leven te kunnen vormen. De forensisch onderzoeker diende de criminele daad niet eenvoudigweg als een symptoom te zien, dus als een teken dat er iets niet in orde was, zoals de criminele antropologie en de Défense Sociale hadden aangenomen. Hij moest de daad daarentegen primair accepteren 'als *in se* zinvolle uiting', om vanuit die fundamenteel aanvaardende houding tot werkelijk contact met de delinquent te komen. De cruciale vraag van de forensische voorlichting luidde volgens Kempe dan ook: 'Is het mogelijk invoelbaar te maken dat deze persoonlijkheid, dit leven geleefd hebbende, op dit moment, in deze situatie, dit misdrijf pleegde?'[25] En vervolgens was dan de vraag aan de orde wat een juiste corrigerende maatregel zou kunnen zijn.

De opvattingen van de Utrechtse School kregen verder vorm in de oprichting van de Psychiatrische Observatie Kliniek en de Van der Hoevenkliniek. Baan was de drijvende kracht achter beide instellingen en trad vooral op als de praktische inspirator van een minder medische, meer psychologische behandeling van de gestoorde delinquent: 'Doch *(...) merken wij hoe als het ware achter een façade van brutaliteit, sluwheid, onbetrouwbaarheid, hardheid, gevoelloosheid, schijnheiligheid, etc. veelal, zo niet altijd, een uitermate angstige, kwetsbare, gevoelige tot overgevoelige, meestentijds hoge morele idealen koesterende, gebutste, platgedrukte, fijngeknepen, ernstig mishandelde persoonlijkheid schuilgaat.'*[26]

Ten behoeve van het klinische werk ontwikkelde Baan het concept van de 'therapeutische gemeenschap', waarbij alle aandacht zou gaan naar de actuele omgang met de cliënten. Het belang hiervan ontleende Baan aan de antropologische psychiatrie van Binswanger, omdat daar de gestoorde oriëntatie van de patiënt op zijn omgeving centraal stond. Binnen Baans therapeutische gemeenschap moesten de stafleden als het ware de samenleving vertegenwoordigen en een soort 'oefenmaatschappij' vormen, zodat het hele verblijf in de kliniek ook werkelijk in het teken van herintegratie, dat wil zeggen *betere* integratie, zou komen te staan. De therapeutische gemeenschap vormde de bakermat van twee therapeutische benaderingen die in de loop van de jaren zestig werden gebruikt bij de behandeling van gestoorde delinquenten: de *sociotherapie* en de *gezinstherapie*.

De sociotherapie ontstond vanuit de gedachte dat het verblijf in de inrichting zelf therapeutische waarde moest hebben. Terwijl dat verblijf op zichzelf traditioneel niet tot de behandeling werd gerekend, maar tot de verpleging, gaven de geestverwanten van Baan binnen de klinieken op dit punt gestalte aan een eigen 'ervaringskunde'. Geïnspireerd door de Rogeriaanse, non-directieve psychotherapie werd gezocht naar een stimulerende, in elk geval niet-veroordelende relatie tussen therapeuten en bewoners, die de basis moest leggen voor hun zelfontplooiing en zelfrespect en voor het nemen van eigen verantwoordelijkheid. Nadrukkelijk stond voorop dat het daarbij niet moest gaan om willekeurig sleutelen aan de gehele persoonlijkheid van de delinquent, maar om diens functioneren in zijn actuele, directe omgeving.[27]

In de loop van de jaren zeventig kwam naast de sociotherapie de gezinstherapie tot ontwikkeling. Het therapeutisch werken aan het dagelijkse maatschappelijke functioneren werd daarmee uitgebreid naar de gezinssfeer van de delinquent. Daarbij werden drie verschillende rollen onderscheiden, die de gezinstherapeut in de context van de TBS-behandeling op zich kon nemen. Als 'gate-keeper' screende hij alle buitencontacten. Familieleden, vrienden en kennissen kregen slechts toegang tot de patiënt na kennismaking met de gezinstherapeut. Daarnaast stelde hij in zijn rol als 'landlord' de patiënten in staat een betere relatie met deze buitencontacten op te bouwen, bijvoorbeeld door proefweekends van tijdelijk samenleven te begeleiden. Bovendien organiseerde hij gezinsgesprekken waarbij hij optrad als echte 'gezinstherapeut'.[28]

De laatste decennia is in Nederland naast de traditie van de Utrechtse School een psychoanalytische benadering van gestoorde delinquenten ontwikkeld, die in de ons omringende landen al veel langer domineerde. Deze benadering sloot in zekere zin aan op de oudere criminele antropologie en de Défense Sociale, omdat ook hier het delict als symptoom van een geestelijke stoornis, gebrek of ziekte werd gezien. De delinquent werd gediagnostiseerd vanuit een nadrukkelijk psychoanalytisch denkkader, waarbij het delict werd gezien als consequentie van een 'falende karakterneurotische' oplossing en als manifestatie van 'herhalingsdwang': 'deze dwang op basis van gefixeerde, telkens dezelfde onbewuste behoeften, bestaat uit het voortdurend zoeken naar vervulling van die behoefte.'[29]

Binnen dit psychoanalytisch perspectief speelt de gehechtheidstheorie van Bowlby een centrale rol (zie hoofdstuk 2). Het uitgangspunt daarbij is dat de kliniek in de eerste plaats een sterk gevoel van 'affectieve veiligheid' moet geven, omdat het de delinquenten daar in hun jongste jaren aan heeft ontbroken. In een samenwerkingsverband tussen de klinieken en universiteiten wordt daarnaast onderzocht wat de verbanden zijn tussen gehechtheidsstoornissen in het verleden, actuele interactieproblemen binnen de inrichting en de aard van de gepleegde delicten.[30]

Met de ontwikkeling van de psychoanalytisch georiënteerde benadering ontstond er in Nederland na de Tweede Wereldoorlog, net als in enkele omringende landen, een situatie waarbij twee verschillende strategieën voor de diagnose en behandeling van gestoorde delinquenten naast elkaar in gebruik waren. Bij de gezins- en sociotherapie lag het accent op (het werken aan) het actuele sociale functioneren. Bij de andere, psychoanalytische strategie lag dat accent op (het werken aan) een veronderstelde 'moeilijke jeugd'. Bij de uitvoering van beide strategieën waren gedragsdeskundigen met verschillende achtergronden betrokken, hoewel ze allebei in eerste instantie vooral door psychiaters waren ontwikkeld. In de jaren zeventig traden psychologen op de voorgrond met een eigen benadering die haar wortels had in de leerpsychologie.

Leren: de opmars der psychologen

Psychologen hebben sinds de jaren zeventig een nieuwe aanpak van gestoorde delinquenten ontwikkeld, die zich diagnostisch veel nadrukkelijker concentreert op het delictueuze gedrag en die aan de therapie een aanzienlijk minder wijdse strekking toekent. De opkomst van deze benadering sloot aan bij het tanend geloof van de rechterlijke macht in het therapeutisch rendement van terbeschikkingstelling. Bovendien waren de juristen zich de negatieve effecten van stigmatisering ten gevolge van TBS gaan realiseren en was tegelijkertijd van die kant sprake van toenemende aandacht voor de gebrekkige rechtspositie van de terbeschikkinggestelde.[31] Kritische juristen legden de nadruk op mensenrechten en rechtsbescherming van maatschappelijk zwakkere groeperingen en vroegen om juridisering. Ook in ander landen werden in die jaren gevangenissen, jeugdbeschermingsinternaten, psychiatrische ziekenhuizen en zwakzinnigeninrichtingen als totale instituties afgeschilderd.[32] In Nederland mondde de herbezinning op de TBS-praktijk in 1988 uit in herziene wetgeving, waarbij met name de rechten van de terbeschikkinggestelde werden verbeterd. Die ontwikkeling ging gepaard met een grotere terughoudendheid bij de toepassing van de terbeschikkingstelling door de rechter. Men was er inmiddels in brede kring van overtuigd dat deze maatregel minstens zo leedtoevoegend was als de vrijheidsstraf.[33]

De alternatieve aanpak die tegen de achtergrond van de toegenomen reserve ten aanzien van TBS is ontwikkeld, neemt afscheid van de nadruk op het sociale functioneren van de delinquent of zijn vroegkinderlijke verleden, door het delict centraal te stellen. De diagnose bestaat onder meer uit een nauwkeurige analyse van het zogenoemde 'delictscenario', dat wil zeggen de keten van gedragingen voor, tijdens en na het delict, met als speciaal aandachtspunt de vraag of het delict alleen is gepleegd of samen met anderen.[34] Binnen de delictgecentreerde aanpak zijn de afgelopen vijftien jaar behandelingen ontwikkeld die gebruik maken van ervaringen in de Angelsaksische wereld en waarin elementen uit de gedragstherapie, de cognitieve therapie, de sociale vaardigheidstherapie, de psycho-educatie en psychodynamische benaderingen zijn opgenomen.[35] Het is kenmerkend voor deze behandeling dat zij gericht is op het aanleren van zelfcontrole in risicovolle situaties en niet op 'genezing' of persoonlijkheidsreconstructie via inzicht. 'No cure but selfcontrol' is hier het parool.[36] Zo worden bij de behandeling van zwakbegaafde sexuele delinquenten bijvoorbeeld copingstrategieën aangeleerd die 'deviante' gedachten onderbreken ('dit is stom, dan kom ik in de gevangenis'). Ook werken de psychologen met masturbatieconditionering teneinde masturbatiefantasieën van de delinquent die in de richting van zijn delict wijzen, om te buigen in de richting van wenselijk geachte objecten.[37]

In de rol van de psychologie bij de diagnose en behandeling van gestoord en afwijkend delinquent gedrag zijn de laatste jaren een aantal spanningsvelden zichtbaar geworden.[38] Die betreffen enerzijds de verschillende behandelingswijzen die op gespannen voet met elkaar staan en anderzijds de spanning tussen de persoonlijke schuld van de dader en de medeverantwoordelijkheid van bijvoorbeeld zijn gezin of vriendenkring. Met betrekking tot de therapieën manifesteert zich een duidelijk spanningsveld tussen de oriëntatie op het heden, die de sociotherapie van meet af aan heeft gekenmerkt, en de oriëntatie op het verleden die vanuit de psychoanalytische invalshoek wordt voorgestaan. De gezinstherapeut lijkt voor de keuze te staan om zijn bemiddelende rol richting toekomst of richting verleden te richten. In beide gevallen lijkt het onvermijdelijk dat het gezin medepatiënt gaat worden. De vraag rijst dan of het gezin niet via een omweg buiten alle juridische procedures om zelfs direct betrokken wordt bij de schuldvraag. Overigens was die tendens ook al aanwezig bij het door Baan en Kempe voorgestane milieuonderzoek. De gedragsdeskundige groef daarbij in de 'thuissituatie' en stak graag nog een laag dieper, in de 'voorgeschiedenis der ouders'.[39] Men kan zich afvragen of de oriëntatie op het verleden, die het milieu-onderzoek en zijn hedendaagse varianten motiveert en die in de rapportage een cruciale plaats inneemt, de delinquent niet een psychische last op de schouders legt waarvan deze in de sociotherapie overwegend hinder ondervindt.

In de gedragstherapie staat het delict centraal, waarbij een causaal verband wordt verondersteld tussen actueel gedrag en zelfs actuele fantasieën en delictgedrag.[40] Dat vertoont uiteraard principiële verwantschap met de sociotherapeutische aanpak, maar er is ook sprake van een duidelijk verschil, een verschil dat opnieuw een spanning in de behandeling suggereert. Voor de gedragstherapeut staat het afleren van fout gedrag en foute fantasieën centraal, dat wil zeggen dat het gaat om het individu als een in zichzelf besloten entiteit, waar door systematisch toedienen van de juiste stimulus op een gegeven moment de juiste reflex uit te voorschijn getoverd kan worden. Het kenmerkende van de sociotherapie is daarentegen de oriëntatie op de omgeving, in die zin dat de therapie veeleer een relationele inzet heeft. Heeft de sociotherapie de neiging om het probleem te verklaren uit de omgeving van de delinquent, de gedragstherapie neigt ertoe het probleem te herleiden tot een deconditioneringsopdracht.[41] De spanning tussen de verschillende therapeutische benaderingen kan de terbeschikkinggestelde een gevoel van vertwijfeling geven: 'was het mijn familie?', 'waren het mijn sociale vaardigheden?' of 'waren het mijn verkeerde fantasieën?'. De delinquent kan de indruk van willekeur krijgen, als hij zich realiseert dat het inzicht in zijn afwijkende gedrag in belangrijke mate wordt bepaald door het therapeutisch programma dat binnen de kliniek wordt gehanteerd.

*C*onclusie

Een eeuw bemoeienis met de persoon van de dader heeft een scala van diagnostische en therapeutische mogelijkheden opgeleverd. De meetlinten, winkelhaken en passers ter inventarisatie van uiterlijke gegevens waren al spoedig weer verdwenen. Daarvoor in de plaats is een uitgebreid en gevarieerd instrumentarium ter inventarisatie van innerlijke gegevens gekomen. Als we de geschiedenis van de beoordeling en behandeling van de gestoorde delinquent bekijken, dan blijkt dat we de behandelingstendens niet eenvoudigweg kunnen karakteriseren als humanisering. Uiteraard getuigt het van beschaving als een rechtsstelsel veel waarde hecht aan de geestesgesteldheid van de dader voor de bepaling van diens strafrechtelijke aansprakelijkheid. Minder vanzelfsprekend humaan zijn de daar eventueel op volgende maatregelen tot verpleging en behandeling. Het verband dat Penrose aan het begin van dit hoofdstuk constateerde tussen behandelen en straffen blijkt bij nadere beschouwing te passen in een bepaald tijdsbeeld, waarin de bemoeienissen van de therapeut als menselijker en zachtmoediger werden beschouwd dan de interventies van de cipier. De inrichtingen groeiden, het aantal gestichtspatiënten nam overal in de westerse wereld toe, het vertrouwen in de behandeling nam ongekende vormen aan en de autoriteit van de psychiater ten aanzien van het psychische domein werd vrijwel onaantastbaar. Maar ongeveer gelijkopgaand met de erkenning van de psycholoog als (concurrerend) forensisch deskundige, ontstond rond 1970 in brede kring twijfel aan de dominante medisch-psychiatrische benadering. Vanuit de maatschappij en met name vanuit de juridische wereld kwam kritiek op het eindeloos vasthouden van gestoorde delinquenten, op hun onduidelijke uitzonderingspositie binnen het strafrecht en op hun extreme rechteloosheid.

Meer dan in enig ander land heeft de psychologisering van de gestoorde misdadiger in Nederland vorm gekregen in het werk van een breed, multidisciplinair samengesteld rapportageteam. In de rapportage *pro justitia*, die in het Pieter Baan Centrum wordt verricht, werken de milieuonderzoeker, de inrichtingswerker, de psycholoog en de psychiater samen met als inzet de reconstructie van het levensverhaal van de verdachte en het van daaruit begrijpelijk maken van het delict. Geleidelijk aan heeft de behandeling zijn karakter van eenvoudige bewaring verloren en is vergaande differentiatie ontstaan. De baden en braakmiddelen zijn verdwenen, psychofarmaca hebben hun intrede gedaan, evenals verlofregelingen en experimenten met beschermd wonen. Het dagelijks verblijf in de inrichting wordt bovendien gevuld met diverse activiteiten, waaraan een eigen therapeutische waarde wordt toegedacht. Toch kan men zich, gezien bovengenoemde spanningsvelden, moeilijk aan de indruk onttrekken dat de huidige diversiteit aan behandelingsmogelijkheden tegelijkertijd de principiële onzekerheid voor de betrokkenen eerder heeft vergroot dan verkleind.

N_{oten}

1 L.S. Penrose (1939), Mental disease and crime: outline of a comparative study of European statistics, *British Journal of Medical Psychology, 18*, 1-15.

2 Zie over de rol van de psycholoog als getuige-deskundige binnen het Amerikaanse rechtssysteem T.H. Blau (1984), *The psychologist as expert witness* (New York: John Wiley). Een standaardwerk over de methodologie van de psycholoog als getuige-deskundige is *Reliability of evidence* van A. Trankell (Stockholm: Beckmans, 1972). Speciaal op het terrein van de getuigenverklaringen van kinderen (binnen het Engelse rechtssysteem) richt zich het boek van J.R. Spencer en R.H. Flin (1990), *The evidence of children. The law and the psychology* (London: Blackstone). De Leidse hoogleraar W.A. Wagenaar publiceerde in 1989 zijn bevindingen als getuige-deskundige in het proces dat in dat jaar in Jeruzalem werd gehouden tegen Demjanjuk, die ervan werd verdacht als 'Iwan de Verschrikkelijke' duizenden mensen te hebben omgebracht in de gaskamers van Treblinka, in *Het herkennen van Iwan. De identificatie van een dader door ooggetuigen van een misdrijf* (Amsterdam: Swets & Zeitlinger, 1989). Een goed overzicht van de Angelsaksische, Duitse en Zweedse tradities op dit terrein biedt ten slotte de bundel: A. Trankell (ed., 1982), *Reconstructing the past. The role of psychologists in criminal trials*, (Deventer: Kluwer).
Zie voor een studie van een aantal belangrijke Nederlandse figuren in de geschiedenis van de voorlichting in het kader van de reclassering J.A. Janse de Jonge (1991), *Om de persoon van de dader. Over straftheorieën en voorlichting door de reclassering* (Arnhem: Gouda Quint).

3 De Nederlandse arts Johannes Wier verkondigde in de zestiende eeuw echter dat vele heksen geestesziek waren en dat ze geen pact met de duivel hadden gesloten, maar dat hun dwaling door de duivel was bewerkt en dus ziekelijk en niet verwijtbaar was. Hij wordt door sommigen wel beschouwd als voorloper van de forensische psychiatrie. T. Zilboorg (1941), *A history of medical psychology* (New York: Norton).

4 K. Jones (1993), *Asylums and after. A revised history of the mental health services: from the early 18th century to the 1990s* (London: The Athlone Press).

5 N. Walker (1968), *Crime and insanity in England. Vol. I: The historical perspective* (Edinburgh: Edinburgh University Press), p. 64.

6 Walker, a.w., p. 77.

7 H. Werlinder (1978), *Psychopathy: a history of the concepts. Analysis of the origin and development of a family of concepts in psychopathology* (Stockholm: Almqvist & Wiksell International), p. 26 e.v.

8 J. Goldstein (1987), *Console and classify. The French psychiatric profession in the nineteenth century* (Cambridge: Cambridge University Press).

9 Geciteerd in Werlinder, a.w., p. 37. Rond 1840 werd bovendien de verhandeling van de Amerikaanse psychiater Isaac Ray over medische jurisprudentie in de Angelsaksische wereld druk bediscussieerd. Ray werkte de redeneringen van Esquirol en Prichard uit voor de benadering van geestesziekten in het strafrecht.

10 R. Smith (1991), Law and insanity in Great Britain, with comments on continental Europe, in F. Koenraadt, red., *Ziek of schuldig? Twee eeuwen forensische psychiatrie en psychologie* (Arnhem: Gouda Quint) p. 247-281.

11 S. van Ruller (1991), De territoriumstrijd tussen juristen en psychiaters in de negentiende eeuw, in Koenraadt, red., a.w., p. 23-33.

12 V. Barras (1991), Misdadige krankzinnigheid in de achttiende eeuw in Genève, in Koenraadt, red., a.w., p. 283-300; H. Franke (1990), *Twee eeuwen gevangen. Misdaad en straf in Nederland* (Utrecht: Spectrum), p. 415; Smith, a.w., p. 251.

13 Geciteerd in D.T.D. de Ridder (1991), Voorlichting van de psychiater aan de strafrechter rond de eeuwwisseling: diagnose of vonnis? in Koenraadt, red., a.w., p. 44.

14 M.S. Groenhuijsen en D. van der Landen (1990), De I.K.V. in het spanningsveld tussen klassieke rechtsbeginselen en moderne rechtsopvattingen, in M.S. Groenhuijsen en D. van der Landen, red., *De moderne richting in het strafrecht. Theorie, praktijk, latere ontwikkelingen en actuele betekenis* (Arnhem: Gouda Quint), p. 7-93.

15 D. Draaisma (1995), De Hollandse schedelmeters. Lombroso in Nederland, *Feit & fictie, 2*, 50-73.

16 P. Guarnieri (1991), Psychiaters voor het gerecht. Conflict en convergentie tussen psychiatrie en recht in Italië (1876-1913), in Koenraadt, red., a.w., p. 311-332.

17 Draaisma, a.w., p. 65.

18 W. Depreeuw (1991), De ontwikkeling van de forensisch-psychiatrische zorg in België, in Koenraadt, red., a.w., p. 345-357; T. Peters en J. Vervaele (1990), Historische schets en actuele waarde van de I.K.V.-denk-beelden over het sanctiestelsel, in Groenhuijsen en Van der Landen, red., a.w., p. 113-131.

19 D. Schaffmeister (1990), De voortdurende actualiteit van de ideeën van de I.K.V. voor de hervorming van het sanctiestelsel in de Bondsrepubliek Duitsland, in Groenhuijsen en Van der Landen, red., a.w., p. 151-177.

20 E.J. Hofstee (1987), *TBR en TBS. De TBR in rechtshistorisch perspectief* (Arnhem: Gouda Quint); A.M. van Kalmthout (1990), De moderne richting en het Nederlandse sanctiestelsel, in Groenhuijsen en Van der Landen, red., a.w., p. 195-220.

21 Illustratief is hier de discussie tussen de forensisch psychiater Schnitzler en de psycholoog Van Dael in 1939 in het Psychiatrisch-Juridisch Gezelschap, weergegeven in Verslag van de bijeenkomst op 7 oktober 1939 (Amsterdam: Psychiatrisch-Juridisch Gezelschap).

22 In 1946 was er sprake van ruim 150 van dergelijke rechterlijke uitspraken, in 1948 was dat aantal bijna ver-drievoudigd, terwijl het aantal terbeschikkingstellingen in het daaropvolgend decennium constant bleef. Zie P.D. Barneveld (1991), TBR of TBS. Enkele ontwikkelingen na 1945, in Koenraadt, red., a.w., p. 231.

23 De Défense Sociale sloot aan op het Sociaal Verweer van de Nieuwe Richting en men kon dan ook voort-bouwen op de grondslagen voor een criminele politiek die voor de oorlog door Prins waren gelegd (zie vo-rige paragraaf). De Défense Sociale legt echter veel sterker de nadruk op resocialisatie. Zie ook A.J. Machielse (1979), Défense Sociale, *Tijdschrift voor Criminologie, 21,* 67-82.

24 I. Weijers (1991), *Terug naar het behouden huis. Romanschrijvers en wetenschappers in de jaren vijftig* (Am-sterdam: Sua); I. Weijers (1992), De erfenis van de Utrechtse School: de menselijke maat, in H. Moerland e.a., red., *De menselijke maat. Opstellen ter gelegenheid van het afscheid van Prof. Dr G.P. Hoefnagels* (Arn-hem: Gouda Quint), p. 1-8.

25 Geciteerd in J.A. Janse de Jonge, a.w., p. 113. Zie ook G. Kempe (1950), *Schuldig zijn* (Utrecht: Dekker & Van de Vegt) (Oratie).

26 P.A.H. Baan (1959), Forensische psychiatrie, *Maandblad Geestelijke volksgezondheid, 14,* p. 218. Baan was de propagandist van het 'overkoepelend' denken van jurist, psychiater en psycholoog. Zie zijn openbare les uit 1947, *Het overkoepelend denken* (Meppel: Stenvert) en zijn oratie vijf jaar later *De psychiatrie in foro. Het overkoepelend denken II* (Utrecht: Oosthoek).

27 S. van der Kwast (1972), Op zoek naar een sociotherapie, in S. van der Kwast, red., *Vijf jaar Pompekliniek* (Nijmegen: Pompekliniek), p. 33-38.

28 J. Hendrickx en A. van der Ree (1994), Systeemtheoretische ontwikkelingen in de forensische psychiatrie, in J. Hendrickx, D. Raes en M. Zomer, red., *Met menselijke maat. Verkenningen in de forensische psychiatrie. Liber amicorum voor Han Blankstein* (Nijmegen: Pompekliniek), p. 117-127.

29 H.J.C. van Marle (1993), *De hang naar dwang* (Arnhem: Gouda Quint) (Oratie), p. 14. Zie verder H.J.C. van Marle (1995), *Een gesloten systeem. Een psychoanalytisch kader voor de verpleging en behandeling van TBS-gestelden* (Arnhem: Gouda Quint). Een psychoanalytisch denkkader treft men verder onder anderen aan bij A.W.M. Mooij (1989), *Op het grensvlak van psychiatrie en recht* (Arnhem: Gouda Quint) (Oratie).

30 Th. Verhagen en J. Feldbrugge (1994), Veilig bij anderen, veilig voor anderen, in Hendrickx e.a., red., a.w., p. 37-50.

31 C. Kelk (1990), De plaats van de toerekeningsvatbaarheid in ons strafrecht, in A.W.M. Mooij en F. Koenraadt, red., *Toerekeningsvatbaarheid* (Arnhem: Gouda Quint), p. 15-52.

32 Zeer invloedrijk was: E. Goffman (1961), *Asylums. Essays on the social situation of mental patients and other inmates* (Garden City: Doubleday Anchor).

33 T. Drost (1991), *Wikken en wegen. Een onderzoek naar de beslissing tot het wel of niet verlengen van een terbeschikkingstelling* (Groningen: Wolters-Noordhoff); M. Winkels (1991), *De binnenkooi. Een onderzoek naar de toepassing en toetsing van dwangmaatregelen binnen de terbeschikkingstelling* (Groningen: Wolters-Noordhoff).

34 D. Beek en J. Mulder (1991), De plaats van het delictscenario in de behandeling van seksueel agressieve de-linquenten, *Directieve Therapie en Hypnose, 11,* 4-18.

35 F.H. Knopp (1982), *Remedial intervention in adolescent sex offenses: nine program descriptions* (Syracuse: Safer Society Press).

36 J. Frenken (1995), De verkrachter bestaat niet. De stand van zaken in de literatuur, *Maandblad Geestelijke volksgezondheid, 50,* 953. Zie ook J. Frenken en B. van Stolk (1990), *Behandeling van incestplegers in een justitieel kader* (Houten: Bohn Stafleu Van Loghum).

37 B. le Grand (1994), Seksuele delinkwenten met een verstandelijke handicap onbehandelbaar?, in Hendrickx e.a., red., a.w., p. 51-73.

38 Zie voor de gedachte dat zich in de huidige geestelijke gezondheidszorg een aantal spanningsvelden mani-
    festeren L.A.J.M. Van Eck e.a., red. (1985), *Spanningsvelden in de psychiatrie* (Meppel: Boom).

39 M.C.L. Uitslag (1989), Het milieu-onderzoek, in Mooij e.a., red., a.w., p. 47.

40 W. de Vries (1994), Klinische gedragstherapie in Veldzicht, in Koenraadt, red., a.w., p. 35-42.

41 De gedragstherapeut A. Kuypers wijst op de netelige kant van een dergelijke deconditioneringsaanpak en
    met name op de mogelijkheid dat de eenzijdige nadruk op het delictueuze gedrag de kans op recidive juist
    zou kunnen vergroten. A. Kuypers (1994), De behandeling van seksuele delinkwenten in Oldenkotte, in
    Hendrickx e.a., red., a.w., p. 85.

D e vreemde

EXOTISCHE VOLKEREN EN CULTUURPSYCHOLOGIE

PAUL VOESTERMANS

Op het eiland Marie bij Tasmanië stootte op 22 februari 1802 een expeditie van vijf man, onder wie twee leden van de *Société des Observateurs de l'Homme*, Pétit en Péron, op een groepje van veertien gewapende eilanders. Ze wisten elkaar van elkaars vredelievende bedoelingen te overtuigen. Aan de kant van de Tasmaniërs ontstond opgewonden nieuwsgierigheid naar deze wonderlijke, blanke mannen. Ze wilden ook onder hun kleren kijken. Het officiële verslag van de ontmoeting vermeldt hoe deze nieuwsgierigheid na veel vijven en zessen werd bevredigd: het scheepsmaatje Michel moest zich uitkleden. Onder kreten van verbazing constateerden ze dat de jonge jongen, eenmaal naakt, er hetzelfde uit bleek te zien als zij. Maar uit het in 1890 teruggevonden oorspronkelijke scheepsjournaal blijkt dat er toch een verschil was. Gemeld wordt daar namelijk dat de ontklede jongen: *'een zo treffend bewijs leverde van zijn viriliteit dat (de Tasmaniërs) kreten van verrassing slaakten, vergezeld van herhaalde lachsalvo's. Ze waren buitengewoon verbaasd dat iemand van wie ze het allerminst verwachtten tot zulk een sterkte en kracht in staat bleek. (...) Sommigen keken misprijzend naar hun eigen slappe en futloze orgaan. Ze friemelden er wat aan met spijt op hun gezicht. Dat leek erop te wijzen dat hen dit niet vaak overkwam.'*

Impressie van de 'wilden' op het eiland Marie door de expeditie-tekenaar Lesueur. Uit: J. Hainard en R. Kaehr (1983), Le corps enjeu (Neuchâtel: Musée d'ethnografie). Orig. Collection Musée de l'Homme, Parijs.

Dit voorval staat niet in het officiële verslag. Niet om redenen van preutsheid, want Péron vertelt wel vrijuit hoe hij het liefdeleven van de Tasmaniërs zorgvuldig begon te observeren. Hij liet zich erover informeren met behulp van de in onze ogen verbluffend moderne vragenlijst van De Gérando.[1] De vergelijking van Michels seksuele reactie met die van de Tasmaniërs is vermoedelijk slechts de aanleiding geweest voor Pérons curieuze stelling dat de seksuele begeerte van de eilandbewoners aan een zelfde periodisering was onderworpen als die van dieren. Péron concludeerde dat liefde, genegenheid en erotiek een kwestie waren van beschaving. Alleen warme kamers, goed eten, opwekkende dranken en complexe sociale relaties – dat is 'civilisation' – zouden voor een op afroep beschikbaar seksueel vermogen en interesse zorgen. Péron ging zonder meer uit van een direct verband tussen begeerte, gewaarwording en mentale activiteit, wat begrijpelijk maakt waarom Péron het verschil in begeerte opmerkte en erin geïnteresseerd was.[2]

De rapportage over het voorval op Marie is een goede illustratie van de westerse fascinatie voor de 'vreemde'. In dit hoofdstuk is de vreemde hoofdzakelijk de exotische vreemde die leefde in de overzeese gebiedsdelen van de koloniale mogendheden. De blanke overheersers formuleerden van oudsher allerlei opvattingen over hun koloniale onderdanen, die soms op min of meer systematisch veldonderzoek ter plekke waren gebaseerd. In de negentiende eeuw breidden deze onderzoeksactiviteiten zich uit, waarbij in toenemende mate gebruik werd gemaakt van psychologische concepten, theorieën en methoden. Dit betekende overigens niet dat de invloed van maatschappelijk heersende opvattingen en vooroordelen daarmee verminderde. Integendeel: net als op andere terreinen diende het gebruik van wetenschappelijke geavanceerde methoden vaak meer om heersende vooroordelen over 'de vreemde' te ondersteunen, dan als correctie daarop.

Voorgeschiedenis

Zo'n vijfhonderd jaar geleden begon de uitwisseling tussen Europeanen en de 'vreemde', die in de koloniale praktijken het karakter kreeg van overheersing door de blanke machthebbers. In 1800 bezaten de westerse mogendheden 35 procent van het aardoppervlak, in 1878 67 procent en in 1914 bezat Europa alleen al 85 procent.[3] Tal van volkeren in Afrika, Azië, de beide Amerika's en Australië kregen een nieuw economisch, politiek en cultureel regime opgelegd. Het werken voor overheersers betekende een harde confrontatie met hun eisen en oordelen. De confrontatie was hard door neerbuigendheid en asymmetrische werkverhoudingen, die bijvoorbeeld bleken uit het veelvuldig gebruik van kortaangebonden bevelen.

Altijd was er sprake van 'wij' en 'zij'. Van meet af aan stond de vreemde aan de andere kant, ver van de blanke vandaan. Bij het tegenover elkaar stellen van de Europaan en de vreemde ging het om één groot relaas van de confrontatie tussen 'wild' en 'beschaafd', waarbij wild in verband werd gebracht met kinderlijk, dierlijk, onbeschaafd en irrationeel.[4] Dat was bijvoorbeeld het geval bij het contact met de Afrikaanse bevolking en de Noord-Amerikaanse Indianen. Ook in Nederlands-Indië overheerste de tegenstelling tussen inlanders en blanken, 'op zijn best hen als kinderen behandelend'.[5]

Naast de koloniale praktijk van politieke en economische aard die in Azië, Afrika en Amerika steeds grotere gebieden onder Europese overheersing bracht, ontwikkelde zich een praktijk van wetenschappelijk onderzoek. Men wilde van alles over de aard en leefwijze van de vreemden weten, wat soms door louter nieuwsgierigheid werd ingegeven en in andere gevallen tot doel had de machtsuitoefening te verfijnen. De meest saillante onderzoekspraktijk was de expeditie, maar daarnaast waren er individuele geleerden die zich een beeld trachtten te vormen van de mensen met wie ze in aanraking kwamen. De eerste expedities gingen in de vroege negentiende eeuw op reis, zoals de reeds genoemde Franse expeditie naar Tasmanië.

256 257

Nog enkele korte volzinnen voor Indië.

Hollandsch.	Maleisch.	Hollandsch.	Maleisch.
Rijd naar den Gouverneur-Generaal.	Djalan ka toean besaar.	Jaag de muskieten uit het bed.	Kipaslah tampat tidoer.
Rijd naar het bureau van den Admiraal.	„ ka kantor djindral laoet.	Ik wensch te baden.	Maoe mandi.
Rijd naar het bureau van den Generaal.	„ ka kantor djindral.	Breng mijn benoodigdheden in de badkamer.	Perkakas bawa di kamar mandi.
Rijd naar de werf.	„ ka berok.	Geef mijn sloffen.	Kassi tjenella.
„ „ het kantoor der Stoomvaartmaatschappij.	„ ka kantor kapal api mas kappij.	Schoon goed.	Barang brissih.
Rijd naar het kantoor in- en uitgaande rechten.	„ ka pabeijan (Bom besaar).	Overhemd.	Kamedja.
Rijd naar den betaalmeester.	„ ka kantor toekang wang.	Broek.	Tjelana.
„ „ de sociëteit.	„ ka roemah bolla.	Vest.	Rompi.
„ „ het ho-pitaal.	„ ka roemah sakiet.	Sokken.	Sarong kakki.
„ „ de stad.	„ ka kotta.	Stok.	Toengkat.
„ „ de kazerne.	„ ka tangsi.	Een stoel.	Krossi.
„ „ de kerk.	„ ka gredja.	Een luiaardstoel.	Krossi malas.
Rondrijden.	„ berkoehling.	Een klein tafeltje.	Knaap (medja ketjil).
Naar den waterval.	Di pantjoeran ajer.	De sleutel.	Koentji.
Naar boven; rivieropwaarts.	Di atas; di oedik; di oeloe.	Haal een bittertje.	Minta pahit.
Naar beneden; rivierafwaarts.	Di bawah; di ilir.	Waar is mijn parapluie.	Dimana akoe poenja pajoeng.
Weet ge een bediende voor mij.	Apa kowé taoe satoe boedjang jang maoe ikoet sama saja.	Geef dit kaartje aan Mijnheer N.	Kassi ini karto nama kapada toean N.
Hoe heet gij.	Sijapa namamoe.	Breng dezen brief naar de post.	Soerat ini bawa ka kantor pos.
Hoeveel loon vraagt gij.	Brapa kowé minta gadji.	Geef vuur.	Minta api.
Goed oppassen, begrijpt gij'.	Djaga baik baik, mengarti.	Loop niet weg.	Djangan lari.
Blijf dan maar hier.	Tinggal di sini sadja.	Bedien aan tafel.	Djaga di medja.
Maak mijn goed schoon.	Bekin brissih akoe poenja pakeijan	Hier is geld.	Ini ada wang.
Poets mijne schoenen.	Gosok sepatoe.	Steek het licht op.	Pasang lampoe.
Poets mijn sabel.	Gosok pedang.	Kunt gij naaien.	Taoekah mendjait.
Roep den eersten bedien-le.	Panggil mandoer.	Naai dit eens.	Tjoba mendjait itoe.
Roep een waschman.	Panggil toekang menatoe.	Hebt ge al gegeten.	Soedakah kowé makan.
Geef hem het vuile goed.	Kassi barang kottor sama dija.	Van wien is dit?	Sijapa poenja ini.
Tel het.	Itonglah.	Hou uw mond.	Toetoep moeloet.
Hoeveel stuks.	Banjaknja brapa.	Ga mede.	Ikoetlah.
Hoeveel vraagt ge per dozijn.	Harganja brapa sa losin.	Morgen vertrekken wij.	Esoek akoe berangkat.
Wanneer krijg ik het terug.	Kapan boleh dapat konbali.	Zeer vroeg.	Pagi-pagi.
Pas op de kamer.	Djaga kamar.	Zeer laat ('s avonds).	Malam-malam.
Doe de deur open.	Boeka pinto.	Een rijksdaalder.	Sa-ringgit.
Sluit de vensters.	Toetoep djandella.	„ gulden.	Sa-roepiah.
		„ halve gulden.	Stengah-roepiah.
		„ kwartje.	Sa-stali.
		„ dubbeltje.	Sa-wang.
		„ cent.	Sa-doewit.

In deze vroege fase kunnen twee varianten van de wetenschappelijke onderzoekspraktijk worden onderscheiden: de etnografische en de antropometrische. De etnografen beperkten zich over het algemeen tot systematische observaties en beschrijvingen van veel voorkomende eigenaardigheden in het gedrag van de bevolking. Hoewel sommige etnografen ook een psychologische belangstelling aan de dag legden, was het vooral de antropometrie die de bakermat vormde voor een psychologiserende bemoeienis met de vreemde.[6] Begonnen als een poging om de variatie in menselijke lichaamsmaten in kaart te brengen, richtte de antropometrie zich in de loop van de negentiende eeuw meer en meer ook op mentale verschillen. Een belangrijke rol bij deze ontwikkeling speelden theorieën waarin een relatie werd gepostuleerd tussen lichamelijke en mentale kenmerken. Dit gold met name voor de frenologie, een theorie die ontwikkeld werd door de Oostenrijkse arts Franz Joseph Gall, en waarin de tastbare en meetbare knobbels op de schedel als indicatie werden beschouwd van mentale capaciteiten en eigenschappen. Onder invloed van Galls theorie werd de nauwgezette schedelmeting (of craniometrie) toegevoegd aan de antropometrische *surveys*.

Zowel de etnografie als de antropometrie leunde sterk op de notie *ras*. In algemene termen behelsde het rasbegrip dat de wereldbevolking bestond uit diverse groepen die van elkaar konden worden onderscheiden op basis van uiterlijke kenmerken, zoals huidskleur, de textuur van de haren, de vorm van de schedel, lichaamslengte en enkele gezichtskenmerken, zoals de vorm van de neus, de lippen en de jukbeenderen. Gedurende vrijwel de hele negentiende eeuw was dit op de biologie gebaseerde rasbegrip een respectabele wetenschappelijke categorie.[7] Het onderscheid in rassen riep in de vorige eeuw de vraag op of er wel sprake was van één menselijke soort. Volgens de zogenaamde *polygenisten* waren de verschillen in uiterlijke kenmerken hiervoor te groot en te opvallend.[8] Naast de afstammelingen van Adam moest God wel een andere soort hebben geschapen, een soort die je met name aantrof onder de donkergekleurde 'rassen'. Lastig voor de *polygenisten* was het gemak waarmee de veronderstelde soorten zich lieten kruisen. Dat was dan ook het hoofdargument van hun tegenstanders, de *monogenisten*, voor het bestaan van maar één menselijke soort.

'De vier menselijke rassen'. Afbeelding uit een veelgebruikt Frans lagereschoolboekje, ca. 1877. In de negentiende eeuw was het rassendenken wijdverbreid, waarbij het blanke ras als superieur gold. Uit: J. van Ginneken (1992), Crowds, psychology, and politics 1871-1899 (New York: Cambridge University Press).

Wat het biologische rasbegrip problematisch maakte – ook in die tijd al – was de veronderstelling dat uiterlijke verschillen verband hielden met verschillen in leefwijze, wat uiteindelijk zou teruggaan op een verschillende *psychische* aanleg. Hiermee verloor het rasbegrip de neutrale, fysisch-antropologische betekenis die het aanvankelijk had. De notie ras sloeg niet langer alleen op voor leefwijze en psychisch functioneren irrelevante uiterlijkheden, maar werd in verband gebracht met de mogelijkheid tot beschaving. Daarmee werd een kwalitatief onderscheid tussen verschillende rassen geïntroduceerd, dat we vanuit hedendaags gezichtspunt kunnen kwalificeren als *racisme*.

Vanaf de zestiende eeuw hadden Europese schrijvers en geleerden de overtuiging naar voren gebracht dat gekleurde mensen inferieur waren aan de blanken. In de negentiende eeuw werd het gebruikelijk deze overtuiging door middel van het rasbegrip wetenschappelijk te onderbouwen. De met uiterlijkheden in verband gebrachte geschiktheid werd gefundeerd in de biologische uitrusting, die erfelijk en dus onveranderlijk werd geacht. Hele volksstammen kregen het stempel opgedrukt dat hun gewoonten en gebruiken inherent, dat is krachtens een of andere onveranderlijke biologische kern, van weinig waarde waren en dat ook altijd zouden blijven. Antropometrici en andere wetenschappers omarmden deze redenering en maakten zo het racisme tot uitgangspunt van veel onderzoek naar de vreemde.[9]

Volksgeist

Niet iedereen onderschreef een racistische interpretatie van biologische rasverschillen. Vanaf de eerste helft van de vorige eeuw waren er ook geleerden die niet voetstoots aannamen dat wat de niet-westerse volkeren te bieden hadden van inferieure kwaliteit was. Met name joodse intellectuelen trachtten te voorkomen dat hun over het algemeen negatief bejegende leefwijze opgevat werd als een uitvloeisel van biologische raskenmerken. Niet biologie of 'bloed' ligt aan de oorsprong van verschillen tussen mensen, zo stelden ze, maar gewoonten, gebruiken en ideeën. Deze zaken behoorden tot de 'geest van een volk'

(*Volksgeist*), die niet tot het domein van de biologie behoorde maar tot dat van de *Völkerpsy-chologie*. Vanuit het begrip 'volksgeest' kon niet langer worden beweerd dat joden en zogenaamde primitieve volkeren inherent inferieur waren aan de blanke, westerse christenen. Er was hooguit sprake van achterstand: vanwege verschillende omstandigheden had het ene volk zich sneller ontwikkeld dan het andere. Voorzover er sprake was van een rangorde, was deze historisch bepaald en daarmee ook veranderbaar.

Hoewel de aanhangers van de *Volksgeist*-gedachte uitdrukkelijk probeerden een alternatief te ontwikkelen voor racistische interpretaties, ontsnapten ook zij niet in alle gevallen aan oordelen over superioriteit en inferioriteit van volkeren.[10] De volksgeest werd in vele gevallen voorgesteld als een aparte entiteit, die deel uitmaakte van de menselijke natuur. Net zo goed als een individu over een geest beschikte, was een verzameling individuen toegerust met een volksgeest. Aan sommige volkeren werd daarbij een betere volksgeest toegeschreven dan aan andere, met als resultaat dat volkeren toch in ondergeschikte en bovengeschikte posities werden geplaatst. Zo ontstond de indruk dat negers of Indianen op een weliswaar cultureel geïnduceerde, maar niet minder hardnekkige wijze onbeschaafd waren, een gedachtengang die onder andere door de Duitse geleerde Von Humboldt werd gepropageerd. Hij had over het algemeen een open oog voor de beschavende invloed van de volksgeest en dichtte bijvoorbeeld aan de Arabieren een neiging tot mentale cultivering toe.[11]

Wildeman op een podium, ca. 1845. Tot het begin van deze eeuw was het niet ongebruikelijk om vertegenwoordigers van exotische culturen tentoon te stellen in musea, circussen en soms zelfs dierentuinen. Uit: B.C. Sliggers en A.A. Wertheim (red., 1993), De tentoongestelde mens (Zutphen: Walburg Pers).

Het krachtigste weerwerk tegen racisme was afkomstig van die enkeling die geloofde dat bij verdere ontwikkeling en gunstige omstandigheden altijd en overal gelijkheid tussen volkeren zou ontstaan krachtens de 'psychische eenheid' (*psychic unity*) van de mensheid. Deze gedachte werd onder andere verdedigd door Theodor Waitz, die zich daarbij beriep op het belang van taal. Hoe wild en onbeschaafd de aangetroffen groep ook leek, het feit alleen al dat de leden zich konden uitdrukken was belangrijker voor de koers die een dergelijk volk zou volgen dan fysieke verschillen.[12]

Darwins evolutionisme

Het onderzoek naar de vreemde kreeg een geheel nieuwe impuls van Darwins evolutietheorie. Onder invloed daarvan ging men twijfelen aan de hechte verankering van de soorten in de *Great Chain Of Being*, de keten waarmee levende wezens op aarde vastzaten aan wezens in de hemel en God.[13] Traditioneel stond God aan de top en mensen die in hem geloofden daaronder, na de engelen. Verder bestonden er allerlei onduidelijke, op dieren gelijkende mensachtigen, maar die hadden een plaats onderaan de piramide. Dit hiërarchische wereldbeeld kreeg geduchte concurrentie van het evolutionistische. Er werd meer en meer uitgegaan van evoluerende gradaties binnen soorten, zelfs binnen de mensensoort. Bij de mens veronderstelde men een sequentie van voortschrijdende ontwikkeling: van 'savagery' via 'barbarism' naar 'civilization'. De toppositie van de westerse mens werd daarbij niet aangetast en bleef de enige maatstaf.

In het boek *On the origin of species* (1859) presenteerde Darwin zijn theorie van natuurlijke selectie: de organismen die het beste aan hun omgeving waren aangepast, maakten de meeste kans zelf te overleven en zich te reproduceren. De theorie ging een bepalende rol spelen in de wijze waarop men tegen de ontwikkeling van soorten, inclusief de mensensoort aankeek. Darwin zelf achtte het beginsel van natuurlijke selectie ook van toepassing op mensengroepen.[14] Op zijn reis om de wereld op de Beagle vergeleek hij bijvoorbeeld de zachtaardige inwoners van Tahiti met de agressieve Maori's en de inwoners van Vuurland, voor wie hij geen goed woord over had. Op het niveau van de menselijke soort heerste volgens Darwin voortdurend competitie tussen groepen, met als gevolg dat mentaal onderontwikkelde populaties uiteindelijk zouden verdwijnen. Evolutie op basis van natuurlijke selectie behelsde ook en vooral continuïteit tussen mens en dier. Bij het onderling vergelijken van menselijke groeperingen konden de aanhangers van de evolutietheorie de verleiding niet weerstaan om de vermeende lagere met de primaten te vergelijken. De negers belandden op de positie halfweg tussen mens (dat wil zeggen: de blanke) en dier.[15]

Darwins aanval op het traditionele mensbeeld betrof niet alleen zijn dierlijke voorgeschiedenis en afkomst, maar ook wat hij 'the citadel itself' noemde, zijn verstand. Het resultaat was de zogenaamde naturalisering van de menselijke geest. De nadruk kwam te liggen op de specifieke, wetenschappelijk bestudeerbare functie van de geest bij de aanpassing aan de omgeving. Door de zetel van het verstand tot voorwerp van kwantificering te maken, gaf het darwinisme een nieuwe impuls aan de antropometrische onderzoekspraktijk. De combinatie van de darwiniaanse leer met craniometrie gaf aanleiding tot een herformulering van sociale vraagstukken in termen van onderzoekbare biologische eigenschappen, die een hindernis konden opwerpen voor de beschavende invloed van de blanken. Het betrekken van het evolutionaire gezichtspunt bij het statistische schedelonderzoek maakte bovendien de constructie van raciale typen op basis van morfologische gegevens mogelijk.

De raciale typologie en het daaraan gekoppelde oordeel over mentale capaciteiten gingen niet alleen een rol spelen in de biologie, maar ook in een evolutionistisch geïnspireerde onderzoekstraditie binnen de psychologie: de differentiële psychologie.

De differentiële psychologie: het onderscheiden van individuen en groepen

Darwins neef Francis Galton wordt over het algemeen gezien als de grondlegger van de psychologische preoccupatie met individuele verschillen. Hij hield zich niet in het bijzonder met de exotische vreemde bezig, al reisde hij tamelijk veel. Zo gebruikte hij na de dood van zijn vader de erfenis voor een jarenlange reis naar onder andere Afrika. Hij keerde terug met lengte- en breedtegraadmetingen van nog onbekende gebieden, maar niet met een of ander rapport over raciale verschillen, ook al stonden de negers volgens hem – en volgens zoveel Britten destijds – 'in innate intelligence two grades below our own'.[16]

Toch is Galton voor het onderzoek naar de vreemde van belang. Hij gaf het westerse superioriteitsgevoel wetenschappelijk aanzien door twee dingen naar voren te brengen. Ten eerste meende hij te kunnen laten zien dat een specifiek talent, bijvoorbeeld om een goede staatsman, schrijver, kunstschilder of legeraanvoerder te zijn, 'door families loopt' en erfelijk is.[17] Galton formuleerde zijn ideeën over erfelijkheid op het moment dat de denkbeelden erover nog vaag waren. Hoewel Mendel al in 1869 zijn partikeltheorie van erfelijkheid had geformuleerd, zou deze theorie pas rond 1900 bekend worden. Desalniettemin waren de meeste biologen van mening dat er een materiële verbinding moest bestaan tussen generaties. Daartegenover deden vitalistische speculaties opgeld, waarin erfelijkheid werd verklaard in termen als 'germ plasm' (kiemplasma) en 'life forces'. Vooral tegen deze laatste stroming maakte Galton bezwaar. Zijn kijk op erfelijkheid was een *biometrische*: erfelijkheid was een getalsmatige relatie tussen kenmerken van ouders en die van hun kinderen. Hoe de overerving van eigenschappen precies in zijn werk ging, was voor hem van secundair belang. In de context van de discussie over erfelijkheid formuleerde Galton als eerste een van de meest invloedrijke polariteiten uit de geschiedenis van de psychologie: *nature* versus *nurture*. Erfelijke aanleg – *nature* – kwam diametraal te staan tegenover *nurture*, de verzorging en stimulering vanuit de omgeving. De omgeving speelde volgens Galton geen grote rol, erfelijkheid des te meer.[18]

Galtons tweede inbreng was zijn voorstel voor een programma om de natuur een handje te helpen bij de perfectionering van de mensensoort: de *eugenetica* (zie hoofdstuk 1). Binnen de eugenetische beweging, die rond de eeuwwisseling ontstond, speelde het idee van genetische verschillen tussen volkeren een belangrijke rol. Inheemse volkeren werden daarbij over het algemeen op voorhand tot de ongeschikten gerekend. De 'primitieven' of 'wilden', zoals ze ook wel genoemd werden, vormden volgens de eugenetici een voortdurende bedreiging voor het blanke ras. Rasvermenging moest worden voorkomen, omdat het de waardevolle eigenschappen van het blanke ras zou doen verwateren. Erfelijkheid werd daarbij gezien als een kwestie van 'vermenging' van eigenschappen als betrof het twee kleuren verf, de zogenaamde *blending inheritance*, ook wel de 'verfpottentheorie' genoemd.

Galton speelde ook een belangrijke rol in de verdere psychologisering van de antropometrie. In 1884 richtte hij op de *International Health Exhibition* in South Kensington een Antropometrisch Laboratorium in. Hij testte bij negenduizend bezoekers de reactiesnelheid, het energieniveau, het uithoudingsvermogen, het geheugen en het onderscheidingsvermogen van de zintuigen. Net als de frenologie legde hij hierbij een directe verbinding tussen lichamelijke en mentale kenmerken. Veel van de door hem ontwikkelde instrumenten en onderzoeksmethoden vonden hun weg naar het antropometrische onderzoek van verschillende volkeren, en legden zodoende de basis voor de praktijk van psychologische 'screening' van volken en bevolkingsgroepen. De biometrie veranderde in *psychometrie* en de psychologie nam stilaan bezit van de vreemde.[19]

Erfelijke intelligentie

Het psychometrisch onderzoek kreeg een nieuwe impuls door de introductie van de intelligentietest en de promotie ervan ten tijde van de Eerste Wereldoorlog, toen in de Verenigde Staten ruim 1.750.000 rekruten werden getest (zie ook hoofdstuk 5). De test bood een nieuwe mogelijkheid om het idee van een raciale hiërarchie wetenschappelijk te onderbouwen. De psychologen drukten het testresultaat van de individuele rekruut in één getal uit: het Intelligentie Quotiënt (IQ). Dit werd vervolgens in verband gebracht met ras als biologische categorie. Daardoor werd het mogelijk de theorie van raciale erfelijkheid te baseren op de resultaten van de indrukwekkende testoperatie. Dat de rekruten van verschillende raciale achtergrond verschillende IQ's hadden, wees er volgens de psychologen op dat intelligentie in belangrijke mate erfelijk was, dat wil zeggen onafhankelijk van de omgevingsgeschiedenis van de onderzochten tot stand was gekomen. De raspsychologie die uit de testoperatie voortkwam, ging voortvarend te werk. Er verscheen een monografie onder auspiciën van de *National Academy of Sciences*, waarin met behulp van de uitkomsten op de legertests een profiel werd geschetst van de Amerikanen naar regio en etnische en raciale achtergrond.[20] Dit boek sloeg in als een bom. Het vormde de basis voor tal van populaire boeken over de slechte staat waarin het Amerikaanse intellect verkeerde.

Het was vooral de Witte, Anglo-Saksische Protestante (WASP) elite die zich zorgen maakte over de kwaliteit van het Amerikaanse ras. Deze WASP's waren de nazaten van de immigranten uit Noordwest-Europa die zich in de eeuwen daarvoor op het Noord-Amerikaanse continent hadden gevestigd. Zij meenden dat de negers inferieur aan hen waren en zij vreesden dat de nieuwe groepen immigranten uit Zuid- en Oost-Europa 'germ plasm' importeerden, 'which does not carry the possibilities of that arriving earlier'.[21] President Roosevelt schreef aan de voorman van de Amerikaanse eugenetische beweging, Davenport: *'some day we will realize that the prime duty, the indispensable duty, of the good citizen of the right type is to leave his or her blood behind him in the world.'*[22]

In de praktijk bleek 'the right type' samen te vallen met de dominante blanke groep; negers en de meeste immigranten uit het zuiden en oosten van Europa behoorden er volgens velen beslist niet toe. Wel was het zo dat volgens sommigen een dergelijk oordeel alleen over individuen kon worden geveld. Davenport zelf waarschuwde tegen een generalisatie van het individuele- naar het groepsniveau, die er toe zou leiden dat hele groepen als ongewenst afgeschilderd zouden worden. Andere eugenetici trokken zich weinig van Davenports behoedzaamheid aan. Het IQ van 'strangers in the land', zoals Amerikaanse negers, indianen, Polen en Hongaren, werd eenvoudigweg op groepsniveau met dat van de WASP's vergeleken. Dat leidde tot de vaststelling dat de intelligentie van de negers en van sommige Europese volkeren inferieur was aan die van de WASP's. Vele eugenetici, psychologen en politici vonden dat er maatregelen genomen moesten worden om de Verenigde Staten voortaan te vrijwaren van de instroom van slecht toegeruste Europeanen. In 1924 gaf de federale overheid gehoor aan deze roep om immigratiebeperking, toen een uiterst selectieve immigratiewet van kracht werd.[23] Wat betreft de opvattingen van psychologen over rassenverschillen bleek in 1934 uit een survey dat een kwart van de ondervraagde Amerikaanse psychologen in de inferioriteit van negers geloofde (tegen nog slechts twee procent van de antropologen en sociologen).[24]

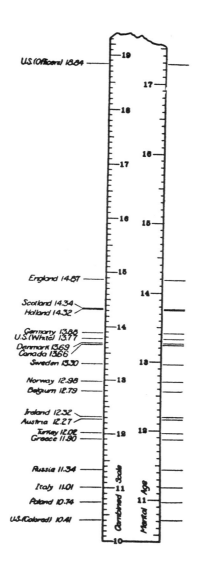

Intelligentie-meetlat, waarmee de intelligentie van negers en verschillende immigrantengroepen wordt afgezet tegen die van geboren Amerikanen. Deze meetlat was gebaseerd op de resultaten van het intelligentieonderzoek van Amerikaanse rekruten tijdens de Eerste Wereldoorlog. Uit: C.G. Brigham (1923), A study of American intelligence (Princeton: Princeton University Press).

Tegen het einde van de jaren dertig kwam in Duitsland de meest uitgebreide toepassing van eugenetische maatregelen tot ontwikkeling. Het Nazi-regime bracht een desastreuze rassenpsychologie in praktijk, door enerzijds in het *Lebensborn*-programma te proberen door middel van selectieve voortplanting een arisch superras te kweken en anderzijds de groepen die niet in de nazistische rassenleer pasten, systematisch te vernietigen. Als gevolg van deze gruwelen verloren de eugenetica en de daarmee verwante rassenpsychologie na de Tweede Wereldoorlog hun respectabiliteit.

*C*ultuur in meervoud

De inferioriteitsoordelen die ontdekkingsreizigers, eugenetici en (leger)psychologen hadden ten aanzien van vreemden, waren niet alleen gebaseerd op het vermeende gebrek aan psychische kwaliteiten, maar ook op de veronderstelling dat de vreemden geen cultuur bezaten of vanuit hun 'primitieve cultuur' nog een hele weg te gaan hadden.

Deze opvatting hield verband met de invloedrijke cultuurtheorie van Edward Tylor. Volgens deze theorie, die Tylor in de jaren zeventig van de vorige eeuw formuleerde, waren bij de zogenaamde 'primitieven' slechts de voorafschaduwingen van cultuur terug te vinden. Zij kenden weliswaar ook 'een geheel, dat kennis, geloof, kunst, moraal, wetten, gewoonten en capaciteiten' omvatte, maar dat geheel was weinig ontwikkeld en had nog een heel traject af te leggen voordat het zich op een algemeen menselijk niveau zou bevinden.[25] Het algemene niveau kwam volgens Tylor tot uitdrukking in 'beschaving'. Op de achtergrond van het onderzoek naar rasverschillen in intelligentie speelde – in het voetspoor van Tylor – de vraag mee in welke mate de onderzochte vreemden van nature geschikt waren om de weg naar 'cultuur' af te leggen. Die geschiktheid had, naar algemeen werd aangenomen, zelf weinig met sociale (of culturele) omstandigheden te maken; zij zou in de biologie vastliggen.

De opvatting dat er een algemeen menselijk niveau van culturele ontwikkeling (of beschaving) was, kwam onder druk te staan door het werk van de cultureel-antropoloog Franz Boas. Boas was in Duitsland geboren en had daar tijdens zijn natuurkundestudie kennis gemaakt met de antropometrie en de biometrie van Galton en Pearson. Hoewel hij er aanvankelijk van overtuigd was dat de biometrie zou leiden tot een 'definite solution of the problem of the effect of heredity and environment', koerste hij onder invloed van de *Völkerpsychologie* in een andere richting. Een louter statistische en bijgevolg empiristische constructie van raciale typen wees hij af, omdat een dergelijke theorieloze ordening van fysisch–antropologische meetresultaten geen enkel inzicht in verschillen tussen volkeren gaf. Deze afwijzing ging gepaard met het zoeken naar een theoretische verklaring voor de verschillen tussen 'geciviliseerd' en 'primitief' binnen een en hetzelfde 'ras'.

Boas' joodse afkomst maakte hem, zoals zovele van zijn joodse collega's, sceptisch tegenover het idee dat 'bloed' (lees: ras) belangrijker was dan traditie. Dit leidde tot het concept van *cultuur in meervoud*. Volgens Boas is er geen cultuur zonder meer, die kan gelden als een absoluut eindpunt van de menselijke ontwikkeling. Cultuur moet gezien worden als een onderdeel van de manier waarop mensen aan hun leven gestalte geven, en is daarmee nauw verbonden met de geschiedenis van een volk. De bestudering van 'ras' zonder daarbij de invloed van die geschiedenis te betrekken, leidt volgens Boas tot een onterechte verwaarlozing van wat mensen allemaal met zich meedragen als lid van een groep.

Boas vestigde zich in de Verenigde Staten, waar hij meer carrièrekansen zag. Ten tijde van de Eerste Wereldoorlog nam hij deel aan het debat over de resultaten van de testoperatie in het leger. Volgens hem was er niet het minste bewijs voor het bestaan van erfelijke, ras-specifieke kenmerken van geest en gedrag bij negers, immigranten of wie dan ook: een 'raciale essentie' als supra-individuele, organisch verankerde entiteit wees hij dientengevolge af.[26] Hij zette Margaret Mead op een studie van de kinderen van Italiaanse immigranten. Uit het onderzoek kwam naar voren dat hun testresultaten verband hielden met de sociale status van de ouders en de duur van hun verblijf in de Verenigde Staten.[27] De psycholoog Otto Klineberg werd door Boas geïnspireerd tot een grondig onderzoek van de relatie tussen IQ en ras. In de zomer van 1926 nam Klineberg als psycholoog deel aan veldwerk onder de Yakima-indianenstam in de staat Washington. Hij liet indianenkinderen en blanke kinderen praktische taken uitvoeren. Ze moesten bijvoorbeeld een houtje op de juiste plaats leggen. Hem viel toen op hoezeer de indianenkinderen rustig de tijd namen voor deze taken. De blanke kindertjes daarentegen waren sneller klaar, maar maakten veel meer fouten. De indianenkinderen gingen zo totaal anders te werk, dat Klineberg zich realiseerde hoe 'deep down culture could go into the little movements of the hands'. Naar zijn eigen zeggen veranderde deze ervaring zijn leven.[28] Klineberg rekende het voortaan tot zijn taak de argumenten voor biologische raciale verschillen in mentaal functioneren te bestrijden. Hij liet bijvoorbeeld zien dat de zwarten uit het noorden van de Verenigde Staten betere testresultaten behaalden dan blanken uit het zuiden. Dergelijk onderzoek droeg bij aan de neergang van het wetenschappelijk racisme in de Verenigde Staten en het opende de weg voor een nieuwe benadering van de vreemde, wat natuurlijk niet wil zeggen dat daarmee meteen een einde kwam aan de racistische bejegening van de vreemde in eigen land en daarbuiten.

Culture and Personality

Tijdens het interbellum maakte Boas school met een onderzoeksprogramma dat de relatie die het individu met zijn cultuur had tot uitgangspunt nam bij de interpretatie van gedrag.[29] Binnen de *culture and personality*-school worden culturele verschijnselen gezien in termen van 'the imposition of conventional meaning on the flux of experience', zoals Boas het zelf formuleerde. Men moet oog hebben voor de 'shackles that tradition has laid upon us'. Iedere cultuur, ook de westerse, kent deze traditionele ketens, zij het dat de westerse mens minder door traditie wordt bepaald dan het zogenaamde 'primitieve' individu. De traditionele culturele kaders kunnen niet zomaar worden veranderd: *'we cannot remodel, without serious emotional resistance, any of the fundamental lines of thought and action which are determined by our earlier education, and which form the subconscious basis of all our activities.'[30]*

De verschillen in traditie hebben tot gevolg dat elke cultuur een karakteristiek type mens voortbrengt.

'Stimulatie en frustratie'. Fotografische analyse van moeder-kindinteractie binnen de Balinese cultuur door Margaret Mead en Gregory Bateson. De moeder stimuleert het kind, maar neemt een afhoudende houding aan wanneer het reageert. Dit typeert volgens Mead het gebrek aan interpersoonlijke interactie binnen de Balinese cultuur. Uit: G. Bateson en M. Mead (1942), Balinese Character. A photographic analysis (New York: New York Academy of Sciences).

De culture and personality-school had in de Verenigde Staten grote invloed op het denken over mensen in vreemde landen. Rond 1926 bezetten de leerlingen van Boas elke belangrijke leerstoel antropologie in de Verenigde Staten.[31] Ruth Benedict werd in 1922 Boas' assistent en kreeg het materiaal dat deze bijna veertig jaar lang bij de indianen van de Noordwestkust van Amerika had verzameld. In *Patterns of culture* (1934) beschreef Benedict drie elementaire samenlevingen: de Noord-Amerikaanse Pueblo- en Kwakiutl-indianen en de Melanesische Dobu. Ze beschreef de ingetogenheid van de Pueblo, de uitbundigheid van de Kwakiutl en de achterdochtigheid van de Dobu. Margaret Mead ging in opdracht van Boas voor veldwerk naar Samoa en werd vervolgens in brede kring bekend met haar studies over het verloop van de puberteit en de vorming tot volwassen mannen en vrouwen. In de trilogie *From the south seas* (1939) verdedigde zij het culturele determinisme op een wijze die in ieder geval grote invloed had op het praten over opvoeding: men ging de westerse stijl van opvoeden enigszins relativeren.[32] Zowel Benedict als Mead vochten de 'battle against human nature', door te kiezen voor 'personality as culture writ small' en voor 'culture as personality writ large'.

Psychoanalyse en modale persoonlijkheid

Mythen, verhalen, riten en symbolen maakten deel uit van de culturele traditie en droegen dus ook bij aan de vormgeving van individuele uitingen. De Europese *Völkerpsychologie* had al veel eerder op het belang van mythen en dergelijke gewezen, maar in de jaren dertig kreeg deze belangstelling in de Verenigde Staten een nieuwe impuls. Rond Boas vormde zich een kring van psychiaters die een verbinding nastreefden tussen psychoanalyse en antropologie. De ontvangst van Freuds *Totem en taboe* (1912-13) door cultureel antropologen was weliswaar kritisch, maar men beschouwde de psychoanalyse toch als de meest complete psychologie, omdat Freud de ontwikkeling van de persoonlijkheid als geheel centraal stelde. De psychoanalyse behelsde bovendien van meet af aan een cultuurkritiek. Freud zag zijn patiënten ook als slachtoffers van de plaatselijke cultuur. De persoonlijkheidsontwikkeling kon niet straffeloos losgeweekt worden uit de formatieve, maar tegelijkertijd vaak deformerende kaders van gezin en maatschappij.

De invloed van de psychoanalyse kwam onder andere tot uitdrukking in het onderzoek naar de zogenaamde 'basispersoonlijkheid' binnen exotische culturen. Gegevens over opvoedingspraktijken, mythen, magie, gezagsrelaties en dergelijke werden psychoanalytisch bewerkt met het oog op de constructie van een voor die cultuur typerende persoonlijkheidsstructuur.[33] Men deed meestal geen veldstudies onder de mensen zelf, maar construeerde op afstand een samenhangend beeld aan de hand van sprookjes, volksverhalen en leefregels. Tijdens de Tweede Wereldoorlog werden op deze manier enkele nationale karakterstudies verricht, zoals de studie die Benedict in opdracht van het *Office of War Information* over de Japanners maakte.[34] Op basis van het psychoanalytische *childhood determinism* werden in dit soort studies zelfverzekerde uitspraken gedaan over de psychologische gevolgen van de wijze waarop culturen bijvoorbeeld zindelijkheidstraining of ouderlijke zorg hadden ingevuld. Uitgangspunt daarbij was dat culturen een gelijkvormigheid in individuen voortbrengen (het zogenaamde 'homogeniteitspostulaat'), dat wil zeggen dat iedereen binnen een bepaalde cultuur op vergelijkbare wijze uit de vroegkinderlijke opvoeding tevoorschijn komt.

Na de Tweede Wereldoorlog boette het freudiaans geïnspireerde *culture and personality*-onderzoek sterk aan betekenis in, mede als gevolg van methodologische en inhoudelijke kritiek op de psychoanalytische veronderstellingen die eraan ten grondslag lagen.[35] De onderzoekslijn op het gebied van cultuur en persoonlijkheid kreeg een vervolg in het onderzoek naar de statistische distributie van persoonlijkheidskenmerken binnen culturen met behulp van projectieve technieken, zoals de Rorschach en de Thematische Apperceptie Test. Dit werd bekend als het onderzoek naar de zogenaamde 'modale persoonlijkheid'.[36] Dergelijke studies werden steeds breder van opzet: men keek niet alleen naar persoonlijkheidskenmerken, maar bijvoorbeeld ook naar hoe burgers van verschillende landen zich persoonlijk verhielden tot kernkwesties die wereldwijd van belang waren, bijvoorbeeld op het gebied van gezagsverhoudingen, de verhouding tussen individu en samenleving en de gewenste rollen van mannen en vrouwen. De Nederlandse psycholoog Hofstede sloot in zijn grootschalige onderzoek onder medewerkers van IBM bij dergelijke kernthema's aan en construeerde op basis van zijn gegevens een typering van de landen waar IBM zijn kantoren had.[37]

*C*ulturele praktijken

Tegen het einde van de vorige eeuw begonnen psychologen te onderzoeken hoe exotische vreemden presteerden op experimenteel-psychologische taken die in Europa en de Verenigde Staten waren ontwikkeld. De vergelijking van psychologische kenmerken binnen verschillende culturen was het werk van de *cross-culturele psychologen*. Soms werden zij aan antropologische expedities toegevoegd, zoals in 1898 toen er vanuit de universiteit van Cambridge in Engeland een expeditie naar de Torres Straat werd uitgerust. De psychologen Rivers, McDougall en Myers onderzochten zintuiglijke functies, zoals horen, zien, proeven, ruiken, tasten, en verder reactietijden en spierspanning. Anderen traden in hun voetspoor en deden aan het begin van de eeuw experimentele studies naar bijvoorbeeld visuele illusies, kleurwaarneming en alertheid. Het is historisch opmerkelijk dat de eerste cross-culturele studies naar perceptuele taken vrijwel direct op kritiek stuitten. Zo onderkende Titchener twee problemen bij het doen van psychologische experimenten in verschillende culturen.[38] Ofwel de aldus verkregen resultaten waren betrekkelijk triviaal omdat het niet zoveel uitmaakte dat bepaalde stammen dingen ongeveer hetzelfde of net even anders deden als westerlingen. Ofwel de gegevens wezen op zulke ingrijpende verschillen, dat er interpretatieprobemen ontstonden, waarbij men vaak op vooroordelen terug viel om de verschillen te verklaren. Rivers was zelf een goed voorbeeld van dat laatste. Op de schaarse plaatsen waar hij zich uitliet over de in vergelijking met de westerlingen opvallend goed ontwikkelde zintuiglijkheid van de onderzochte etnische groepen, hield hij vast aan het vooringenomen standpunt dat 'savages' eigenlijk alleen gepreoccupeerd zijn met zeer elementaire, nauwelijks intellectueel te noemen processen. Intellectuele processen waren naar zijn overtuiging aan volkeren van hogere beschaving voorbehouden.[39]

Aanvankelijk bleef de cross-culturele psychologie beperkt tot de confrontatie van vreemde volkeren met de proefopstellingen, tests en instrumenten van de in het westen ontwikkelde psychologie. Het doel was de algemeenheid van psychologische wetmatigheden na te gaan, de kennis van het gedragsrepertoire van mensen uit te breiden met de beschrijving van variaties in den vreemde en inzicht te verwerven in de samenhang tussen cultuurkenmerken en gedragskenmerken. Dit soort onderzoek bestond voor het grootste deel uit een regelrechte vertaling van de westerse experimentele procedures, die vervolgens bij de exotische vreemden werden toegepast. Daarbij stuitte men al spoedig op het verschijnsel dat een slechte uitvoering van bepaalde cognitieve taken gedurende het experiment nog niet betekende dat de inheemse mensen in hun alledaagse leven niet goed konden nadenken. Vervolgens bleek er een samenhang te bestaan tussen de mate van formele scholing die de inheemse proefpersonen hadden genoten en het succes bij de experimentele taken. Deze resultaten wezen er volgens een toenemend aantal cross-cultureel psychologen op dat de testsituatie zelf een probleem vormde: de vreemden werden met een onderzoekspraktijk geconfronteerd die in omstandigheden was ontwikkeld die de hunne niet waren.

Russische psychologen sloegen in dezelfde periode een andere weg in dan hun collega's in het westen. In de jaren dertig deed Alexander Luria onderzoek naar hogere mentale processen in Oezbekistan, een primitief en achtergebleven gebied. Op basis hiervan kwam hij tot de conclusie, dat *culturele praktijken* van doorslaggevend belang zijn voor de vormgeving van mentale processen.[40] Luria's onderzoek naar denken, redeneren en andere hogere mentale processen behoort tot de Russische cultuurhistorische school, waarvan Vygotsky de grote inspirator is geweest. De centrale these van de cultuurhistorische psychologie is dat alle cognitieve activiteiten vorm en inhoud krijgen in de matrijs van de sociale geschiedenis, die voortbouwt op de structuren die in de biologische geschiedenis van de mensheid zijn aangebracht. Cultuur is in deze visie de verschaffer van gereedschappen en middelen tot mentale en fysieke activiteiten. Denkprocessen staan dus niet los van cultureel beschikbare middelen en de daarbij behorende praktijken van mensen.[41]

De cultuurhistorische principes gaven aanleiding tot een andere veronderstelling dan psychologen bij eerdere expedities hadden gehanteerd. Rivers en anderen (waaronder ook Boas) gingen er als vanzelfsprekend vanuit dat mensen in primitieve omstandigheden bij hun mentaal functioneren gebruik maakten van zintuiglijke en cognitieve vermogens of vaardigheden die in feite voor iedereen golden. Vygotsky en Luria veronderstelden daarentegen dat de structuur van iemands mentaal functioneren afhankelijk is van de loop van de historische ontwikkeling van de groep waartoe deze persoon behoort. Zoals ze het zelf formuleerden: 'mental processes depend on active life forms in an appropriate environment.'[42] Luria's bevindingen in Oezbekistan pasten binnen deze gedachtengang. Tengevolge van een ingrijpende politieke en economische herstructurering was er in dit gebied sprake van een sterk veranderende leefsituatie. Luria onderzocht de waarneming, het vermogen tot abstraheren en redeneren, het oplossen van problemen en de daarbij behorende zelfanalyse van de bevolking. Hij stelde vast dat de overgang naar de collectieve landbouwmethoden gepaard ging met een veranderend bewustzijn. De culturele patronen van voorheen bleken niet zo onveranderlijk en vastgeroest te zijn als over het algemeen werd aangenomen. Er ontstonden nieuwe cognitieve structuren bij mensen die eigenlijk als hopeloos achterlijk werden beschouwd.[43]

De expeditie en het theoretische werk van Luria en Vygotsky gaven de analyse van cultuur een nieuwe impuls. Toen enkele Amerikaanse psychologen aan het einde van de jaren zestig in het voetspoor van de cultuurhistorici traden, groeide er langzaamaan een traditie van onderzoek naar culturele praktijken. Sindsdien behoren de cultureel voorgegeven probleemoplossingen die onmisbaar zijn voor het psychisch functioneren tot de kern van de psychologische kijk op de vreemde, ook voor zover die als migrant of buitenlander in een nieuw land terecht is gekomen. Centraal in dit perspectief staat de gedachte dat mensen gebonden zijn aan het culturele gereedschap waarmee ze in de loop der tijd zijn toegerust. Wil men een onjuist inzicht vermijden, dan mag hun handelen niet uit de culturele matrijs gehaald worden.

Conclusie

In dit hoofdstuk zagen we dat de theorievorming over cultuur een ontwikkelingsgang vol voetangels en klemmen heeft gekend. In de praktijk van het psychologisch onderzoek naar de aard en leefwijze van de vreemde bleven de wetenschappelijke observaties van cultuur veelal ondergeschikt aan en ingebed in racistische praktijken en ideologieën. Als er al een alternatief voor het racisme werd geformuleerd in termen van 'volksgeest' of een kenmerkend type persoonlijkheid, bleef het daarop geïnspireerde onderzoek van beperkte invloed of verviel het in sommige gevallen opnieuw in het bewijzen van de blanke superioriteit. Veel onderzoekers legden onvoldoende besef aan de dag van de diepe worteling van cultuur, 'deep down into the little movements of the hands', zoals Klineberg het formuleerde. Het niet erkennen dat cultuur mede bepaalt hoe mensen de interactie met hun omgeving aangaan, leidt er steeds weer toe dat psychische processen onverantwoord worden vereenvoudigd. Dat blijkt telkens weer, als bijvoorbeeld cognitieve vaardigheden van blank en zwart met elkaar worden vergeleken.[44] De vreemde krijgt dan al gauw het stempel van genetische inferioriteit opgedrukt, hoezeer dat oordeel ook met allerlei slagen om de arm wordt geveld.[45] Telkens weer tracht men in de psychologie verschillen tussen mensen terug te brengen tot biologie of contextvrije psychologie.

De exotische vreemden zijn steeds meer in ons midden komen te verkeren. Zocht men ze, zoals in het begin van dit hoofdstuk is beschreven, aanvankelijk nog op, gaandeweg is met de dekolonisatie en de immigratie van arbeidskrachten uit landen ver van ons vandaan de situatie ontstaan waarin de vreemde medeburger is. Oordelen over mensen van andere culturen komen niet meer hoofdzakelijk ter plekke in vreemde culturen tot stand, oog in oog met de lokale leefwijze. De oordelen, die gedurende de negentiende en een groot deel van de twintigste eeuw werden uitgedrukt in termen als 'onbeschaafd', 'primitief' en 'onderontwikkeld', zijn voorzichtiger geworden. We spreken nu bij voorkeur van 'ontwikkelingslanden'. De burgers uit die landen zijn naar het rijke westen getrokken, waar zij worden geconfronteerd met ingesleten westerse vooroordelen ten aanzien van exotische mensen. De psychologie houdt zich enerzijds bezig met onderzoek naar deze vooroordelen, maar blijkt er anderzijds zelf ook niet vrij van te zijn. Het blijkt nog steeds moeilijk om de culturele inkadering van ons eigen gedrag en dat van de vreemde adequaat te bestuderen en antwoord te krijgen op de vraag hoe kant en klare cultuurproducten, zoals betere scholingsmogelijkheden, sociale voorzieningen en ruimere, geldelijke middelen in hun invloed ook geremd worden door cultureel ingeslepen praktijken. Terugvallen op verklaringen in termen van genetische, al dan niet met ras geassocieerde verschillen blijkt verleidelijk.

Overal ter wereld vinden we culturen, waarin binnen het kader van onderwijs en opvoeding ruimte wordt geschapen voor training in emotiehantering en lichaamspraktijken. Soms geldt dit voor alle leden van een cultuur, terwijl in andere gevallen deze training voorbehouden blijft aan een of meer bevoorrechte groepen. In weer andere culturen worden dit soort processen overgelaten aan ongerichte gewoontevorming. Psychologisch inzicht in gedrag vereist echter in alle gevallen dat cultuur hierin van meet af aan verrekend wordt, omdat er nu eenmaal geen cultuurvrije complexe menselijke gedragingen bestaan.

oten

Dank gaat uit naar Harry Kempen, Gérôme Friesen en Ruud Abma voor hun zorgvuldige lezing van eerdere versies.

1   J-M. de Gérando (1978), Considérations sur les diverses méthodes à suivre dans l'observation des peuples sauvages, in J. Copans en J. Jamin, eds., *Aux origines de l'anthropologie française* (Paris: Le Sycomore), p. 127-169.
2   De bronnen voor dit voorval zijn: Copans en Jamin, eds., a.w.; J. Jamin (1983), Faibles sauvages...corps indigènes corps indigents: le désenchantement de François Péron, in J. Hainard en R. Kaehr, eds., *Le corps en jeu* (Neuchâtel: Musée d'ethnographie), p. 61-62. G.W. Stocking Jr. (1968), French anthropology in 1800, in G.W. Stocking, ed., *Race, culture, and evolution. Essays in the history of anthropology* (New York: The Free Press), p. 13-41.
3   E. Saïd (1994), *Cultuur en imperialisme* (Amsterdam: Atlas).
4   R. Corbey (1989), *Wildheid en beschaving. De Europese verbeelding van Afrika* (Baarn: Ambo).
5   Zo typeert G. Heldring drie eeuwen overheersing in Indonesië in zijn column: 'Verschil in beschaving', NRC *Handelsblad*, 25 augustus 1995. Het kon ook anders. De confrontatie met China en Japan was niet in de termen wild-beschaafd, omdat de westerlingen van meet af aan heel onbeschaafd leken in de ogen van deze verfijnde oosterlingen. Hiervan krijgt men een goed beeld door lezing van de roman *Shōgun* van J. Clavel (Laren: Uitgeverij Luitingh, 1975).
6   A. Turtle (1990), Anthropometry in Britain and Australia: Technology, ideology, and imperial connection, *Storia della Psicologia, 2*, 118-143. Turtle merkt op dat de antropometrie, als tak van de statistiek en als methode om lichaamskenmerken te beschrijven, ongeveer een eeuw diende als een belangrijk werktuig voor bijvoorbeeld antropologie, geneeskunde, psychologie en pedagogiek. Ze was bovendien een springplank voor allerlei sociale hervormingen.
7   E. Barkan (1992), *The retreat of scientific racism. Changing concepts of race in Britain and the United States between the world wars* (Cambridge: Cambridge University Press), p. 2.
8   S.J. Gould (1984), *The mismeasure of man* (London: Pelican Books), hoofdstuk 2.
9   Gould (a.w., p. 69) laat zien dat de antropometrie vóór Darwin over het algemeen geen kritiek leverde op de opvatting dat het blanke ras superieur was aan alle andere.
10 I. Kalmar (1987), The *Völkerpsychologie* of Lazarus and Steinthal and the modern concept of culture, *Journal of the History of Ideas, 48*, 671-690.
11 A. von Humboldt (1849), *Cosmos, Vol. 1-5* (London: H.G. Bohr), Vol. 1, p. 386.
12 Th. Waitz (1863), *Introduction to anthropology, Vol. 1-5* (Londen: Anthropological Society), Vol. 1, p. 277.
13 O. Lovejoy (1957), *The great chain of being: A study in the history of an idea* (Cambridge, MA: Harvard University Press).
14 A. Desmond en J. Moore (1991), *Darwin* (Londen: Michael Joseph), p. xxi en p. 521. Volgens deze biografen maken Darwins notitieboekjes duidelijk dat het sociaal-darwinisme, waarin de vooruitgang van de mensheid afhankelijk gesteld werd van de schifting van zijn zwakkere leden, geen pervertering was van Darwins wetenschappelijke inzichten.
15 Gould, a.w., p. 32 e.v.
16 F. Galton (1884/1869), *Hereditary genius* (New York: Appleton), p. 338.
17 In *Hereditary genius* (a.w.) liet hij zien dat 977 prominente mannen uit handel, bestuur, kunsten en wetenschappen 574 prominente nakomelingen voortbrachten.
18 Bij 'nature versus nurture' lijkt het om een heldere tegenstelling te gaan, maar dat is allerminst het geval. Wat de termen betekenden was in de begindagen van de differentiële psychologie onduidelijk. Dat blijkt uit een controverse die meteen ontstond toen Galton zijn voorkeur voor erfelijkheid formuleerde. De Candolle kwam met een rivaliserende theorie over het in die tijd niet betwiste feit dat 'eminence runs in families'. Hij wees bijvoorbeeld op het belang van familietraditie, geld en de aanwezigheid van een onderzoekende instelling in het onderwijs. De Candolle vatte deze factoren onder 'ras', wat bewijst hoe dubbelzinnig deze notie was. In een bespreking van De Candolle's boek legde Galton uit dat wat De Candolle onder ras verstond, hetzelfde was als wat hij onder natuur verstond. De Candolle bleef echter hardnekkig vasthouden aan het idee dat ras niet verward mocht worden met aangeboren, dat is 'erfelijk'. Ras diende gelijkgesteld te worden met *verworven* eigenschappen, dat wil zeggen met factoren afkomstig uit succesvolle arrangementen. Zie R. Fancher (1983), Alphonse de Candolle, Francis Galton, and the early history of the nature-nurture contro-

versy, *Journal of the History of the Behavioral Sciences, 19,* 341-351.

19 Zie bijvoorbeeld D. Kevles (1985), *In the name of eugenics* (London: Pelican Books); Turtle, a.w.

20 R.M. Yerkes, ed. (1921), *Psychological examining in the United States army. Memoir XV.* (Washington: National Academy of Sciences-National Research Council).

21 Mededeling van de legerpsycholoog Brigham aan Davenport, geciteerd in Kevles, a.w., p. 82.

22 In Kevles, a.w., p. 85.

23 Zie onder andere: L. Kamin (1974), *The science and politics of IQ* (Potomac: Erlbaum); C. Kirkpatrick (1926), *Intelligence and immigration* (Baltimore: Williams and Wikins). Ondanks de brede bekendheid van de resultaten van de legertests, moet de rol van psychologen bij het invoeren van de immigratiebeperkingen niet worden overdreven. De negatieve houding ten opzichte van de vreemden was eerder het gevolg van een algemene angst. In het 600 pagina's lange verslag van het debat in het Congres over immigratiebeperking wordt slechts één keer melding gemaakt van de resultaten van intelligentietests. Zie F. Samelson (1979), Putting psychology on the map: Ideology and intelligence testing, in A.R. Buss, ed., *Psychology in social context* (New York: Irvington Publishers), p. 103-168. Zie ook M. Snyderman en R. Herrnstein (1983), Intelligence testing and the Immigration Act of 1924, *American Psychologist, 38,* 986-995, hierin p. 994 voor een zelfde conclusie.

24 Ch. Thompson (1934), The conclusions of scientists relative to racial differences, *Journal of Negro Education, 3,* 486-499.

25 E.B. Tylor (1871), *Primitive culture. Researches into the development of mythology, religion, language, art and custom, Vol. 1-2* (Boston: Estes & Lauriat).

26 Boas wees de antropometrie niet categorisch af. Hij wenste alleen veel zorgvuldiger te werk te gaan dan in de empiricistische traditie gebruikelijk was. In opdracht van de Amerikaanse regering deed hij een uitgebreide antropometrische meting van de schedelindex (de verhouding van lengte en breedte van de schedel) van kinderen van Oost-Europese joden en Italianen vóór hun verblijf in de VS en nadat ze er een tijdje met hun ouders gewoond hadden. De index gaf aan dat de hoofdjes van vorm veranderden, terwijl het toch om een onveranderlijke index ging. Zie C. Degler (1991), *In search of human nature. The decline and revival of Darwinism in American social thought* (New York: Oxford University Press), p. 62-64.

27 M. Mead (1927), Group intelligence tests and linguistic disability among Italian children, *School and Society, 25,* 457-468.

28 Kevles, a.w., p. 336.

29 F. Boas (1948/1938), The aim of antropological research, in F. Boas, *Race, language and culture* (New York: Macmillan), p. 258-59.

30 F. Boas (1904), Some traits of primitive culture, *Journal of American Folklore, 17,* 253-254.

31 Stocking, a.w., p. 296.

32 M. Mead (1939), *From the South Seas. Studies of adolescence and sex in primitive societies* (New York: William Morrow). Dit is een bundeling van haar veldwerk vanaf 1928.

33 A. Kardiner (1939), *The individual and his society. The psychodynamics of primitive social organization* (New York: Columbia University Press).

34 R. Benedict (1946), *The chrisanthemeum and the sword: Patterns of Japanese culture* (Boston: Houghton Mifflin). Het is niet helemaal een 'arm chair study'. De beschrijvingen van het Japanse volkskarakter zijn mede gebaseerd op gesprekken met Japanners die gedurende de oorlog in Amerikaanse kampen gedetineerd waren.

35 Invloedrijke critici waren bijvoorbeeld: A.R. Lindesmith en A. Strauss (1950), A critique of culture-personality writings, *American Sociological Review, 15,* 587-600; H. Orlansky (1949), Infant care and personality, *Psychological Bulletin, 46,* 1-48. Niet iedereen deelt de observatie dat die kritiek fataal was, zie bijvoorbeeld J. Reichmayer (1995), *Einführung in die Ethnopsychoanalyse. Geschichte, Theorien und Methoden* (Frankfurt: Fischer).

36 G. Lindzey (1961), *Projective techniques and cross-cultural research* (New York: Appleton Century Crofts).

37 A. Inkeles en D. Levinson (1969), National character: The study of modal personality and sociocultural systems, in G. Lindzey en E. Aronson, eds., *The handbook of social psychology, Vol. 4* (Reading, MA: Addison-Wesley), p. 977-1020. Hofstede vormde zijn gegevens om tot meer algemene cultuurdimensies, bijvoorbeeld collectivistisch-individualistisch en mannelijk-vrouwelijk. Zijn onderzoek dateert al vanaf het midden van de jaren zestig en was destijds geïnspireerd door de conclusies van Inkeles en Levinson, a.w.; G. Hofstede (1991), *Allemaal andersdenkenden. Omgaan met cultuurverschillen* (Amsterdam: Contact).

38 E.B. Tichener (1910), On the ethnological tests of sensation and perception, *Proceedings of the American Philosophical Society, 55,* 204-236.

39 G. Jahoda (1992), *Crossroads between culture and mind. Continuities and change in theories of human nature* (Cambridge, MA: Harvard University Press), p. 122.

40 De publicatie van de onderzoeksrapporten van Luria, die al in de jaren dertig gereed waren, werd door de Sovjet-autoriteiten tegengehouden. Pas in 1974 werd zijn onderzoek in de Sovjet-Unie gepubliceerd. In 1976 verscheen een vertaling in de Verenigde Staten: A. Luria (1976), *Cognitive development. Its cultural foundations* (Cambridge, MA: Harvard University Press).

41 B. Rogoff en P. Chavajay (1995), What's become of research on the cultural basis of cognitive development?, *American Psychologist, 50*, 859-877.

42 Luria, a.w., p. 9.

43 Luria's verzekering dat mensen de traditionele patronen echt loslaten, hield verband met zijn voorkeur voor de meer abstracte wijze van denken. Hij en zijn medewerkers bezaten een hardnekkig geloof in de doorgevoerde veranderingen, wat hen tamelijk ongevoelig maakte voor het leed van mensen die dat geloof niet deelden. Ze hadden weinig oog voor de miljoenen doden die de collectivisering van de landbouw met zich mee had gebracht. Daardoor interpreteerde Luria de bevindingen ook te optimistisch. Hij zag te weinig in dat de culturele praktijken waarvan hij de werking had aangetoond, hardnekkig waren. Zie R. van der Veer en J. Valsiner (1991), *Understanding Vygotsky: A quest for synthesis* (Oxford: Blackwell), p. 253.

44 Zie A. Jensen (1969), How much can we boost IQ and scholastic achievement? *Harvard Educational Review, 39*, 1-123; R. Herrnstein en Ch. Murray (1994), *The bell curve. Intelligence and class structure in American life* (New York: The Free Press).

45 Herrnstein en Murray, a.w., p. 311. Zie voor een meer uitgebreide bespreking G. Friesen en P. Voestermans (1995), The Bell Curve hype, *De Psycholoog, 30*, 467-470.

*D*e proefpersoon

VAN MEDEONDERZOEKER TOT ANONIEM OBJECT

12

PIETER J. VAN STRIEN

In tegenstelling tot de maatschappelijke rollen die tot nu toe in dit boek aan de orde zijn geweest, is die van proefpersoon – *subject* in het Engelse taalgebruik – een kunstmatige rol. Ze is een product van wetenschappelijk-psychologisch onderzoek en bestaat alleen voor de duur ervan. Het proefpersoonschap dient niet om inzicht te krijgen in concrete personen, maar om *aan de hand van hun reacties iets aan de weet te komen over groepen van mensen of over het functioneren van mensen in het algemeen.*

Toch staat het proefpersoonschap minder ver af van de alledaagse werkelijkheid dan op het eerste gezicht lijkt. De proefpersoon is weliswaar geboren in het laboratorium, maar al gauw werden de muren hiervan te eng. Het experimentele denken kreeg na korte tijd ook een functie bij het oplossen van praktische vragen en het onderzoek breidde zich daarbij uit tot het schoollokaal, de kliniek, het bedrijf, het leger, enzovoort. Naast het laboratoriumonderzoek kwam het veldonderzoek en naast het experiment in strikte zin kwamen het *quasi-experiment* en andere onderzoeksvarianten. Bovendien verbreedde het onderzoek zich in de loop van de tijd van typische laboratoriumproeven naar ontwikkelings-, persoonlijkheids- en sociaal-psychologische studies. Ook de psychologische praktijk kent allerlei vormen van onderzoek waarin mensen als proefpersoon of als materiaal voor een *case study* fungeren.

Al met al is de rol van proefpersoon veel sterker verbreid dan de eerstopkomende associatie met het laboratorium suggereert; ze is de kurk waarop het vak drijft. Voor de psychologie als wetenschap vormt onderzoek op proefpersonen het methodologisch fundament waarop kennisclaims in de discussie met vakgenoten worden opgebouwd. De adviezen die psychologen in de praktijk geven, berusten – voor zover ze gebaseerd zijn op onderzoek – op de reacties van proefpersonen en respondenten. Exemplarische reacties van proefpersonen dienen daarnaast als illustratiemateriaal in de populariserende presentatie van het vak tegenover leken. Ze worden daarbij gebruikt om de alledaagse verklaring van menselijke gedragingen te vervangen door een wetenschappelijke. Dit gebeurt bijvoorbeeld wanneer geheugenproeven worden aangevoerd om de onbetrouwbaarheid van getuigenverklaringen te laten zien of klinische gevalsstudies om een bepaald ziektebeeld te illustreren. Het gedrag van proefpersonen vormt op deze manier een vehikel bij uitstek bij de *psychologisering* van het alledaagse denken.

In de loop van de ruime eeuw dat de empirische psychologie inmiddels bestaat, heeft de constructie van psychologische verklaringen op basis van de reacties van proefpersonen methodologisch gezien tal van vormen aangenomen. In dit hoofdstuk zal ik de belangrijkste varianten en de perikelen daarvan de revue laten passeren.

Voorgeschiedenis

Het is duidelijk dat het bestuderen van mensen om iets te weten te komen over de mens in het algemeen veel ouder is dan de psychologie. De in spreuken en zegswijzen vastgelegde alledaagse mensenkennis berust op observaties van gedragingen en zieleroerselen die 'wijzen' van allerlei tijden op zichzelf en anderen hebben uitgevoerd – een soort proefpersoonschap *avant la lettre*. Maar hoewel er hier en ook in latere literaire en filosofische geschriften in toenemende mate werd gewerkt met psychologische termen, kan men nog niet spreken van wetenschappelijke psychologie. Wel kunnen we zeggen dat deze *protopsychologisering* de weg heeft gebaand voor meer systematisch psychologisch onderzoek. Dit kwam op in de tweede helft van de negentiende eeuw en wel in drie heel uiteenlopende vormen: (1) de klinische gevalsstudie, (2) het psychofysisch en psychofysiologisch laboratoriumonderzoek en (3) testonderzoek voor de meting van interindividuele variabiliteit.

De *klinische gevalsstudie* sloot nauw aan bij de voorwetenschappelijke mensenkennis. Voor de vroegste voorbeelden ervan moeten we de blik richten naar Parijs. Hier kwam in de jaren zeventig van de vorige eeuw een reeks onderzoekingen naar hypnotische verschijnselen op gang. Hierbij werden de reacties van onder hypnose gebrachte personen – veelal psychiatrische patiënten – bestudeerd en gedemonstreerd aan belangstellenden. Vooral de demonstratieproeven van de bekende psychiater Jean-Martin Charcot trokken in dit verband de aandacht, onder andere van de jonge Sigmund Freud, die er in 1885/86 een speciale studiereis naar Frankrijk voor maakte. Later werden ook andere psychologische vraagstukken bestudeerd aan de hand van individuele gevallen en naast patiënten dienden hierbij ook anderen als proefpersoon.

De wieg van het *wetenschappelijk laboratoriumonderzoek* in de psychologie stond in Duitsland – om precies te zijn: in Leipzig. Onder de indruk van de successen van de natuurwetenschap kwam men op het idee ook het menselijk psychisch functioneren onder gecontroleerde omstandigheden te onderzoeken. De psychofysicus Fechner deed dit aan de hand van zijn eigen reacties als proefpersoon en de Nederlandse fysioloog Donders deed het bij zijn reactietijd-metingen samen met zijn promovendus De Jaager. Maar het was pas Wilhelm Wundt – van huis uit fysioloog – die vanuit zijn speciaal voor dit doel in 1879 te Leipzig opgerichte laboratorium een onderzoekstraditie vestigde. De proefpersonen moesten daarbij rapporteren welke verschijnselen zich aan hun bewustzijn voordeden of op een van tevoren afgesproken manier op een prikkel reageren. Wat betreft het soort verschijnselen waarop dit eerste onderzoek zich richtte, is het opvallend hoe weinig *psychologisch* deze waren. Het ging vrijwel uitsluitend om het vinden van wetmatigheden in de zintuiglijke waarneming en de verwerking daarvan – onderzoek dat nauw aansloot bij het al eerder op gang gekomen zintuigfysiologisch onderzoek: hoe sterk moet een prikkel zijn om te worden waargenomen (prikkeldrempel); hoeveel sterker moet ze zijn om van een andere te worden onderscheiden (verschildrempel); hoe is de reactiesnelheid onder verschillende condities, enzovoort.

Toch stelde men, zoals ik straks zal laten zien, bij dit onderzoek hoge eisen aan het proefpersoonschap. En zo ontstond de paradoxale situatie, dat de wetenschappelijk-psychologische onderzoekscompetentie voor het eerst werd gevestigd op een gebied aan de rand van hetgeen destijds als het domein van de psychologie werd beschouwd. De nieuwe academische psychologen zetten zich zelfs nadrukkelijk af tegen de psychologische beschouwingen van hun literaire en filosofische voorgangers en ook tegen de klinische waarneming. Ze wilden teruggaan naar zintuiglijke indrukken als de elementaire bouwstenen van het bewustzijn en deze bestuderen en op maat en getal brengen onder nauwkeurig gecontroleerde condities. Alleen op deze wijze zou er 'van onderaf' een echt wetenschappelijke psychologie kunnen worden ontwikkeld. De beschikbare methode, zo is wel opgemerkt, bepaalde het object van onderzoek en niet omgekeerd.

Het Leipzig-model: Wilhelm Wundt als proefpersoon in zijn eigen laboratorium. Foto: Archives of the History of American Psychology.

Het derde type onderzoek dat in de negentiende eeuw opkwam, richtte zich op *interindividuele variabiliteit*. De bakermat ervan bevindt zich in Engeland en Francis Galton geldt als de onbetwiste pionier. Met zijn lijfspreuk 'Whenever you can, count!', is hij een van de grondleggers geworden van de psychologische statistiek. Tijdens de Internationale Gezondheidstentoonstelling te Londen in 1884 richtte hij een laboratorium in waar men tegen betaling elementaire vermogens, zoals spierkracht en gezichtsscherpte, kon laten meten. Voor Galton dienden de resultaten vooral om ten behoeve van zijn erfelijkheidsonderzoek een beeld te krijgen van de spreiding van allerlei eigenschappen onder de bevolking. Maar bij zijn Amerikaanse volgeling Cattell kregen de resultaten van dit soort metingen een praktische functie, namelijk als indicatie van persoonlijke *geschiktheid*. Hij was het die in 1890 de term *test* introduceerde en daarmee de zegetocht inluidde van het vergelijkende testonderzoek dat in onze eeuw zo'n hoge vlucht heeft genomen. In de generatie na Cattell ging vergelijkende meting ook een rol spelen in theoriegericht variabelenonderzoek naar het gedrag van mensen (en proefdieren) onder verschillende condities. Evenals bij Galton dient de proefpersoon hier als representant van een statistische klasse.

Zo komen we de proefpersoon in de negentiende eeuw in drie heel uiteenlopende gedaanten tegen: als individu met klinisch interessante kenmerken, als waarnemer van het eigen bewustzijn en als representant van een statistische klasse. Aan de verdere ontwikkeling van deze drie varianten zal ik nu een nadere beschouwing wijden. In navolging van de Canadese historicus van de psychologie Danziger[1] zal ik daarbij speciale aandacht besteden aan de relatie tussen proefleider en proefpersoon. Daarnaast zal ik nagaan tot welke manier van psychologiseren het onderzoek heeft geleid.

De onderzochte in het klinisch onderzoek

In het klinisch hypnoseonderzoek in de lijn van de Franse psychiater Charcot (Danziger spreekt van het *Parijse model*) droeg de relatie tussen onderzoeker en voorwerp van onderzoek een bij uitstek asymmetrisch karakter. Ze was geënt op de dokter-patiënt relatie. Het experimentele karakter van het onderzoek bestond hierin, dat de betrokkenen (bij Charcot meestal vrouwelijke hysterische patiënten) onder hypnose opdrachten kregen die inzicht gaven in de bij hun ziektebeeld passende mentale conditie en manier van reageren. De gewonnen inzichten werden vervolgens veelal via *demonstratie-experimenten* toegelicht aan studenten en andere belangstellenden. Hetzelfde onderzoeksmodel vinden we terug in het kort daarna op gang komend kinderpsychologisch onderzoek in de lijn van Binet en in de studie van personen met een speciale begaafdheid of met paranormale gaven. Ook hier was de relatie tussen onderzoeker en onderzochte bij uitstek een asymmetrische.

Demonstratiecollege over hysterie van de Franse psychiater Charcot. De onderzoeksrelatie is gemodelleerd naar de arts-patiëntrelatie en draagt een asymmetrisch karakter.

Datzelfde geldt voor de psychoanalyse. Bij Freud dienden de uitingen en gedragingen van zijn (hysterische) patiënten – Anna O., Dora, de Wolvenman, enzovoort – enerzijds als materiaal aan de hand waarvan hij zijn theorieën ontwikkelde, anderzijds als fundering van zijn kennisclaims tegenover vakgenoten en verdere geïnteresseerden. Gepubliceerde gevalsstudies krijgen binnen de psychoanalyse de plaats van de klinische demonstratie. De rol van de 'proefpersoon' (de *analysand*) is daarbij die van zelf-niet-begrijpende spreekbuis van een diepere werkelijkheid: het duistere en onbeheersbare rijk van het *Es*. Geadresseerden van de interpretatie zijn primair de vakgenoot en het geïnteresseerde lekenpubliek. Voor de betrokkenen in hun rol van cliënt geldt weliswaar het 'Wo Es war soll Ich werden'[2], maar wanneer zij de duidingen niet accepteren, wordt dit door de analyticus meestal niet als correctie opgevat maar als 'weerstand'. Als 'proefleider' heeft de analyticus het laatste woord.

De individuele gevalsstudie heeft ook buiten de kliniek verbreiding gevonden. Op allerlei terreinen van onderzoek komen we haar tegen. Kenmerkend is de overwegend passieve rol van de onderzochte persoon of groep en de actief-interpreterende rol van de onderzoeker. Bij *actieonderzoek*[3] wordt getracht deze passiviteit te doorbreken en de betrokkenen een aandeel te geven in de vraagstelling en de interpretatie van de uitkomsten. Maar de door de onderzoeker gehanteerde theorieën blijven voor hen een grotendeels gesloten boek.

In de relatie tot het bredere publiek van belangstellende leken geldt deze geslotenheid in veel mindere mate. De inzichten van de klinische gevalsstudie sluiten aan bij de alledaagse psychologisering, maar proberen deze tegelijk te verdiepen. Zo is de strekking van zowel de parapsychologie als die van de psychoanalyse dat er onder de oppervlakte van de vertrouwde werkelijkheid allerlei diepere verschijnselen verborgen liggen, die door deskundigen aan het licht moeten worden gebracht.

Terwijl de belangstelling voor het paranormale een hausse bereikte rond de eeuwwisseling en daarna begon te tanen, vonden de denkbeelden van Freud, toen de aanvankelijke weerstand was overwonnen, steeds meer ingang. Met name de gedachte dat er achter alles, ook het schijnbaar onschuldige, verborgen motieven schuilgaan heeft een enorme verbreiding gevonden, niet alleen in de menswetenschappen maar ook in de literatuur en in het alledaagse leven. Ze heeft daar de literaire en filosofische protopsychologisering vervangen en heeft veel dieper wortel geschoten in het alledaagse denken dan de psychologisering van de natuurwetenschappelijke psychologie waar ik nu verder op in zal gaan.

De proefpersoon als deskundig waarnemer van het eigen bewustzijn

Hoewel Wundt, zoals we zagen, niet de eerste was die zich met het onderzoek naar elementaire bewustzijnsverschijnselen bezighield, waren het vooral de in zijn laboratorium verrichte proeven die als voorbeeld dienden waarnaar het experimenteel onderzoek – ook elders ter wereld – de eerstvolgende decennia werd ingericht. In dit laboratorium waren dagelijks onderzoekers twee aan twee in de weer met het toedienen van zintuiglijke prikkels en het tot in honderdste seconden meten van elkaars reacties met behulp van precisie-instrumenten die op aanwijzing van de hooggeleerde waren gebouwd. De een fungeerde als proefleider, de ander als proefpersoon en regelmatig losten ze elkaar in deze rollen af. In tegenstelling tot de asymmetrische verhouding in het klinische onderzoek gaat het dus om een volledig symmetrische, uitwisselbare relatie. Ook Wundt zelf diende van tijd tot tijd als proefpersoon. Waarom gold het proefpersoonschap als zo belangrijk dat *Herr Professor* het niet beneden zijn waardigheid achtte zelf in de experimenteerstoel plaats te nemen?

Het antwoord luidt dat men goede psychologische waarneming beschouwde als een kwestie van vakmanschap. In het dagelijks leven, zo redeneerde men, zijn we gewend de dingen die we zien op groter en kleiner afstand en volgens vertrouwde ruimtelijke- en kleurpatronen waar te nemen. Maar hoeveel hiervan is ons werkelijk als gewaarwording gegeven en hoeveel voegen wij daar zelf aan toe? We 'zien' het gras als groen, maar is het in de schaduw van een bosrand niet eerder grijs? We 'zien' een tafel met vier poten maar in werkelijkheid zijn er maar twee of drie zichtbaar voor ons oog. Een goede proefpersoon rapporteert niet wat hij weet maar wat hij werkelijk waarneemt. Het gaat, in termen van Wundt, om de *perceptie* en niet om de *apperceptie* – datgene wat wij er op grond van onze kennis van de wereld van maken.

In de tijdschriftartikelen waarin verslag werd uitgebracht van het psychologisch onderzoek uit de tijd van Wundt en ook nog daarna vinden we dan ook meestal met naam en liefst ook titel vermeld wie als proefpersoon heeft gediend. Per onderzoek waren dit er maar enkelen, want methodologische deugdelijkheid werd in deze traditie niet (zoals nu meestal) gezocht in het middelen van de gegevens van grote aantallen proefpersonen, maar in het met behulp van zo *competent* mogelijke waarnemers verzamelen van grote aantallen waarnemingen; per proefpersoon waren dit vaak vele honderden. De befaamde leer- en vergeetcurven waartoe Ebbinghaus in zijn geheugenonderzoek kwam, zijn zelfs uitsluitend gebaseerd op proeven die hij op zichzelf nam. Maar dat waren er wel vele duizenden! Ook Heymans, de pionier van de Nederlandse psychologie, werkte meestal op deze manier. In veel van zijn proeven diende zijn vrouw Anthonia als proefpersoon, naar hij in zijn publicaties verzekert een 'zeer ervaren waarneemster'. Bij telling van het aantal proefjes dat ze heeft ondergaan, komen Draaisma en anderen tot een aantal van meer dan 11 000![4] Van Wundt wordt bericht dat zijn leerlingen minstens 10 000 experimentele waarnemingen moesten hebben verricht voordat hij hun resultaten publicabel achtte.

Vanuit onze huidige statistische manier van denken zijn we geneigd vraagtekens te plaatsen bij deze manier van werken. Hoe meende de toenmalige psychologie de *algemene* wetten van het bewustzijn, waar men juist in die tijd zozeer in geloofde, af te kunnen leiden uit de gegevens van maar enkele proefpersonen? Het antwoord moet worden gezocht in de voorbeeldfunctie die de natuurwetenschap had voor de toenmalige onderzoekers. Daar gold het als vanzelfsprekend dat de wetten van de mechanica worden gedemonstreerd aan de hand van de bewegingen van een willekeurige set biljartballen en dat een chemisch mengsel, uit welk flesje de bestanddelen ook komen – als deze maar zuiver zijn – steeds dezelfde reactie oplevert. In dezelfde geest nu werd hetgeen een geschoold proefpersoon waarnam in het eigen bewustzijn opgevat als kenmerkend voor het menselijk bewustzijn in het algemeen.

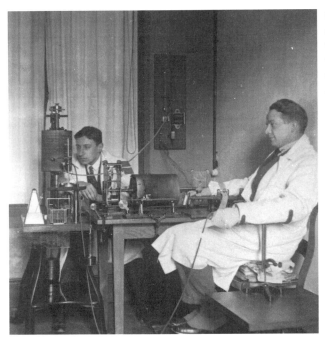

Onderzoek in het Psychologisch Laboratorium van de Universiteit van Utrecht, ca. 1936. De rollen van onderzoeker en onderzochte waren uitwisselbaar. Hier treedt de latere Nijmeegse hoogleraar F. Rutten op als proefpersoon (rechts). Foto: Universiteitsmuseum Utrecht.

Het deskundig waarnemerschap bereikte een climax in het onderzoek van de Würzburger Schule rond Oswald Külpe. Terwijl de *Selbstbeobachtung* in het laboratorium van Wundt uit niet meer bestond dan het registreren en vergelijken van binnenkomende indrukken, richtte de *systematische introspectie* van Külpe en zijn leerlingen zich op de mentale verwerking ervan. Zo concludeerde men op basis van denkpsychologisch onderzoek dat probleemoplossingsprocessen – bijvoorbeeld het ontdekken van een overeenkomst tussen twee begrippen – gestuurd worden door een zoekopdracht (*Determinierende Tendenz*). De tijd tussen de aanbieding van de opdracht aan de proefpersoon – vaak Külpe zelf – en het vinden van een bevredigende oplossing was vaak ettelijke minuten en het protocol van de introspectieve reconstructie ervan nam vaak minstens een halve bladzijde in beslag. Het is begrijpelijk dat deze sterk kwalitatieve manier van werken zich moeilijk leende voor statistische verwerking. De bewijsvoering had hier dan ook een heel ander karakter dan bij het hiervoor besproken onderzoek. Meer dan in maat en getal zocht men het hier in het leveren van een *existentiebewijs*: de vaststelling van het *bestaan* van onaanschouwelijke voorstellingen en de constatering dat het voorstellingsverloop niet alleen door associaties wordt gestuurd, maar ook en vooral door de zoekopdracht. Hoewel de aldus gehanteerde systematische introspectie, zoals straks zal blijken, al spoedig sterk omstreden raakte, is ze een rol blijven spelen. Onder de naam *hardop-denk-protocollering* vormt ze een belangrijk hulpmiddel in de cognitieve psychologie. Een fraai voorbeeld van pionierswerk op dit gebied is het onderzoek naar het denken van de schaker van de Nederlandse psycholoog en methodoloog A.D. de Groot.[5]

Hoewel de hoofdlijn van het methodologisch denken zich in een andere richting bewoog, moet worden opgemerkt dat het deskundig waarnemerschap zich in de moderne *psychonomie* grotendeels heeft gehandhaafd.[6] Ook hier gaat het om algemene wetten (*nomoi*) waaraan menselijk gedrag is onderworpen. Ook hier gaat men uit van de reacties van enkele *competente* proefpersonen. En ook hier komen we studies tegen waarbij de onderzoeker zijn eigen proefpersoon is, zoals het onderzoek van de Nederlandse psycholoog Wagenaar naar 'Mijn geheugen'.[7] Op grond van de cruciale rol die competentie als waarnemer speelt bij het vestigen van kennisclaims, kunnen we de methodologische grondvorm van het in de traditie van Wundt verrichte onderzoek aanduiden als het *competentiemodel*.

Bekijken we de halverwege de vorige eeuw opkomende rol van de proefpersoon als deskundig waarnemer vanuit een standpunt van *psychologisering*, dan valt er een scherpe tegenstelling te constateren tot de in de achttiende eeuw in gang gezette wijsgerige en literaire *proto-psychologisering*. Terwijl deze historisch was ingebed in de bredere cultuur en aansloot bij de *common sense*, zette de nieuwe psychologie zich nadrukkelijk hiertegen af. Alleen onder gecontroleerde condities verkregen kennis werd geaccepteerd als ware kennis. Het psychologisch denken plaatste zich hiermee buiten de omringende cultuur en werd een boven tijd en plaats verheven academische vaardigheid, die alleen door gedegen scholing kan worden verworven. Maar aan de andere kant schuwden de pioniers van het vak de moeite niet om in populaire publicaties uit te leggen hoe het bewustzijn in elkaar zit. Op deze manier brachten ze bij ontwikkelde leken een nieuwe vorm van psychologisering op gang, een waarbij het menselijk waarnemen en reageren wordt opgevat als een aan wetten onderworpen mechanisme, dat evenals de stoffelijke natuur vraagt om wetenschappelijke bestudering. Deze vorm van reducerend denken loopt als een rode draad door de hele geschiedenis van de psychologie heen, tot aan de moderne psychonomie toe.

De zegetocht van de anonieme proefpersoon – het steekproefmodel

We komen nu bij het in de hedendaagse psychologie overheersende model van de anonieme, willekeurig uitwisselbare proefpersoon. Het gaat terug op het testonderzoek van Galton. Danziger noemt dit model daarom het Galton-model, maar omdat de hierboven al genoemde psychofysicus Fechner zich al eerder van dit type onderzoek had bediend,[8] geef ik de voorkeur aan de meer neutrale aanduiding *steekproefmodel*.

Het is duidelijk dat de proefpersoon hier in een heel andere rol figureert dan in de klassieke laboratoriumpsychologie en in de psychiatrische kliniek. Waar in het laboratorium een speciale geschooldheid wordt gevraagd, geldt deze hier juist als een bezwaar, omdat het gaat om de reactie van de doorsnee burger. Om deze te bepalen kan niet worden volstaan met een 'expert-oordeel', maar dienen het gemiddelde en de spreiding van de reacties van een groot aantal willekeurig gekozen proefpersonen of respondenten te worden bepaald. Het principe van de steekproef doet hiermee zijn intrede. Voorzover er vertekenende factoren in het spel zouden kunnen zijn, worden deze geacht vanzelf weg-gemiddeld te worden.

Antropometrisch laboratorium van Francis Galton op de International Health Exhibition in Londen (1884). Foto: ADNP.

Het werk van Galton vormde de kiemcel van de praktijkpsychologie, die na de eeuwwisseling de academische psychologie weldra begon te overvleugelen. De nieuwe kennisclaim was dat menselijke eigenschappen een normaalverdeling vertonen en dat de psychologie met behulp van tests en andere instrumenten in staat is de plaats van een individu binnen deze verdeling te bepalen. In het eind vorige eeuw intredende klimaat van industriële expansie en toenemende sociale mobiliteit vond deze psychologisering van het geschiktheidsvraagstuk gretig gehoor.

Vanuit de differentiële psychologie heeft het denken in termen van groepstoebehoren – en in het verlengde daarvan het onderzoek met anonieme, uitwisselbare proefpersonen – zich geleidelijk uitgebreid tot de laboratoriumpsychologie en daar het werken met geschoolde proefpersonen grotendeels van zijn plaats verdrongen.

Om te beginnen ontstond er in de eerste decennia van de twintigste eeuw, met name in de Verenigde Staten, een toenemend wantrouwen tegenover de resultaten van het introspectief onderzoek met behulp van geschoolde proefpersonen. Dit wantrouwen werd gevoed door de controversen rondom het onderzoek naar hogere bewustzijnsfuncties in de lijn van Külpe. De competentie van de eigen proefpersonen werd een wapen in de gevoerde strijd. Met name de Amerikaanse psycholoog Titchener, leerling van Wundt, had op dit punt een nogal selectieve opvatting en riep door het buiten beschouwing laten van de resultaten van proefpersonen, die in zijn ogen niet voldoende consistent reageerden, veel kritiek op. In het licht van dit soort discussies is het niet verwonderlijk dat de volgende generatie Amerikaanse psychologen, de *behavioristen*, radicaal schoon schip wilde maken met de introspectie.

De optiek van de onderzoeker veranderde als gevolg van de behavioristische revolutie, van die van de waarneming van het *eigen bewustzijn* naar die van de waarneming van buitenaf van het *gedrag van anderen*. In plaats van de proefpersoon, was het nu de proefleider die de rol van waarnemer kreeg toebedeeld. Toch leidde dit er niet vanzelfsprekend toe dat men ook in de experimentele psychologie ging werken met grote aantallen. Statistisch onderzoek had aanvankelijk zelfs een lage academische status, omdat het werd geassocieerd met de sociaal-economische enquêtering onder de arbeidersbevolking, die al sinds halverwege de negentiende eeuw voor politieke doelen werd verricht. Zulk onderzoek had alleen een beschrijvende functie en leverde geen verklaringen.

Rond 1910 kwam hierin verandering, toen eerst in de onderwijspsychologie en weldra ook elders, statistische vergelijking tussen *proef- en controlegroepen* ingang vond.[9] De in de proefgroep werkzame experimentele variabele kon worden opgevat als een causaal principe en hiermee voelde men zich weer op de veilige bodem van de echte wetenschap. De vrijwel synchroon verlopende ontwikkeling van statistische technieken voor de bepaling van de significantie van de gevonden verschillen vormde een begunstigende factor bij de introductie van het nieuwe model in het laboratorium. En zo werd het benaderen van mensen vanuit hun toebehoren tot een statistische groep gaandeweg van een praktijkmethodologie tot een algemeen gerespecteerd methodologisch principe. Inmiddels is het steekproefmodel, eerst in de Verenigde Staten en daarna ook in Europa, tot basisbestanddeel van de methodologie-opleiding van iedere psychologiestudent geworden.

De vergelijkende steekproefmethodologie dankte haar succes aan de krachtige kennis- en beheersingsclaim die erin lag besloten. Ze handhaafde de in het klassieke laboratorium ontwikkelde manipulatie van variabelen, maar voegde daar veel gevoeliger methoden aan toe voor het toetsen van de effecten. Terwijl Galton en zijn volgelingen aangewezen waren op de vaststelling van al aanwezige verschillen, opende de vergelijking van een experimentele met een controlegroep de mogelijkheid om het effect van van buitenaf aangebrachte condities na te gaan. Naast voorspelling van te verwachten uitkomsten (*prediction*) maakte dit ook beheersing van menselijk gedrag (*control*) mogelijk. Aansluitend bij de behavioristische en algemeen-Amerikaanse maakbaarheidsgedachte kon men aantonen dat een bepaalde leermethode, een bepaalde stijl van leidinggeven of enige andere relevant geachte conditie tot significant betere resultaten leidde. De uitkomsten bij de proefgroep kregen daarmee demonstratiewaarde tegenover vakgenoten en beleidsmakers.

Het is duidelijk dat de hierin besloten psychologisering een heel andere is dan bij het competentiemodel van de vroege laboratoriumpsychologen. Daar werd de psychische werkelijkheid gezien als een samenstel van aan deterministische wetten onderworpen elementaire processen. Hier wordt ze opgevat als het bij ieder mens weer anders uitvallend product van de wisselwerking met de omgeving, zodat we, om algemene uitspraken te kunnen doen, het gemiddelde en de spreiding van een representatieve steekproef moeten bepalen. Maar door de omgeving als in hoge mate maakbaar op te vatten, wordt tegelijk de boodschap uitgezonden dat de door psychologen geproduceerde kennis in staat is de mens en zijn omgeving optimaal gestalte te geven.

231

Degradatie van de proefpersoon

Voor de proefpersonen betekende deze ontwikkeling een steeds verdergaande daling van status. Terwijl ze in het competentiemodel de rol van gezaghebbend waarnemer vervulden en in het praktijkonderzoek als cliënt een plaats innamen als belanghebbenden, devalueerden ze in het steekproefmodel tot uitwisselbare representanten van een statistische groep. Kwantiteit werd daarbij belangrijker dan kwaliteit. Om praktische redenen vond de recrutering steeds meer plaats uit de toenemende aantallen studenten die de collegebanken bevolkten, hetgeen de psychologie al spoedig de reputatie van wetenschap van het gedrag van *undergraduates* bezorgde. Voor zover er behoefte was aan andere proefpersonen, werden deze geworven via advertenties, vaak met uitzicht op een beloning.

Daarnaast kwam er een scala van gevarieerde technieken op, waarmee de meningen en reacties van proefpersonen op een andere wijze konden worden verzameld. Zo werden er in toenemende mate *surveys* verricht op respondenten die volgens de regels van de steekproeftechniek waren gekozen uit een te onderzoeken populatie. Ook werd het *quasi-experimentele design* ontwikkeld, bedoeld voor situaties waarin niet kan worden voldaan aan de eisen van strikte controle en randomisering. Hiermee kan men toch nagaan of er significante verschillen zijn.[10] Een voorbeeld van zo'n design is onderzoek naar het effect van een onderwijsmethode, door de resultaten in een proefschool of -klas te vergelijken met die van een controleschool of -klas. De leerlingen zelf zijn zich daarbij veelal niet bewust dat zij als proefkonijnen dienen. Dit laatste is ook het geval bij het *levensechte experiment*, waarbij een experimentele manipulatie wordt toegepast onder de dekmantel van een alledaags gebeuren. Voorbeelden hiervan zijn het *lost letter* experiment (waarbij wordt nagegaan hoeveel en welke op straat 'verloren' brieven op de post worden gedaan) en onderzoek naar *helping behavior* (waarbij een handlanger van de onderzoeker zich op straat of in de ondergrondse flauw laat vallen). Nog minder nadrukkelijk zijn de zogenaamde *unobtrusive measures* (onopvallende metingen), waarbij personen ongemerkt worden geobserveerd, of gegevens worden ontleend aan nagelaten sporen, zoals de hoeveelheid opgerookte sigaretten of de inhoud van vuilniszakken. Er is zelfs onderzoek bekend waarbij de onderzoekers zich, om inzicht te krijgen in de leefwereld van de *inmates* van een college, in de doucheruimtes of onder de bedden verstopten! En zo werd langzamerhand iedereen potentieel proefpersoon, de voetganger die achter een *stooge* (heimelijk geïnstrueerd medeproefpersoon) aan door rood licht heen loopt, de cursist die een evaluatieformulier invult en de huisvrouw die aan de deur wordt geënquêteerd over haar voorkeur voor bepaalde wasmiddelen.

De kennisclaim van het gecontroleerde onderzoek werd hierbij verder verbreed tot de boodschap: laat ons een representatieve steekproef trekken uit mensen in een bepaalde rol en wij zullen u vertellen wat er in een gegeven situatie zal gebeuren. Beleidsmakers zijn steeds meer gebruik gaan maken van deze mogelijkheid, met als resultaat een door en door gepsychologiseerde samenleving, waarin de psychologie en aanverwante sociale wetenschappen als instrument dienen voor de voorspelling en beheersing van menselijk gedrag onder de meest uiteenlopende omstandigheden (zie ook hoofdstuk 13).

*P*erikelen van het proefpersoonschap

Naarmate het onderzoek een hoge vlucht nam, werd men zich ook steeds meer bewust van de eraan verbonden problemen. Deze zijn, globaal gesproken, van tweeërlei aard: methodologisch en ethisch. Beide hangen samen met een tot dusver buiten beschouwing gebleven kenmerk van het onderzoek volgens het steekproefmodel: misleiding omtrent de werkelijke bedoelingen. Waarom deed men dit?

Misleidende informatie

Menselijke proefpersonen houden er, in tegenstelling tot het materiaal van natuurwetenschappelijk onderzoek, zelf ideeën op na over de bedoelingen van het onderzoek en reageren in de lijn hiervan. Al in de vroege laboratoriumpsychologie was men op dit probleem gestuit. Om de invloed van *voorkennis* te vermijden, voerde men hier en daar de regel in dat proefpersonen hun ervaringen niet met elkaar mochten uitwisselen. Verder hield men de proefpersoon soms onkundig van de precieze aard van de prikkel. Maar omdat het meestal om simpele prikkels en reacties ging, op het grensvlak van psychologie en fysiologie, was de invloed van de verwachtingen van de proefpersoon beperkt. Omdat het klassieke behaviorisme vrijwel uitsluitend met proefdieren werkte, maakte men van de proefsituatie ook daar geen groot probleem.

Dit veranderde toen men meer en meer overging tot onderzoek van complexe verschijnselen op menselijke proefpersonen. Dit was met name het geval in de *experimentele sociale psychologie*, die na een bescheiden start in de jaren dertig in de Verenigde Staten na de Tweede Wereldoorlog tot grote bloei kwam. Omdat men al spoedig merkte dat ook leken (of *undergraduates*) die in het kader van het steekproefmodel als proefpersoon waren geworven, zich een beeld vormen van hetgeen de onderzoeker van hen verwacht, beperkte men zich er niet toe de proefpersonen terwille van hun 'naïviteit' onkundig te houden van de bedoeling van het experiment, maar ging men over tot het verstrekken van bewust *misleidende informatie*. Door de indruk te wekken dat het om iets anders ging, hoopte men dat de eigenlijke experimentele variabele ongehinderd door veronderstellingen zijn werk zou kunnen doen. De gelijkwaardige relatie tussen onderzoeker en onderzochte uit het vroege laboratoriumonderzoek was hiermee in zijn tegendeel verkeerd. Zo maakte de sociaal-psycholoog Sherif – in zijn onderzoek uit 1936 naar conformisme – al gebruik van door de proefleider heimelijk geïnstrueerde 'mede-proefpersonen' (*stooges*). Ook Kurt Lewin betoonde zich een meester in het bedenken van proefsituaties met een manipulatief tintje en zijn leerlingen gingen door op de door hem ingeslagen weg.[11] Een voorbeeld vormt het *cognitieve dissonantie*-onderzoek van Festinger en de zijnen. Maar het meest spraakmakende voorbeeld is wel het gehoorzaamheidsonderzoek van Milgram, waarbij de proefpersonen als 'proefleider' dienden in een zogenaamd leerexperiment. Zij moesten als straf op 'gebrekkige prestaties' elektrische schokken van toenemend voltage toedienen aan voor hen onzichtbare, steeds luider kermende 'leerlingen'. In de meeste varianten op de proef bleef zo'n 65% van de deelnemers tot het eind gehoorzaam.[12]

Het onderzoek van Milgram stond niet alleen. In de jaren zestig ontstond er in de sociale psychologie een klimaat waarin onderzoekers elkaar de loef leken te willen afsteken in het bedenken van geraffineerde proefopstellingen. In een kritisch artikel sprak de sociaal psycholoog Ring van een *fun and games*-mentaliteit, waarbij de spectaculaire opzet belangrijker was dan wetenschappelijke relevantie.[13] Een voorbeeld van manipulatieve experimentatie uit deze tijd is het onderzoek van Festinger en Carlsmith. De uitleg na afloop vormde hier de inleiding op het eigenlijke experiment, waarin de proefpersonen als 'ingewijden' werden gevraagd tegen betaling behulpzaam te zijn bij het onderzoek op nieuwe proefpersonen, die in feite stooges waren van de onderzoeker. Alsof dit bedrog in de tweede graad nog niet genoeg was, werd de al betaalde beloning na afloop teruggevorderd![14]

Toch bleek het experiment zich ook bij de meest geraffineerde voorzorgsmaatregelen niet in een sociaal vacuüm af te spelen. Hiermee zijn we aangeland bij een van de meest intrigerende hoofdstukken van de experimentele methodologie: het onderzoek als sociale situatie en de daaruit voortvloeiende *artefacten*.

De crisis in de sociale psychologie

Toen men zich in de jaren zestig bewust was geworden dat het onkundig houden van de proefpersoon onvoldoende waarborg is dat deze zich 'natuurlijk' gedraagt, ontstond er een 'crisis' in de sociale psychologie, die leidde tot een methodologische en ethische bezinning.[15] Methodologisch werd de term *demand characteristics* gangbaar om de invloed van de proefsituatie op het gedrag van de proefpersonen aan te duiden. Over de houding die de betrokkenen daarbij innemen tegenover het experiment, verschilden de meningen. De sociaal-psycholoog Orne meende dat ze er voor alles op uit zijn de rol van 'good subject' te spelen, om op deze manier te helpen het onderzoek te laten slagen. Hij voerde daarbij onder andere een experiment aan waarbij proefpersonen, in de veronderstelling dat er wel een zinvolle bedoeling achter zou zitten, urenlang doorgingen met een stompzinnige opdracht.[16] Anderen legden daarentegen de nadruk op de behoefte gunstig te worden beoordeeld: *evaluation apprehension*, of bespeurden een wantrouwende, negativistische houding bij de proefpersoon en de neiging zich er maar zo snel mogelijk vanaf te maken. Verder bleek dat het verschil maakt of de proefpersonen wel of niet vrijwillig deelnemen. Ook de persoon van de onderzoeker (leeftijd, geslacht, sociale status, manier van optreden, enzovoort) en de verwachtingen die deze heeft over de resultaten bleken een niet onbelangrijke rol te spelen. Dit soort *artefacten* bleek niet alleen op te treden bij laboratoriumexperimenten maar ook bij andere vormen van onderzoek.

De crisissfeer werd verhoogd doordat psychologische experimentatie – ook buiten de sociale psychologie – als gevolg van de juist beschreven manipulaties bij het publiek in een kwade reuk kwam te staan. 'Psychologists always lie' werd het parool op menig Amerikaanse campus. Zo vertelde een psychologiestudent dat hij, toen in 1963 een geschrokken docent de collegezaal binnenkwam met het bericht dat president Kennedy juist was vermoord, dit opvatte als weer eens een nieuwe truc van psychologen om de reactie van het publiek te testen. De *humanistisch* psycholoog Jourard ontdekte in gesprekken met proefpersonen dat zij, in het besef bedonderd te worden, zelf ook allerlei trucjes bedachten om de onderzoeker te slim af te zijn.[17] De organisatiepsycholoog Argyris kwam bij een vergelijking tussen de proefpersoon in het psychologisch experiment en de werknemer in het hiërarchisch georganiseerde bedrijfsleven tot opmerkelijke parallellen: vergaande onmondigheid, een marktinstelling (gericht op betaling), wederzijds wantrouwen, enzovoort, inclusief – als toekomstbeeld – de vorming van een vakbond van proefpersonen.[18]

Ethische regelgeving

De reacties op de hierdoor ontstane crisis waren, zoals ik al aangaf, deels van methodologische en deels van ethische aard. Omdat ik over de laatste kort wil zijn begin ik hiermee. Ze bestonden uit het in gedragsregels vastleggen van de *rechten van de proefpersoon*: respect voor de menselijke waardigheid, vertrouwelijkheid, recht op privacy, gelijke kansen en dergelijke. Ik beperk me tot een tweetal voor de positie van de proefpersoon vitale beginselen. Een eerste vrijwel overal terugkerend principe is dat van *informed consent*. Dit betekent vrijheid van deelname en het geven van inzicht in alle kenmerken van het onderzoek die van invloed zouden kunnen zijn op de bereidheid om deel te nemen. Voorzover het wenselijk wordt geacht bepaalde informatie achter te houden of misleiding toe te passen, moet hiervoor begrip worden gewekt en achteraf alle gewenste informatie worden gegeven (*disclosure, debriefing*). De aangegane samenwerking wordt hierbij opgevat als een soort *contract*.

Een tweede centraal beginsel is het vrijwaren van de deelnemers voor *ernstige en blijvende schade* – iets dat sommigen bij proeven als die van Milgram als een reëel gevaar beschouwden. Omdat de onderzoeker hier zelf wel eens te optimistisch over zou kun nen zijn, wordt aangedrongen op het inwinnen van collegiaal advies. Voor dit doel zijn de laatste jaren in toenemende mate ethische commissies in het leven geroepen, zoals de Amerikaanse Institutional Review Committees.

Methodologische tegenmaatregelen

Geschrokken door de perikelen rond het laboratoriumonderzoek en merkend dat misleiding geen garantie vormt voor maagdelijk proefpersoonschap, begonnen psychologen ook methodologisch naar nieuwe wegen te zoeken. De rasechte experimentatoren namen hun toevlucht tot een nog groter raffinement. Voorbeelden hiervan zijn het werken met *quasi-controls* en *placebo's* en de *double blind* methode, waarbij ook de proefleiders, om *experimenter bias* tegen te gaan, onkundig worden gehouden van de hypothesen van de hoofd-onderzoeker. Anderen probeerden buiten de campus nog onbedorven viswater te vinden. Weer anderen pleitten voor het inruilen van het laboratorium- voor het veldexperiment. En nog weer anderen voor een *dialogische relatie* tussen proefleider en proefpersoon en, voorzover het praktijkonderzoek betreft, voor een vorm van actieonderzoek waarbij de proefpersonen in de opzet van het onderzoek worden betrokken.

Methodologisch interessant zijn ook de sinds de jaren zeventig ondernomen pogingen om via het *rollenspel* de proefpersoon een volwaardige plaats te geven. De proefpersoon wordt daarbij ingelicht over de opzet van het experiment en vervolgens gevraagd zich zoveel mogelijk in te leven in de rol van proefpersoon. De psycholoog Kelman, een van de pleitbezorgers, noemt als voorbeeld de bekende inter-naties simulatiespelen, waarbij de deelnemers de rol spelen van sleutelfiguren van verschillende machtsblokken.[19]

Over de vraag of het rollenspel het experiment kan vervangen is een levendige discussie gevoerd.[20] Er zijn ook replicaties als rollenspel uitgevoerd van bekende sociaal-psychologische experimenten, zoals dat van Milgram. In een overzicht van deze experimenten en de discussie er omheen kwamen de Nederlanders Meeus en Raaijmakers tot de conclusie, dat het rollenspel wel verhelderende inzichten op kan leveren omtrent het gedrag van proefpersonen, maar het experiment niet kan vervangen.[21] Al met al heeft het debat tussen de voorstanders van het klassieke experiment en het rollenspel geen winnaars maar alleen maar verliezers opgeleverd. De eersten werden nogmaals herinnerd aan de artefacten van de experimenteersituatie, de laatsten blijken geen echt alternatief te kunnen bieden. Geen enkele onderzoeksopzet bevat de sleutel tot de 'ware werkelijkheid'.

Menselijke natuur en psychologisering

Terwijl de discussie over het proefpersoonschap in Amerika voornamelijk in pragmatische termen is gevoerd, heeft er in Europa een meer principiële bezinning plaatsgevonden waaraan ook verschillende Nederlandse psychologen hebben bijgedragen.

De historisch wellicht meest interessante bijdrage is geleverd door de vroeg gestorven Nederlandse psycholoog Johannes Linschoten. Zijn magistrale boek *Idolen van de psycholoog*, dat in 1964 verscheen, kan worden beschouwd als een reactie op de existentieel-fenomenologische denkbeelden van de *Utrechtse School* rond Buytendijk, waaruit hij zelf voortkwam.[22] Reductie van de mens tot ding-met-eigenschappen werd daar principieel afgewezen. Hiertegenover stelde Linschoten dat wetenschap alleen zinvol kan functioneren, wanneer ze afstand neemt van de 'volle menselijkheid' en de mens objectiveert, zijn door allerlei *idolen* (drogbeelden) bepaalde zelfuitleg negeert en doorstoot tot zijn 'eerste natuur', een natuur die in natuurwetenschappelijke zin wordt bepaald door zijn biologische toerusting. Het gaat hier weliswaar om een gereduceerde, kunstmatige werkelijkheid, maar dit is het enige fundament waarop de psychologie kan bouwen. De 'tweede natuur', het gezicht dat mensen naar buiten toe vertonen, wordt bepaald door de meningen en verwachtingen van anderen, de mode van de dag en de ideeën van leidslieden die men napraat. Ze loopt de wetenschap voortdurend voor de voeten, ook bij experimenteel onderzoek. Linschoten was daarom een duidelijk voorstander van experimenteel bedrog. Om de proefpersoon de gelegenheid te geven zich 'natuurlijk' te gedragen, is een door en door kunstmatige situatie nodig. Zonder manipulatie is de ontwikkeling van psychologische kennis onmogelijk en daarmee ook de toepassing van die kennis. Linschoten bekende zich hiermee tot de psychonome, natuurwetenschappelijke vorm van psychologisering. Zijn 'eerste natuur' is de door wetmatigheden en erfelijke disposities bepaalde biologische natuur van de mens. Wat sociale omgeving, cultuur en historie hiermee doen is een vraag die hij graag overliet aan andere wetenschappen. Ook praktijkgericht onderzoek beschouwde hij alleen als effectief wanneer men de cliënt benadert als een ding met eigenschappen. Pas in de adviessituatie, buiten het laboratorium of de testkamer, treedt men de betrokkene als medemens tegemoet.

Heel anders was de visie op het proefpersoonschap in de neomarxistische *kritische psychologie*, die de Berlijnse psycholoog Holzkamp rond 1970 ontwikkelde.[23] Holzkamp tekende bezwaar aan tegen de experimentele manipulatie van de Amerikaanse functionalistische psychologie en stelde daar de symmetrische relatie in de Leipzigse laboratoriumtraditie tegenover. Maar anders dan Linschoten pleitte hij niet voor de daar toegepaste natuurwetenschappelijke reductie, maar voor onderzoek als bewustmakings- en bevrijdingsinstrument ten behoeve van arbeiders en andere 'onderdrukte groeperingen', in dezelfde zin als Freud dat met zijn adagium 'Wo Es war soll Ich werden' beoogde. Hetgeen bewust moet worden gemaakt, vatte hij op als de 'afhankelijkheden' waarin men als gevolg van het kapitalistische stelsel verkeert. Kritische psychologie kreeg hiermee de functie van emancipatie-instrument. Onder de naam *Handlungsforschung* – een variant op het actieonderzoek – heeft men in deze lijn geprobeerd de objecten van onderzoek tot subject te maken van hun eigen emancipatie.[24]

Het voert te ver de discussie die de denkbeelden van Linschoten en van Holzkamp hebben opgeroepen, verder te volgen. De centrale vraag is of reducerend onderzoek als omweg kan dienen om mensen meer inzicht in en greep op hun eigen gedrag en situatie te verschaffen.[25] In plaats van hier nader op in te gaan, wil ik tot besluit kort ingaan op de twee radicaal uiteenlopende visies op psychologisering die op de achtergrond van de discussie meespelen.

Conclusie

Kenmerkend voor het onderzoek volgens alle drie in het voorgaande besproken modellen is dat het ernaar streeft wetmatige verbanden of statistische regelmatigheden in of achter het gedrag van mensen aan het licht te brengen. In navolging van Linschoten, Holzkamp en andere commentatoren kunnen we constateren dat de verbreiding van de aldus gewonnen kennis een psychologiserend effect heeft. Maar wat is de aard van deze psychologisering? In de visie van Linschoten – en de aanhangers van de psychonomie – lag de nadruk op de deskundige die dankzij de voortschrijdende kennis van onze basale 'eerste natuur' steeds beter in staat is deze te beheersen. Popularisering dient daarbij om de leek inzicht en vertrouwen te geven in wat de deskundige doet. Het dient ook om de bereidheid in stand te houden om zich – eventueel tegen betaling – als proefpersoon aan het experimenteerregime te onderwerpen.

In de andere visie, waarvan Holzkamp en andere maatschappijkritische auteurs uit de jaren zestig en zeventig exponenten waren, brengt de verbreiding van psychologische inzichten in de samenleving niet alleen een andere manier van denken maar ook een andere manier van *handelen* met zich mee: sinds Freud gaat de westerse mens anders om met seksualiteit; het sociaal-psychologische conformisme-onderzoek heeft mede bijgedragen aan een minder volgzame houding, enzovoort. Met andere woorden, psychologische inzichten tenderen er voortdurend naar om zichzelf op te heffen. Theorie wordt hiermee tot een maatschappelijke kracht. Deze invloed van het denken op het handelen is, meer in het klein, ook hetgeen het experiment tot een sociale situatie maakt. Gezien dit terugkoppelingseffect is er in deze visie geen vaste 'eerste natuur' die de psycholoog met allerlei raffinement op het spoor kan komen, maar is de mens een *historisch wezen* dat onder invloed van kennis over zichzelf voortdurend verandert.[26] Het proefpersoonschap – volgens welk model dan ook – dient hierbij als een vooruitgeschoven post van een breder maatschappelijk leerproces.

Nadat de eerste, natuurwetenschappelijke, visie een tijdlang 'uit' is geweest, heeft ze inmiddels weer sterk veld gewonnen. De hernieuwde aandacht voor genetische factoren, voor de evolutionaire grondslagen van het gedrag en voor de behandeling van psychische problemen met psychofarmaca getuigt daarvan. De tweede visie, die we de sociaal-wetenschappelijke kunnen noemen, manifesteert zich vandaag de dag in stromingen als het sociaal-constructionisme. De in de jaren zestig en zeventig levende verwachting dat de dialectiek van kennis en handelen de ontwikkeling van de mensheid in opgaande lijn zal voeren, heeft daar plaats gemaakt voor een terughoudender instelling. De zichzelf voor een deel telkens weer opheffende psychologisering wordt daarbij gezien als onderdeel van het bredere moderniseringsproces waarin de mensheid al sinds eeuwen is betrokken.

De historische beschouwing van het proefpersoonschap heeft ons zo op het spoor gebracht van verschillende visies op de rol van de psychologie in de samenleving. Blijkens de juist gegeven analyse heeft het standpunt dat men inneemt ook ingrijpende consequenties voor de praktijk.

N<small>oten</small>

1 K. Danziger (1990), *Constructing the subject; historical origins of psychological research* (Cambridge: Cambridge University Press).

2 Freud bedoelde hiermee dat naar het onbewuste (het *Es*) verdrongen ervaringen door therapeutische bewustmaking weer deel worden van het realiteitsbewustzijn (het *Ich*).

3 Zie voor een goed toegankelijk Nederlandstalig overzicht: C. van Dijkum e.a. (1981), *Actie-onderzoek; een discussie- en werkboek* (Meppel: Boom).

4 Zie p. 16 van D. Draaisma, B. Lalbahadoersing en E. Haas (1992), Een laboratorium voor de ziel; Heymans' Laboratorium voor Experimentele Psychologie 1892-1927, in D. Draaisma, red., *Een laboratorium voor de ziel* (Groningen: Historische Uitgeverij), p. 12-26.

5 A.D. de Groot (1946), *Het denken van den schaker* (Amsterdam: Noord-Hollandsche Uitgevers Mij). De Groot werd bij de keuze van deze methode geïnspireerd door Otto Selz, een leerling van Külpe, die eind jaren dertig als jood naar Amsterdam was uitgeweken.

6 Dit is o.a. het geval in de dissertaties van pioniers van de psychonomie in Nederland, zoals Levelt en Michon (zie P.J. van Strien (1993), *Nederlandse psychologen en hun publiek* (Assen: Van Gorcum), hoofdstuk 9). Terzijde moet worden vermeld dat de Wundtse traditie van het werken met kleine aantallen (selecte) proefpersonen ook in de *Gestaltpsychologie* voortzetting vond.

7 W.A. Wagenaar (1985), Mijn geheugen, *De Psycholoog 20*, 2-9. Zie ook W.A. Wagenaar (1986), My memory; A study of autobiographical memory over six years, *Cognitive Psychology, 18*, 225-252.

8 Voor een beeld van het in dit verband relevante onderzoek verwijs ik naar Van Strien a.w., p. 180-181.

9 Zie Danziger, a.w., hoofdstuk 7.

10 Zie voor een bespreking van dit soort designs D.T. Campbell en J.C. Stanley (1963), *Experimental and quasi-experimental designs for research* (Chicago: Rand McNally).

11 Zo werd in het onderzoek van Lewin c.s. met knutselende kinderen onder drie typen leiders de reactie nagegaan op een als conciërge of elektricien verklede handlanger, die de kinderen op allerlei manieren sarde. Zie K. Lewin, R. Lippitt en R.K. White (1939), Patterns of aggressive behavior in experimentally created 'social climates', *Journal of Social Psychology, 10*, 271-299.

12 S. Milgram (1963), Behavioral study of obedience, *Journal of Abnormal and Social Psychology, 67*, 371-378. Voor de resulterende discussie zie de reader van A.G. Miller, ed. (1972), *The social psychology of psychological research* (New York: Free Press), p. 75-81.

13 K. Ring (1967), *Experimental social psychology: some sober questions about some frivolous values.* Herdrukt in Miller, a.w., p. 48-57.

14 Geciteerd naar H.C. Kelman (1967), Human use of human subjects; the problem of deception in social psychological experiments, *Psychological Bulletin, 67*, 1-11 (tevens in Miller, a.w., p. 163-178).

15 Uitgebreide literatuurdocumentatie over alles wat met 'proefpersonen-bedrog' te maken heeft vindt men in hoofdstuk 9 van P.J. van Strien (1986), *Praktijk als wetenschap; methodologie van het sociaal-wetenschappelijk handelen* (Assen: Van Gorcum). Zie ook R. Rosenthal en R.L. Rosnow, eds. (1969), *Artifact in behavioral research* (New York: Academic Press); J. Jung, ed. (1971), *The experimenter's dilemma* (New York: Harper & Row) en Miller, a.w.

16 M.T. Orne (1962), On the social psychology of the psychological experiment: With particular reference to demand characteristics and their implications, *American Psychologist, 17*, 776-783; tevens in Miller, a.w., p. 233-246.

17 Zie S.E. Jourard (1968), A letter from S to E, in Jung, a.w.

18 Ch. Argyris (1968), Some unintended consequences of rigorous research, *Psychological Bulletin, 70*, 183-197.

19 Kelman, a.w.

20 Zie o.a. de verschillende bijdragen aan een symposium over dit thema onder redactie van C. Hendrick (1977), Role-playing as a methodology for social research, *Personality & Social Psychology Bulletin, 3*, 454-505.

21 W.H.J. Meeus en Q.A.W. Raaijmakers (1984), *Gewoon gehoorzaam; een sociaal-psychologisch onderzoek naar gehoorzaamheid* (Dissertatie Rijksuniversiteit Utrecht).

22 J. Linschoten (1964), *De idolen van de psycholoog* (Utrecht: Bijleveld).

23 K. Holzkamp (1972), *Kritische Psychologie* (Franfurt a.M.: Fischer).

24 Zie o.a. F. Haag e.a., Hrsg. (1975), *Handlungsforschung* (München: Juventa) en U. Schneider (1980), *Sozial-wissenschaftliche Methodenkrise und Handlungsforschung* (Frankfurt a.M.: Campus).

25 In aansluiting op de publicaties van Linschoten en Holzkamp en ook op de door Kouwer ontwikkelde psychologische gespreksleer (zie B.J. Kouwer, 1973, *Existentiële psychologie*, Meppel: Boom), hebben Hofstee en Van Strien zich in de jaren zeventig en tachtig uitvoerig met deze vraag beziggehouden. Zie W.K.B. Hofstee (1980), *De empirische discussie* (Meppel: Boom) en Van Strien (1986), a.w., hoofdstuk 9 en 10. In dit laatste boek vindt men ook een bij Linschoten, Holzkamp, Kouwer en Hofstee aansluitende beschouwing over de rol van misleiding in de 'omweg van de wetenschap' bij psychologische advisering en maatschappelijke emancipatie.

26 Elders ben ik nader ingegaan op de historisch-psychologische implicaties van deze terugslag van onze kennis op het voorwerp van deze kennis. Zie P.J. van Strien (1996), Proefpersonen-bedrog als historisch-psychologisch probleem; het dilemma tussen eerlijkheid en inzicht, in G. Hutschemaekers en M. de Winter, red., *De veranderlijke moraal; over moraliteit en psychologie* (Nijmegen: SUN), p. 130-148.

De beleidsmaker

TRUDY DEHUE

'De Verenigde Staten en andere moderne naties zouden klaar moeten zijn voor een experimentele benadering van maatschappelijke hervormingen.' Met deze oproep opende de psycholoog Donald T. Campbell in 1969 een artikel dat wereldwijde bekendheid zou krijgen. De titel van het stuk klinkt al even krachtdadig: *Reforms as experiments* staat er boven de tekst.[1]

In wetenschappelijke laboratoria, redeneerde Campbell, wordt het effect van een ingreep onderzocht door volgens strikte regels variabelen te manipuleren. Deze logica van het laboratorium zou moeten worden uitgebreid naar de maatschappij. Precies zoals ingrepen in het lab, zouden die in het maatschappelijk leven als experimentele manipulaties van variabelen moeten worden behandeld. Alleen dan zijn conclusies over hun effectiviteit gerechtvaardigd.

Campbell vervolgde met het voorbeeld van Ribicoff. Als gouverneur van de Amerikaanse staat Connecticut trof deze in 1955 buitengewoon strenge maatregelen tegen het overtreden van snelheidsbeperkingen. In 1954 waren er in Connecticut 324 verkeersdoden. Een jaar na Ribicoffs maatregelen was dat aantal met 12,3% verminderd. De gouverneur telde het resultaat al bij zijn successen. Voor Campbell was het echter nog maar de vraag of dat gerechtvaardigd was. Vanuit wetenschappelijke criteria voor bewijsvoering, stelde hij, staat nog lang niet vast dat het aantal verkeersdoden door de nieuwe maatregelen was teruggedrongen. Misschien fluctueert het getal altijd wel in deze mate. Of mogelijk had het aantal doden van 1954 in de krant gestaan, wat op zichzelf de bewoners van Connecticut al tot rustiger rijden heeft aangezet. Misschien ook was het weer in 1955 gewoon beter.

Campbell besprak Ribicoffs 'onderzoek' alsof het een experiment was en analyseerde diens 'experimentele opzet' als het bekende *one-group pretest-posttest design*. Deze opzet waarbij een en dezelfde groep voor en na een 'behandeling' wordt onderzocht, stelde hij, verdient de kwalificatie 'experiment' eigenlijk niet. Bij echt wetenschappelijke experimenten wordt niet slechts één groep onderzocht, maar ter vergelijking ook een controlegroep die de te onderzoeken behandeling *niet* heeft ondergaan. Alleen zo kan blijken of de behandeling dan wel een andere factor een waargenomen effect heeft veroorzaakt. Uiteraard mag deze controlegroep niet in meer opzichten dan de behandeling verschillen van de experimentele groep. Anders zou na het experiment niet duidelijk zijn aan welke factor een eventuele verandering moet worden toegeschreven. Er is maar een echt goede manier om te bewerkstelligen dat de groepen gelijk zijn. Die is de deelnemers *op grond van toeval* (oftewel *random*) toe te delen aan de experimentele en de controleconditie. Alleen als aan de voorwaarde van de gerandomiseerde experimentele en controlegroep is voldaan, gaat het om een waarlijk (*true*) experiment.[2]

Dit alles zou al in de ontwerpfase van een sociale maatregel voor ogen moeten worden gehouden. Vooral randomisering vraagt van het begin af aan om een bepaalde politieke instelling, betoogde Campbell. De experimenteel ingestelde politicus verdeelt bijvoorbeeld schaarse goederen niet onder degenen die het meest behoeftig zijn, maar louter op grond van toeval. Als zoiets echt niet kan, of als zelfs helemaal niet aan de eis van de controlegroep kan worden voldaan, moeten er vervangende maatregelen worden getroffen. Ondanks die maatregelen praten we dan echter slechts van een *quasi-experiment*.

Het verhaal van Campbell en Ribicoff illustreert het centrale onderwerp van dit laatste hoofdstuk: terwijl het eerder vooral ging om het *ontwerp en de uitvoering* van regulerende maatregelen, komt nu de *evaluatie* daarvan aan bod: het onderzoek naar de *effectiviteit* van psychologische en sociale ingrepen.

In de loop der tijd heeft zich een internationale sociaal-wetenschappelijke gemeenschap gevormd, die het doen van evaluatieonderzoek tot hoofdtaak heeft. Belangrijk daarbij is dat de activiteit van deze onderzoekers zich uitstrekt tot de controle van talloze door *derden* ontworpen behandelingen, ingrepen en maatregelen. De bemoeienis van de psycholoog Campbell met de politicus Ribicoff biedt daar een duidelijk voorbeeld van. Maar er zijn voorbeelden van wetenschappelijke evaluatie van vele andere beleidsmaatregelen: van gewijzigde arbeidsomstandigheden tot onderwijscompensatieprogramma's, van verbeterde huisvesting tot voorlichtingscampagnes, van maatregelen ter bestrijding van criminaliteit tot stelsels voor de gezondheidszorg.

Die evaluatiespecialisten komen heden ten dage uit een hele reeks van disciplines. Behalve psychologen zijn er economen, sociologen, bestuurskundigen, politicologen en antropologen werkzaam in het evaluatiebedrijf. Het gehanteerde scala aan onderzoeksmethoden is dan ook inmiddels buitengewoon breed.[3] Bij al deze ontwikkelingen hield echter het uit de psychologie stammende *experimentele* evaluatieonderzoek – oftewel 'het maatschappelijke experiment' – veel aanzien. In 1986 nog sprak een vooraanstaand beleidssocioloog in verband met maatschappelijke experimenten van 'the apogee of methodological rigour' en betitelde hij ze als 'the Rolls Royces or Cadillacs of evaluative research design'.[4] Daar komt bij dat de psychologie op de voorgrond trad bij het ontwerpen van *tests* ten behoeve van evaluatieonderzoek. De controle van pogingen om het menselijk denken en doen te beïnvloeden, vergt doorgaans een ingewikkelder soort peiling 'voor en na de behandeling' dan het tellen van verkeersslachtoffers. Soms kan daarbij gebruik worden gemaakt van bestaande middelen, maar vaak ook worden er speciaal voor een evaluatieonderzoek psychologische tests geconstrueerd.

Zo vormt de evaluatiepsychologie ook tegenwoordig nog een eigen traditie binnen het multidisciplinaire veld van het sociaal-wetenschappelijke evaluatieonderzoek. Zeker niet minder dan de 'psychologische praktijken' in de eerdere hoofdstukken, draagt deze psychologie bij aan de vorming van menselijke gevoelens, gedachten en gedragingen. Via dit onderzoek worden immers op hun beurt – denk opnieuw aan Ribicoff – ook de reguleerders gereguleerd, de controleurs gecontroleerd. Bovendien is het evaluatieonderzoek bedoeld om met behulp van de onderzoeksuitkomsten de regulering van het bestaan te *versterken*. En al wordt die bedoeling lang niet altijd waargemaakt (vaak zijn de onderzoeksresultaten daarvoor niet eenduidig genoeg, of leggen de beleidsmakers de rapporten om andere redenen gewoon naast zich neer), dan nog grijpt het evaluatieonderzoek in. Dat geldt bij uitstek voor het maatschappelijke experimenteren. Zoals Campbell het verwoordde, vergt dit niet minder dan een 'wetenschappelijke organisatie van de samenleving': alleen al de organisatorische voorwaarden ervoor en de uitvoering ervan brengen vergaande interventies met zich mee in het sociale leven.

De eerstkomende paragraaf gaat over de ontstaansgeschiedenis van het maatschappelijke experimenteren. Het laat zien hoe het in de loop van de negentiende en twintigste eeuw stapsgewijs vorm kreeg. Ik begin het verhaal aan het eind van de vorige eeuw, in Londen.

Voorgeschiedenis

Op 7 februari 1891 besloot Florence Nightingale, inmiddels de 70 gepasseerd, nu eindelijk eens een oud plan ten uitvoer te brengen. Ze zette zich in de Londense *Park Lane* aan haar schrijftafel voor een lange brief met een voorstel aan haar beroemde stad- en generatiegenoot Francis Galton. Ter voorbereiding had ze er een familielid van Galton over aangesproken, die ze Sir Francis alvast had laten polsen. Dat verschafte haar meteen zo'n openingszin als ook tegenwoordig nog alleen Britten ze kunnen opstellen: *'Dear Sir, Sir Douglas Galton has given me your most kind message; saying that if I will explain in writing to you what I think needs doing, you will be so good as to give it the experienced attention without which it would be worthless.'*

Niet minder Brits kwam ze daarna meteen terzake. Ze vroeg Galtons hulp bij het schrijven van een voorstel tot een hoogleraarsbenoeming aan de gerenommeerde universiteit van Oxford. Het vakgebied van de nieuwe professor zou *Social Physics* moeten heten. Onder sociale fysica verstond Nightingale het verzamelen van kwantitatieve gegevens over mensen en over het effect van maatregelen op menselijk gedrag. Wat die maatregelen betreft, dacht ze aan bijvoorbeeld de relatie tussen scholing en misdaad: *'What effect has education on crime? Some people answer unhesitatingly: As education increases crime decreases. Other as unhesitatingly: Education only teaches to escape conviction, or to steal better when released (...). Upon all such subjects how should the use of statistics be taught?'*[5]

De enthousiaste toon van de brief suggereert dat dergelijke ideeën volstrekt nieuw waren in het eind negentiende-eeuwse Engeland. Bekend is echter dat er al in de eerste helft van de negentiende eeuw grote belangstelling was voor het effect van educatie op criminaliteit. Zo had André-Michel Guerry in 1833 met zijn *Essai sur la statistique morale de la France* een enorme internationale consternatie teweeg gebracht. Geïllustreerd met indrukwekkende histogrammen en ingekleurde landkaarten had Guerry betoogd dat gebieden met een hoge graad van onderwijs zich kenmerken door een *grotere* mate van criminaliteit.[6]

Ook de term 'sociale fysica' bedacht Nightingale niet zelf. Ze ontleende deze aan de Belgische sterrenkundige en sociale statisticus Alphonse Quetelet, die zich in zijn maatschappelijke denkbeelden door de astronomie had laten inspireren. Astronomen waren gewoon om ter correctie van meetfouten een en dezelfde meting vele malen te herhalen. Het gemiddelde van de uiteenlopende uitkomsten werd geacht de juiste uitkomst op te leveren, omdat de metingen de curve van de normaalverdeling volgen. Begin jaren dertig van de vorige eeuw had Quetelet in een oud nummer van de *Edinburgh Medical Journal* gegevens aangetroffen omtrent de borstomvang van 5 738 Schotse soldaten. Stel nu, redeneerde hij, dat je ook de uiteenlopende maten van die borstkassen opvat als de herhaalde meting van een enkele borstkas. Dan zou je kunnen zeggen dat het gemiddelde van alle omvangen de juiste borstkas oplevert. Zo kunnen we het *gemiddelde individu* oftewel *l'homme moyen* leren kennen, die de essentie weergeeft die God aan een bevolkingsgroep of ras heeft meegegeven.[7]

Blijkens een bewaard gebleven exemplaar met aantekeningen had Nightingale Quetelets boek grondig gelezen.[8] Met Quetelet meende zij dat de statistiek dient om de door God gegeven wetmatigheden van het menselijk bestaan te ontdekken en ernaar te handelen. Haar bewondering voor Quetelet was diep; in haar brief aan Galton vergeleek ze hem met Newton.De druk bezette Galton beantwoorde de brief binnen drie dagen. Hij vulde Nightingales lijst met projectvoorstellen aan en voegde een opsomming toe van de uitzonderlijke kwaliteiten die de bedoelde hoogleraar zou moeten bezitten. Het idee van een leerstoel in Oxford steunde hij echter niet. Daar zat, meende hij, iedereen toch maar zijn eigen filosofische bedenksels te koesteren.

Dat laatste zal de reden zijn waarom het nooit van een gezamenlijk project is gekomen. Dat was achteraf bezien misschien maar goed ook. Bij nadere kennismaking zou Nightingale onvermijdelijk zijn gekwetst in zowel haar geloof als haar bewondering voor Quetelet. Galtons ervaring met evaluatie bestond bijvoorbeeld uit empirisch onderzoek waarmee hij het nuttig effect van *bidden* bestreed.[9] Ook was de gemiddelde mens voor hem bepaald niet het lichtende voorbeeld dat Quetelet erin zag: 'Some thorough-going democrats may look with complacency on a mob of mediocrities, but to most other persons they are the reverse of attractive'.[10] Galton ging het om degenen die *uitzonderlijk* zijn. Afwijkingen van het gemiddelde vertegenwoordigen geen meetfouten, maar waren juist het gegeven waar hij op uit was. Deze interesse hield verband met zijn grote belangstelling voor de erfelijkheid van menselijke eigenschappen. Hij was een bewonderaar van zijn neef Darwin, wiens evolutietheorie hem niet alleen een goed alternatief leek voor het tekortschietende Christelijke scheppingsverhaal, maar hem bovendien op het idee bracht van wetenschappelijk gestuurde verbetering van het menselijk ras. Galton was degene die hiervoor de later zwaar beladen term *eugenetica* bedacht (zie hoofdstukken 1 en 11).

*D*e eerste Amerikaanse psychologen

De historische route van deze voorgeschiedenis naar Campbells oproep voor een experimentele benadering van maatschappelijke maatregelen werd vooral in de Verenigde Staten afgelegd. De scène verplaatst zich daarom nu weer naar Amerika. Daar werd in de jaren 1880 het vakgebied 'psychologie' geïnstalleerd, dat enkele onderzoekers bij Wundt in Leipzig hadden leren kennen. In navolging van Wundt richtten de eerste Amerikaanse psychologen laboratoria in voor het doen van 'psychofysisch' onderzoek naar de relatie tussen lichaam en geest. Deze psychologen wilden achterhalen hoe het menselijk psychofysisch systeem *in zijn algemeenheid* functioneert. Uiteenlopende scores beschouwden zij als onvermijdelijke maar uit te middelen 'foutenvariantie'. Hierin valt Quetelets opvatting van het gemiddelde te herkennen als maat voor het normale of juiste.

Het duurde echter niet lang voordat ook Galtons ideeën de andere kant van de oceaan bereikten. Vooral na de introductie van de intelligentietest van Binet (zie hoofdstuk 3) voltrok zich een 'galtonisering' van de Amerikaanse psychologie: onderzoek naar individuele verschillen werd de meest gewilde activiteit van psychologen. De belangstelling richtte zich op de *afwijkingen* van het gemiddelde en niet langer op het gemiddelde zelf (zie ook hoofdstuk 12). Deze wending ontstond niet toevallig, maar was onderdeel van maatschappelijke omwentelingen die zich in dezelfde tijd voltrokken. Het ging goed met de Amerikaanse economie, maar desondanks werd er evenals in Europa door grote groepen schrijnende armoede geleden. Dat gold in de Verenigde Staten vooral voor de immigranten, waarvan er in de periode 1880-1914 21 miljoen arriveerden, doorgaans volslagen berooid en zonder enige kennis van de Engelse taal.[11]

In de laatste jaren van de negentiende eeuw begonnen predikanten, maatschappelijk werkers en journalisten het rijke deel van de natie met de rauwe werkelijkheid te confronteren. Onder titels zoals *How the other half lives* werden er afschrikwekkende reportages over de ellendige levensomstandigheden gepubliceerd.[12] Zo werd de *progressive movement* op gang gebracht voor overheidsingrijpen in de sociale problematiek. Wetenschappelijk geschoolde critici pleitten daarbij voor interventies die volgens technologisch-wetenschappelijke principes op feitenkennis zijn gebaseerd en stapsgewijs worden doorgevoerd onder nauwkeurige terugkoppeling van de resultaten.[13]

Het oordeel van de geschiedenis over deze progressieve beweging is gemengd. Weliswaar streefde de beweging naar lotsverbetering van de grote massa's, maar de voorgestelde interventies waren vaak zodanig technocratisch dat waarden als individuele vrijheid, autonomie en gelijkwaardigheid in het gedrang kwamen. Veel progressieven, waaronder ook psychologen, waren bijvoorbeeld aanhanger van Galtons wetenschappelijk gestuurde rasverbetering. Zij schrokken er niet voor terug om ook wat dit aangaat vergaande maatregelen te bepleiten.

In dit klimaat, waarin bruikbaarheid en efficiëntie voorop stonden, werden praktische vragen omtrent intelligentieverschillen belangrijker gevonden dan academische debatten over de relatie tussen lichaam en geest. Met groot enthousiasme stelden de psychologen hun vak ten dienste van de nieuwe maatschappij. Zo werd vanaf 1912 de intelligentie van immigranten direct al bij hun aankomst in de haven van Ellis Island getest. Maar vooral in het onderwijs werden de psychologische tests ingezet bij het streven om orde in de multiculturele chaos te scheppen en het rendement zo hoog mogelijk op te schroeven. De psychologie sloot een alliantie met het onderwijsmanagement om ook in de scholen te komen tot wetenschappelijk geleide productie.[14]

Testen van immigranten op Ellis Island, 1917. Foto: Archives of the History of American Psychology.

V*roege evaluatie-experimenten*

Terwijl de 'ouderwetse' experimentele psychologie uit was op de representatieve enkeling en geen aandacht had voor de variatie binnen groepen, richtte de 'moderne' testpsychologie zich juist wel op die variatie en negeerde zij algemeen-menselijke reacties. De beide psychologieën – de ene met het gemiddelde als maatstaf en de andere met het gemiddelde als het middelmatige – ontwikkelden zich dusdanig onafhankelijk van elkaar dat men tot in de jaren vijftig sprak van 'de twee disciplines van de wetenschappelijke psychologie' en zelfs karakterverschillen veronderstelde tussen hun beoefenaren.[15] Als dat laatste klopt, verenigden echter enkele psychologen haast vanaf het begin twee karakters in een persoon. Al ten tijde van de progressive movement voegden althans sommigen de beide benaderingen samen in experimenteel evaluatieonderzoek. Een vroeg voorbeeld boden Edward Thorndike en Robert Woodworth vanuit Columbia University te New York.[16]

Voorheen gespecialiseerd in de psychofysica volgens het model van Wundt, mengden deze psychologen zich in 1901 in een onderwijskundig debat. De discussie ging over schoolvakken zoals klassieke talen en wiskunde. Voorstanders betoogden dat deze misschien niet van direct praktisch nut zijn, maar wel het verstand in zijn algemeenheid scherpen. Tegenstanders stelden echter dat het menselijk brein niet kan worden getraind 'zoals spieren door gymnastiek'. Thorndike en Woodworth voegden zich bij de tegenstanders, met de uitslag van experimenten waarin zij eerst bepaalde mentale functies van een aantal proefpersonen hadden getest, hen vervolgens een training hadden gegeven in een andere mentale capaciteit en daarna de eerdere test opnieuw hadden afgenomen. Vergelijking van de resultaten op de voortest en de natest leerde dat de training nauwelijks verschil had uitgemaakt, betoogden Thorndike en Woodworth.

Aldus verenigden Thorndike en Woodworth de testpsychologie en de experimentele psychologie in een en hetzelfde project en deden zij een van de eerste psychologische evaluatie-experimenten. Daarbij gebruikten zij dezelfde onderzoeksopzet als een halve eeuw later Connecticuts gouverneur Ribicoff. Deze telde immers eerst verkeersslachtoffers, trof vervolgens maatregelen en telde daarna opnieuw de slachtoffers. Zoals beschreven in de inleiding op dit hoofdstuk mocht dergelijk onderzoek volgens Campbell eigenlijk geen experiment heten. Hoewel men in de tijd van Thorndike en Woodworth zover niet ging, was Campbell zeker de eerste niet die deze werkwijze bekritiseerde.

Een van de bezwaren ertegen moest juist in de context van de leerpsychologie wel opkomen. Dat bezwaar luidt dat er ook van de voortest een leereffect kan uitgaan. Wie twee keer een zelfde psychologische test aflegt, scoort waarschijnlijk ook zonder tussenliggende training de tweede keer beter. Als de proefpersonen wel vooruitgang boeken, hoeft dat dus niet noodzakelijk door de tussentijdse training te komen. Over het effect van de training leren dergelijke experimenten weinig.

Voorzover bekend was het John Coover, student aan de Californische Stanford University, die dit probleem voor het eerst signaleerde. Ook Coover was opgeleid in de psychofysica, maar als kind van zijn tijd wilde hij voor zijn afstuderen iets doen met meer praktische relevantie. Hij koos dezelfde vraagstelling als Thorndike en Woodworth. In het artikel dat Coover en zijn scriptiebegeleider Angell daar in 1907 over publiceerden, bekritiseerden zij Thorndike en Woodworth op vele punten. Coover en Angell deden zelf onderzoek naar de verschillen tussen de prestaties van *reagents* die wel een training hadden ontvangen en *control reagents* waarvoor dat niet gold.[17] Het effect van de training werd nagegaan door de resultaten van de groep met training te vergelijken met die van de groep zonder training. Daarmee introduceerde Coover de voor het latere maatschappelijke experiment zo belangrijke *controlegroep* in de psychologie.[18]

In de jaren tien en twintig volgden er vele onderwijskundige experimenten met controlegroepen. Bovendien verwierven de psychologen nu opdrachten van de beleidsmakers. Zij verlieten hun laboratoria om experimenten te gaan doen met echte leerlingen en onderwijzers in echte scholen. Vooral de psychologen van Stanford University en Columbia University specialiseerden zich op dit vlak. Geen aspect van het onderwijs of het werd door hen aan evaluatie-experimenten onderworpen. Niet alleen onderwijsmethoden, maar ook allerlei onderwijsomstandigheden kwamen aan bod. Zo gingen bijvoorbeeld Thorndike en diens promovendus William A. McCall na of lucht uit airconditioners dan wel frisse lucht, kinderen beter deed scoren op diverse tests. Zij rapporteerden aan hun opdrachtgever, de Ventilation Committee of New York, dat hergebruikte lucht de voorkeur verdient boven frisse.[19]

In de scholen waren de te vergelijken groepen groter en diverser dan voorheen de kleine geselecteerde groepjes in de laboratoria. Er drong zich een nieuw probleem op. Controlegroepen corrigeerden weliswaar voor ongewenste leereffecten door de voortest, maar zij brachten het *nadeel* met zich mee van ongewenste verschillen tussen beide groepen. Een schoolklas die als controlegroep werd ingeschakeld, kon immers behalve andere lucht ook meer scholing hebben gehad, gemiddeld intelligenter zijn danwel een betere onderwijzer hebben of een ander klaslokaal. Voor het betrokken evaluatieonderzoek behoren al dergelijke factoren tot de 'storende' oftewel 'ongecontroleerde variabelen'.

Waar mogelijk werd het probleem van de ongelijke groepen aangepakt met de techniek die ook tegenwoordig nog bekend staat als *matchen* ofwel 'gepaarde vergelijking'. Eerst wordt bedacht welke verschillen tussen de groepen de onderzoeksuitkomsten zouden kunnen vertekenen. Vervolgens worden de proefpersonen (patiënten, dieren, planten, stukjes land) op deze mogelijke ongecontroleerde variabelen onderzocht en worden op grond van de resultaten gelijke paren opgesteld. Van elk gelijk paar wordt er dan een aan de experimentele en een aan de controlegroep toegewezen. De hoop is dat hierdoor, op de experimentele factor na, alle andere relevante factoren in dezelfde mate voorkomen in beide groepen.

In 1923 publiceerde McCall, inmiddels medewerker van Thorndike, een handboek getiteld *How to experiment in education*. Dit boek biedt een zeer levendige illustratie van het rendementsdenken in de *progressive era* en tegelijk de vroegst bekende introductie van het randomiseren van groepen als alternatief voor gepaarde vergelijking. Uitgaande van de berekening dat goede evaluatie een jaar aan onderwijs per persoon zou besparen, had McCall bijvoorbeeld becijferd dat dit voor de komende honderd generaties Amerikanen 134.680.000.000.000 dollar moest kunnen opleveren. Vervolgens had hij een middel bedacht om zijn vak nòg rendabeler te maken. Hij beredeneerde dat de balans nog positiever zou doorslaan als het omslachtige en daardoor peperdure *matchen* achterwege kon blijven. Als het technisch mogelijk is om de groepen volstrekt *op grond van toeval* samen te stellen, bedacht hij, is hun vergelijkbaarheid minstens zo goed gegarandeerd. Zo bracht McCall in 1923 het idee van de toevalsgroepen naar voren, dat vanaf ongeveer de jaren vijftig in een reeks van experimentele wetenschappen, inclusief het experimentele evaluatieonderzoek, als de beste weg zou worden beschouwd.[20]

Het zal duidelijk zijn dat de vroege onderwijspsychologische experimenten van cruciaal belang waren in het ontwikkelingsproces van het maatschappelijke experiment. Hier werden voor het eerst de experimentele psychologie en de testpsychologie samengevoegd. Ook werd er voor het eerst geëxperimenteerd met ingrepen op mentaal vlak. Bovendien werd hier het psychologische experiment voor het eerst van het laboratorium naar 'het veld' verplaatst. Ten slotte was het hier dat de gedachte opkwam van de controlegroep en dat er vervolgens technieken werden ontwikkeld om zo overeenkomstig mogelijke experimentele en controlegroepen te creëren.

D*e psychologie en het overheidsbeleid*

Begin jaren dertig kwamen de Verenigde Staten in een enorme economische crisis terecht. Ongeveer 30 procent van de beroepsbevolking was werkloos en velen vervielen in diepe armoede. Presidentskandidaat Roosevelt beloofde met de slogan van de *New Deal* een rechtvaardiger verdeling van het nationale inkomen. Roosevelt won de verkiezingen van 1933. Terwijl zijn voorganger Hoover het herstel van de economische depressie voornamelijk nog van het bedrijfsleven had verwacht, zag Roosevelt het meeste heil in overheidsingrijpen. Als geen eerdere president omringde hij zich met adviseurs uit de economie, sociologie en politicologie.[21] Tot deze sociale wetenschappers behoorde de buitengewoon energieke en invloedrijke politicoloog Charles Merriam, voor Roosevelt na verloop van tijd zelfs *uncle Charley*. Merriam verwachtte vooruitgang van de eugenetica zowel als van het onderwijs, maar vooral van de *psychologie*. Hij bestookte zijn collega's aan de universiteit van Chicago met stukken over het belang van psychologische methoden.[22]

Affiche dat oproept om te gaan stemmen. Niet-stemmers worden op één lijn gesteld met mensen, die in tijd van oorlog hun land niet verdedigen: nietsnutten, die hun land in de steek laten.
Uit: H.F. Gosnell (1977/1927), Getting out the vote (Westport: Greenwood Press).

248

Onder Merriams leiding was al in de jaren twintig een eerste groot-scheeps maatschappelijk evaluatie-experiment uitgevoerd. Met behulp van gepaarde experimentele en controlegroepen had zijn leerling Gosnell onderzocht of voorlichting over de Amerikaanse democratie zou helpen om bevolkingsgroepen van allerlei herkomst te verleiden tot gebruik van het stemrecht. Er waren in dit onderzoek zesduidend inwoners van Chicago betrokken van uiteenlopende oorspronkelijke nationaliteiten.[23]

Via Merriam raakte ook de psychologie rechtstreeks bij het overheids-beleid betrokken. Een van de psychologen die door hem werd gepromoot, was Louis Thurstone, zoon van het Zweedse immigrantenpaar Thunström, die de geschiedenis is ingegaan als de uitvinder van de *attitudemeting*. Behalve feitelijke omstandigheden en cognitieve vaardighe-den, kon daarmee ook zoiets subjectiefs en gevoelsmatigs als iemands attitude in cijfers wor-den gevat en bovendien tot voorwerp van bijsturing worden gemaakt (zie ook hoofdstuk 7).[24] Toen daarvoor eenmaal middelen waren bedacht, volgden spoedig de experimenten naar on-derwijspsychologisch model om na te gaan of de beïnvloedingspogingen effectief waren. Thurstone zelf gaf bijvoorbeeld kinderen vrijkaartjes voor de bioscoop om te onderzoeken of propagandafilms hun houding konden beïnvloeden ten aanzien van onderwerpen zoals oor-log en *bootlegging* (het illegaal stoken van alcohol).[25]

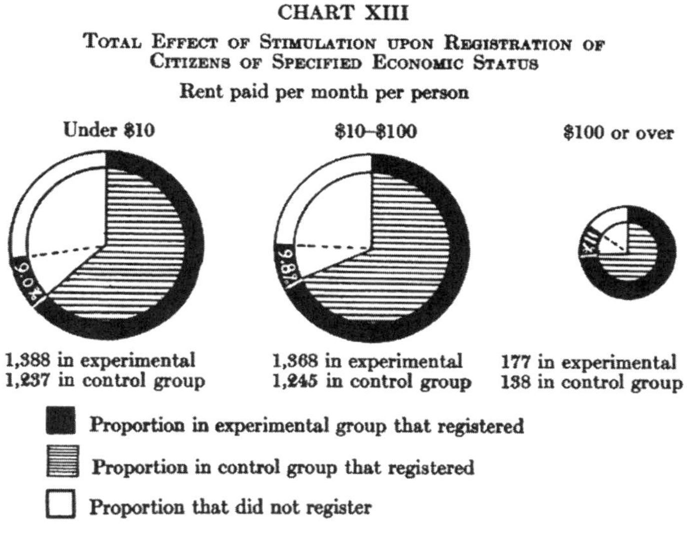

Uitkomsten van het evaluatie-onderzoek naar de stimulering van stemgedrag. De percenta-ges geven het verschil aan tus-sen experimentele groep en controlegroep. Uit: H.F. Gosnell (1977/1927), Getting out the vote (Westport: Greenwood Press).

CHART XIII

TOTAL EFFECT OF STIMULATION UPON REGISTRATION OF CITIZENS OF SPECIFIED ECONOMIC STATUS

Rent paid per month per person

Under $10 $10–$100 $100 or over

1,388 in experimental   1,368 in experimental   177 in experimental
1,237 in control group   1,245 in control group   138 in control group

■ Proportion in experimental group that registered

▤ Proportion in control group that registered

□ Proportion that did not register

Merriam bezorgde Thurstone een aanstelling als hoogleraar aan de sociale faculteit. Tot diens eigen bevreemding kwam Thurstone nu te werken tussen sociolo-gen, politicologen en economen.[26] Niet lang daarna voltrok zich een vergelijkbaar succesver-haal voor de uit Wenen geïmmigreerde leerpsycholoog en marktonderzoeker Paul Lazarsfeld. In Amerika werd Lazarsfeld directeur van het *Office of Radio Research* en aan het eind van de jaren dertig kreeg hij ook een aanstelling in de faculteit sociologie van de Columbia Universi-ty. Van daaruit werd hij *de* methodoloog van het kwantitatieve onderzoek naar *opinies*. Zoals Thurstones meetmethoden van attitudes werden ingezet bij experimenteel onderzoek naar de effectiviteit van bijsturingspogingen, zo werden Lazarsfelds opiniepeilingen al gauw gebruikt bij experimentele evaluaties van middelen tot opinieverandering.

*E*xperimenten in het leger

President Roosevelt was populair en lange tijd hechtte de bevolking geloof aan zijn belofte van een *New Deal*. Erg effectief was zijn economische programma overigens niet. De werkloosheid nam pas merkbaar af toen de Verenigde Staten zich opmaakten voor deelname aan de oorlog en er arbeid werd gecreëerd door de militaire dienst en de massaproductie van oorlogsmaterieel. Ook sociale wetenschappers kregen door de oorlog een extra steun in de rug. Eind 1938 werkten er een kleine achtduizend sociaal-wetenschappelijke deskundigen bij de Amerikaanse federale overheid, en toen de Verenigde Staten in 1942 bij de oorlog werden betrokken, kwamen er nog eens zo'n achtduizend bij.[27] Naast het onderwijs werd het leger de belangrijkste context voor toepassing van wetenschappelijke methoden buiten het universitaire laboratorium.

De zogeheten *Morale Division* van het leger kreeg als taak het moreel van de soldaten te onderzoeken (zie ook hoofdstuk 5). Samuel Stouffer, het hoofd van deze divisie, was opgeleid als socioloog aan de Columbia University en gepromoveerd in Chicago op een vergelijkende studie naar methoden van attitudemeting. De *maat* voor het moreel van de soldaten werd dan ook gedefinieerd in termen van hun attitudes en opinies. De uitkomsten stemden niet tot optimisme. Na verloop van tijd bespraken de onderzoekers met de legerleiding dat het moreel niet alleen zou moeten worden gepeild, maar ook verbeterd. Tevens overtuigden zij de staf ervan dat alleen via gecontroleerde experimenten kon worden nagegaan of de verbeteringspogingen effect sorteerden. Naast de met sociologen bemande *survey section* werd er een *experimental section* opgericht van voornamelijk psychologen. Vanuit Columbia University werd Lazarsfeld de belangrijkste methodologisch adviseur van de sectie. De aanpak van de experimentele afdeling werd gestuurd door de vooroorlogse ervaringen met voorlichtingsfilms. Haar belangrijkste aandeel werd onderzoek naar het stimulerende effect van de documentaireserie *Why we fight*.

Voor de oorlog was het nog de standaardmethode om groepen die een film wel kregen te zien en de controlegroepen waarvoor dat niet gold, met behulp van *matching* samen te stellen. De experimentele sectie van de Morale Division was er echter van overtuigd dat randomisering de voorkeur verdient.[28] Desondanks werd het niet gedaan en werd er zelfs niet gematcht. Als sommige mannen ineens wel en anderen niet zouden worden opgeroepen om een film te bekijken, overwogen de onderzoekers, zou hun achterdocht de resultaten beïnvloeden. Weliswaar bleken de bestaande legereenheden bij vooronderzoek op vele punten van elkaar te verschillen, maar toch vormden zij bij gebrek aan beter de experimentele en de controlegroepen.

En dat was nog maar een van de vele moeilijkheden die de experimentele sectie ondervond. Van de vier delen *Studies in social psychology in World War II* die na de oorlog onder hoofdredactie van Stouffer verschenen, behandelt het derde deel het werk van de experimentele sectie. Dit boek is bepaald geen zelfbewuste presentatie van gevonden effecten geworden, maar eerder een verhandeling over methodologische problemen en geprobeerde oplossingen. Naast de kwestie van de noodzaak en onmogelijkheid van randomiseren, komen er talloze andere methodologische dilemma's in aan bod, met bijhorende – vaak ingenieuze – methodische en statistische kunstgrepen om ze het hoofd te bieden.[29]

De opmars der ongecontroleerde variabelen

De sociale wetenschappers die tijdens de oorlog in dienst van het leger waren, vertrokken na de oorlog naar verschillende universiteiten waar zij voortbouwden op de opgedane ervaringen. Stouffer werd directeur van het nieuwe laboratorium voor *Social Relations* aan Harvard University. Hij maakte de balans niet alleen op in de *Studies*, maar ook in artikelen. Zoals gebruikelijk in zijn veld, schetste hij kleurrijke contrasten tussen de ware onderzoeksopzet en de ondoordachte experimenten van leken. Een slecht experimenteel ontwerp was voor Stouffer niet minder dan een slechte verdedigingslinie: 'there is all too often a wide-open gate through which uncontrolled variables can march', schreef hij in 1949.[30]

Ook anderen publiceerden overzichten van meer en minder doordachte experimentele opzetten met hun relatieve voor- en nadelen. Onder hen bevond zich de jonge psycholoog Campbell, voor de oorlog nog student en tijdens de oorlog als attitude- en propagandaonderzoeker in dienst van het leger. In de jaren vijftig al vestigde Campbell zijn reputatie als methodoloog van het evaluatieonderzoek op basis van een scherpzinnige analyse van factoren die de validiteit van maatschappelijke experimenten beïnvloeden.[31] Zijn werkelijke doorbraak vond echter plaats in 1963. Toen publiceerde hij, met statistische ondersteuning van Stanley, het hoofdstuk *Experimental and quasi-experimental designs for research on teaching*,[32] dat in 1966 als zelfstandig boek werd herdrukt onder de (zowel kortere als veelomvattendere) titel *Experimental and quasi-experimental designs for research*.[33]

Dit boek kwam al gauw kortweg bekend te staan als *Campbell & Stanley*. Zoals evaluatieonderzoekers tot in de jaren tachtig schreven, werd het grondleggend voor hun vakgebied.[34] Campbell en Stanley valt te lezen als het verslag van een strijd op steeds meer fronten, met een steeds uitgebreider arsenaal aan wapens tegen de invasie van vijandelijke variabelen. Het boek analyseert een diversiteit aan in de voorafgaande decennia gebruikte onderzoeksopzetten. Daarbij worden de opgedane ervaringen met ongecontroleerde variabelen ingedeeld in twaalf soorten *threats to validity*.

De eerste soort bijvoorbeeld, is die van de factor *history*: als er na een voorlichtingscampagne over buitenlanders ineens een grote groep nieuwe immigranten is gearriveerd, kan dat veel meer van invloed zijn geweest op de gemeten attitudeverandering dan de onderzochte voorlichtingscampagne. Een andere soort is die aangeduid als *maturation*: als een groep tieners tussen een voormeting en een nameting volwassener is geworden, of als mensen tijdens een film honger hebben gekregen, is er iets in henzelf veranderd dat de resultaten kan vertekenen. Een derde en vierde validiteitsbedreigende factor zijn die van de *interaction of testing and treatment* en de *interaction of selection and treatment*: als er voor een film een vragenlijst is afgenomen, kunnen mensen door die vragenlijst anders naar de film hebben gekeken, en als slechts sommige mensen hebben toegestemd om aan het onderzoek deel te nemen, zou er wel eens een niet-representatieve groep kunnen zijn onderzocht.

Campbell en Stanley gingen bij elke beschreven onderzoeksopzet na voor welke van de twaalf typen validiteitsbedreigende factoren deze immuun (+) of juist gevoelig (-) is en kwamen zo tot uitgebreide Consumentenbondachtige tabellen met vele plussen en minnen. Als favoriete opzet kwam een experiment uit de bus met *vier* gerandomiseerde groepen. Met die experimentele opzet worden de verschillen in resultaten berekend voor een experimentele groep en een controlegroep met beide een voor- en natest, en een experimentele groep en controlegroep met beide alleen een natest. Zo'n experiment is echter lang niet altijd uitvoerbaar, beredeneerden Campbell en Stanley. Het is vaak niet mogelijk toevalsgroepen te creëren. Schoolkinderen uit hogere maatschappelijke lagen kunnen lang niet altijd worden verplicht om terwille van een evaluatieonderzoek deel te nemen aan een onderwijspro-gramma in een arbeiderswijk. En wie al dan niet bevoordeeld wordt, kan doorgaans ook niet op grond van toeval worden bepaald. In dergelijke gevallen komt het erop aan te roeien met de riemen die je hebt, dat wil zeggen een zo waterdicht mogelijk *quasi-experimenteel design* te kiezen en eventueel extra experimenten uit te voeren naar het effect van de verdachte on-gecontroleerde variabelen. Als beste quasi-experimentele bewapening werd het *Separate-Sample Pretest-Posttest Control Group Design* aangewezen, waarbij tot *twaalf* verschillende groepen moeten worden vergeleken.

Met burgers bleek het dus nog lastiger experimenteren dan met schoolklassen of legereenheden. Steeds ontsnapten zij aan het stramien van de onderzoekers, die alsmaar verdergaande en per definitie tekortschietende tegenmaatregelen moesten treffen. De wetenschap dat het onderzoek volgens zijn eigen maatstaven lang niet altijd ideaal kan verlopen, was voor Campbell echter geen reden om het maatschappelijk nut ervan te betwij-felen. Met grote energie en enthousiasme zette hij zich in voor de verdere verbreiding van het maatschappelijke experimenteren. Hij schreef oproepen zoals *Reforms as experiments*, be-sproken in de inleiding op dit hoofdstuk, en gebruikte nog flamboyantere titels zoals *The so-cial scientist as methodological servant of the experimenting society*.[35]

*E*nkele ontwikkelingen vanaf de jaren zestig

Het ging in dit hoofdstuk vooral om de ontstaansgeschiedenis van het maatschappelijke experiment, en het vroege werk van Campbell fungeert daarin als het eind-punt.Het zou echter ook het begin kunnen vormen van een lang verhaal over de verdere ont-wikkelingen, waarvan hier slechts een korte impressie kan worden gegeven.

Terwijl de eerste naoorlogse presidenten terughoudender waren in hun visie op de taken van de overheid, introduceerde Kennedy vanaf 1960 opnieuw de staps-gewijze technisch-wetenschappelijke aanpak van de sociale politiek. De Amerikaanse verzor-gingsstaat, aarzelend ontstaan in de periode Roosevelt, kreeg nu verder zijn beslag. Het werd in steeds sterkere mate als een taak van de overheid gezien om de zieken en sociaal-zwakke-ren te steunen. Toen Kennedy's opvolger Johnson in 1964 de *war on poverty* uitriep, initieer-de deze tevens evaluatieonderzoek op dermate grote schaal dat al het voorafgaande erbij in het niet viel.[36] Er werden gigantische bedragen gespendeerd aan maatschappelijke experi-menten. Een favoriet onderwerp was het zogeheten basisinkomen, een in de Nederlandse po-litiek ook tegenwoordig nog veelbesproken alternatief voor het stelsel van de sociale zeker-heid.[37] Het idee komt erop neer dat alle mensen vanaf een bepaalde leeftijd recht hebben op een minimaal inkomen dat zij met eigen verdiensten mogen aanvullen. Een belangrijk argu-ment van de voorstanders is dat arme mensen op deze wijze kunnen leren financiële beslis-singen te nemen, waardoor individueel initiatief bevorderd wordt en uiteindelijk de kosten voor de overheid lager zijn dan met het verstrekken van uitkeringen. Tegenstanders menen echter dat het basisinkomen eerder tot luiheid dan werklust zal leiden.

In de jaren 1968-1972 werd er een eerste grootschalig Amerikaans experiment uitgevoerd met een steekproef van bijna 1300 armlastige huishoudens. Voor dit beroemde *New Jersey negative income-maintenance experiment* werden acht gerandomiseer-de experimentele groepen samengesteld die varieerden in de hoogte van het verstrekte inko-men en in de mate van korting bij zelf verworven inkomsten. Er was ook een random contro-legroep die geen geld ontving maar wel werd onderzocht.[38] In de jaren zeventig volgde er een serie van dergelijke experimenten. Bij het *Seattle-Denver negative income-maintenance expe-*

riment werden bijna vijfduizend gezinnen ingeschakeld. De gezamenlijke kosten van tien van deze experimenten bedroegen 1,1 miljard dollar, waarvan 450 miljoen voor onderzoek en organisatie. Het maatschappelijke experiment stond daarbij bepaald niet op zichzelf, maar maakte deel uit van een hele reeks aan evaluatiemethoden. Amerikaanse evaluatieonderzoekers zelf spreken van het ontstaan van een *evaluation industry* in deze periode. Toen in 1974 de Amerikaanse *General Accounting Office* de neventaak kreeg om evaluaties uit te voeren, was dat zelfs onder de uitdrukkelijke aantekening dat daar eveneens evaluaties *van evaluaties* onder moesten worden begrepen. De Program Evaluation Act die het wijdverbreide evalueren door de overheid in gang heeft gezet, werd door een fractiemedewerker van het congres eens omgedoopt tot de *Evaluators' Full Employment Act.*

    Inmiddels bestond ook in Nederland behoefte aan wetenschappelijk geleide politiek. De Partij van de Arbeid had in de naoorlogse jaren regeringsmacht gekregen en tezamen met christelijke regeerders hadden de socialisten een verzorgingsstaat gerealiseerd die veel verder ging dan de Amerikaanse. In de jaren zeventig kwam vervolgens ook hier het professionele evaluatieonderzoek op. De Nederlandse Algemene Rekenkamer kreeg in 1976 de opdracht om behalve als accountant ook op te treden als evaluator van het Rijk. Zij kreeg een eigen afdeling voor efficiency en effectiviteitsonderzoek, die net als de Amerikaanse rekenkamer de taak heeft om naast evaluaties tevens evaluaties van evaluaties uit te voeren.[39] Ook verschillende ministeries namen deskundigen in dienst voor het evalueren van voorgenomen of reeds uitgevoerd beleid. Het ministerie van Onderwijs en Wetenschappen wees evaluatieonderzoek aan als stimuleringsgebied van de sociale wetenschappen. In 1986 stelde het een budget van 5,7 miljoen ter hand aan een 'Commissie Programma-evaluatie' van universitaire deskundigen met als taak de bevordering van het wetenschappelijk evalueren. Er kwamen universitaire leerstoelen en vakgroepen voor beleidsevaluatie, en er werd vanuit Nederland een *European Evaluation Society* opgericht.[40]

    De Nederlanders leerden het vak van hun Amerikaanse voorgangers. Ook nogal wat Nederlanders benadrukten dat het ideale evaluatieonderzoek een experiment is met gerandomiseerde experimentele en controlegroepen en dat quasi-experimenteel onderzoek geboden is waar het echte experiment onmogelijk blijkt.[41] Er zijn daadwerkelijk een aantal van dergelijke experimenten uitgevoerd. Zo was er in de jaren tachtig een quasi-experimenteel onderzoek naar het effect van fietspaden in grote steden en is ook voorlichting over zwartrijden experimenteel geëvalueerd.[42]

    Het maatschappelijke experimenteren ging er in Nederland duidelijk zo heroïsch niet aan toe als in de Verenigde Staten. Weliswaar werd door Nederlandse onderzoekers het maatschappelijke experiment als ideaal beschreven, maar in de praktijk nam het een marginale plaats in. De aandacht voor beleidsevaluatie in zijn algemeenheid bleef echter groeien. Evenals in de Verenigde Staten laten hier tegenwoordig niet alleen overheden op grote schaal hun ingrepen onderzoeken. Dat doen ook de directies en besturen van allerlei instellingen zoals universiteiten, scholen, ziekenhuizen, bedrijven en verenigingen. Deze laten hun beloningsstelsels evalueren, hun behandelingsprogramma's, personeelsopleidingen, taakverdelingsprogramma's, stimuleringsprogramma's en noem maar op. Daarvoor wenden zij zich tot een van de universitaire vakgroepen voor beleidsevaluatie dan wel tot een van de vele particuliere onderzoeksbureaus, of ze nemen zelf evaluatiespecialisten in dienst.

*C*onclusie

De internationale literatuur over evalueren vertoonde eveneens een explosieve groei. Er zou een eindeloze reeks kunnen worden opgesomd van inmiddels verschenen boeken. Er kwamen ook jaarboeken zoals de *Evaluation Studies Review Annual* en tijdschriften zoals: *Evaluation*, *Evaluation Review*, *Evaluation News*, *Evaluation en Methodology*, *Evaluation en Program Planning*, enzovoort. En er werden verenigingen opgericht, zoals de *American Evaluation Association*, de *Evaluation Research Society* en de genoemde *European Evaluation Society*.

Sedert de jaren zeventig is er een opmerkelijk element bijgekomen in deze literatuur. Dat is een voor wetenschapsbeoefenaren uitzonderlijk grote mate van kritische *zelf*-evaluatie. 'Complaint', constateerde in 1981 de spraakmakende psycholoog/evaluator Cronbach, 'has accompanied the expansion of evaluation'.[43] Om te beginnen wezen de onderzoekers elkaar op talloze methodologische tekortkomingen, en het maatschappelijke experiment ontkwam daarbij bepaald niet aan de kritiek. Velen analyseerden concrete experimenten zoals die met het basisinkomen en namen ze op reeksen methodologische punten heftig onder vuur.[44] In het veel gebruikte boek *Quasi-Experimentation*, dat Campbell in 1971 samen met zijn medewerker Cook publiceerde, werd de oorspronkelijke lijst van twaalf validiteitsbedreigende factoren uitgebreid tot 33 stuks. Ook werd er kritiek geleverd op de enorme kosten van het experimenteren die niet kunnen opwegen tegen de tegenvallende baten. Er werd geklaagd dat de beleidsmakers niet veel meer met onwelgevallige rapporten doen dan ze opbergen in de lades van hun bureaus. De evaluatieonderzoekers stelden voorts aan de kaak dat de opdrachtgevers van onderzoek zelden of nooit degenen zijn waarop de te onderzoeken maatregelen worden toegepast, en dat in de criteria voor het welslagen van een ingreep politieke ideologieën zijn verwerkt.[45] Leidende onderzoekers betoogden dat er 'right wing facts' en 'left wing facts' zijn, en dat erkend dient te worden dat politiek een integraal onderdeel van evaluatie is.[46]

De problemen waren overweldigend en vaak onontkoombaar. Toch werden de tekortkomingen geanalyseerd vanuit het streven zo goed mogelijke remedies te vinden. De besproken evaluatieonderzoekers zagen er geen reden in naar ander werk om te zien. Zij beargumenteerden dat niet of onprofessioneel evalueren nog veel erger is, en zochten veelal oplossingen in andere, soms nog complexere vormen van regulering en zelfregulering.

Zoals voor alle beroepen geldt, dient uiteraard ook dat van evaluatieonderzoeker het eigenbelang van haar beoefenaren. Het vak biedt een inkomen, mogelijkheden voor emplooi en maatschappelijke status. Maar dat is zeker niet het enige. Tegelijkertijd zijn oprechte idealen veelal de drijvende kracht van dit onderzoek. De ideologie van het veld is doorgaans die van de bescherming van de sociaal zwakkeren, van de opvoedbaarheid van mensen tot maatschappelijk gedrag en van de democratische noodzaak om machtsdragers kritisch te volgen.

Het zou veel te simplistisch zijn om deze psychologen en andere sociale wetenschappers af te doen als een leger van bemoeizuchtigen en manipulatoren. Zij droegen en dragen bij aan de twintigste-eeuwse verzorgingsstaat die een relatief succesvol middel is gebleken in de strijd tegen armoede, ziekte en onwetendheid. Daar komt bij dat deze verzorgingsstaat de uitkomst is van eeuwenlange processen. De sociale wetenschappen kwamen pas laat op het toneel en zijn minstens zozeer het *product* als de dragers van de geschiedenis. Ze vormen slechts een golfje op de brede stroom van veelomvattende maatschappelijke en politieke ontwikkelingen waarin de ene vorm van interventie steeds weer een volgende met zich meebracht.[47]

In de laatste twee decennia is het idee van de beschermende overheid sterk onder druk komen te staan. Conservatieve politici zoals Thatcher, Reagan en Major bepleiten in economische zin een vrijer spel van maatschappelijke krachten. Zij wensen een groter beroep op individuele capaciteiten en verantwoordelijkheid. Zij zijn voorstanders van 'privatisering', 'deregulering' en opheffing van de vele sociaal-wetenschappelijke adviescommissies. 'Condemn more, understand less,' zo vatte Major het samen.

De op gang gekomen debatten over de voor- en nadelen van de verzorgingsstaat zijn heftig en complex.[48] In een bepaald opzicht lijken de conservatieven echter zonder meer gelijk te hebben: een regulerende staat die haar idealen volledig realiseert, loopt uit op een politiestaat. Dit probleem komt met het evalueren overduidelijk tot uitdrukking. Het gaat hier immers om sturing en controle die in het leven werd geroepen door sturing en controle, en die daar zelf weer nieuwe vormen van genereert. Vooral het maatschappelijke experiment levert een leerzame uitvergroting van dit centrale dilemma. Het toont de paradox dat de menselijke vrijheid met vrijheids*beperkende* middelen wordt nagestreefd. Goedbedoelende sociale wetenschappers die zich deze paradox niet realiseren, worden al gauw eigenlijk tegenstrevers van wat zijzelf denken te bevorderen.

Noten

Een eerdere versie is van nuttig commentaar voorzien door Gerard Alberts (Interfacultaire Taakgroep Wetenschap en Samenleving, K.U. Nijmegen) en Ad Prins (Vakgroep Wetenschap- en Technologiedynamica, Universiteit van Amsterdam).

1 Het openingscitaat staat in D.T. Campbell (1969), Reforms as experiments, *American Psychologist, 24*, 409-429.

2 In feite gaat het vaak om experimenten met meer experimentele groepen tegelijk. Voor de duidelijkheid spreek ik in dit stuk steeds van slechts *één* experimentele groep.

3 Zie hiervoor P.H. Rossi en H.E. Freeman (1985), *Evaluation A systematic approach* (London: Sage Publications).

4 M. Bulmer, ed. (1986), *Social science and social policy* (London: Allen en Unwin), p. 159 en p. 169.

5 Briefwisseling tussen Nightingale en Galton, opgenomen in K. Pearson (1924), *The life, letters and labours of Francis Galton. Vol. II: Researches of middle life* (Cambridge: Cambridge University Press), p. 416-420.

6 I. Hacking (1990), *The taming of chance* (Cambridge: Cambridge University Press); M. Cullen (1975), *The statistical movement in early Victorian Britain* (New York: Harper and Row).

7 L.A.J. Quetelet (1836), *Sur L'homme et le développement de ses facultés, ou essai de physique sociale* (Brussel: C. Muquardt). Een vertaling in het Engels verscheen in 1842.

8 Pearson, a.w., p. 414.

9 Galton gaf daarbij een helder voorbeeld van het belang van controlegroepen: 'The principles are broad and simple. We must gather cases for statistical comparison, in which the same object is keenly pursued by two classes similar in their physical but opposite in their spiritual state; the one class being spiritual, the other materialistic. Prudent pious people must be compared with prudent materialistic people and not with the imprudent nor the vicious (...). We simply look for the final result – whether those who pray attain their objects more frequently than those who do not pray, but who live in all other respects under similar conditions.' (F. Galton, 1872, The efficacy of prayer, *Fortnightly Review, 8*, 124-135, hierin p. 126).

10 Citaat ontleend aan T. Porter (1986), *The rise of statistical thinking 1820-1900* (Princeton: Princeton University Press), p. 29.

11 In totaal groeide de bevolking in de periode 1900-1920 van 76 naar 106 miljoen. Cijfers ontleend aan A. Kaspi (1988), *Geschiedenis van de Verenigde Staten van Amerika 1* (Utrecht: Het Spectrum), p. 215; en B.S. Jansson (1993), *The reluctant welfare state; A history of American social welfare policies* (Pacific Grove: Brooks/Cole), p. 112.

12 J.J. Riis (1971/1890), *How the other half lives: Studies among the tenements of New York* (New York: Dover). Het boek van Riis – zelf immigrant – over de miserabele levensomstandigheden in de New Yorkse huurkazernes, speelde een belangrijke rol bij het op gang komen van de Amerikaanse *progressive movement*. Overigens is de oorspronkelijke druk van 1890 door de uitgever met verhullende tekeningetjes geïllustreerd. Pas in de heruitgave van 1971, werden ook Riis' foto's afgedrukt. Vooral deze uitgave geeft daardoor een indringend beeld van de tijd waarin de strijd voor overheidsingrijpen in de vs een aanvang nam.

13 Voor een geschiedenis van de wetenschap in de Amerikaanse politiek, zie F. van Vught (1979), *Sociale planning. Oorsprong en ontwikkeling van het Amerikaanse planningsdenken* (Assen: Van Gorcum).

14 K. Danziger (1990), *Constructing the subject. Historical origins of psychological research* (Cambridge: Cambridge University Press); J. Brown (1992), *The definition of a profession. The authority of metaphor in the history of intelligence testing, 1890-1930* (Princeton: Princeton University Press).

15 L.J. Cronbach (1957), The two disciplines of scientific psychology, *American Psychologist, 12*, 671-684; E.G. Boring (1950), *History of experimental psychology*, (New York: Apple Century Crofts), p. 578.

16 E.L. Thorndike en R.S. Woodworth (1901), Influence of improvement in one mental function upon the efficiency of other functions, *Psychological Review, 8*, 247-262; 384-395; 553-564.

17 J.E. Coover en F. Angell (1907), General practice effect of special exercise, *American Journal of Psychology, 18*, 328-340.

18 Hiermee is niet gezegd dat Coover de eerste *wetenschapsbeoefenaar* was die controlegroepen noodzakelijk achtte. In landbouwkundig en medisch onderzoek van de achttiende en negentiende eeuw waren vergelijkende experimenten niet ongewoon. Wat de psychologie betreft was het onderzoek van Coover en Angell echter bepaald een voorloper (T. Dehue, (1995), Stanford, Columbia en het ideale experiment, *Psychologie en Maatschappij, 19,* 113-127).

19 W.A. McCall (1926/1923), *How to experiment in education* (New York: McMillan), p. 194.

20 McCall, a.w., p. 4 en p. 41-42. Het randomiseren van groepen is in vele wetenschappen verspreid via het boek *The design of experiments,* in 1935 gepubliceerd door de wiskundige R.A. Fisher, die werkzaam was als methodoloog bij vergelijkend landbouwkundig onderzoek. Het randomiseren vormt ook de basis van door Fisher ingevoerde statistische technieken om de significantie van de gevonden verschillen te bepalen. Hedendaagse historische inleidingen van methodologieboeken beschrijven Fisher en diens experimenten daardoor vaak als het historische begin van het experimenteren met behulp van random samengestelde groepen. Dat klopt dus niet echt, want McCall was hem voor (meer hierover in Dehue, a.w.).

21 Al in de jaren van de 'progressieve beweging' waren de beoefenaren van andere sociale wetenschappen dan de psychologie veelvuldig aangesteld als adviseurs van politici. Zie G.M. Lyons (1969), *The uneasy partnership. Social science and the federal government in the twentieth century* (New York: Russell Sage Foundation).

22 D.R. Ross (1991), *The origins of American social science* (Cambridge: Cambridge University Press).

23 H.F. Gosnell (1927), *Getting out the vote. An experiment in the stimulation of voting* (Chicago: University of Chicago Press).

24 Zie hierover ook N. Rose (1990), *Governing the soul* (London: Routledge).

25 Zie voor andere voorbeelden uit de psychologie G. Murphy, L.B. Murphy en T.M. Newcomb (1937), *Experimental social psychology: an interpretation of research upon the socialisation of the individual* (New York: Harper). En voor de sociologie E. Greenwood (1945), *Experimental sociology. A study in method* (New York: King's Crown Press).

26 L.L. Thurstone (1952), Autobiography, in E.G. Boring e.a., eds., *A history of psychology in autobiography, Vol. IV* (Englewood Cliffs, NJ: Prentice-Hall), p. 295-321.

27 Lyons, a.w., p. 83.

28 De vermoedelijke verklaring hiervoor is dat Stouffer begin jaren dertig een tijd in Engeland bij R.A. Fisher (en Karl Pearson) heeft gestudeerd. Hij was door Merriam naar Engeland gezonden om de bruikbaarheid van de statistiek voor de sociologie te bestuderen. S. Stouffer (1958), Karl Pearson – An appreciation on the 100th anniversary of his birth, *Journal of the American Statistical Association, 53,* 23-27.

29 C.I. Hovland, A.A. Lumdsdaine en F.E. Sheffield (1949), *Experiments on mass communication* (Princeton: Princeton University Press).

30 S.A. Stouffer (1949/50), Some observations on study design, *American Journal of Sociology, 55,* 355-361.

31 D.T. Campbell (1957), Factors relevant to the validity of experiments in social settings, *Psychological Bulletin, 54,* 297-312.

32 D.T. Campbell en J.C. Stanley (1963), Experimental and quasi-experimental designs for research on teaching, in N.L. Gage, ed., *Handbook of research on teaching* (Chicago: Rand McNally), p. 171-247.

33 D.T. Campbell en J.C. Stanley (1966), *Experimental and quasi-experimental designs for research* (Chicago: Rand McNally). Stanley schreef ongeveer tien procent van het boek (Campbell, persoonlijke mededeling 8 nov. 1994).

34 L.J. Cronbach (1983), *Designing evaluations of educational and social programs* (San Francisco: Jossey-Bass), p. xiv; W.R. Shadish en C.S. Reichardt (1987), Overview, in *Evaluation Studies Review Annual, Vol. 12* (Newbury Park: Sage), p. 13-30, hierin p. 24.

35 D.T. Campbell (1973), The social scientist as methodological servant of the experimenting society, *Policy Studies Journal, 2,* 72-75.

36 W. Williams (1971), *Social policy research and analysis: the experience in the federal agencies* (New York: Elsevier).

37 Zie bijvoorbeeld J.M. Dekkers en B. Nooteboom (1988), *De hervorming van de jaren negentig: het gedeeltelijk basisinkomen* (Den Haag: Stichting Maatschappij en Onderneming); R.J. van der Veen en D. Pels (1995), *Het basisinkomen: Sluitstuk van de verzorgingsstaat?* (Amsterdam: Van Gennep).

38 Kort samengevat zijn de gerapporteerde resultaten dat de inspanningen van de meeste onderzochten in elk geval niet verminderden, maar ook niet significant toenamen. Alleen vrouwen in witte families gingen minder hard werken door de financiële steun. Zwarten gingen iets harder aan de slag. Verslaggeving over het experiment is te vinden in onder andere D. Kershaw en J. Fair (1976), *The New Jersey income-maintenance experiment, Vol. I* (New York: Academic Press); H. Watts en H. Rees, eds. (1976) *The New Jersey income-maintenance experiment, Vol II en III* (New York: Academic Press).

39 P.J. Dekker en F.L. Leeuw (1989), *Beleids- en programma-evaluaties. Een stand van zaken in de sociaal-wetenschappelijke literatuur* (Leiden: DSWO Press).

40 Commissie Programma-Evaluatie (1991), *Uitnodiging tot evaluatieonderzoek. Slotdocument van de commissie programma-evaluatie* (Den Haag: ministerie van Onderwijs en Wetenschappen); Commissie Programma-Evaluatie (1992), *Eindverslag* (Den Haag: ministerie van Onderwijs en Wetenschappen).

41 Bijvoorbeeld A. Hoogerwerf (1978), De 'experimenterende' staat, *Beleid en Maatschappij, 5*, 78-89; A. Hoogerwerf (1977), Effecten van overheidsbeleid, *Beleid en Maatschappij, 4*, 302-315; F.A. van Vught (1982), *Experimentele beleidsplanning* (Den Haag: Vuga); F.A. van Vught (1983), *Beleidsexperimenten in openbaar bestuur* (Den Haag: Staatsuitgeverij); H.J. Blommenstein en J.Th.A. Bressers (1984), *Handboek beleidsevaluatie* (Alphen a.d. Rijn: Tjeenk Willink); P.G. Swanborn (1987), *Methoden van sociaal-wetenschappelijk onderzoek* (Meppel: Boom), hoofdstuk 6. Het eindrapport van de eerdergenoemde Commissie Programma-Evaluatie biedt echter een interessante getuigenis van een ander klimaat. Over maatschappelijke experimenten zegt het slechts dat ze meestal onuitvoerbaar zijn en indien wel uitvoerbaar minder relevant. De commissie spreekt zich uit tegen eenzijdige nadruk op doelrationaliteit en uitdrukkelijk ook tegen evaluatie onder dwang van externe instanties. Het rapport valt te lezen als een pleidooi voor de introductie van de zachte hand in de evaluatiesector zelf: evaluatie is belangrijk, maar het moet als het ware van binnenuit komen en niet van bovenaf worden opgelegd (Commissie Programma-Evaluatie, 1991 en 1992, a.w.).

42 Afdeling Beleidsanalyse van het Ministerie van Financiën (1984), *Heeft beleid effect?; Vier benaderingen voor evaluatie van bestaand beleid* (Den Haag: Staatsuitgeverij), p. 43-46. Zie voor andere voorbeelden Van Vught, a.w.; P.J. Dekker (1991), *Bibliography on program and policy evaluation literature: a survey of the literature from the period 1980-1991* (Rotterdam: Risbo).

43 L.J. Cronbach, ed. (1981), *Toward reform in program evaluation* (San Francisco: Jossey-Bass), p. 40.

44 Williams, a.w.; P.H. Rossi en K.C. Lyall (1976), *Reforming public welfare: A critique of the negative income tax experiment* (New York: Russell Sage Foundation); J. Hausman en D. Wise, eds. (1985), *Social experimentation* (Chicago: University of Chicago Press).

45 Haveman, a.w.; Williams, a.w.; R.A. Berk en P.R. Rossi (1976), Doing good or worse. Evaluation research politically re-examined, *Social Problems, 23*, 337-349.

46 D.T. Campbell (1984), Can we be scientific in applied social science? in R.F Connor, D.G. Altman en C. Jackson, eds., *Evaluation Studies Review Annual, Vol. 9* (London: Sage), p. 26-48; Bulmer, a.w., p. 17; Cronbach, ed., a.w., p. 35; zie ook W.R. Shadish en C.S. Reichardt (1987), Overview, in: *Evaluation Studies Review Annual, Vol. 12* (London: Sage), p. 13-30.

47 A. de Swaan (1989), *Zorg en de staat. Welzijn, onderwijs en gezondheidszorg in Europa en de Verenigde Staten in de nieuwe tijd* (Amsterdam: Bert Bakker).

48 Wie in een universiteitsbibliotheek het trefwoord verzorgingsstaat (welvaartsstaat, welfare state) intikt, zal honderden titels op het scherm krijgen, waarvan de meeste uit de jaren tachtig en negentig. De auteurs uit deze jaren gaven hun werk vaak zorgelijke titels zoals: *Verzorgingsstaat: last of lust; Afscheid van de zorgeloze verzorgingsstaat; Het verval van de verzorgingsstaat; De nadagen van de verzorgingsstaat; Dismantling the welfare state.The myth of the welfare state*, enzovoort. Een goede inleiding is K. Schuyt en R. van der Veen, red. (1990), *De verdeelde samenleving: Een inleiding in de ontwikkeling van de Nederlandse verzorgingsstaat* (Leiden: Stenfert Kroese).

Om verder te lezen

Algemeen

'De eerste eeuw: honderd jaar psychologie in Nederland'. Themanummer van het tijdschrift *Psychologie en Maatschappij* (september 1995), waarin de psychologisering wordt geschetst van uiteenlopende gebieden als theologie, migratie, literatuur en populaire karakterologie.

J.H. Capshew (1999), *Psychologists on the march. Science, practice, and professional identity in America, 1929-1969* (Cambridge: Cambridge University Press). Documenteert de geschiedenis van de Amerikaanse psychologie in de genoemde periode, met speciale aandacht voor de impact van de Tweede Wereldoorlog en de relatie tussen wetenschap en praktijkbeoefening.

K. Danziger (1997), *Naming the mind. How psychology found its language* (London: Sage). Dit boek behandelt de historische constructie van psychologische begrippen als 'gedrag', 'motivatie', intelligentie' en 'attitude'. Danziger geeft in detail aan dat de 'nieuwe' psychologische terminologie veelal voortbouwde op begrippen die gemeengoed waren.

T. Dehue (1990), *De regels van het vak. Nederlandse psychologen en hun methodologie 1900-1985* (Amsterdam: Van Gennep). Documenteert de discussie over wat binnen de Nederlandse psychologie als wetenschappelijke kennis gold en wat niet; onder andere ten aanzien van de grafologie, de fenomenologische psychologie en de klinische prak-tijk. In 1995 verscheen een bewerkte editie: *Changing the rules. Psychology in the Netherlands 1900-1985* (Cambridge: Cambridge University Press).

P. van Drunen en P.J. van Strien (1995), *Op de proef gesteld* (Groningen: Passage/Archief en Documentatiecentrum Nederlandse Psychologie). Een beknopte en rijk geïllustreerde geschiedenis van de ontwikkeling en het gebruik van psychologische tests in verschillende praktijkvelden.

M. Foucault (1966), *Les mots et les choses. Une archéologie des sciences humaines* (Paris: Gallimard). Engelse vertaling *The order of things. An archaeology of the human sciences* (London: Tavistock, 1970). In deze klassieke studie van de filosoof-historicus Michel Foucault wordt onderzocht welke rol de opkomende menswetenschappen hebben gespeeld hij de toenemende regulering van sociaal gedrag.

259

F.A. Hanson (1993), *Testing testing. Social consequences of the examined life* (Berkeley: University of California Press). Kritische geschiedenis van de opkomst en betekenis van de psychologische testpraktijk in uiteenlopende maatschappelijke domeinen.

E. Herman (1995), *The romance of American psychology. Political culture in the age of experts* (Berkeley:University of California Press). Beschrijft de opmars van de psychologie in de Verenigde Staten tijdens en na de Tweede Wereldoorlog, waarbij zowel aandacht wordt besteed aan de expansie van verschillende praktijkvelden als aan de opkomst en verbreiding van een psychologisch perspectief op diverse maatschappelijke en politieke kwesties.

D.S. Napoli (1981), *Architects of adjustment. The history of the psychological profession in the United States* (Port Washington, NY: Kennikat Press). Napoli documenteert de ontwikkeling van de psychologie als beroep, met veel aandacht voor de wijze waarop psychologen erin slaagden een plaats te verwerven binnen praktijkvelden zoals het onderwijs, de arbeid en de geestelijke gezondheidszorg.

N. Rose (1990), *Governing the soul The shaping of the private self* (London: Routledge). In dit boek geeft Rose in de lijn van Foucault een analyse van de doorwerking van de psychologie in de twintigste-eeuwse samenleving. Hij laat zien hoe psychologische interventies in veel gevallen resulteerden in nieuwe (en vaak onbedoelde) vormen van gedragsregulatie.

P.J. van Strien (1993), *Nederlandse psychologen en hun publiek* (Assen: Van Gorcum). Overzichtswerk over de geschiedenis van de Nederlandse psychologie, met speciale aandacht voor de wisselwerking van theorie en praktijk. Bevat onder andere hoofdstukken over de vroege professionalisering van de psychologie, de ontwikkeling van de arbeids- en organisatie-psychologie en de klinische psychologie en de doorwerking van psychologische inzichten in de samenleving.

Hoofdstuk 1   Psychologische praktijken

S. Bem (1985), *Het bewustzijn te lijf. Een geschiedenis van de psychologie* (Amsterdam: Boom). Een gedegen contextuele geschiedenis van het ontstaan van de academi-sche psychologie tot aan de Eerste Wereldoorlog. Met veel aandacht voor maatschappelijke en culturele factoren.

H.A. Diederiks e.a. (1994/1987), *Van agrarische samenleving tot verzorgings-staat. De modernisering van Europa sinds de vijftiende eeuw* (Groningen: Martinus Nijhoff). Dit boek geeft een overzicht van de moderniseringsprocessen in Engeland, Nederland, Frankrijk en Duits-land van de vijftiende eeuw tot heden, met inbegrip van demografische, economische en sociale ontwikkelingen.

D. Draaisma (1988), *De geest in getal De beginjaren van de psychologie* (Amsterdam: Swets & Zeitlinger). Biedt een overzicht van de ontwikkeling van de vroegste psy-chologische theorieën.

H. van der Loo en W. van Reijen (1997), *Paradoxen van modernisering* (Bussum: Coutinho). Nieuwe editie van de in 1990 verschenen inleiding op het maatschappelijk moderniseringsproces. De analyses van de verschijnselen differentiatie, rationalisering, individuali-sering en domesticering zijn overwegend sociologisch van aard.

N. Rose (1985), *The psychological complex. Psychology 'politics and society in England, 1869-1939* (London: Routledge & Kegan Paul). Rose schetst het ontstaan van een samenhangend netwerk van psychologische interventies en laat zien dat de bloei van deze praktijkpsychologie begrepen kan worden uit het inspelen op allerhande maatschappelijke vragen.

A. de Swaan (1989), *Zorg en de staat. Welzijn; onderwijs en gezondheidszorg in Europa en de Verenigde Staten in de nieuwe tijd* (Amsterdam: Bert Bakker). De historische ontwikkelingen die hebben bijgedragen aan het ontstaan van de moderne verzorgingsstaat worden vanuit sociologisch perspectief besproken.

Hoofdstuk 2   Het kind

H. Cunningham (1995), *Children and childhood in Western society since 1500* (London: Longman). Evenwichtig, goed gedocumenteerd en toegankelijk overzicht over de geschiedenis van de kindertijd en sociale interventies gericht op kinderen. In het Nederlands verschenen als *Het kind in het Westen: vijf eeuwen geschiedenis* (Amsterdam: Van Gennep, 1997).

J. Donzelot (1977), *La police des familles* (Paris: Minuit). In deze bijna klassieke studie wordt de toenemende 'bevoogding' van het gezin door deskundigen beschreven. De nadruk ligt op Frankrijk en de rol van de psychoanalyse. in 1979 verscheen de vertaling: *The policing of families* (New York: Pantheon).

E. Singer (1989), *Kinderopvang en de moeder-kind relatie. Pedagogen; psychologen en sociale hervormers over moeders en jonge kinderen* (Deventer: Van Loghum Slaterus). Singer beschrijft de brede historische context van de ontwikkeling van verschillende vormen van professionele kinderopvang en besteedt daarbij aandacht aan debatten in de psychologie.

T. Zwaan, red. (1993), *Familie; huwelijk en gezin in West-Europa* (Amsterdam: Boom). De historici in deze bundel bespreken de gezinsgeschiedenis van de vroege Middeleeuwen tot en met het recente verleden. De auteurs gaan relatief uitgebreid in op debatten onder historici.

Hoofdstuk 3   De leerling

P.D. Chapman (1988), *School as sorters. Lewis M. Terman, applied psychology, and the intelligence testing movement, 1890-1930* (New York: New York University Press). Over de opkomst van de Amerikaanse mental-test beweging in relatie tot de ontwikkeling van het onderwijs.

E. Condliffe Lageman (2000), *An elusive science: the troubling history of education research* (Chicago: University of Chicago Press). Evenwichtige geschiedenis van de Amerikaanse onderwijswetenschappen vanaf het midden van de negentiende eeuw, met veel aandacht voor de rol van de psychologie.

M. Depape (1998), *De pedagogisering achterna. Aanzet tot een genealogie van de pedagogische mentaliteit in de voorbije 250 jaar* (Leuven: Acco). Zeer toegankelijk overzichtswerk over de ontwikkeling van de pedagogiek en de pedagogische psychologie vanaf het midden van de achttiende eeuw, zowel in de Verenigde Staten als in Europa.

Hoofdstuk 4   De werknemer

E. Haas (1995), *Op de juiste plaats. De opkomst van de bedrijfs- en school-psychologische beroepspraktijk in Nederland* (Hilversum:Verloren). In deze detailstudie wordt niet alleen de verbreiding van psychologische kennis en praktijken binnen de domeinen arbeid en onderwijs geanalyseerd, maar wordt ook stilgestaan bij de vestigingsstrijd van psychologen als nieuwe beroepsgroep.

W. Hollway (1991), *Work psychology and organizational behaviour* (London: Sage). Dit boek geeft een overzicht van de arbeids- en organisatiepsychologie, waarbij de voorbeelden over het algemeen aan de Engelse situatie worden ontleend.

S. Shimmin en P.J. van Strien (1998), History of the psychology of work and organisation, in H.Thierry, P.J.D. Drenth en C.J. de Wolff (eds.), *Handbook of work and organisational psychology* (Hove: Erlbaum). De auteurs gebruiken Van Striens model van wetenschapsontwikkeling bij hun analyse van internationale historische ontwikkelingen ten aanzien van de arbeids- en organisatiepsychologie.

P.J. van Strien (1988), De ontwikkeling van de A&O psychologie in Nederland, in P.J.D. Drenth, H.Thierry en C.J. de Wolff (red.), *Nieuw handboek arbeids- en organisatie-psychologie* (Deventer:Van Loghum Slaterus). De auteur gebruikt zijn model voor wetenschapsontwikkeling bij de analyse van de geschiedenis van dit veld in Nederland.

Hoofdstuk 5   De militair

R. Gal en A.D. Mangelsdorff, eds. (1991), *Handbook of military psychology* (Chichester: John Wiley & Sons). De bijdragen aan deze bundel bieden een overzicht van de verschillende aspecten van de hedendaagse militaire psychologie.

U. Geuter (1984), *Die Professionalisiering der deutschen Psychologie im Nationalsozialismus* (Frankfurt a.M.: Suhrkamp). Laat zien dat onder Hitler naast de militaire psychologie ook andere takken van de psychologie tot bloei kwamen. In het Engels verschenen als The professionalization of psychology in Nazi Germany (Cambridge: Cambridge University Press, 1992).

H.D. Lasswell, D. Lerner en H. Speier, eds. (1979-1980), *Propaganda and communication in world history* (Honolulu: University Press of Hawaii). In drie delen bespreken de auteurs de historische en inhoudelijke ontwikkelingen op het gebied van propaganda.

P.Watson (1980), *War on the mind The military uses and abuses of psychology* (Harmondsworth: Penguin). Geeft een breed en kritisch overzicht van de militaire psychologie, waarbij af en toe ook in de geschiedenis terug wordt gekeken.

Hoofdstuk 6   De patiënt

F. Castel, R. Castel en A. Lovell (1982), *The psychiatric society* (New York: Columbia University Press).Veelomvattende studie over de geschiedenis van de psychiatrie, psychoanalyse en psychotherapie in de Verenigde Staten, vanuit het gezichtspunt van de psychologisering van de cultuur.

C. Lasch (1979), *The culture of narcissism. American life in an age of diminishing expectations* (New York: Norton). Ietwat tendentieuze, maar wel boeiende analyse van de toenemende invloed van psy-deskundigen op de Amerikaanse cultuur.

J.M. Reisman (1991/1976), *A history of clinical psychology* (New York: Hemisphere). Minutieuze analyse van de geschiedenis van psychodiagnostische technieken, behandelingsvormen en professionele kaders.

B. Richards (1989), *Images of Freud. Cultural responses to psychoanalysis* (London: Dent & Sons). Over de receptie van de psychoanalyse in de psychologie, de politieke theorievorming en de cultuur in het algemeen.

P. Schnabel (1995), *De weerbarstige geestesziekte. Naar een nieuwe sociologie van de geestelijke gezondheidszorg* (Nijmegen: SUN). Prikkelende essays over de geestelijke gezondheidszorg in verleden en heden, met een nadruk op de situatie in Nederland.

E. Shorter (1997), *A history of psychiatry: from the era of the asylum to the age of Prozac* (New York: Wiley). Goed leesbare en prikkelende overzichtsgeschiedenis van de psychiatrie en de psychotherapie. In het Nederlands verschenen als Een geschiedenis van de psychiatrie: van gesticht tot Prozac (Amsterdam: Ambo, 1998).

Hoofdstuk 7   Het publiek

M. Bulmer, K. Bales en K.K. Sklar, eds. (1991), *The social survey in historical perspective, 1880-1940* (Cambridge: Cambridge University Press). Over de vroegste 'enquêtes' naar maatschappelijke (wan)toestanden in de belangrijkste westerse landen.

J.M. Converse (1987), *Survey research in the US. Roots and emergence, 1890-1960* (Berkeley: University of California Press). Een studie naar de Amerikaanse ontwikkeling van het opinie en attitudeonderzoek in engere zin.

J. van Ginneken (1992), *Crowds, psychology and politics, 1871 1899* (New York: Cambridge University Press). Over het ontstaan van de zogenoemde massapsychologie in Italië en Frankrijk, de (her)ontdekking van de publieke opinie en de intellectuele en sociale achtergronden daarvan.

J. van Ginneken (1993), *De uitvinding van het publiek. De opkomst van het opinie- en marktonderzoek in Nederland* (Amsterdam: Cramwinckel). Over het vroege enquêteonderzoek, en de toepassingen daarvan in onder meer reclame- en bedrijfspsychologie.

Hoofdstuk 8   De vrouw

A. Fischer, W. van Hoorn en J. Jansz (1983), *Psychoanalyse en vrouwelijke seksualiteit* (Meppel: Boom). Geeft een beschrijving van de invloed van vrouwelijke analytici en analyseert de feministische reacties op Freuds leerstuk van de vrouwelijke seksualiteit.

M. Lewin, ed. (1984), *In the shadow of the past. Psychology portrays the sexes* (New York: Columbia University Press). Deze bundel documenteert de bemoeienis van psychologen met het sekseverschil in de twintigste eeuw.

W.H. Posthumus-van der Goot, e.a. (1968), *Van moeder op dochter* (Utrecht: Bruna). Een klassiek overzicht van de historische ontwikkeling van de positie van de Nederlandse vrouw.

R. Rosenberg (1982), *Beyond separate spheres. Intellectual roots of modern feminism* (New Haven: Yale University Press). Dit boek plaatst het Amerikaanse feminisme in haar intellectuele context.

Hoofdstuk 9 De christen

J.A. van Belzen (1989), *Psychopathologie en religie. Ideeën, behandeling en verzorging in de gereformeerde psychiatrie, 1880-1940* (Kampen: Kok). Beschrijft zeer gedetailleerd de (mislukte) poging van gereformeerden om vorm te geven aan een eigen psychiatrie. Daarbij ook aandacht voor de receptie van de godsdienstpsychologie onder gereformeerden.

D. Bos, (1999), *In dienst van het koninkrijk. Beroepsontwikkeling van hervormde predikanten in negentiende-eeuws Nederland.* (Amsterdam: Bert Bakker). Historisch-sociologisch onderzoek naar de transformatie van het predikantenberoep: de auteur laat zien dat, naarmate de scheiding van kerk en staat haar beslag kreeg, predikanten steeds afhankelijker werden van hun gemeenteleden. Dat verklaart volgens hem de toenemende aandacht voor de 'zielszorg'- aanvankelijk in de vorm van huisbezoek.

E. Brooks Holifield (1983), *A history of pastoral care in America. From salvation to self-realization* (Nashville: Abington). Prachtige studie van de ontwikkeling van de zielszorg in de Verenigde Staten van de zeventiende eeuw tot heden, met veel aandacht voor de pastorale en godsdienstpsychologie.

R.H.J. ter Meulen (1988), *Ziel en zaligheid. De receptie van de psychologie en van de psychoanalyse onder de katholieken in Nederland, 1900-1965* (Baarn: Ambo). Een informatief werk over de moeizame relatie tussen katholieken en psychologie, waarin ook ingegaan wordt op de godsdienstpsychologie.

A. Russell (1984), *The clerical profession* (London: SPCK). Een van de meest toegankelijke studies naar de beroepsontwikkeling van Anglicaanse predikanten in de achttiende en negentiende eeuw.

Hoofdstuk 10 De misdadiger

F. Koenraadt, red. (1991), *Ziek of schuldig? Twee eeuwen forensische psychiatrie en psychologie* (Arnhem: Gouda Quint). Een bundeling van deelstudies naar de ontwikkelingen in Nederland en elders.

R. Smith (1981), *Trial by medicine: insanity and responsibility in Victorian trials* (Edinburgh: Edinburgh University Press). Nauwkeurig bronnenonderzoek naar het optreden van psychiaters in een aantal Britse rechtszaken aan het einde van de vorige eeuw.

N. Walker (1968), *Crime and insanity in England. Volume 1. The historical perspective* (Edinburgh: Edinburgh University Press). Een wat oudere studie over de ontwikkeling van de forensische psychiatrie in negentiende-eeuws Engeland.

H. Werlinder (1978), *Psychopathy: a history of the concepts. Analysis of the origin and development of a family of concepts in psychopathology* (Stockholm: Almqvist & Wiksell International). Een ideeënhistorisch onderzoek naar de ontwikkeling van het begrip psychopathie.

Hoofdstuk 11 De vreemde

C.N. Degler (1991), *In search of human nature. The decline and revival of Darwinism in American social thought* (New York: Oxford University Press). Geschiedenis van de spanningsverhouding tussen een biologische en culturele kijk op menselijk gedrag, en de betekenis daarvan voor de ontwikkeling van de sociale wetenschappen.

S.J. Gould (1984), *The mismeasure of man* (London: Pelican). Klassieke studie van de geschiedenis van de differentiële psychologie, in het bijzonder de testpsychologie. Het is een kritische analyse van ideologie in de wetenschap en van het westerse superioriteitsdenken in de biologie en psychologie.

C. Herbert (1991), *Culture and anomie. Ethnographic imagination in the nineteenth century* (Chicago: University of Chicago Press). Dit boek laat zien dat het theoretiseren over cultuur gevangen bleef in het metafysische en theologische denken over erfzonde en verlossing. De wijze waarop de christelijke godsdienst de confrontatie aanging met levenswijzen van vreemde volkeren (en die van de lagere strata in de eigen samenleving), kleurde de manier waarop westerse antropologen andere culturen tegemoet traden.

G. Jahoda (1992), *Crossroads between culture and mind Continuities and change in theories of human nature* (Cambridge: Harvard University Press). Dit boek geeft een leesbaar overzicht van de permanente wisselwerking tussen cultuurbeschouwing en psychologie in de westerse ideeëngeschiedenis.

G. Richards (1997), *'Race', racism and psychology. Toward a reflexive history* (London: Routledge). In een zorgvuldig gedocumenteerde en omvangrijke geschiedenis bespreekt Richards de contrasten in de manier waarop Amerikaanse en Europese psychologen etnische verschillen in kaart hebben gebracht.

Hoofdstuk 12 De proefpersoon

K. Danziger (1990). *Constructing the subject. Historical origins of psychological research* (Cambridge: Cambridge University Press). Een rijk geschakeerde geschiedenis van de psychologie in de eerste helft van de twintigste eeuw. Getoond wordt hoe de verschillende onderzoeksmodellen uiteenlopende definities en benaderingen van het menselijk subject met zich meebrachten.

P.J. van Strien (1986), *Praktijk als wetenschap. Methodologie van het sociaal-wetenschappelijk handelen* (Assen:Van Gorcum). Een fundamentele en principiële discussie van de onderzoeksmethodologie in de sociale wetenschappen. Van Strien legt onder meer relaties tussen de onderzoekspraktijk en maatschappelijke emancipatie. Hij gaat ook in op misleiding in relatie tot psychologische onderzoeks- en adviespraktijken.

Hoofdstuk 13   De beleidsmaker

F. Fischer & J. Forrester, eds. (1993), *The argumentative turn in policy analysis and planning* (Durham, NC: Duke University Press). In dit boek worden alternatieve vormen van beleidsevaluatie besproken, uitgaande van een niet-positivistische wetenschapsfilosofie.

B.S. Jansson (1993), *The reluctant welfare state: A history of American social welfare policies* (Pacific Grove: Brooks/Cole). Een inleidend boek over de geschiedenis van de Amerikaanse verzorgingsstaat, met het accent op de twintigste eeuw en op de multiculturele samenleving. Het boek biedt een zeer levendige en heldere introductie en tevens een verklaring voor de vraag waarom de overheidszorg in de VS altijd relatief beperkt is gebleven.

T.M. Porter (1995), *Trust in numbers: The pursuit of objectivity in science and public life* (Princeton: Princeton University Press). Zonder de enorme aantrekkingskracht van kwantitatieve objectiviteit in het sociale onderzoek te begrijpen, stelt Porter, valt de overheersing van het getal in de natuurwetenschappen niet te snappen. Met behulp van historische en sociologische analyses beschrijft hij kwantificering als het communicatiemiddel van gemeenschappen waar informele omgangsvormen en onderling vertrouwen niet meer mogelijk zijn.

Over de auteurs

Ruud Abma is verbonden aan de opleiding Algemene Sociale Weten-schappen van de Universiteit Utrecht. Hij promoveerde in 1990 op *Jeugd en tegencultuur. Een theoretische verkenning.* Verder publiceerde hij onder andere *Methodisch zonder confessie. Uit de geschiedenis van de Nijmeegse psychologie* (1983). Hij is voorzitter van de redactie van *De Psycho-loog.*

David J. Bos is hoofdredacteur van het *Maandblad Geestelijke volksgezond-heid.* Hij studeerde theologie (godsdienstwetenschap) en promoveerde in 1999 op *In dienst van het Koninkrijk: beroepsontwikkeling van hervormde predikanten in negentiende-eeuws Nederland.* Hij publiceerde eerder onder andere *Michel Foucault in gesprek* (1985) en maakte deel uit van de redactie van *Psychologie en Maatschappij.*

Trudy Dehue is hoogleraar Theorie en Geschiedenis van de Psychologie aan de Rijksuniversiteit Groningen. In 1990 publiceerde zij *De regels van het vak. Nederlandse psychologen en hun methodologie,* waarvan in 1995 een bewerking in het Engels verscheen: *Changing the rules. Psychology in the Netherlands 1900-1985.*

Peter van Drunen is deeltijds verbonden aan de afstudeerrichting en onderzoeksgroep Theorie en Geschiedenis van de Psychologie van de Rijksuniversiteit Gronin-gen. Daarnaast is hij werkzaam als freelance onderzoeker en publicist. Hij publiceerde onder andere *Psychologie als professie. Vijftig jaar Nederlands Instituut van Psychologen* (1988, met T.A. Veldkamp), *Op de proef gesteld. Geschiedenis van de psychologische test* (1991, met P.J. van Strien) en *Bezielde wetenschap. Een halve eeuw Nederlandse psychologie in vijf portretten* (1998, samen met H.J. Conradi).

Agneta H. Fischer is als bijzonder hoogleraar Gender, Cultuur en Manage-ment en als universitair hoofddocent verbonden aan de afdeling Psychologie van de Universiteit van Amsterdam. Zij promoveerde in 1991 op het proefschrift *Emotion scripts.* Zij schreef en redigeerde onder andere *De universiteit als mannenklooster* (1999, redactie, met B. van Baalen), *Gender and Emotion: Social Psychological Perspectives* (2000, redactie), *Masculiniteit met een feminien gezicht* (2000, met P. Rodriguez Mosquera en K. Rojahn) en *Emotions and identity in a social context* (te verschijnen in 2002, met B. Parkinson en A.S.R. Manstead).

Jaap van Ginneken promoveerde in 1989 op *Crowds, psychology, and politics*. Hij is tegenwoordig deeltijds verbonden aan de afdeling Communicatiewetenschap van de Universiteit van Amsterdam en werkt daarnaast als freelance publicist en adviseur. Hij voerde de redactie over *Psychologische praktijken* (1986, met J. Jansz) en publiceerde een aantal wetenschappelijke en populaire boeken over psychologie, communicatie en media. Onder andere: *Waarom doet u dat?* (1992), *Rages en crashes* (1993), *De uitvinding van het publiek* (1993), *Den Haag op de divan* (1994), *De schepping van de wereld in het nieuws* (1996), *Brein-bevingen* (1999) en *Verborgen verleiders* (2000) - enkele daarvan werden ook in andere talen vertaald.

Eric Haas promoveerde in 1995 op *Op de juiste plaats. De opkomst van de bedrijfs- en schoolpsychologische beroepspraktijk in Nederland*. Hij is verbonden geweest aan de faculteit der Historische en Kunstwetenschappen van de Erasmus Universiteit te Rotterdam en werkt thans als docent sociale wetenschappen aan de Ichthus Hogeschool te Rotterdam.

Jeroen Jansz is verbonden aan de afdeling Communicatiewetenschap van de Universiteit van Amsterdam waar hij mediapsychologisch onderzoek doet. Tot voor kort werkte hij aan de Leidse universiteit bij Theoretische Psychologie waar hij onder meer onderzoek deed naar de geschiedenis van de psychologie. Zijn proefschrift *Person, self and moral demands* verscheen in 1991. Daarnaast voerde hij de redactie over *Psychologische praktijken* (1986, met J. van Ginneken) en was hij co-auteur van *Psychoanalyse en vrouwelijke seksualiteit* (1983, met A. Fischer en W. van Hoorn), *Psychology: a European text* (1995, met M. McDermott, N. Metaal en P. Zimbardo) en *Psychologie: de stand van zaken* (2000, met N. Metaal).

Pieter J. van Strien was van 1980 tot 1993 hoogleraar Grondslagen en Geschiedenis van de Psychologie aan de Rijksuniversiteit Groningen; daarvoor was hij hoogleraar Arbeidspsychologie aan dezelfde universiteit. Hij publiceerde onder andere *Kennis en communicatie in de psychologische praktijk* (1966), *Praktijk als wetenschap. Methodologie van het sociaal-wetenschappelijk handelen* (1986) en *Nederlandse psychologen en hun publiek. Een contextuele geschiedenis* (1993).

Paul Voestermans is als universitair hoofddocent psychologische cultuurtheorie verbonden aan de sectie Cultuurpsychologie van de Katholieke Universiteit Nijmegen. Hij promoveerde in 1978 met J. Janssen op *De vergruisde universiteit. Een cultuurpsychologisch onderzoek naar voorbije en actuele ontwikkelingen in de Nijmeegse studentenwereld*. Verder publiceerde hij onder andere *Studenten in beweging* (1984, met J. Janssen).

Ido Weijers doceert geschiedenis van de pedagogiek aan de Faculteit Sociale Wetenschappen van de Universiteit Utrecht. Tevens verricht hij als onderzoeker van de Faculteit Cultuurwetenschappen van de Universiteit Maastricht onderzoek naar de geschiedenis van de psychiatrie in Nederland in de twintigste eeuw. Hij promoveerde in 1991 op *Terug naar het behouden huis. Romanschrijvers en wetenschappers in de jaren vijftig*. In 2000 verscheen zijn boek *Schuld en schaamte. Een pedagogisch perspectief op het jeugdstrafrecht*.

Persoonsregister

Zakenregister